A$^t$V

GABRIELE BÜCH, geb. 1943 in Breslau, 1962–1967 Studium der Chemie in Greifswald, Forschungschemikerin in der Industrie. Seit 1981 Fachreferentin für Naturwissenschaften an der Universitätsbibliothek in Jena, 1987–1989 Zusatzstudium der Bibliothekswissenschaften an der Humboldt-Universität in Berlin. Untersuchungen zur Bibliotheksgeschichte, speziell zu historischen Beständen im Fach Chemie, führten über die Chemiker Döbereiner und Osann zu einer Annäherung an Adele Schopenhauer.

Facettenreich ist das überlieferte Bild von Adele Schopenhauer (1797–1849). Es variiert von anmutig bis häßlich, von geistreich bis »dumme Gans«, von natürlich bis verschroben und affektiert. Geboren in Hamburg und aufgewachsen in Weimar, schließt sich ihr Lebenskreis, nach Aufenthalten am Rhein, in Jena und Italien, in Bonn. Dazwischen liegen dramatische Erlebnisse, Konfrontationen mit sich selbst und der Welt, Begegnungen mit Landschaften und Menschen, die sie prägen. Konflikte zwischen Mutter und Bruder, der Bestsellerautorin Johanna Schopenhauer und dem Philosophen von Weltrang Arthur Schopenhauer, bringen Brüche in ihre Biographie und beschränken den Spielraum für ein eigenes Lebenskonzept. Erst spät, als Frau von vierzig Jahren, gelingt ihr die Verwirklichung durch Schreiben.

Freundschaften mit besonderen Frauen geben ihrem Leben Wärme und Halt: die emotionale Bindung an die exzentrische Ottilie, Goethes Schwiegertochter, die einzigartige Gemeinschaft mit der tatkräftigen Sibylle Mertens-Schaaffhausen, einer ungewöhnlichen Frau aus Kölner Patriziermilieu, und der kreative Austausch mit der Dichterin Annette von Droste-Hülshoff.

# Gabriele Büch

# Alles Leben ist Traum

Adele Schopenhauer
Eine Biographie

Aufbau Taschenbuch Verlag

Mit 22 Abbildungen

ISBN 3-7466-1797-9

1. Auflage 2002
© Aufbau Taschenbuch Verlag GmbH, Berlin 2002
Einbandgestaltung Preuße & Hülpüsch Grafik Design
unter Verwendung des Gemäldes von Georg Friedrich Kersting
»Vor dem Spiegel«, 1827, Kunsthalle Kiel
Satz LVD GmbH, Berlin
Druck Ebner Ulm
Printed in Germany

www.aufbau-taschenbuch.de

*Adele Schopenhauer*

Zeichnung von Alexander von Sternberg, 1841
Adele Schopenhauer, Tagebuch einer Einsamen. Leipzig 1921

# Inhalt

# Anhang

## Letzte Ankunft

Im Haus der Sibylle Mertens-Schaaffhausen, Bonn, Wilhelmstraße 24, herrscht Stille. Der 7. Juli 1849 geht zur Neige. Vor
wenigen Stunden ist die schwerkranke Adele Schopenhauer mit
Sibylle eingetroffen. Erschöpft ruht sie in einem der oberen Zimmer, auf den erlösenden Schlaf wartend. Im Tiefflug schwirren
Mauersegler an den geöffneten Fenstern vorbei. Violette Abend-
schatten verhüllen die Gegenstände im Raum. Adele ahnt, sie ist
angekommen am Ort ihrer letzten Bestimmung.

Fieberhaft arbeiten die Gedanken. Stationen ihrer letzten
Reise – Berlin, Weimar, Jena und wieder Weimar – tauchen
auf und entgleiten wieder. Allein, ohne Sibylle, die persönliche
Gründe nach Rom gerufen hatten, und schon von Krankheit
gezeichnet, war Adele am 16. April aufgebrochen. Freunde
und Bekannte wollte sie noch einmal sehen und sprechen, ehe
sie mit Sibylle Deutschland endgültig verlassen wird. Italien,
bereits seit 1844 zeitweiliger Aufenthaltsort beider Frauen,
schwebte ihnen als Wahlheimat vor. Dort versprach sich Adele
Genesung und neuen Aufschwung. Ein Traum, der nun in
Nichts zerrinnt.

Die quälenden Erlebnisse der Reise lassen Adele nicht los. Die
letzten, bereits vom Dämon der Krankheit überschatteten Tage
in Jena, die beschwerliche Rückfahrt nach Weimar am 15. Mai
unter der Fürsorge von Fritz Frommann, der akute Ausbruch
der Krankheit im Haus der Frau von Pogwisch an der Esplanade, die kolikartigen Anfälle und bohrenden Schmerzen.
Auch der Arzt Carl Vogel stand dem Leiden machtlos gegenüber. Der Zusammenbruch war vorhersehbar.

*Nur die Gewißheit, Sibylle werde ihr so schnell wie möglich Beistand leisten, hielt die Kranke noch aufrecht. Sibylle, alarmiert durch Adeles Hilferufe, scheute keine Strapazen und traf am frühen Morgen des 30. Juni in Weimar ein. Kaum vermochte sie beim Anblick der Freundin die Fassung zu bewahren.* »Sie litt unsäglich, und sie war dabei so mild, so hingebend, daß ich glaubte, es würde mir das Herz brechen«, *wird sich Sibylle später erinnern. Alle Versuche, Adele durch Berichte aus der italienischen Kunstszene zu zerstreuen, stießen auf Interesselosigkeit. Die Sehnsucht der Kranken galt ausschließlich der Heimkehr nach Bonn. Der zähen, auf dieses eine Ziel gerichteten Beharrlichkeit gab Sibylle nach. Vier Tage dauerte der Weg von Weimar nach Bonn.*

*Sibylles Nähe bietet Schutz, mildert die Ängste, dämpft die Schmerzen und besänftigt das Gefühl ohnmächtiger Verzweiflung.*

*Schließt Adele die Augen, fügen sich Bilder zu einem bunten Kaleidoskop. Gesichter vertrauter Menschen, ihr eben noch nahe, entfernen sich gleich Schattenwesen: Allwina und Fritz Frommann, Jugendgefährten aus Jena, der Schriftstellerkollege Alexander von Sternberg, Karl von Holtei, Liebling der Mutter, Henriette und Ulrike von Pogwisch, Mutter und Schwester der Freundin Ottilie von Goethe, Natalie von Herder, eine Enkelin Johann Gottfried Herders, und Amalie von Groß, in der Öffentlichkeit bekannt als Amalie Winter, beide Frauen Schreibende wie sie, Louise Wolff, eines der* »Ratsmädel« *aus dem Kirstenschen Haus in Weimar, nach Aussage der Mutter* »Adelens liebste Jugendfreundin«. *Nur eine vermißt Adele schmerzlich – Ottilie. Sie, deren Emotionen Höhenflüge versprachen und Abstürze provozierten, bleibt unerreichbar. Ottilie lebt seit 1840 mit Unterbrechungen in Wien. Eine Reise nach Weimar mit einem Abstecher über Bonn ist erst für Ende August zur Feier des 100. Geburtstages ihres Schwiegervaters vorgesehen.*

*Zurückgekommen an den Ort, den sie vor Monaten verließ, bleibt ihr nur noch das Warten auf den endgültigen Abschied. Schmerzen trüben das Bewußtsein und unterhöhlen die Widerstandskraft. Das Ringen um einen Rest von Würde zehrt an der Substanz. Morphiumextrakte lindern, hüllen das Denken in lichtgraues Zwielicht, in dem Erinnerungsbilder schwanken.*

*Versrhythmen aus Novalis' »Hymnen an die Nacht« schwingen gedämpft in Adele – »Fernen der Erinnerung, Wünsche der Jugend, der Kindheit Träume, des ganzen langen Lebens kurze Freuden und vergebliche Hoffnungen kommen in grauen Kleidern, wie Abendnebel nach der Sonne Untergang«.*

*Aus dem Unterbewußtsein steigen die Kinder- und Jugendjahre herauf. Die farbenfrohe Welt, von Kinderaugen angestaunt, faszinierte und erschreckte zugleich.*

*In der Welt der Erwachsenen sich einzurichten war schwer. Aufbegehren und Anlehnungsbedürfnis hielten sich die Waage. Ängste mußten unterdrückt, Verlassenheit ertragen, Wünsche zurückgestellt werden, denn Anpassung und Wohlverhalten waren gefragt. Es galt, sich im abgezirkelten Kreis von Normen zu bewähren. Verbleibende Freiräume wurden intensiv genutzt, ausgefüllt mit Träumen, Spielen, Entdeckungen der Geheimnisse von Zeichen, Farben, Formen, Tönen.*

*In der Erinnerung schwebt ein Hauch von Glück, ein Zauber über den Kinder- und Jugendjahren. Wieviel Enttäuschungen und Rätsel sie auch bereithielten, immer lockte dahinter das Tor zur Welt. Kindheit und Jugend bargen beides: Verheißung und Gefährdung.*

# Geselliges Leben in Weimar

Ist eine Zeit gewesen,
Da war die Welt so farbenhell!

In Hamburg, Neuer Wandrahm 92, kommt am 12. Juni 1797 Luise Adelaide Lavinia zur Welt. Der Vater, Heinrich Floris Schopenhauer, gehört als Kaufmann dem gehobenen Bürgerstand an. Wie die Mutter, Johanna Schopenhauer, entstammt er einer alteingesessenen Kaufmannsfamilie aus Danzig. Aus politischen Gründen – der Freistaat Danzig kam unter preußische Oberhoheit – verläßt er 1793 mit seiner Frau und dem fünfjährigen Sohn Arthur die Heimat und zieht nach Hamburg. Der Wechsel des Wohnsitzes ist mit einem erheblichen Vermögensverlust verbunden. Schopenhauer aber gilt persönliche Freiheit mehr als Reichtum und Besitz. Doch bald schon floriert das Geschäft wieder, und Johanna kann erneut ein glänzendes Haus führen.

Im Gedächtnis des Bruders hat sich der Tag der Geburt der Schwester eingeprägt. 52 Jahre später berichtet er Sibylle, der Freundin Adeles: »Das Geburtsjahr meiner Schwester ist 1797, im Juni oder Juli; das Datum weiß ich nicht, obwohl mir der Tag noch sehr lebhaft vorschwebt, wie der accoucheur, in meiner Gegenwart, meinen Vater, durch Rauchen unter dessen Nase, weckte, und ich eine von der neuen Schwester mitgebrachte große Tüte Marzipan erhielt. Sehr bald darauf reiste ich mit dem Vater nach Frankreich auf 2 Jahre. O Zeit!«

Adele wächst unter der Obhut der Kinderfrau Sophie Duguet heran. Wißbegierig, freundlich und anschmiegsam, ist das Kind allgemein beliebt. Die Eltern unternehmen häufig Reisen. 1800 nach Dresden und Karlsbad werden die Kinder mitgenommen, 1803 bis 1804 auf der großen Europareise begleitet nur Arthur die Eltern. Adele wird zur Großmutter Elisabeth

Trosiener nach Danzig geschickt. In der Heiliggeistgasse 81 mit der blechernen Schildkröte auf dem Giebel, dem Geburtshaus der Mutter, bleibt sie anderthalb Jahre und kehrt erst im Dezember 1804 mit Mutter und Bruder nach Hamburg zurück.

Das Heim in Hamburg, ein stattliches Patrizierhaus mit hohen, weiten Gemächern, die geselligen Zusammenkünfte im Familienkreis, die imposante Gestalt des zwar strengen, doch liebevollen Vaters, die Eleganz und das Temperament der ungeduldigen und lebhaften Mutter, die Schweigsamkeit und Zurückgezogenheit des sich abkapselnden Bruders – das alles sind Bruchstücke, die im Gedächtnis des Kindes haftenbleiben.

Erstes Leid überschattet 1805 die kindliche Sorglosigkeit. Im Verhalten des Vaters zeigen sich Anzeichen von Geistesgestörtheit. Seine Unausgeglichenheit und Reizbarkeit steigern sich. Jähzorn und Schroffheit dringen mit schrillen Tönen in den Familienalltag. Am 20. April 1805 stürzt er vom oberen Stockwerk des Speichers in die Tiefe und ist sofort tot. Alles deutet auf Selbstmord hin, wenigstens wird unter vorgehaltener Hand davon geredet.

Der plötzliche Tod des Mannes und Vaters vergiftet die Atmosphäre des Hamburger Hauses. Überall lauern Schatten, selbstquälerische und selbstzerstörerische. Johanna aber, gerade vierzigjährig, beansprucht Freiräume.

Wilhelm Ganslandt, langjähriger Gehilfe der Firma, wird beauftragt, das Geschäft allmählich zu liquidieren. Finanziell ist sie abgesichert. Als Erbin ihres Mannes und als Vormund der beiden Kinder kann Johanna neben Einkünften aus Immobilien über ca. 60 000 Taler an Bargeld verfügen. Davon legt sie den größten Teil in Wertpapieren im Bankhaus Muhl in Danzig an und eine kleinere Summe von 10 000 Talern in einem Geldinstitut in Petersburg. Für ihre gehobenen Ansprüche an die täglichen Bedürfnisse des Lebens genügt der Zinsertrag, dem in den ersten Jahren bei der Bank Muhl ein Satz von 6 bis 8 Prozent zugrunde liegt. Für Johanna bedeutet das schätzungsweise einen Gewinn von zwei- bis dreitausend Talern jährlich. Im Vergleich dazu beläuft sich das Jahreseinkommen eines Professors um 1810 auf ca. 600 bis 700 Taler. Weitere Einkünfte aus den Liegenschaften in und um Danzig läßt Johanna ihrer Mutter zukommen.

Das ererbte Vermögen gestattet ihr die ersehnte Selbstbestimmung über ihre weitere Lebensgestaltung. Ihr Entschluß steht fest, Hamburg zu verlassen. Eine andere Umgebung scheint ihr mehr Bewegungsfreiheit zu garantieren. Die Rückkehr in die Heimatstadt Danzig erwägt sie nicht. Noch lebt die weitverzweigte Familie dort, aber Johanna will in keine neuen Abhängigkeiten geraten. Zudem ist sie bemüht, die Erinnerung an zwanzig Jahre Ehe mit einem neunzehn Jahre älteren Mann abzustreifen. Die Vorwürfe, die ihr daraus später von seiten des Sohnes erwachsen, kann und will sie nie entkräften. Ihm ist die Vitalität der Mutter ein Dorn im Auge. Ihre gegensätzlichen Lebensauffassungen richten allmählich eine unüberwindbare Mauer zwischen ihnen auf.

Auf der Suche nach einem neuen Lebenskreis fällt Johannas Wahl auf Weimar. Das Fluidum der Stadt, geprägt durch das geistige Zusammenspiel von Persönlichkeiten mit Rang und Namen, zieht sie magisch an. Langeweile kann in Weimar nicht aufkommen, denn »es war das gar keine kleine Stadt, sondern vielmehr ein großes Schloß; ein gewählter Kreis unterhielt sich mit Interesse über jede neue Schöpfung der Kunst«, faßt Madame de Staël 1803/04 ihren Eindruck über Weimar zusammen. Von Vorteil sei die Nähe Jenas, eines »der hervorragendsten Brennpunkte der Wissenschaft«. Dreiundzwanzig Jahre werden sich Johanna und Adele Schopenhauer hier in Weimar mit seinen 7000 Einwohnern heimisch fühlen. Die Stadt mit ihren Gassen, Alleen, Plätzen, Kirchen, dem Theater, der weitläufigen Parkanlage an der Ilm, dem Haus am Frauenplan, den nahe gelegenen Schlössern Belvedere, Tiefurt und Ettersburg, eingebettet in die Landschaft, umschließt für Adele alles Glück, welches die kurze Spanne von Kindheit und Jugend bereithält.

Ende September 1806 treffen Mutter und Tochter in Weimar ein. Arthur bleibt gemäß seinem dem Vater gegebenen Versprechen, sich zum Kaufmann ausbilden zu lassen, bei dem Großkaufmann und Senator Jenisch in Hamburg zurück. Ihr erstes Quartier nehmen sie im »Erbprinzen«. Zwar mißfällt Johanna das Hotelleben, es ist zu kostspielig und läßt ein behagliches Gefühl nicht aufkommen, doch die bereits im Mai gemietete Wohnung an der Esplanade nahe dem Frauentor wird noch instand gesetzt. Endlich, am 8. Oktober, sind die vormals von dem verstorbenen Hofmedikus Herder, einem Sohn des Hofpredigers und Generalsuperintendenten Herder, bewohnten Räume im Erdgeschoß und in der ersten Etage beziehbar. Hausbesitzerin ist die Schwester August von Kotzebues, die verwitwete Hofrätin Ludecus, die in jüngeren Jahren unter dem Pseudonym Amalie Berg publizierte. Sie selbst wohnt auch im Haus in der oberen Etage, außerdem zeitweise der Legationsrat und Geheime Referendar im Weimarer Staatsministerium Conta mit Familie.

Die Wohnung entspricht ganz Johannas Geschmack. Im Erdgeschoß befinden sich »3 Zimmer mit einem Kabinet en suite, Küche, Keller, Wagenraum, Waschhaus, Speiskammer, ein Zimmer für Sophie, 2 BedientenZimmer, alles in der ersten Etage, und eine Treppe hoch, ein schönes Schlafzimmer, und noch eine Kammer, für 170 Thlr. jährlich«.

Das Kind nimmt unbefangen alles in Besitz. Ein Garten, von alten Bäumen beschattet, verspricht Geheimnisse. Seine Pfade führen direkt zur Hinterfront des Kirstenschen Hauses in der Windischengasse. Erste Berührungspunkte mit den »Ratsmädeln« Therese und Marie, den quirligen Töchtern des Berg- und Stadtrats Kirsten, sind schnell gefunden. Mit dem dritten

»Ratsmädel«, der älteren Halbschwester Louise, die derzeit noch in München bei der Großmutter lebt, wird Adele erst später Freundschaft schließen. Gleich nebenan, im übernächsten Haus, ebenfalls an der Esplanade, wohnt Frau von Schiller mit ihren vier Kindern Carl, Ernst, Caroline und Emilie, nur wenige Häuser weiter die Oberhofmeisterin Gräfin Henckel von Donnersmarck, Großmutter der künftigen Freundinnen Ottilie und Ulrike von Pogwisch. Auch Wieland hat seit Anfang 1806 in der Nähe sein Domizil neben dem Wittumspalais der Herzogin Anna Amalia, deren Berater er ist. Von unschätzbarem Vorteil ist zudem die günstige Lage des Theaters, nur wenige Schritte von der Esplanade entfernt.

Mühelos gewöhnen sich Johanna und Adele in die neue Umgebung ein, als sie von den Kriegsereignissen überrollt werden. Am 14. Oktober, Napoleon hat die Kämpfe bei Jena und Auerstedt für sich entschieden, überfluten französische Soldaten die Region und besetzen auch Weimar. Mit Plünderung und Brandschatzung terrorisieren sie die Bürger. Rauch liegt wie ein Dunstschleier über der Stadt.

Die Nerven der neunjährigen Adele sind zum Zerreißen gespannt. Sie sucht die Nähe der Mutter, schmiegt sich in die Falten ihres Kleides und schluckt die nicht faßbaren Ängste tapfer hinunter, um die Mutter nicht noch mehr zu erschrecken. Bestürzt sieht das Kind die Verwirrung der Mutter. Beide schließen sich eng aneinander, die Mutter bangt um das Kind, das Kind sucht Halt bei der Mutter. Der Gefechtslärm rückt in bedrohliche Nähe. Kugeln schlagen ein, Fußboden und Wände vibrieren, Fensterscheiben klirren, dumpfes Grollen liegt über der Stadt. Einzige Zuversicht schöpft Johanna aus der Haltung der Tochter, die »ruhig unbefangen, ein wahres Kind, und mir ein tröstender Engel« bleibt. Adele bewahrt die Fassung, »keine Thräne, kein Angstgeschrey, immer gieng sie neben mir, und wenns ihr zu viel ward küßte sie mich und drückte mich an sich, und bat mich, nicht angst zu seyn«. Doch

*Weimar, An der Esplanade*
Im Hintergrund erstes Wohnhaus von Johanna und Adele Schopenhauer

Zeichnung von Friedrich Neumann-Hegenberg
Wilhelm Bode, Damals in Weimar. Leipzig 1923

Johanna schwebt in Todesängsten. Ergeben in ihr Schicksal, nimmt sie Adele auf den Schoß. »Auch jezt war sie ganz stille, aber ich fühlte die zarten Glieder wie von Fieberfrost beben und hörte wie ihre Zähne an einander schlugen, ich küßte sie, bat sie ruhig zu seyn, wenn wir stürben so stürben wir ja miteinander, und ihr zittern legte sich, und sie sah mir freundlich in die Augen.« Schilderungen der Bedrohung, die stündlich das Leben aller belastet, gehen fast täglich an den Sohn in Hamburg.

Ganz Weimar stöhnt unter der Willkür der Fremdherrschaft. Opfer sind zu beklagen. Georg Melchior Kraus, der dreiundsiebzigjährige Direktor der Zeichenschule, kann die Plünderung seines Hauses nicht verwinden. Seine Lebenskraft ist gebrochen. Anfang November 1806 wird er auf dem Jakobsfriedhof neben Lucas Cranach d. Ä. beerdigt. Goethe, von französischem Militär in seinem Haus am Frauenplan bedrängt, zieht die Konsequenz und ordnet seine persönlichen Verhältnisse. Am 19. Oktober heiratet er die Lebensgefährtin Christiane Vulpius. Sein sechzehnjähriger Sohn August erhält dadurch die noch ausstehende Legitimation.

Im Chaos dieser Zeit rafft Johanna ihren ganzen Mut zusammen. Ihre Ängste hinter einem selbstsicheren Auftreten geschickt verbergend, vermag sie über sich selbst hinauszuwachsen. Die Umstände lassen die Menschen solidarisch handeln. Johanna, hilfsbereit und mitfühlend, verweigert sich keinem Unglücklichen. Sie lindert Not, tröstet mit Wort und Tat und teilt ihre Vorräte mit den Bedürftigen. Die sonst so strikt eingehaltenen Konventionen verwischen sich. Schnell sind die Schopenhauers in das bunte Gesellschaftsleben der Stadt integriert.

Der Kontakt zu Herrn von Goethe ergibt sich zwanglos. Goethe stellt Madame Schopenhauer seine Frau vor, und diese begegnet Christiane natürlich und unbefangen. »[...] ich dencke wenn Göthe ihr seinen Namen giebt, so können wir ihr wohl

eine Tasse Thee geben«, resümiert sie in einem Brief an den
Sohn. Dagegen rümpft die überwiegende Mehrheit der Weimarer Damen und Herren die Nase über diese Mesalliance.

Das Entgegenkommen der Johanna Schopenhauer vergißt
Goethe nicht. Von nun an sucht er häufig das Zusammensein
mit ihr. Dazu bieten sich die von Johanna donnerstags und
sonntags arrangierten »Theeabende« an. Am 12. November
1806 findet die erste gesellige Zusammenkunft statt. Seitdem
erfreuen sich die Soireen eines lebhaften Zuspruchs. Den Skiz-
zenblock in der Hand und eher zurückhaltend im Gespräch,
beflügelt Goethe allein durch seine Anwesenheit die Runde.
Künstlerische Anregungen vielfältiger Art gehen von diesen
Abendgesellschaften aus.

Interieur und Atmosphäre des Salons in der Zeit seiner Gründung beschreibt Riemer, anfangs Hauslehrer bei Goethe, später Gymnasialprofessor und Bibliothekar, dem befreundeten
Buchhändler Frommann in Jena:

»Ich führe Sie in die Wohnung vom ehemaligen Dr. Herder.
Die unterste Etage, bestehend aus drei kleinen Zimmern en
suite, ist äußerst nett und geschmackvoll meublirt. Warme Tep-
piche bedecken den Fußboden, seidne Vorhänge zieren die
Fenster, große Spiegel den Fensterraum und schöne Mahago-
nimeubeln das Ganze. Wenn ich solche sich von selbst verste-
hende Sachen colorire, muß ich Ihnen sagen, gewöhnlich sind
doch schöne und modische Zimmermeublements hier nicht. –
Nun hätten wir das Local. Das mittelste Zimmer ist das Entre-
zimmer, das eine rechts das Theezimmer, das andre links neben dem mittlern, um sich zu ergehen. Sie treten ein und finden eine Versammlung von Männern zunächst und dann um
den Theetisch die Damen: Goethe, Meyer, Fernow, Schütze,
Weyland, Conta sind die gewöhnlichen Besucher. Damen sind
die Hofräthin Ludecus, Dr. Herder, Mdlle. Conta, Bardua
etc. Man nimmt Thee, auch Zwieback und Butterbrot, man
schwatzt von novis, politischen und literarischen; man zeich-

net, spielt Clavier und singt. Um 6 geht man hin, um oder nach
8 schleicht man sich wieder fort. Die Dame ist reich, gebildet
(malt artig en miniature) und artig. Sie sucht nichts gerade
darin; sie will nur unterhalten seyn und daran thut sie recht.«

Wie die Mutter so ist auch Adele dem Schriftsteller und Bibliothekar der Herzogin Anna Amalia, Carl Ludwig Fernow,
zugetan. Für beide ist er Lehrer, Berater und Freund zugleich.
Er unterrichtet sie in den Anfangsgründen der italienischen
Sprache und weckt ihr Interesse für Italiens Kunst und Kultur. Johanna ihrerseits sorgt sich voll Mitgefühl um den seit
Jahren kränkelnden Mann, begleitet ihn zusammen mit Adele
im Sommer 1808 zu einer Kur nach Bad Liebenstein und holt
ihn Ende September in das Haus an der Esplanade. Nach seinem frühen Tod am 4. Dezember 1808 entwirft sie die Biographie des Freundes zugunsten einer Schuldenentlastung der
Hinterbliebenen. »Fernows Leben« erscheint 1810 bei Johann
Friedrich Cotta. Damit beginnt die Schriftstellerlaufbahn der
Johanna Schopenhauer.

Anwesend ist häufig auch ein Landsmann aus Danzig, der
Philanthrop Johann Daniel Falk. Eine herzliche Beziehung
entwickelt sich aber nicht, zu wichtigtuerisch, dünkelhaft und
geschwätzig tritt er auf, obwohl gerade er als Gründer des
Waisenhauses in Weimar engagiert für soziale Fragen streitet.
Nicht selten kommt es zu heftigen Auseinandersetzungen mit
anderen Besuchern. Die Debatten schärfen Adeles Blick für die
am Rande der Gesellschaft Stehenden, die Armen und Verlas-
senen.

Sprühend vor Geist und mit bissigen Sarkasmen aufwartend,
würzt der Journalist Stephan Schütze die Abende. Gleichermaßen provokant und liebedienerisch fordert er Goethe zu
kontroversen Diskussionen heraus. Der Treffsicherheit seines
Witzes kann sich kaum einer entziehen. Hinzu kommt eine
Galanterie, die auf Frauen bestechend wirkt. Seine Verehrung
für das weibliche Geschlecht nutzen 1813 Adele und Ulrike

von Pogwisch, die jüngere Schwester Ottilies, geschickt aus. Für die Aufführung zweier Lustspiele des Dramatikers August von Kotzebue benötigen die jungen Mädchen einen Epilog. Um ihr Ziel zu erreichen, umschmeicheln sie den von ihnen favorisierten Schütze: »Für diesen höchst wichtigen und erhabenen Zwecke wissen wir unter unseren Millionen Verehrern (auf etliche 100 000 mehr oder weniger komt's nicht an) keinen den wir fähiger halten unsere Bitte zu erfüllen als Sie mein Vortrefflichster.«

Jahre später schildert Schütze die Abendgesellschaften der Hofrätin Schopenhauer. Er erinnert sich manch komischer und erheiternder Begebenheit, liefert eine Momentaufnahme Goethes in seinen wechselnden Stimmungen und ist sich mit vielen seiner Zeitgenossen einig über die Rolle der Gastgeberin, die »nach feiner Weltsitte ohne alle Umständlichkeit Jeden in ihrem Kreise gewähren ließ, wie sie nicht das Wort führte oder mit anmaßlichen Gedanken den Ton angab, sich nicht mit Paradoxieen zum Mittelpunkte des Kreises machte, sondern nur mit angenehmer Redseligkeit, schnell von einer Sache zur andern übergehend, bald von einzelnen Erfahrungen auf ihren Reisen erzählend, bald mit leichtem Spott über etwas scherzend, am meisten da, wo eine Pause entstand oder das Wort eines Anderen Veranlassung gab, an den gemeinsamen Unterhaltungen ruhig-heiter mit fortspann«.

Im Gegensatz zu Schütze strahlt der Dichter Wieland Sanftmut und Milde aus. Ab und zu beehrt er die Schopenhauers, meist wenn er unterwegs ist zu Anna Amalia, der Herzogin-Mutter, deren uneingeschränktes Vertrauen er besitzt. Mit Goethe pflegt er jetzt im Alter keine engere Beziehung mehr, er fühlt sich durch ihn eher eingeschüchtert. Als Anna Amalia 1807 stirbt, verläßt der Vierundsiebzigjährige kaum noch sein Gut in Oßmannstedt.

Gern gesehen beim geselligen Beisammensein ist Goethes Freund, der Schweizer Heinrich Meyer, genannt »Kunschtmeyer«. Er ist Nachfolger des verstorbenen Kraus. Johanna und Adele, beide nicht ohne Talent, lassen sich von ihm im Zeichnen unterrichten. Zeichnen und Malen gehören ebenso zum Bildungsanspruch der Zeit wie Musizieren und Dichten. Begabungen solcher Art finden im Schopenhauer-Kreis stets rückhaltlose Anerkennung. Da ist »Mademoiselle Bardua, ein Wunder von Talent«, sie malt, spielt Klavier und singt. Zudem bringt sie Schwung in die manchmal steifen »Repräsentations- thees«. Carolines Übermut steckt an, ihr Lachen verhindert alle Ansätze eines Zeremoniells. 1806, schon zu Beginn ihrer Bekanntschaft, hält sie Mutter und Tochter auf der Leinwand fest: Johanna in eleganter Pose vor der Staffelei sitzend, im Hintergrund die neunjährige Adele, eine vollerblühte Rose spielerisch in der Hand haltend und ihr scheu über die Schulter blickend.

Inmitten dieses illustren Kreises von Dichtern und Denkern, Künstlern und Ästheten bewegt sich ungezwungen das Kind. Hier geht es in die Schule des Lebens. Neben der Welt der schö- nen Bilder beleben auch skurrile Momente die Szene, wenn die Herren Räte, der Legationsrat, der Hofrat, der Medizinalrat, der Kammerrat, der Geheime Rat – auch Johanna hat sich des Titels ihres Mannes erinnert und läßt sich Frau Hofrätin nen- nen –, mit hintergründigem, ein wenig boshaftem Witz Dis- pute ausfechten, dabei nicht frei von Prahlerei, Gefallsucht und Spaß am Klatsch. Das Kind, vom Gewirr der Gesellschaft, ihren Gesprächen, Spielen, Lachen und Musizieren benom- men und ermüdet, flüchtet sich dann in die Arme von Sophie Duguet, der Kinderfrau und Haushälterin der Familie. Adele hängt an der mit dem Franzosen Duguet verheirateten Frau, beweint ihren Tod im Oktober 1816 und läßt sie in ihrem 1845 erschienenen Roman »Anna« wieder lebendig werden.

Auch Goethe, Kindern allgemein zugetan, nimmt sich der kleinen Adele an. Hand in Hand steigen sie in ihr Kinderreich. Puppen werden hervorgeholt und begutachtet, Geschichten

*Johanna und Adele Schopenhauer*

Ölgemälde von Caroline Bardua, 1806
H. H. Houben, Damals in Weimar. Leipzig 1924
Stiftung Weimarer Klassik / Herzogin Anna Amalia Bibliothek

werden erzählt, auch gemeinsame Spiele sind keine Seltenheit. Kindlichem Geplauder schenkt Goethe gern Gehör. Weihnachten 1806 interessiert er sich mehr für Adele und Mademoiselle Conta, die sechzehnjährige Schwester des Legationsrats, als für die Teegesellschaft. Johanna skizziert in ihrem Bericht an den Sohn das Bild:

»Den ersten Feyertag war meine Gesellschaft, den Tag vorher hatte Adele ihren Weyhnachten bekommen, und zwar nach der LandesSitte, einen großen TannenBaum mit vergoldeten Nüßen, Äpfeln und Wachslichtern, den mir einige Damen fabrizirt hatten, dabey Puppen, eine kleine Galanteriebude, und mancherley wie du leicht denken kannst, Göthe ist ein unbeschreibliches Wesen, das Höchste wie das Kleinste ergreift er, so saß er denn den ersten Feyertag eine lange Weile im letzten meiner drey Zimmer mit Adelen und der jüngsten Conta einem hübschen unbefangenen 16jährigen Mädchen, wir sahen von weitem der lebhaften Conversation zwischen den dreyen zu ohne sie zu verstehen, zulezt giengen alle 3 hinaus, und kamen lange nicht wieder, Göthe war mit den Kindern in Sophiens Zimmer gegangen, hatte sich dort hingesezt und sich Adelens Herrlichkeiten zeigen lassen, alles Stück vor Stück besehen, die Puppen nach der Reihe tanzen lassen, und kam nun mit den frohen Kindern und einem so lieben milden Gesichte zurück, wovon kein Mensch einen Begriff hat der nicht die Gelegenheit hat ihn zu sehen wie ich. Ihn freut alles was natürlich und anspruchslos ist, und nichts stößt ihn schneller zurück als Prätension.«

Ein Jahr später wird Arthur Zeuge dieser Vertrautheit. 1849, am 28. August, drei Tage nach Adeles Tod, wird sich Arthur an diese Zeit erinnern, »als Goethe gegenwärtig war bei den Weihnachtsgeschenken, die meine Schwester als Kind mit Tisch und Baum aufgeputzt erhielt«.

Weimar zieht bekannte Persönlichkeiten aus allen Gegenden Deutschlands an. Gerhard von Kügelgen, Maler aus Dres-

den, sucht Weimar häufig auf, schon wegen des ihm nahestehenden Fernow. Im Dezember 1808 eilt er zu dem schwerkranken Freund in der Hoffnung, seine Anwesenheit werde
Fernows Lebenswillen stärken. Er kommt zu spät. Am Tag
nach seiner Ankunft, am 7. Dezember, wird Fernow zu Grabe
getragen. Durch ihn fühlt sich Kügelgen auch mit Johanna
Schopenhauer verbunden. Ihr Verhältnis gestaltet sich herzlich. Johannas Salon dient ihm bald als Ausstellungsraum.
Wieland, Herder, Schiller und Knebel werden von ihm porträtiert.

Die Persönlichkeit Kügelgens besitzt Ausstrahlung. Ausgeglichen und voller Verständnis für Probleme aller Art, die
Gitarre im Arm, den Zeichenstift schnell zur Hand, wirkt er
unwiderstehlich. Auch Adele ist ihm zugetan und genießt umgekehrt seine Sympathie. Nie vergißt er, in Briefen »der Adele,
meiner geliebten dünnen«, herzliche Grüße zu übermitteln.
1814 – Kügelgen kommt aus Dresden – gilt nach Goethe sein
erster Gang dem Hause Schopenhauer. Aus dieser Zeit stammt
das Porträt Johannas, das ihre Persönlichkeit lebensnah einfängt. Das Bild besticht durch die ausgeprägten Gesichtszüge,
die Energie und Willenskraft widerspiegeln.

Johanna und Adele pflegen mit der Familie Kügelgen, dem
Vater und den Söhnen Gerhard und Wilhelm, über Jahre hinweg einen engen Kontakt. 1820 wird Kügelgen das Opfer eines
Raubmörders. Der Mord bei Loschwitz in der Nähe Dresdens
wird nie aufgeklärt. Besonders der jüngere Sohn Wilhelm trägt
schwer an dem Schicksal des Vaters.

Das Interesse an der Mal- und Zeichenkunst, der vergangenen und der gegenwärtigen, ist Mutter und Tochter gemeinsam. Auf ihren alljährlichen Sommer- und Badereisen versäu-
men sie nie, verschiedene Privatsammlungen aufzusuchen. In
der Nähe von Hanau, auf Schloß Emmerichshoff, besichtigen
sie die Gemäldesammlung des Grafen Benzel-Sternau, in
Frankfurt werfen sie einen Blick in die Städelsche Sammlung,

bewundern im Garten der Familie Bethmann vor dem Friedberger Tor antike und neuzeitliche Bildhauerarbeiten, finden
in Heidelberg uneingeschränkten Zutritt zu den Gemälde-
sammlungen der Brüder Sulpiz und Melchior Boisserée. Als
Kunstgelehrte und Kunstsammler engagieren sie sich nicht
nur für die Bewahrung der Malerei des Mittelalters, auch für
die Sanierung und den Weiterbau des Kölner Doms setzen sie
sich ein. Besonders die Bilder der altdeutschen und altnieder-
ländischen Malschule sind es, die Adele tief berühren. »Ein
ganz neuer Zweig der Malerei stellt sich in ihnen mir dar, und
es faßt mich ein tiefer Schmerz, daß auch diese Kunst mit so
mancher anderen im Strudel der Zeit untergegangen. Waren
doch die Alten andere Vögel als wir! Flogen weit und kühn,
und man hörte nicht den Flügelschlag ewige Zeit vorher. – Wir
setzen von einem Baum zum andern, rufen Kuckuck dazu und
meinen Wunders, was wir täten.« Jan van Eyck, Michael Wolgemut, Hans Memling, Jan van Scorel, Jan Gossaert, Dürer
und Holbein schärfen den Blick für Form, Linie, Farbe, prägen Kunstsinn und -geschmack. Entsprechende Beschreibun-
gen finden sich sowohl in den Reiseberichten Johannas als
auch in Adeles Tagebüchern.

Dem Salon der Johanna Schopenhauer wird allgemein Geist,
Esprit und Weltoffenheit nachgesagt. Gäste, die Goethe aufsuchen, bemühen sich auch um die Gunst von Madame Schopenhauer. Bettine von Arnim, die Schwester des skandalumwitter-
ten Dichters Clemens Brentano, verehrt Goethe enthusiastisch.
Mehrmals hält sie Weimar in Atem. Mit Eigenwilligkeit, Tem-
perament und Naivität sucht sie die Aufmerksamkeit Goethes
auf sich zu ziehen. Während ihres ersten Besuchs vom 1. bis
zum 10. November 1807 führt Goethe sie noch am Tage ihrer
Ankunft bei Johanna Schopenhauer ein. Die um dreizehn Jahre
ältere Bettine imponiert Adele, doch bleibt es bei einer nur
mehr losen Bekanntschaft.

Im Herbst 1811, Bettine weilt erneut in Weimar, kommt es

zu einem Eklat. Sie, die Goethe förmlich belagert, schockiert
mit ihrem herausfordernden und impulsiven Verhalten Christiane. Auf Empfehlung Goethes besuchen sie gemeinsam eine
Kunstausstellung im Fürstenhaus, die Meyer als Direktor der
Zeichenschule und Freund des Geheimrats organisiert hat. Bettine, umringt von Freunden, äußert sich abwertend und spöt-
tisch über die Gemälde. Christiane verliert die Beherrschung.
Dem Wortwechsel folgen Handgreiflichkeiten. Danach verläßt Christiane den Raum, nicht ohne zuvor der Konkurrentin das Haus am Frauenplan zu verbieten. Bettine, verstört
und fassungslos, rächt sich. Ihr sarkastischer Ausspruch, es
wäre eine Blutwurst toll geworden und hätte sie gebissen,
macht die Runde. Der Skandal ist perfekt. Goethe stellt sich
auf die Seite seiner Frau. Das Haus am Frauenplan ist Bettine
von nun an verschlossen. Auch eine briefliche Entschuldigung
gegenüber Goethe vermag die Situation nicht zu entschärfen.

Trotz dieses Vorfalls bringt Bettine dem Dichter weiterhin
grenzenlose Verehrung entgegen. 1835, drei Jahre nach seinem
Tod, erscheint ihr Buch »Goethes Briefwechsel mit einem
Kinde«. Im Zentrum steht der ins Übermenschliche gestei-
gerte Dichter, ein Wunschbild, nicht die wirkliche Persönlichkeit. In ihm manifestieren sich die Ideen der Liebe und
Freiheit, deren Bettine, das Kind, für die eigene Selbstverwirk-
lichung bedarf. Von ihm, ihrem Idol, empfängt sie die Impulse
zur Entfaltung verborgener Seelenkräfte.

Die Resonanz auf das Buch ist überwiegend positiv, der Erfolg durchschlagend. Doch bleibt die Wirkung widersprüch-
lich. Die alt gewordenen Romantiker melden Einspruch an.
Clemens Brentano lehnt die Veröffentlichung ab, Eichendorff
nennt es »einen Veitstanz des freiheitstrunkenen Subjekts«,
Ludwig Börne interpretiert es im gegenteiligen Sinn: »Bettina
ist nicht Goethes Engel, sie ist seine Rachefurie.« Jacob Grimm
urteilt sachlich und hebt die Gewalt der Sprache hervor. Rezensionen aus England, Ungarn und Rußland unterstreichen das

Interesse an diesem Werk, das Bettines Ruf als Schriftstellerin begründet.

Adele trifft Bettine wiederholt auf ihren Reisen. Im Sommer 1817 sehen sie sich in Berlin. Bettine trägt sich mit einem Spruch Jean Pauls in Adeles Stammbuch ein:

Du gute Natur voll unendlicher Liebe bist es ja, die in uns die Entfernung der Körper in Annäherung der Seelen verwandelt; Du bist es, die vor uns, wenn wir uns an fremden Orten recht innig erfreuen, die freundlichen Bilder aller derer, die wir verlassen mußten, wie holde Töne u. Jahre vorüberführt, u. Du breitest unsere Arme nach den Wolken aus, die über die Berge herfliegen, hinter denen unsere Theuersten leben! – So öffnet sich das abgetrennte Herz dem fernen, wie sich die Blumen, die sich vor der Sonne aufthun, auch an den Tagen, wo das Gewölk zwischen beide tritt, auseinander falten. (Jean Paul).

Berlin, den 21sten July 1817.                                                      B. v. A.

Bettines Talent, ihr leidenschaftliches Empfinden und ihre dichterische Ausdrucksstärke bewundert Adele, auch wenn sie dieser Gefühlswelt fremd gegenübersteht. Zu gegensätzlich sind ihre Charaktere. Adele neigt mehr den leisen Tönen zu, Bettine aber braucht für ihre Gefühlskaskaden die Resonanz der Welt.

Zacharias Werner, der Dramatiker, ist während seiner Aufenthalte in Weimar regelmäßiger Gast in der Runde Johanna Schopenhauers. Die Gunst des Publikums für die Dichtungen des einstigen Juristen schwankt. Um sein Schaffen entspannen sich unter den Befürwortern und Gegnern heftige Streitgespräche. Viel gelesen, diskutiert und aufgeführt werden seine Dramen »Martin Luther oder die Weihe der Kraft«, »Die Söhne des Thals«, »Das Kreuz an der Ostsee«. Von Goethe anfangs ironisch beurteilt, gewinnt Werner vor allem nach ihrer persönlichen Bekanntschaft im Dezember 1807 langsam an Ansehen. Als Intendant weiß Goethe das dramatische Talent des Dichters zu schätzen. Mehrere seiner Stücke werden am Weimarer Hoftheater inszeniert. Das am 30. Januar 1808 aufgeführte Drama »Wanda, Königin der Sarmaten« findet beim Publikum gedämpften Beifall. Schütze beobachtet mit leisem Spott das Gebet des Autors vor Spielbeginn und die mit Blumenkränzen dargebrachten Huldigungen junger Mädchen nach dem letzten Vorhang. Dem Rat Goethes, seine Werke zu komprimieren, folgt Werner. Das Schicksalsdrama »Vierundzwanzigster Februar«, am selbigen Tag 1810 in Weimar gespielt, erlebt eine enthusiastische Aufnahme.

Werners äußere Erscheinung hat Schütze anläßlich eines Gesellschaftsabends festgehalten. »Seine hagere, wiewohl nicht unkräftige, doch schon etwas verknöcherte Gestalt mit den ungewöhnlich tiefen Verbeugungen, sein längliches, schwärzlich-gelbes Gesicht mit den breitgeschlitzten feucht-matten Augen nahmen nicht sehr für ihn ein.« Doch bescheinigt er Werner Gewandtheit im Vortrag sowohl poetisch-religiöser Ideen als auch burlesker Fabeln und Schnurren. Sein »Faust«-Vortrag erschüttert die Zuhörer, wobei er der Rolle des Mephisto bestechende Glaubwürdigkeit zu verleihen weiß.

Das Gefolge Werners bilden besonders Verehrerinnen. Vor ihnen spricht er viel von himmlischer, mehr noch von irdischer Liebe. Sophie von Schardt, die Schwägerin Charlotte von Steins, zieht er ganz in seinen Bann. Ihre offen gezeigte Verliebtheit reizt zu Spötteleien, was sie aber kaum anficht. Auch Adele, noch Kind, fühlt sich angesprochen. Seine von Schicksalsmacht, Phantastik und Mystik durchflochtene Rede führt in verworrene Bezirke der Seele. Die sensible Seite in Adeles Wesen schwingt mit. Selbst Arthur, der Bruder, ist für ihn eingenommen, als er zeitweilig am Weimarer Gesellschaftsleben teilnimmt.

Werner neigt zu extremen Haltungen. Zwischen Sinnlichkeit und Frömmigkeit schwankend, wählt er die Kirche. 1811 bekennt er sich zum Katholizismus, studiert Theologie, tritt 1812 vorübergehend dem Redemptoristenorden bei und widmet sich bald ganz dem Predigerberuf. Seine ausdrucksstarke Beredsamkeit, wild und phantastisch, bringt ihm großen Zulauf. »Posaunen des Weltgerichts«, eine seiner Predigten, erscheint postum 1826.

Der Sprachforscher und Märchensammler Wilhelm Grimm sucht am 11. Dezember 1809 Johanna Schopenhauer zum erstenmal auf, nachdem ein Besuch bei Goethe wegen Krankheit abgesagt werden mußte. Da ist Adele noch ein Kind. Der wunderliche Märchenerzähler erregt ihre Neugier. Angezogen und abgestoßen zugleich, lauscht sie seinen sonderbaren Geschichten. Sechs Jahre später, im Juni 1816, werden sie zu Partnern in diffizilen Streitgesprächen. Im Brief an Johanna vom 26. März 1817 bezieht sich Grimm darauf. »Fräulein Adele grüße ich 1001 mal, ich habe mich seither auch nicht entfernt mit jemand so zanken können und bitte bei ihr recht sehr um die Fortdauer ihrer feindlichen Gesinnung.« Auf ihren Reisen wird Adele 1825 in Kassel von der Familie Grimm herzlich aufgenommen, von seiner Frau Dortchen und den Brüdern Jacob und Ludwig.

Um 1815 lernt Adele die Brüder Schlegel kennen, beide von einem romantischen Flair umgeben. August Wilhelm, bekannt als Shakespeare-Übersetzer, weckt ein pikantes Interesse durch die seinerzeit vielberedete Scheidung von Caroline, seiner kapriziösen Frau, die Friedrich Schelling als Ehemann vorzog. Die jetzige Liaison Schlegels mit Madame de Staël liefert ebenfalls Diskussionsstoff. 1818 heiratet er erneut, diesmal die Tochter des Theologen Paulus, Sophie Caroline. In Bonn um 1830 wird Adele dem Professor Schlegel wiederbegegnen. Sein Auftreten trägt nun einen bizarren Anstrich. Die grelle Kleidung und das pathetische Gebaren fordern den Spott heraus. Über den Kult, den er um Madame de Staël treibt, belustigt sich die Bonner Gesellschaft. »In jedem Zimmer der elegant, aber unordentlich gehaltenen Wohnung glänzte das Portrait der Frau von Staël an der Wand. Ein Bild immer entblößter als das andere; ich glaube im Allerheiligsten befand sich ein Bild – ganz ohne Gewand […] Diese Frau mit den blitzenden Augen, mit dem Baschkirenmunde und der angenommenen Körperfülle machte auf den Beschauer einen nicht ganz wohltuenden Eindruck. Man mußte sich notwendig die Fülle ihres Geistes gegenwärtig halten, um die Fülle des Körpers zu vergessen«, beschreibt der anregende Plauderer und gewandte Fabulierer Alexander von Sternberg seinen Besuch bei Schlegel.

Adele jedoch imponiert dessen Haltung zu Madame de Staël. An Goethe berichtet sie im Januar 1830: »Wir selbst stehen auf recht freundlichem Fuße zusammen, werden seine Vorlesungen ›über Geschichte deutscher Litteratur‹ mithören, was ohnehin die halbe Stadt thut, und er gefällt mir weit besser als sonst. Erstlich erzählt er in Gesellschaften oft sehr angenehm, besonders Geschichten die auf der schmalen Linie des Anstandes stehen und noch habe ich sie nicht von ihm überschreiten sehen. Dann aber interessiert mich noch Vieles, was ich bei ihm sehe und besonders die Art, wie er über Frau von Staël spricht. Bekanntlich, lieber Vater, bin ich ein Frauenzimmer, demnach freut mich treue Verehrung eines berühmten Mannes, wenn sie auch nicht mir gilt […]«

Der Bruder Friedrich Schlegel steht seit dem Erscheinen des Romans »Lucinde« 1799 im Blickpunkt der Öffentlichkeit. Bestimmte Kreise vermuten, er erzähle hier die eigene Geschichte seiner Leidenschaft zu Dorothea Veit, die er 1804 heiratet. Einst aufbegehrender Jüngling, entwickelt er sich immer mehr zum konservativen Mystiker. 1808 tritt er mit Dorothea zum Katholizismus über. Weit zurück liegen die Jahre der gemeinsamen Arbeit der Brüder an der Zeitschrift »Athenäum«. Als Sprachrohr der Romantiker sollte das Journal eine neue Weltanschauung verkünden. Jetzt aber bekennt sich Friedrich Schlegel zur »alleinseligmachenden« katholischen Kirche und entwickelt sich allmählich zum Eiferer und Propheten des göttlichen Weltgerichts.

Die Gesellschaftsabende im Hause Schopenhauer sind stets kurzweilig. Wenn Gespräche ermatten, beginnt das Zauberreich der Musik. Ihr haben sich alle verschrieben. Selbst der würdige Referendar Conta pflegt mit Leidenschaft die Tonkunst und erntet viel Beifall. Er brilliert am Klavier, begleitet von dem klaren Sopran seiner Schwester. Töne erklingen, verwehen in der Dämmerung, Spannungen lösen sich, Phantasien umschmeicheln die Sinne. Sanft brennen die Kerzen im Zwielicht. Eine Frau, Therese aus dem Winckel, begeistert mit ihrem virtuosen Spiel die Gäste, die ebenso ihrer zeichnerischen Begabung Anerkennung zollen. Anlaß für heimliches Geflüster und Getuschel gibt das überschwengliche Verhältnis Thereses zu dem Herzog von Sachsen-Gotha, August Emil Leopold, eine scheinbar rein platonische Beziehung.

1808 und 1812 erfreut der Komponist Carl Maria von Weber die Weimarer Gesellschaft mit seiner Gegenwart. Er kommt aus Gotha, um der Herzogin Luise, seit 1775 die Frau Carl Augusts von Sachsen-Weimar-Eisenach, beim Einüben einer Sonate behilflich zu sein. Am wohlsten fühlt er sich bei den Schopenhauers. Dort geht er ein und aus. 1816 auf Schloß Emmerichshoff, als Gäste des Grafen Benzel-Sternau, und fünf Jahre später in Dresden erneuern sie die Bekanntschaft. Diesmal sind Mutter und Tochter bei Weber eingeladen. Mit Wärme bemerkt Adele: »Weber war hinreißend liebenswürdig und von einer Herzlichkeit, die nur wenige Menschen haben.« Seinen Kompositionen widmet Adele später ihr zeichnerisches Talent. Im Tagebuch vermerkt sie im Januar 1840 die Illustration eines Notenblattes von Weber. Adele hat gerade ihr Gemälde »Evangelien« beendet und bereits einen Käufer dafür gefunden. Glücklich stellt sie fest: »Es ist das erste kleine Kunstwerk, das ich verkauft habe, wenn ich ein nicht erschienenes Titelblatt für Weber ausnehme.«

Mit vierundzwanzig Jahren, im November 1821, begegnet Adele dem Musikgenie Felix Mendelssohn Bartholdy. Der Komponist und Direktor der Singakademie in Berlin Carl Friedrich Zelter besucht in Begleitung seines Schülers, des zwölfjährigen Felix, und seiner Tochter Doris den Freund Goethe. Felix gilt als Wunderkind. Er begeistert nicht nur Goethe, auch die Weimarer Gesellschaft reißt sich um ihn. Selbstverständlich folgt er einer Einladung zu den Schopenhauers. Die junge Frau und der Knabe verstehen sich auf den ersten Blick, wahrscheinlich spüren sie ein verwandtes künstlerisches Naturell. Unvergessen bleiben Adele die Stunden am Klavier mit ihm. Mehr noch als sein Talent berührt sie die Anhänglichkeit, Bescheidenheit und Höflichkeit seines Wesens im Umgang mit ihr und den ihr Nahestehenden. Die Tagebücher berichten von mancher heiteren Stunde, die sie mit ihm zubringt. Wie ein »Liebling der Götter« erscheint er ihr. Seine virtuose Beherrschung der Tonkunst beeindruckt Adele, während er die Meisterschaft der jungen Frau im Silhouettenschneiden bewundert.

Gelesenes und Gehörtes wird von ihr geschickt in zierliche Schattenbilder gebannt. Dieses Talent, einer Idee filigrane Gestalt zu verleihen, erregt allseits Hochachtung. Die Schattenrisse spiegeln eine ganze literarisch-künstlerische Zeitströmung wider. In ihnen verschmelzen Elemente des Klassizismus, des Biedermeier und der Romantik. Fürst Hermann von Pückler-Muskau rühmt »mit Ekstase« die »ausgeschnittenen Figuren mit poetischem Text«. Goethe widmet den »kunstreichen Papierausschneidereien, solchen holden Finsternissen« manche Verszeile, und der Dichter Karl Immermann nennt die Silhouetten »Gedichte mit der Schere«. 1818 veranlaßt eine Reihe von Landschaftsumrissen aus Adeles Hand Goethe zu dem Reim:

Zarte, schattende Gebilde,
Fliegt zu eurer Künstlerin,

Daß sie, freundlich, froh und milde,
Immer sich nach ihrem Sinn
Eine Welt von Schatten bilde;
Denn das irdische Gefilde
Schattet oft nach eignem Sinn.

Felix, das »enfant chéri« des Herrn von Goethe, läßt sich von der Atmosphäre der »Künstlerin des kleinen gaukelnden Schattenreiches« gefangennehmen. Das vor einem Jahr, im Sommer 1820, gestaltete »Hochzeitlied« nach einem Gedicht von Goethe entlockt dem jungen Musiker überschwengliches Lob. Noch 1837 begeistert dieses filigrane Werk Immermann, der eine Vervielfältigung durch den Düsseldorfer Maler Adolf Schrödter anstrebt. Allein sein Tod drei Jahre später verhindert die Ausführung dieses Plans. Erst dem Literaturwissenschaftler Houben gelingt es, die verschollen geglaubte »Zwergenhochzeit« wieder aufzufinden und in seinem Buch »Kleine Blumen, kleine Blätter« 1925 zu veröffentlichen.

Nach Mendelssohns Abreise am 18. November 1821 gestaltet Adele ein geflügeltes Steckenpferd mit zwei Genien als Reiter, die Zukunft des jungen Musikers symbolisierend. Goethes Verse begleiten den Schattenriß:

Wenn über die ernste Partitur
Quer Steckenpferdlein reiten;
Nur zu! auf weiter Töne-Flur
Wirst manche Lust bereiten,
Wie du's gethan mit Lieb' und Glück;
Wir wünschen dich allesamt zurück. –

Auch Arthur nimmt gelegentlich an den Teegesellschaften der Mutter teil, mehr im Hintergrund und als stiller Beobachter. Bereits 1807 hat Johanna den Sohn nach Weimar kommen lassen. Er fühlte sich in Hamburg zutiefst unglücklich. Der Kaufmannsberuf mißfällt ihm. Seinen drängenden Bitten gibt

*Zwergenhochzeit*

Scherenschnitt von Adele Schopenhauer
zu Goethes »Hochzeitlied«
Stiftung Weimarer Klassik/Goethe-Nationalmuseum

die Mutter auf Anraten ihres Freundes Fernow nach. Arthur bekommt die Chance, nach dem Gymnasium an einer Universität zu studieren. Das Gymnasium in Gotha besucht er ein halbes Jahr, um anschließend die Ausbildung in Weimar fortzusetzen. Im Haus seines Griechischlehrers, Franz Passow, bezieht Arthur Quartier. Die Mutter möchte zu ihm Abstand halten. Sein Charakter ist ihr zu schwerblütig und eigensinnig.

Von 1809 bis 1813 studiert Arthur in Göttingen und in Berlin, zuerst Medizin, dann Philosophie. Um den Kriegswirren 1813 auszuweichen, verläßt er im Mai Berlin und geht nach einem kurzen, wenig erfreulichen Aufenthalt in Weimar weiter nach Rudolstadt. Hier, im Gasthaus »Zum Ritter«, kann er ungestört an seiner Dissertation arbeiten. Im September reicht er an der Universität Jena die Abhandlung »Über die vierfache Wurzel des Satzes vom zureichenden Grunde« ein und wird am 2. Oktober in absentia mit der Note »magna cum laude« zum Doktor promoviert. Fünfhundert Exemplare der Dissertation läßt er noch auf eigene Kosten in Rudolstadt drucken, ehe er nach Weimar in das Haus seiner Mutter zurückkehrt. Mittlerweile bewohnt sie das Reußische Haus am Theaterplatz 1, so bezeichnet nach dem ehemaligen Besitzer, dem Grafen Reuß. Neuer Eigentümer wird ab 1812 der Hofbankier Ephraim Ulmann. Einst ein beachtliches spätbarockes Anwesen, schwingend das Dach, geräumig die Flure, gediegen die Räume, weitläufig der Garten, wird es heute durch einen Vorbau entstellt. Die unansehnliche Fassade und der verbaute Hinterhof lassen die vormalige Solidität des Hauses nur noch erahnen.

Hier, im neuen Domizil, beginnt die Entfremdung zwischen Mutter und Sohn bald schärfere Konturen anzunehmen. Offizieller Anlaß des Zerwürfnisses ist Johannas Hausfreund, Georg Friedrich Müller von Gerstenbergk. Zunächst Mitbewohner des Hauses im obersten Stockwerk, wird er nach Arthurs Auszug Untermieter bei Frau Schopenhauer, an deren

Mittags- und Abendtafel er von Anfang an regelmäßig teilnimmt. Die Miete, vorerst als nebensächlich angesehen, wird
nach 1819/20, als der materielle Wohlstand Johannas durch
Manipulationen des Bankhauses Muhl zu bröckeln beginnt,
das Wirtschaftsbudget aufbessern helfen.

Gerstenbergk steht seit 1810 in Weimarischen Staatsdien-
sten. Der Regierungsrat und Archivar liebt die Poesie. Seinen
dichterischen Versuchen bringt Johanna Sympathie entgegen.
Sie bietet dem um vierzehn Jahre Jüngeren ihre Freundschaft
an und mehr als das, wie die Weimarer Gesellschaft argwöhnt.
Zeitweise sieht sie in ihm den künftigen Schwiegersohn. Adele
aber setzt diesem Wunsch der Mutter Widerstand entgegen.
Ihr Mißtrauen ist unüberwindbar.

Gerstenbergk und Arthur sind in Charakter und Wesen völlig entgegengesetzt. Ein Zusammenstoß ist unausbleiblich.
Aus moralischer und intellektueller Sicht lehnt der junge Schopenhauer das selbstgefällige, eitle Gebaren des Hausfreundes
kompromißlos ab. Sein ungelenkes und schroffes Wesen, das
ganz im Gegensatz zur liebenswürdig-heiteren Art der Mutter steht, vertieft die Kluft. Zudem ist für Johanna die komplizierte Gedankenwelt des Sohnes nur schwer zu verstehen. Seiner Dissertation kann sie nichts abgewinnen. Ihre scherzhafte
Bemerkung, die Abhandlung sei »wohl etwas für Apotheker«,
läßt ihn auffahren, seine Schriften werde man noch lesen,
wenn die ihrigen kaum mehr in einer Rumpelkammer zu finden
seien. »Von den deinigen wird die ganze Auflage noch zu haben sein«, hält die Mutter dagegen.

In gewisser Weise behalten beide recht. Während Arthur zu
Lebzeiten kaum Erfolg hat und seine Werke teilweise wegen
mangelnden Absatzes vom Verleger Brockhaus makuliert werden, erleben sie postum eine Renaissance, die bis in die Gegenwart reicht. Insbesondere die letzte Veröffentlichung »Parerga und Paralipomena« findet große Resonanz und begründet
seinen Ruhm. Johannas Bücher hingegen sind zunächst regel-

rechte Bestseller, später aber schwächt sich die Nachfrage ab. Die Verleger verlieren das Interesse, und ihre Romane und Reisebeschreibungen geraten in Vergessenheit.

Arthur will und kann sich in den häuslichen Lebenskreis um Mutter und Schwester nicht einfügen. Die Familienehre scheint ihm auf dem Spiel zu stehen. Zudem befürchtet er, eine zweite Heirat der Mutter könnte ihm das Vermögen schmälern. Arthur brüskiert und provoziert, die Auftritte häufen sich. Am 16. Mai 1814 kommt es zwischen ihm und Müller von Gerstenbergk zu einem Streit. Eine erregte Auseinandersetzung mit der Mutter folgt. Am nächsten Tag gibt Johanna dem Sohn schriftlich den Abschied. Sie ist zutiefst betroffen und nicht gewillt, seine Einmischung länger zu ertragen.

»Die Thüre die Du gestern nach dem Du Dich gegen Deine Mutter höchst ungeziemend betragen hattest so laut zuwarfst fiel auf immer zwischen mir und Dir. Ich bin es müde länger dein Betragen zu erdulden [...] Nicht Müller, das betheure ich hier vor Gott an den ich glaube, Du selbst hast Dich von mir losgerissen. Dein Mistrauen, Dein Tadeln meines Lebens, der Wahl meiner Freunde, Dein wegwerfendes Benehmen gegen mich, Deine Verachtung gegen mein Geschlecht Dein deutlich ausgesprochener Wiederwillen zu meiner Freude beizutragen, Deine Habsucht, Deine Launen denen du ohne Achtung gegen mich in meiner Gegenwart freien Lauf ließest, dies und noch vieles mehr das Dich mir durchaus bösartig erscheinen läßt, dies trennt uns [...] Wäre ich tod und Du hättest mit dem Vater zu thun, würdest Du wagen ihn zu meistern? sein Leben, seine Freundschaften bestimmen zu wollen, bin ich weniger als er? Hat er mehr für Dich gethan als ich? mehr gelitten? Dich mehr geliebt als ich? Du der soviel wissen will, studire das Gebot von Vater und Mutter auf daß es Dir wohl gehe [...] ich werde vor jezt keinen Deiner Briefe lesen noch beantworten, unser Weg trennt sich von nun an, ich schreibe dis mit tiefem Schmerz aber es mus so sein wenn ich leben und gesund bleiben soll. So ist es denn vollendet. Ich habe befohlen, daß Du bis Donnerstag Morgen in meinem Hause bedient werdest wie sonst. Laß uns friedlich scheiden weil wir nicht miteinander gehen können, und suche keine Zusammenkunft zu erzwingen die meinen plözlichen Tod nach sich ziehen könnte. Du hast mir zu weh gethan. Lebe und sei so glücklich als Du kannst.«

Die Auszahlung des väterlichen Erbteils, auf die er seit Jahren drängt, erfolgt am selben Tag. Zwar hatte die Mutter anläßlich seiner Volljährigkeit im Jahre 1809 seinen Vermögensanteil in einem Rechenschaftsbericht bereits aufgeschlüsselt, die Finanzen aber noch selbst verwaltet. Jetzt erhält er ein Drittel des verbliebenen Barvermögens. Die Originalquittung, im Nachlaß Adeles aufbewahrt, weist 19 183 Taler und 6 Groschen aus. Am 22. Mai verläßt Arthur das Haus der Mutter. Für ihn gibt es keine Rückkehr. Seine nächste Station ist Dresden.

Solange Johanna und Adele ein gastliches Haus in Weimar führen, lebt die Tradition der Teegesellschaften. 1824 müssen sie wegen Eigenbedarf des Besitzers ihr Quartier am Theaterplatz verlassen. Schließlich findet sich etwas Geeignetes, wiederum an der Esplanade. Auch hier, in dem neuerbauten Haus links neben dem Schillerschen Anwesen, das dem Hofrat Julius Völkel gehört, entfaltet Johanna ein reges Gesellschaftsleben. An die Atmosphäre dieser Zusammenkünfte erinnert sich noch nach Jahren eine Freundin Adeles, Jenny von Pappenheim: »Es wehte eine eigentümliche Luft in diesen Räumen, die von der Luft Weimars verschieden war. Man atmete, man bewegte sich freier als bei Hofe, weniger frei als bei Ottilie. Die Interessen, die uns hier zusammenführten, waren mehr geistige als Herzensinteressen; der Kreis, in dem die Unterhaltung sich bewegte, umschloß nicht nur die Literatur, sondern auch jede Art von Wissenschaft; selbst die sonst unter uns verpönte Politik, der wir mit ziemlicher Gleichgültigkeit begegneten, fand hier Beachtung. Johanna Schopenhauer hatte eine unvergleichliche Art, sich selbst in den Hintergrund zu stellen und trotzdem, wie mit unsichtbaren Fäden, die Geister in Bewegung zu halten. Oft schien sie selbst kaum an der Unterhaltung teilzunehmen, und doch hatte ein hingeworfenes Wort von ihr sie angeregt; ein ebensolches belebte sie, sobald sie ins Stocken zu geraten schien [...] Vorlesen, Vorsingen, Vorzeigen eigener oder gesammelter Kunstwerke machte überhaupt unsre damalige Geselligkeit zu einer so belebten. Man wetteiferte darin, man hatte einen aufmerksamen, geschärften Blick für alle Vorkommnisse inneren und äußeren Lebens und teilte anderen die eigenen Beobachtungen und Erfahrungen rückhaltlos mit. Daß sie sich nicht auf die engen Grenzen Weimars beschränkten, daß uns auch für das politische Leben der Blick geöffnet wurde, war mit das Verdienst Johanna Schopenhauers.«

Das Theater, geistiges Zentrum der Weimarer Geselligkeit, übt von klein auf eine unwiderstehliche Faszination auf Adele aus. Theaterbesuche stehen mehrmals in der Woche auf dem Programm. Besonders die glanzvollen Auftritte des Schauspielerehepaars Pius Alexander und Amalie Wolff begeistern das Weimarer Publikum. Goethe als Intendant und Regisseur des Hoftheaters hat die Darstellungskunst der Wolffs entscheidend mitgeprägt. Selbst im Berliner Schauspielhaus, an das sie 1816 berufen werden, gelingt ihnen nach anfänglicher Zurückhaltung des Publikums der Durchbruch zum Erfolg.

Adele ist mit beiden befreundet. Bei der fünfzehn Jahre älteren Amalie Wolff, die schon als Kind mit neun Jahren unter ihrem Geburtsnamen Malcolmi auf der Bühne stand, nimmt sie Unterricht in den Anfangsgründen der Schauspielkunst. Eine natürliche Begabung für die Schauspielerei fördert die Ausbildung und spornt ihren Eifer an. Um so schmerzlicher empfindet Adele im Frühjahr 1816 den Abschied von den ihr liebgewordenen Menschen. Sie hängt beiden weiterhin herzlich an, verfolgt ihr Schicksal mit Anteilnahme und stattet ihnen bei ihren Aufenthalten in Berlin 1817, 1819 und 1820 jedesmal einen Besuch ab.

Adeles darstellerische Begabung nutzt Goethe zwei Jahre nach dem Weggang der Wolffs für Aufführungen im Großherzoglichen Haus. Im Maskenzug zu Ehren der russischen Kaiserin Maria Feodorowna, Mutter der Erbgroßherzogin Maria Pawlowna und des Zaren Alexander I., beeindruckt Adele am 18. Dezember 1818 in der Rolle der Tragödin. Wenig später, am 3. Februar 1819, tritt sie im Festspiel »Paläophron und Neoterpe« zum 11. Geburtstag der Tochter Maria Pawlownas, Prinzessin Marie, auf. In Liebhaberaufführungen wird ihr häufig eine Rolle angetragen. Mit der Thekla in Schillers »Wallenstein« feiert sie am 11. Februar 1820 in Danzig Triumphe. Adele hält sich mit der Mutter seit Juni 1819 wegen strittiger Finanzangelegenheiten in der Stadt auf. Die Begeisterung der 500 Zuschauer ist so groß, daß sie zum Wagen, der sie nach Hause bringen soll, fast getragen wird. Ihr Tagebuch hat die Episode festgehalten: »Überhaupt ward die fremde Schauspielerin wie eine Fürstin aus dem edlen Reich der Kunst behandelt. Ich wüßte nicht, wie man mich mehr ehren konnte. Ein alter preußischer General steht indes obenan im Leben, sehr bissig kam er zu mir und sagte mit einer Stimme, die etwa wie ›Kreuzelement‹ klang: ›Sie haben ja deklamiert, weiß Gott, daß mir die Tränen aus den Augen geschossen sind.‹ Dazu sah er aus, als ob ers recht übelnehme.«

Auch Goethe zollt ihrer schauspielerischen Begabung Beifall. In den »Tag- und Jahresheften« von 1821 nennt er sie neben Julie von Egloffstein »ein entschiedenes Talent dieses Faches«. Selbst Gerstenbergk, der Adele sonst eher kritisch beobachtet, bezeichnet sie als »anbetungswürdig auf den Brettern« und stellt fest, daß »nur in dem Engelsmunde der Frauen Poesie sich belebe«.

Eine ganz andere Auffassung von Schauspielkunst lernt Adele durch Ludwig Tieck kennen. Ihre erste Begegnung fällt in den Sommer 1819 in Berlin, als Sorge die Tage von Mutter und Tochter überschattet, die auf der Reise nach Danzig sind, um Vermögensangelegenheiten zu ordnen. Von diesen ist dann auch mehr die Rede als von Dichtung und den Werken Tiecks. Adele erfährt im Umgang mit ihm eine Kraft des Trostes und Beistandes, die wohltut. »Er ist nicht stolz, aber sicher, bescheiden, nicht anmaßend, sondern ruhig, mild und anmutig; weit entfernt, interessante Extreme zu zeigen und sich in die neue Herosform zu zwingen, er ist nur ein menschlich liebenswürdiger, guter Mensch.«

Zwei Jahre später, in Dresden, erlebt sie Tieck in der Lesung des Shakespeareschen »Sommernachtstraums« und bald darauf im Vortrag seines Märchendramas »Blaubart«. Diese Art des Rezitierens ist ihr völlig neu. Es kommt ihr vor, als ob sie auf einem schlechten Platz im Theater säße, so daß die Bühne nicht einsehbar sei. Es beeindruckt sie, mit welcher Sicherheit und Schnelligkeit Tieck zwei bis drei Stunden ohne Pause, Stimmeinbuße und Müdigkeitserscheinungen agiert. Meisterschaft erreicht er in Volks- und Zankszenen, wenn er dank der Modulationskraft seiner Stimme ganze Volksmassen verkörpert.

Dennoch fehlt ihr das rechte Verständnis für diese Vortragsweise. Während die Mehrzahl der Zuhörer überwältigt ist, vergleicht sie die Tiecksche Deklamation mit Goethes Maxime über Sprache und Ausdruck in der darstellenden Kunst, der Tieck nach ihrer Meinung nicht genügen kann. Damit befindet sie sich ganz im Gegensatz zu Karl von Holtei, den Tiecks Lesungen so ergreifen, daß er ihm nacheifert und bald schon selbst diese Kunst ausübt. 1827 folgt er einer Einladung nach Weimar und gewinnt hier zwei Menschen, August von Goethe und Johanna Schopenhauer. Für Johanna ersetzt er den Sohn, und er verehrt in ihr bis zu seinem Lebensende die mütterliche Freundin. 1870, mit 72 Jahren, wird er die Briefe Johannas an ihn herausgeben und sie im Vorwort als warmherzige und kluge Persönlichkeit charakterisieren. Jeder Entfernung und Trennung

*Johanna Schopenhauer*

Ölporträt von Julius Oldach
Goethe-Museum, Düsseldorf

zum Trotz hat sie ihm ihre Freundschaft bis zuletzt bewahrt. In Weimar war sie für ihn der »Mittelpunkt des Daseins«: »Aber ihr durfte ich alles bekennen, alles erzählen, mein Herz vor ihr ausschütten, und ohne Heuchelei erschien ich bei meiner Freundin als der wahre wirkliche Mensch in seiner ungeschmückten Natürlichkeit. Und so mag's mir nun geglaubt werden oder nicht: sei mir die Wahl gestellt – heute – zu jeder Stunde – ob ich den glücklichsten Abend, den süßeste Liebe mir je gegeben, oder ob ich einen solchen ernsten, wehmütigen, traulichen Abend bei meiner alten, verkrümmten Freundin noch einmal durchleben will – ich wähle den letzteren.«

Persönlichkeiten des Kulturlebens aus ganz Deutschland prägen das Milieu, in dem Adele sich und die Welt entdeckt. Der Umgang mit ihnen formt ihren Anspruch an das Leben, setzt Maßstäbe in der Auseinandersetzung mit literarischen und künstlerischen Fragen, schärft ihr Urteil über Zeit und Gesellschaft.

Am nachhaltigsten aber beeinflußt Goethe ihren geistigen Bildungsprozeß. War er bereits für das Kind eine wichtige Bezugsperson, so wird er für die Heranwachsende richtungweisend. »Vater« wird der alternde Goethe von den jungen Mädchen, die in seinem Haus am Frauenplan ein und aus gehen, genannt. Adele hat ihm gewissermaßen schon seit den Kindertagen die Vaterrolle übertragen. Beide verknüpft ein Band der Sympathie. Goethe schätzt ihre Sensibilität, Begabung und Ausdrucksfähigkeit. Ermutigend greift er in manche ihrer Lebensprobleme ein und hilft ihr über Selbstzweifel und Niedergeschlagenheit hinweg.

Enge Berührungspunkte ergeben sich im Winter 1818/19, als sie an verschiedenen Theateraufführungen zusammenarbeiten und sich über die Elemente der Schauspielkunst verständigen. Adeles Klugheit, ihre schnelle Auffassungsgabe, ihre Urteilsfähigkeit überraschen Goethe, so daß er ihr mehr Aufmerksamkeit schenkt als bisher. Er weckt ihren Kunstsinn und beeinflußt ihr Urteil über Künstler und Werke. Adele macht sich Goethes Auffassung von den verschiedenen Aspekten der Kunst vollkommen zu eigen. Nirgends wird das deutlicher als in ihren Lesungen von Goethe-Werken. Noch im Winter 1845/46 wird sie in Rom in der Rolle der Iphigenie die Zuhörer in ihren Bann ziehen. Fanny Lewald berichtet davon in ihrem »Römischen Tagebuch«.

Bis in die Tiefe ihres Wesens läßt sie sich von Goethes Dichtungen ergreifen. Als sie 1822 seine »Reise durch Italien« liest, ergeht es ihr wie der Steinstatue des Pygmalion. »Ich wache auf und sage: Ich! wieder ich – denn hier ist Leben, wie es in mir ist.« Ihr Einfühlungsvermögen in sein Werk bleibt Goethe nicht verborgen. Immer öfter führt er mit ihr einen geistigen Austausch. 1820 fordert er Adele zu einer Besprechung des romantischen Gedichts »Olfried und Lisena« von August Hagen auf. Sie überwindet ihre »Mädchen- und Hasennatur« sowie die Angst, »etwas Dummes« zu sagen, und erledigt die Aufgabe zu Goethes Zufriedenheit. Ebenfalls auf seine Bitte hin stellt sie über die Novellen Heinrich Steffens' eine vergleichende Betrachtung an. Es ist eine umfangreiche Arbeit, die genauer Literaturkenntnisse bedarf. Sie analysiert das dichterische Werk des Norwegers, die Besonderheiten des Stils und Aspekte der Zuordnung innerhalb der Literaturgeschichte. Auch diese Arbeit findet Goethes Beifall.

Weihnachten 1820 schenkt ihr Goethe seinen »West-östlichen Divan«. Zu ihrem Geburtstag am 12. Juni 1821 erhält sie ein Exemplar von »Wilhelm Meisters Wanderjahren«. Aus Versehen wird Adeles Buch mit dem für Marianne Willemer bestimmten verwechselt. Die Korrektur des Irrtums begleitet Goethe mit dem Vers:

> Verirrtes Büchlein! kannst unsichre Tritte
> Da oder dorthin keineswegs vermeiden;
> Irrsternen zu bewegst du deine Schritte,

Und vor dem Kommen bist bereit zu scheiden.
Für dießmal aber wollen wir dich fesseln,
Du sollst mir diese Botschaft nicht verfehlen;
Sey es durch Rosen, Dornen, Veilchen, Nesseln,
Nur immer grade zu, geh zu Adelen!

Bis zu Goethes Tod am 22. März 1832 korrespondieren sie miteinander. Sie schreibt ihm über Erfahrenes und Erlebtes, von interessanten Begegnungen auf ihren Reisen und ab 1829 aus Unkel und Bonn. 1824 »porträtiert« sie Baron Werner von Haxthausen, einen Onkel Annette von Droste-Hülshoffs, für dessen Sammlung neugriechischer Volkslieder Goethe Interesse gezeigt hatte. 1827 beschreibt sie die Wirkung der englischen Übersetzung des »Tasso« durch Charles Des Voeux, die am Rhein Aufsehen erregt. Gleichzeitig weist sie Goethe auf einen Schriftsteller hin, dessen Schriften »humoristisch oder tief leidenschaftlich seien, wie er selbst«. Ludwig Börne, auf diese Art Goethe empfohlen, kommt im Januar 1828 nach Weimar. Doch eine Begegnung vermeiden beide, zu tief sind die Gegensätze in Anschauung und Lebensform. Und Anfang 1830 berichtet Adele von der positiven Resonanz auf die Veröffentlichung des Briefwechsels zwischen Goethe und Schiller in den Kreisen der Bonner Gesellschaft.

Aufträge und Wünsche Goethes in seinem Sinne zu erfüllen bleibt Adele auch nach ihrem Umzug an den Rhein ein Bedürfnis. Für ihn treibt sie eine alte Beschreibung des Schreins der Heiligen Drei Könige im Kölner Dom auf, bemüht sich um ein systematisches Pflanzenverzeichnis, schickt Kupferstiche italienischer und altdeutscher Meister nach Weimar und erfreut ihn mit archäologischen Funden, Versteinerungen und Kuriositäten aus der Rheingegend.

Goethes Tod trifft sie im Innersten. An Ottilie schreibt sie: »Ich bin ruhig. So wie ich jetzt fühle, daß er nicht mehr auf der Erde ist, werde ich es jahrelang immerfort empfinden. Ich kann nicht darüber schreiben, auch nicht reden; seine Gestalt verläßt mich beinahe gar nicht, ich sehe ihn immerfort gehen, kommen, sitzen. Ich habe diese Empfindung nie gehabt.«

Weimar bildet den Hintergrund für Adeles Jugend. Hier erprobt sie ihre Talente. Sie dichtet, schreibt Aufsätze und versucht sich im Dramenschreiben. Sie zeichnet mit Feder und Pinsel und übt sich in der Kunst des Silhouettenschneidens. Und doch bleibt alles unbefriedigend. Sie selbst befindet, daß die Worte Jean Pauls auch auf sie zutreffen: »Was ist getan? Es ist noch nichts geschehen.« Viel will sie leisten, doch es fehlt die nötige Konzentration, Disziplin und Ausdauer.

Aber noch ist Adele jung. Noch möchte sie dazugehören, Empfindungen und Emotionen mit Gleichgesinnten teilen. Liebe und Freundschaft, getaucht in Schwärmerei und Empfindsamkeit, entsprechen dem Stil der Zeit. Der Zufall oder das Schicksal lassen Adele und Ottilie von Pogwisch, Goethes spätere Schwiegertochter, zusammentreffen. Adele, im Auftreten ruhig und gemessen, wird von der kapriziösen und einfallsreichen Ottilie mitgerissen. Ihre gegenseitige Zuneigung überstrahlt alles Unzulängliche und Mißverständliche. Endlich hat ihr liebebedürftiges Herz einen Partner gefunden. Die »Sternen-Blume der Freundschaft« leuchtet über Adeles Jugend in Weimar.

# Letzte Begegnung

*Eine Woche ist seit Adeles Ankunft in Bonn vergangen. Eine Besserung ist nicht eingetreten. Schwäche und Mattigkeit lassen jede Bewegung zur Qual werden. Sibylle befeuchtet ihr die Lippen mit kühlem Rheinwein, richtet sie sorgsam auf, glättet die Kissen und versucht ihr jeden Wunsch von den Augen abzulesen.*

*Der Himmel ist verhangen. Schwülfeuchte Luft erschwert das Atmen. Ruhelos irrt der Blick der Kranken umher. Sibylle ahnt ihren stummen Ruf nach Ottilie. Warum zögert diese noch, spürt sie nicht, wie dringend Adele nach ihr verlangt?*

*Am Nachmittag besucht der Arzt Heinrich Wolff die Kranke. Seine Visite ist kurz. Adeles Zustand erscheint aussichtslos. Hoffnung auf Genesung besteht kaum noch. Sibylle, im Innersten um diese Tatsache wissend, ist dennoch betroffen. Am Abend des 14. Juli schreibt sie an Ottilie »mit zerrissenem und blutendem Herzen«. Der Zustand Adeles dulde keinen Aufschub mehr. Auch wenn Geheimrat Vogel in Weimar noch meinte, »die Anfälle der Krankheit d. h. jene entsetzlichen Verblutungen und Ausstoßen der Polyptheile würden sich erschöpfen und dann sei eine Heilung möglich. Ich habe an diese Hoffnung mich mit aller Gewalt angeklammert, aber ich glaube daß wir sie aufgeben müssen! Sie haben keinen Begriff davon, wie schwach Adele ist, wie abgemagert, so daß sie kaum zu erkennen, trotzdem daß sie früher immer sehr mager war. Sie schläft unterbrochen und wenig, sie ißt mit Hast und ist gleich übersättigt, sie dürstet unaufhörlich und hat stets Verlangen nach kalten Getränken. Ich fürchte, daß die heftigen Schmerzen, der Blutverlust, das innere Arbeiten der Krankheit, die über-*

*dem mit dem alten Drüsenübel combinirt ist, ein Zehrfieber erzeugen, gegen welches alle unsere Bemühungen umsonst sein werden! [...] Glauben Sie mir daß ich jeden Morgen alles was mir von Kraft und Muth gegeben ist zusammenraffe auf den Tag – – – aber nicht mehr ausreichen kann! – Adele will ein Testament machen, und ich kann dagegen nichts sagen, da sie ein Recht hat, über ihr Eigenthum zu verfügen: sagen Sie, was Ihnen unter ihren Sachen lieb ist – man stirbt nicht, weil man ein Testament macht; aber ich fürchte, sie wird sterben!«*

*Endlich, am 29. Juli, trifft Ottilie in Bonn ein. Zärtlich hält sie die Todkranke in ihren Armen. Beide bemühen sich, sorglos und gelassen zu erscheinen, dem Phänomen Tod konsequent auszuweichen. Dem Anspruch schonungsloser Offenheit allen Lebenserscheinungen gegenüber werden sie nun untreu. Sprachlosigkeit herrscht. Wer hat schon gelernt, mit dem Verlöschen des Lebens umzugehen? Die Auseinandersetzung findet in der Stille des eigenen Ichs statt. Hier regiert Leid.*

*Nur zehn Tage sind den Freundinnen vergönnt. Ottilies Zeit ist bemessen. Weimar ruft. Die Vorbereitungen für die Hundertjahrfeier zu Goethes Geburtstag beanspruchen alle Mitglieder der Familie. Beim Abschied spricht sie von einem baldigen Wiedersehen, sich selbst und Adele zum Trost. Zuletzt aber verliert sie die Fassung, ungehemmt fließen die Tränen. Ottilie spürt die Nähe des Todes. Den Verpflichtungen des Lebens kann und mag sie sich nicht entziehen. Wohl belasten sie Schuldgefühle, doch schöpft sie Beruhigung aus dem Bewußtsein, die Freundin von Sibylle betreut und behütet zu wissen.*

*Auf der Weiterreise kreisen ihre Gedanken unaufhörlich »mit Liebe, aber in tiefer Betrübnis« um beide. Nichts interessiert sie, »weil Adelens Leiden mir folternd vor die Seele immer dazwischen trat«. In Frankfurt spricht sie Arthur: »Er war tief betrübt Adele so leidend zu wissen [...]« Einen letzten Zuspruch richtet sie am 16. August aus Weimar an Adele. Hier, wo momentan Trubel und Hektik um das Goethe-Jubiläum vor-*

herrschen, erinnert sie alles an die Freundin, der sie vor Jahren bekannt hatte: »Du weißt wohl, es liegt nicht in meiner Art, meine Liebe auszusprechen – aber sagen will ich es einmal, wie Du von allen Frauen nach meiner Mutter mir die Teuerste bist.« Wieder erlebt sie den letzten schmerzlichen Augenblick mit Adele, den nur Sibylles Beistand mildern konnte, und versichert: »[...] hätte ich nicht diese treue Seele Dir nah gewußt, so würde ich wohl noch mehr die Fassung verlohren haben, die ich so gerne im letzten Abschiedsmoment vor Dir festgehalten hätte; vergieb wenn ich Dich dadurch aufregte liebe Adele, ich weinte über mich Dir nicht durch meine Pflege beweisen zu können wie ich gerne Alles mit Dir theilen möchte was Du zu tragen.« Nochmals umarmt sie die Gefährtin in Gedanken und gibt sich wider besseres Wissen optimistisch, daß im kommenden Frühjahr »ein frohes Wiedersehen« möglich sei.

Ottilie, die dem Leben Adeles Schmelz und Zauber verliehen hatte, Ottilie, deren Leichtigkeit und Anmut die eigene Sprödigkeit vergessen ließ und deren Gefühle im Herzen der Freundin ein vielfaches Echo fanden, läßt Adele allein zurück. Wie fest waren beide vor Jahren noch überzeugt gewesen, den Tod der einen würde die andere nicht überleben. Doch das Leben mit seinen Ansprüchen, Anfechtungen und Pflichten hat sie unmerklich voneinander entfernt.

Adele glaubte, zusammen mit Ottilie das Schicksal meistern zu können, Höhen zu bezwingen, Tiefen zu überwinden. Eine Vision, der sie lange Jahre ihres Lebens verhaftet blieb, erweist sich am Lebensende als nicht einlösbar. Aber Traurigkeit, ja Bitterkeit liegen hinter ihr, Verbundenheit ist geblieben. Ottilie hat sie erneut bewiesen.

Allmählich verebbt das Glücksgefühl, das ihr Ottilies Nähe gegeben hat. Erleichtert empfindet Adele das Alleinsein. Zu groß war die Anspannung, das Unwiderrufliche zu verschleiern, Hoffnungen vorzuspiegeln, die es nicht mehr gibt. Beide haben ihren Part erfolgreich gespielt, Adele bemüht zu täuschen,

Ottilie gewillt zu akzeptieren. Nun kann Adele sich fallenlassen, den Widerstand gegen das Sterben aufgeben.

Die Momente der Klarheit werden immer kürzer. Phantasien überwuchern Traum und Wirklichkeit. Schemenhaft schwanken Schatten auf und nieder. Intensiv empfindet Adele die Ausstrahlung Ottilies, jenes Unsagbare, das nur ihr zu eigen war.

Jugendzeit und Ottilie verschmelzen in eins. Der Gleichklang gemeinsamen Denkens und Fühlens in den langen Jahren einer kurzen Jugend – noch vibriert er in Adele nach.

# Freundinnen

Ich habe geliebt! am meisten Dich!
Gelebt und gelitten – in Dir und für Dich!

»Da fing mein Leben an, als ich Dich liebte«, schreibt 1817 Ottilie nach einem Goethe-Zitat der Freundin in das Stammbuch.
Weit eher trifft dieser Ausspruch Adeles Gefühlswelt. Erste
dichterische Versuche in Versform widmet sie der angebete-
ten Ottilie. 1816 erklärt sie:

Dir allein soll meine Seele glauben.
Wahrheit gab Dein ganzes Leben mir. –
Soll ich kühn dem Abgrund Blumen rauben,
Laß die Täuschung gleichfalls danken Dir.

Und 1820 schließt das Gedicht »An Ottilie« mit der Liebeserklärung:

Kühn gewonnen hab' ich des Lebens Spiel:
Du standest am Anfang, Dich find' ich am Ziel.

In den gefühlsbetont formulierten Versen schimmert sie
durch, die unsichtbare Fessel, die Adele, die Sensible, nach Le-
benssinn und Lebensstandpunkt Suchende, an Ottilie, die
Kühne, Anspruchsvolle, bindet. Ottilie weckt in Adele die
Überzeugung, gemeinsam mit ihr den Lebensstürmen standhalten zu können. Zwar sind Irrungen und Wirrungen nicht
vermeidbar, dennoch bleibt Adeles Zuneigung grenzenlos.
Schon im Vorgefühl einer dereinst doch unausweichlichen
Trennung leidet sie Qualen. Auch diese Beziehung wird später der Widerspruch zwischen Ideal und Wirklichkeit einho-
len. Ein schmerzlicher Prozeß, der Spuren hinterläßt. Die
junge Adele aber neigt zu exaltierten Gefühlsausbrüchen. Im
August 1816 versichert sie Ottilie: »Was aus uns Beiden wor-

den wäre, wenn wir einander erst ein halbes Leben lang hätten suchen müßen, eh uns ein günstig Ungefähr einander hätte finden laßen, weiß ich nicht, und kann's mit keinem Gedanken faßen. Gesehnt hätte ich mich nach Dir, wäre mirs auch in dieser weiten Welt nicht so gut worden Dich zu finden. Wohl uns, daß wir so früh einander kanten; der Schmerz wäre zu groß gewesen, wenn jedes das andere ohne jugendliche Kraft und mit zerbrochnen Schwingen getroffen hätte, denn wir hätten uns doch erkannt – nicht wahr?«

Was war derart anziehend an Ottilie, daß Adele ihr jahrzehntelang so ganz und gar anhing? Noch Kinder und fast gleichaltrig, sehen sie sich vermutlich zum erstenmal 1809. Seit Jahren schon lebt die Mutter, Henriette von Pogwisch, getrennt von ihrem Mann, dem preußischen Offizier Wilhelm Julius von Pogwisch. Unsichere familiäre Verhältnisse – der Vater hatte infolge gewagter Spekulationen einen großen Teil seines Vermögens verloren – zwingen Henriette, dem Beruf einer Hofdame nachzugehen. Nach 1802 zunächst in Potsdam, dann in Ansbach tätig, geht sie 1806 auf Anraten ihrer Mutter, der Gräfin Henckel von Donnersmarck, die im Dienst der Erbherzogin Maria Pawlowna steht, nach Weimar. Ob sie die Kinder Ottilie und Ulrike gleich mitnimmt oder erst drei Jahre später aus Dessau nachkommen läßt, entzieht sich gesicherter Kenntnis. Die Tatsache aber, daß sie erst 1809 eine kleine Pension vom preußischen König Friedrich Wilhelm III. erhält und dadurch von ihrer Mutter finanziell unabhängiger wird, spricht für dieses Jahr. Henriette zieht mit der dreizehnjährigen Ottilie und der elfjährigen Ulrike in die Mansardenzimmer des Fürstenhauses. Erst zwei Jahre später erhält Frau von Pogwisch eine Stelle bei der Herzogin Luise. Zu diesem Zeitpunkt ist die Trennung von ihrem Mann endgültig, formal aber wird sie erst 1820 bestätigt. Mit dem Entschluß, fortan allein für die Töchter zu sorgen, entspricht sie einer dringenden Forderung der Großmutter.

Schon die Ähnlichkeit der äußeren Lebensumstände beider Mädchen bietet Anknüpfungspunkte. Beide haben ihre Wurzeln in Danzig, verbringen dann ihre frühen Kindertage in anderen Gegenden, Adele in Hamburg, Ottilie in verschiedenen Garnisons- und Residenzstädten, zuletzt bei Verwandten der Mutter in Dessau. Die Beziehung zum Vater ist bei beiden schon früh gestört. Adeles Vater, unter Depressionen leidend, stirbt, als sie gerade acht Jahre alt ist. Der nie geklärte Umstand seines Todes wirft einen Schatten auf das Leben der Tochter. Auch Ottilie hat die Abwesenheit des Vaters nie ganz verwinden können. Der fehlende Vater wird zur Schlüsselfigur aller Sehnsüchte nach männlichem Beschützertum und liebevoller Geborgenheit stilisiert. Die Mädchen vereint Sensibilität und Gefühlstiefe sowie künstlerisches und poetisches Empfindungsvermögen. Geradlinigkeit und Wahrheitsliebe sind Wesenszüge ihrer Charaktere. Die Anpassungswilligere von beiden ist Adele. Meist ist sie bemüht, ihr Gefühlsleben dem phantastischen Empfinden der Freundin soweit wie möglich anzugleichen, neigt sie doch vom Wesen her mehr zu einer ruhigeren und ausgeglicheneren Betrachtungsweise. Aber Ottilie, in ihrem Auftreten unbeschwert, um Einfälle nie verlegen, eigenwillig und sprühend vor Geist, vermag die allzu gescheite und besonnene Adele oft in ihre eigene bunte Erlebniswelt hineinzulocken, ihr die Überzeugung zu geben, nicht nur geistvoll, sondern auch begehrenswert zu sein.

Erziehung und Bildung erhalten beide nach althergebrachter Tradition. Für Adele muß die Ausbildung zeitig begonnen haben. Ein im Nachlaß erhaltenes Schulheft für Mathematik trägt das Datum vom 20. November 1800. In Weimar wird der Schulunterricht durch Privatlehrer in alten und neueren Sprachen, Musik und Kunst ergänzt. Anscheinend besuchen sie auch das von der Frau des Gymnasialprofessors Johann Gottfried Melos geleitete Privatinstitut für Mädchen. Beide sind musikalisch begabt, sie spielen Klavier, singen im Chor

*Ottilie von Goethe*

Kreidezeichnung von Heinrich Müller, um 1814
Stiftung Weimarer Klassik / Goethe-Nationalmuseum

am Hoftheater unter der Leitung des Musikers Carl Eber-
wein und treten in Goethes wöchentlichen Hauskonzerten
auf. Ottilie gefällt mit ihrer Altstimme, Adele durch ihren
Sopran. Wiß- und lernbegierig, nutzt die sorgsame Adele die
im Haus der Mutter gebotenen Anregungen an Literatur- und
Kunstdiskussionen, Vorlesungen, künstlerischen Gestaltungs-
versuchen und musikalischen Darbietungen für die Vervoll-
kommnung ihrer Bildung.

Auch die Leidenschaft des Lesens teilen die Freundinnen
miteinander. Die Möglichkeit, ihre Gedanken über Gelesenes
auszutauschen, vertieft die Bindung zwischen ihnen. Welche
Genugtuung, wenn sie im Urteil über Autoren der Vergangenheit und Gegenwart übereinstimmen, welche Anregung,
wenn andere Denkmuster sichtbar werden. Abgesehen von
Schiller, Goethe, Herder, Wieland und Lessing begeistern sie
sich für Hölderlin und Jean Paul, von dem alle Werke, deren
sie habhaft werden, regelrecht verschlungen werden. In »Jubel-
senior«, »Flegeljahre«, »Hesperus« treten ihnen Idealgestal-
ten entgegen, Abbilder einer erträumten Welt. »Hesperus«,
der Abendstern, wird für beide lebenslang ihren Traum von
Liebe symbolisieren, auf ihn projizieren sie Gedanken und
Wünsche um die Person des Leutnants Ferdinand Heinke,
dem die jungen Mädchen Ende des Jahres 1813 begegnen.

Werke der Antike, Homers »Ilias« und »Odyssee«, Sopho-
kles' »Antigone«, werden gründlich studiert, ebenso »Die gött-
liche Komödie« von Dante und Abälards »Briefwechsel mit
Heloise«. Mehrere rot eingebundene und als »Chrestomathie«
bezeichnete Hefte von 1818 bis 1826 in Adeles Nachlaß sind
mit Exzerpten angefüllt. Zitiert werden auch Ernst Raupach,
Paul Fleming, Immermann, August von Platen, August Wilhelm Schlegel, Friedrich Rückert, Heinrich Steffens und immer wieder Jean Paul. In Originalsprache finden sich Aus-
sprüche von Madame de Genlis, James Thomson, Madame de
Staël, Montaigne, Coleridge, Friedrich de la Motte Fouqué,

Thomas Moore, Shakespeare und Lord Byron, der um 1820 die Gefühle beherrscht. Umgeben von einer Gloriole tragischer Schicksalsmacht, fesselt der geniale Dichter die Herzen und Sinne. Adele, besonders empfänglich dafür, wird später den von Pathos getragenen Vers »An Byron« dichten.

Der Literatur von Frauen bringt sie besonderes Interesse entgegen. So spricht sie der Roman »Frauenwürde« von Karoline Pichler an, einer österreichischen Schriftstellerin, deren Stil und Thematik ihr später bei ihren eigenen schriftstellerischen Arbeiten als Vorbild dienen. Ebenso widmet sie ihre Aufmerksamkeit solchen Autorinnen wie Ida Hahn-Hahn, George Sand, Fanny Tarnow und Helmina von Chezy.

Gepflegt werden Diskussionen über Literatur und Kunst auch im Zusammensein mit Freundinnen. In dem Bestreben, gesellige Kreise zu bilden, eifern die Heranwachsenden der älteren Generation nach. 1813, das Jahr der patriotischen Hochstimmung, brennt sich in die Herzen der Freundinnen für immer ein. Adele und Ottilie gründen den »Orden der Hoffnung oder Schwesternbund«, den sie 1817 in »Musenkaffee« umbenennen. Schreibend, lesend, zeichnend, vereint die Runde die Schwestern Egloffstein, Julie, Caroline und Auguste, deren Tante Caroline von Egloffstein, Adele, Ottilie, ihre Schwester Ulrike sowie einige entfernter lebende Freundinnen. Als Ort der Zusammenkunft wird jeweils eine andere Wohnung bestimmt. Dann gruppiert sich der Kreis um den mit feinem Porzellan gedeckten ovalen Tisch. Das nach Vanille duftende Gebäck, in flache Schalen geschichtet, die bauchige Kaffeekanne auf dem Tisch, die dünnwandigen Tassen, gefüllt mit dem goldbraunen Getränk, dessen Aroma das Zimmer durchzieht, schaffen eine gemütliche Atmosphäre. Ottilie und Adele geben den Ton an. Klassische und zeitgenössische Literatur, den Mitgliedern zum Lesen empfohlen, wird hitzig diskutiert. Beliebt sind neben Jean Paul und E. T. A. Hoffmanns »Prinzessin Brambilla« und »Seltsame Leiden eines Theaterdirektors«

auch Wackenroders »Herzensergießungen eines kunstlieben-
den Klosterbruders«. Dramen von Rousseau und Shakespeare, Romane von Walter Scott, Gedichte von Washington
Irving und natürlich Byron gehören ebenso zum Repertoire
wie die Dichtungen Dantes und Petrarcas, Vittorio Alfieris,
Alessandro Manzonis und Giorgio Vasaris Künstlerbiogra-
phien. Wer, wenn nicht Adele, kann sich an Wortkaskaden
berauschen, sich in Sinndeutungen verlieren. Lästig fällt die
»kluge« Adele mitunter den anderen, Ottilie ausgenommen.
Amüsiert kommentiert sie am 31. Oktober 1817, ihrem 21. Geburtstag:

> Da ist auch Adele, die quält uns spät und früh,
> Gewaltig viel mit ihrer Poesie. –
> Und, lieber Gott, man kennt ja Mädchengedichte,
> Das ist eine verflucht nüchterne Geschichte!

Auch auf dem Gebiet der bildenden Künste, denen das Interesse des Musenkreises gilt, bewegt sich Adele leichtfüßig.
Das Privileg einer alljährlichen Bildungsreise versetzt sie in die
Lage, berühmte Privatsammlungen kennenzulernen. Wer wie
sie die Meister der altdeutschen Schule und verschiedene Italiener im Original sah, wer der berühmten, von Dannecker
modellierten Marmorstatue »Ariadne auf dem Panther«, auch
als »Ariadne auf Naxos« bekannt, im Garten des Bethmann-
schen Anwesens vor dem Friedberger Tor in Frankfurt am
Main gegenüberstand, bringt andere zum Verstummen.

Schließlich werden die Zusammenkünfte seltener und schla-
fen ganz ein. Wach bleibt der Wunsch nach einem Bund Gleich-
gesinnter. Später mündet Ottilies Idee einer Wiederbelebung
des Musenvereins in die Gründung der Zeitschrift »Chaos«.
Gespräche mit Frédéric Soret und Karl von Holtei im Mansardenzimmer Ottilies am 28. August 1829, Goethes 80. Geburtstag, konkretisieren das Vorhaben. Ottilie übernimmt
die Funktion der Herausgeberin und Chefredakteurin. Am

13. September, einem Sonntag, kann die erste Nummer in einer Auflagenhöhe von 28 Exemplaren und einem Umfang von vier Seiten an Freunde verteilt werden. Der Plan sieht vor, das Liebhaberblatt jeden Sonntag zu veröffentlichen. Adele wird ebenfalls als Mitarbeiterin herangezogen und steuert einige Gedichte bei. Bald jedoch erlahmt der Eifer. Der Abstand zwischen den Erscheinungsterminen der einzelnen Hefte wird immer größer. Die letzte Ausgabe trägt das Datum des 19. Februar 1832. Am 22. März stirbt Goethe. Ottilie hat nun andere Sorgen und Probleme.

Ottilie teilt die intellektuellen Interessen der Freundin. Doch im Gegensatz zu Adele neigt ihr lebhaftes Wesen zu einer gewissen Flüchtigkeit. Sie wirkt eher durch ihre anmutige Erscheinung und Eigenwilligkeit, gepaart mit graziöser Geisteshaltung. Adele besitzt eine fundiertere Bildung, ihrem äußeren Erscheinungsbild mangelt es jedoch nach Aussagen von Zeitgenossen an Glanz. Eine Ausnahme bildet die Ansicht des Fürsten Hermann von Pückler-Muskau. Er, der als einer der letzten Repräsentanten der sogenannten Salonliteratur gilt, weit mehr aber als Weltenbummler durch seine Reiseberichte und vor allem als künstlerischer Gestalter von Landschaftsparks bekannt geworden ist, weilt 1812 in Weimar. Der siebenundzwanzigjährige Fürst, elegant und von gewandten Umgangsformen, bescheinigt Adele ein apartes Aussehen. Ludmilla Assing, seine Biographin und Herausgeberin des Briefwechsels, bedauert, daß Adele Schopenhauer die positive Wirkung, die sie auf den Fürsten ausübte, verborgen blieb. Seine Weimarer Eindrücke schildert er im November 1812 der Freundin Mimi von Oertel auf Carolath. Neben Johanna Schopenhauer, ihrer Gastlichkeit, ihrer angenehmen und seltenen Art, ihre Gäste in das beste Licht zu rücken, sich selbst aber zurückzustellen, gilt sein Enthusiasmus insbesondere der vielbegabten Tochter. »Ihre Tochter Adele ist eines von den weiblichen Wesen, die entweder ganz kalt lassen, oder tiefes, unwandelbares Interesse erregen müssen. Was meine eigene Individualität angeht, kann ich nicht mehr über sie sagen, als daß ich wünschte, meine künftige Frau möchte ihr treues Ebenbild sein. Ihr Aeußeres gefällt mir, ihr Inneres ist eine schöne Schöpfung der Natur. Diese Unbefangenheit und wahre Unschuld des Gemüths, diese kindliche Naivität bei so seltener, ja ich möchte sagen, fast schauerlicher Tiefe, diese natürliche Gewandtheit im Umgange bei der brennendsten Einbildungskraft, diese stille Herrschaft über sich selbst, bei der bewundernswürdigsten Leichtigkeit sich jedes Talent zu eigen zu machen, und bei so vielen Anlässen zur Eitelkeit diese aufrichtige ungezwungene Bescheidenheit – bilden ein Ganzes, dem wenig Mädchen unserer Zeit gleichen werden. Gestehen Sie, Fräulein Mimi, daß ich Sie selbst für eine der vorzüglichsten halten muß, da ich es wage, Sie mit einer so langen Lobrede auf eine Ihrer Schwestern zu unterhalten. Wenn Sie Ihr Versprechen halten, mich zu besuchen, werde ich Ihnen ausgeschnittene Phantasieen von dieser Adele zeigen, deren Anblick mir noch immer den reizendsten Genuß gewährt, aber aus den Händen gebe ich sie nicht.« Noch umgibt die Fünfzehnjährige die Aura der Jugend.

Zu einem späteren Zeitpunkt lautet das Urteil der Mitwelt weniger günstig. Der Bildhauer Christian Daniel Rauch nennt Adele »abschreckend häßlich«, Friedrich Hebbel und Karl Gutzkow bestätigen den Eindruck. Gleichermaßen abgestoßen wie angezogen reagieren Ernst Friedrich Freiherr von der Malsburg, kurhessischer Gesandter in Dresden, und Heinrich König auf Adeles Wesen. Beide sind literarisch tätig, Malsburg als Übersetzer von Calderón und Lope de Vega und König als überaus produktiver Romanschriftsteller. Sie bemühen sich um eine Audienz bei Goethe, werden empfangen und auch bei Schopenhauers eingeführt. In einem Brief an Tieck kommentiert Malsburg am 8. August 1824 seinen Eindruck von Adele: »Es ist etwas Sonderbares mit solchen Geistreichen.« Nicht das Aussehen, vielmehr ihr »Geistesgepolter« und geniales Gehabe würde ihn stören. Möglicherweise hat die Anwesenheit des Hausfreundes Gerstenbergk ihr Verhalten beeinflußt, in dessen Nähe sie alle Natürlichkeit verliert und gespreizt und gewollt intellektuell auftritt. Malsburg verzeichnet es mit Befremden. Einerseits voller Bewunderung für die Kenntnisse der jungen Frau, andererseits erstaunt über die Naivität »dieser berühmten Adele«, schwankt er in seiner Einschätzung zwischen den Extremen. Vier Jahre später, im Herbst 1828, entwirft Heinrich König ein Bild der Schopenhauers. An Adele findet er einiges auszusetzen: »Nicht, daß Adele nicht schön war – denn sie konnte mit der Jungfrau von Orleans sagen: Ach, es ist nicht meine Wahl! – sondern daß sie als Malerin nicht wußte, wie einfach und edel gerade eine erklärte Häßliche in Mienen und Manieren sein muß, weil das Gezierte sonst die natürliche Unzier über Gebühr hervorhebt.« Die Studie »Ein Abend bei Goethe« erscheint 1836 in der von Theodor Mundt herausgegebenen Zeitschrift »Dioskuren«. Später revidiert König sein Urteil. In seinen zweibändigen Erinnerungen »Ein Stilleben«, 1861 publiziert, fehlt jeder Hinweis auf Adeles Geziertheit und mangelnde Grazie.

Die Sichtweise der Mutter auf die Tochter veranschaulicht die Figur der Auguste in ihrem 1819/20 erschienenen dreibändigen Roman »Gabriele«: »Der erste Anblick der achtzehnjährigen Auguste eignete sich durchaus nicht dazu, die Herzen mit Sturm zu erobern. Ihr Äußeres zeichnete sich nur durch eine hohe, regelmäßige, schlanke Gestalt aus, und ihr Gesicht war nichts weniger als schön, solange sie schwieg; aber der Geist, der es belebte, sobald sie sprach, der Ausdruck, den die klaren großen Augen dann gewannen, gaben ihr einen ganz eigenen Reiz, sie fesselten die Herzen wie die Blicke, man sah Auguste ebensogern sprechen als man sie hörte und wurde endlich beinah verleitet, sie schön zu finden.«

In diesem Sinne bereitet sie zehn Jahre später ihren Freund

Holtei auf Adeles Erscheinungsbild vor: »Ich bin recht begierig, wie Adele Ihnen gefallen wird, lassen Sie sich vom ersten Anblick nicht abschrecken, denn dieser macht keinen angenehmen Eindruck. Nicht wahr, ich bin eine recht ehrliche unparteiische alte Mama?«

Ähnlich ambivalent fällt das Urteil Levin Schückings aus, der Adele 1840 bei Annette von Droste-Hülshoff im Rüschhaus sieht. Zwar hebt er ihre leuchtenden schönen Augen und ihre exzellente Bildung hervor, ansonsten aber charakterisiert er sie als grazienlos, ja häßlich: »Von der Wiege Adelens waren die Grazien in einer wahrhaft empörenden Entfernung geblieben; die große knochige Gestalt trug einen Kopf von ungewöhnlicher Häßlichkeit, der nicht im mindesten an den des Philosophen erinnerte, sondern in ganz eigner Weise Victor Hugos großes Wort ›Le laid c'est le beau‹ zu bestätigen gewußt hatte; er war rund wie ein Apfel, er wäre vom Typus der Tataren gewesen, wenn er in seiner eigensinnigen Originalität nicht jedes Typus gespottet hätte. Aber ein Paar ernste treue Frauenaugen leuchteten aus diesem Kopf; und niemand konnte sie kennenlernen, ohne sich bald von ihr angezogen zu fühlen, von einem Charakter von seltener anspruchsloser Tüchtigkeit und einer Bildung von ganz ungewöhnlicher Gründlichkeit und überraschendem Umfang.«

Auch die Schriftstellerin Fanny Lewald betont die »auffallende Unschönheit« Adeles, als sie ihr 1845 in Rom begegnet. Betroffen registriert sie neben der großen, starkknochigen Gestalt und den strengen Gesichtszügen eine Gespreiztheit, Pedanterie und Feierlichkeit des Benehmens, das sie unangenehm berührt. »Manches unschöne Frauenzimmer« zähle sie zu ihren Bekannten, »aber eine Häßlichkeit, die so geflissentlich das Urteil gegen sich herauszufordern schien, ist mir niemals, weder vorher, noch nachher begegnet«. Doch nimmt sie durchaus das Liebenswerte in Adeles Wesen wahr, ihre Hilfsbereitschaft, Freundlichkeit, Klugheit und Gefälligkeit: »sie war eine Frau von Geist, hatte viel erlebt, und ich habe während meines ganzen italienischen Reiselebens viel und gern mit ihr verkehrt; sie ist, nachdem wir uns näher hatten kennengelernt, immer freundlich, oft gefällig gegen mich gewesen, und ich habe manch gute Stunde mit ihr zugebracht«.

Ist es diesem Defizit an weiblicher Ausstrahlung geschuldet, daß es kein späteres Porträt Adeles gibt? Bis auf ein Kinderbildnis in Medaillonform – ein rundes Gesicht mit großen Augen, die die Welt verhalten betrachten, mit feingeschwungenen Lippen, in dessen Winkeln ein eigensinniger Zug nistet, und glattgescheiteltem, auf dem Kopf zu einer Krone geflochtenem Haar – existiert außer Caroline Barduas Ölgemälde von Johanna mit Adele im Hintergrund lediglich eine Skizze von Alexander von Sternberg aus dem Jahr 1841. Sternberg, Verfasser von Novellen, Märchen und Romanen, seinerzeit sehr beliebt und viel gelesen, dann in der Literaturszene mehr und mehr ignoriert und nach 1900 vergessen, wählt um 1840 Weimar zu seinem Wohnsitz. Aristokrat vom Scheitel bis zur Sohle – elegant und ein wenig blasiert, ein exzellenter Unterhalter und witziger, bis zur Frivolität neigender Plauderer, nebenbei auch Illustrator und Zeichner –, ist er in den geselligen Zirkeln der Stadt ein gerngesehener Gast. Sein Umgang mit Ottilie und deren Familien- und Freundeskreis, den er in Wort und Bild porträtiert, führt ihn auch mit Adele zusammen, deren »anmutigen Verstand« er rühmt. Ihr äußeres Erscheinungsbild hält er in einer Zeichnung fest – einer Biedermeierfigur mit Wespentaille, Falbeln an Kleidbesatz und Halsausschnitt, gebauschten Ärmeln, hochgestecktem Haar und Löckchen an den Seiten. Auffallend sind die das Gesicht beherrschenden Augen, die ein intensives Gefühlsleben verraten. Die breite Stirn und die große Nase verleihen dem Gesicht strenge Züge, gemildert durch das Andeuten eines Lächelns. Der Kopf, fast zu schwer für die schlanke Gestalt, neigt sich dem Betrachter entgegen.

Adele ist sich ihrer mangelnden Ausstrahlung bewußt. Um so enger schließt sie sich der reizenden, ein wenig chaotischen Ottilie an. Beide folgen dem Geist der Zeit, dem Ruf nach Individualität. Das Einmalige, Unwiederholbare wird betont und tritt in Wechselbeziehung zum Umfeld. In diesem Sinne haben Rahel Varnhagen von Ense, Bettine von Arnim und Caroline von Humboldt sich verstanden und ihr Leben gestaltet.

Rahel vertritt in kühner Romantik die Freiheit der Leidenschaft. Sie läßt vor dem Gerichtshof der Liebe nur ein Gesetz gelten: sich selbst. Rahel hat Liebe gelebt und gelitten. Bettine fesselt durch den »glänzenden Bilderstrom« ihrer Phantasien, Ideen und Einfälle. Sie, die Lebensdurstige, huldigt dem absoluten Anspruch an das Gefühl. »Gefühl ist Farbe, die nicht lebendig ist ohne im Lichtstrahl der Liebe«, ist ihr Bekenntnis. Bettine scheint nie zu altern. Kämpferisch und in Opposition zu überlieferten Traditionen durcheilt sie die Jahre. Caroline ist zugleich Geliebte, Mutter, große Dame und Bürgerin. Die Ehe mit Wilhelm von Humboldt basiert auf Liebe und Freundschaft und ist eine der glücklichsten Verbindungen. Achtung vor der Freiheit und der Persönlichkeit des anderen läßt ängstliche Besitzansprüche nicht aufkommen. »Mit größerer Grazie war noch niemand verheiratet, völlige Freiheit gebend und nehmend«, konstatiert Rahels Ehemann, der Publizist und Diplomat Karl August Varnhagen von Ense.

Besonders dem Charakter Ottilies kommt der Individualitätsanspruch der Zeit entgegen. Das Gleichmaß der Tage langweilt. Pikante Details sollen Akzente setzen, die Öde des Alltags durchbrechen. An Erfindungsreichtum mangelt es Ottilie nie. Sternberg erwähnt in seinen Memoiren die »toilettes parlantes« am Weimarer Hof, die auf eine Idee Ottilies zurückgehen. Die Farbe des Kleides oder die Wahl der Blume am Gürtel, am Ausschnitt, im Haar signalisieren dem Partner eine bestimmte Stimmung, sei es Abwehr, sei es Verheißung.

Reitsport, für Damen um 1820 noch ungewöhnlich, wird

von Ottilie ausgiebig betrieben. Waghalsig setzt sie alles aufs Spiel, scheut kein Hindernis. Mehrere Unfälle ändern ihre Haltung nicht. 1826 stürzt sie schwer. »Ich bin entstellt«, bemerkt sie verstört. Die Nase ist gebrochen. Selbst Goethe meidet den unschönen Anblick. Nach anfänglicher Verzweiflung vermag Ottilie auch diesem Mißgeschick eine besondere Note abzugewinnen. Bei heruntergelassenen Rouleaus, in blasses, grünliches Licht getaucht, empfängt sie in der Mansarde am Frauenplan weiterhin ihre Besucher, wie Sulpiz Boisserée zu berichten weiß. Das Gesicht mit Pflastern bedeckt, geistert sie im Dämmerlicht umher.

Adele bejaht diese herausfordernde Lebensauffassung Ottilies, mit der sie ein seltenes Maß an Übereinstimmung verbindet. Ihre Treue- und Freundschaftsbeteuerungen reißen über die Jahrzehnte nicht ab. Otti, Tille, Tiller, Ottilalia, Mamagei und Papageiengesicht sind die Kosenamen, die sie für die Freundin erfindet, während für sie nur Dele oder Adelhaid in Betracht gezogen wird. »Du guter Gott, laß mir dieses Herz. Ohne sie fehlt mir Mut und Kraft, mit ihr will ich gern alles, was du verhängst, ertragen, habe ich doch eine Seele, die mich ganz begreift!«, vertraut sie am 3. August 1816 ihrem Tagebuch an. Bereits drei Jahre zuvor bekennt sie der Freundin: »Dein Glück ist mein theurster Wunsch auf Erden, und kan ich es mit irgend etwas befördern, so würd' ichs thun – und kostete es mein Leben.« Damals ist sie bereit, der Liebe zu dem Leutnant Ferdinand Heinke zugunsten Ottilies zu entsagen. Sie ist überzeugt, »Gottes Wille« habe sie zusammengeführt, »um vereint durch ein wunderlich verschlungenes Leben zu gehen«.

Ihre Bewunderung und Verehrung, ihre Liebe und Leidenschaft gelten häufig ein und denselben Personen, insbesondere Männern. Nicht ganz trifft das für den Kreis der Freundinnen zu. Verborgene Ängste, sie könne die Vertrautenrolle einbüßen, beeinflussen Adeles Verhalten gegenüber den jungen Frauen in Ottilies Umgebung. Einige völlig ablehnend, knüpft sie wiederum zu anderen engere Beziehungen. Vor allem die Schwestern Egloffstein – Julie, eine begabte Malerin, und Caroline, Hofdame bei der Erbgroßherzogin Maria Pawlowna – reizen ihre Phantasie, doch fühlen sich jene mehr zu Ottilie hingezogen. Julie offenbart der Schwester, Adele sei eher prüde und altklug, daher gehe sie lieber auf Distanz. Adele, die die abwehrende Haltung Julies spürt, bemerkt am 10. November 1816 nicht ohne unterschwellige Eifersucht: »Die Gräfinnen Egloffstein ziehen mich beide sehr an. Line scheint mir streng und weich, nicht mild, doch freundlich und herzlich gegen die Menschen im allgemeinen. Mancher tiefe Schmerz blickt aus diesen Zügen, das Leben muß ihr weh getan haben. Julie ist sehr geistreich, läßt sich gern aus Gewohnheit wegen dieses Reichtums loben, schlägt aber dennoch fremde Meinung wenig an, weil sie einer gewiß ist. Sie zieht den Schleier der Vergangenheit über die Gegenwart und sucht in allen Formen ein Bild zu fassen. Ottilie liebt sie sehr, es freut mich wegen der Zukunft recht.« Und einige Jahre später, am 7. Mai 1819, urteilt sie in ihrem Tagebuch über die beiden in ihrer Gegensätzlichkeit reizvollen Schwestern: »Die eine ganz Güte, die andere ganz Geist – ich Schwäche für beide.«

Besonders für Julie interessiert sich Adele. »Wie die Steine eines Ringes« empfindet sie ihre Konstellation zueinander, »Julie, der Brillant, Ottilie und ich blitzen nicht so, gehören aber mit dazu. Unser Lieblingsthema, die Kunst, führt uns einander näher […]« Ihre Beziehung gestaltet sich wechselhaft. Einerseits beobachtet Adele kritisch das selbstbewußt-kokette, nach Dominanz strebende Wesen der begabten Gräfin, andererseits spürt sie deren künstlerische Sensibilität und ausgeprägte Persönlichkeit. Eine Zeitlang kommen sie sich näher durch Julies Geständnis ihrer Liebe zu einem jungen vermögenslosen Adligen. Die Liebe bleibt unerfüllt, nicht zuletzt weil Julie wie ihre Mutter Henriette von Beaulieu-Marconnay eine künstlerische Ausbildung der Ehe vorzieht.

Für die ältere Schwester Caroline hegt Adele dagegen uneingeschränkt herzliche Gefühle. Nach außen hin wird diese Freundschaft auch erwidert, doch unter der Oberfläche schwelt neben heimlicher Konkurrenz um die Gunst Ottilies ein gewisser Adelsstolz. So mischt sich in die wohlwollende Haltung gegenüber Adele eine leichte Herablassung. Ende 1827, als sich die Schopenhauers schon längere Zeit mit Umzugsplänen tragen, bemerkt Caroline in einem Brief an ihre Mutter ziemlich ironisch: »Tante weint über die Abreise ihrer Nachbarin [Johanna Schopenhauer], und für sie beklage ich es recht, – nicht für uns. Diese fremden, kalten Naturen sind nur äußerlich wie wir – die Verschiedenartigkeit zeigt sich, wenn auch noch so spät.« Während eines Besuchs von Adele in Weimar – sie kommt aus Bonn, ihrer neuen Heimat – läßt Caroline am 4. März 1830 Julie wissen: »[…] und dabei geht die Rhein-Adele in allen Häusern umher und klagt, wie schlecht sie gehalten sei!«

Eine Freundin auch in späteren Jahren bleibt Louise Kirsten. Vor allem ihre Halbschwestern, die beiden »Ratsmädel« Therese und Marie, hat Helene Böhlau in den »Erzählungen aus Altweimar« porträtiert. Das dritte »Ratsmädel« kehrt um 1813 in das Elternhaus zurück und begegnet hier der ein Jahr jüngeren Adele. Louise, nach Helene Böhlau eine kleine, zierliche und niedliche Person, im Wesen aber eher verschlossen, ja scheu, bewundert Adele und ordnet sich ihr unter. Diese kann zuhören, ist mitfühlend und weiß Rat in allen Nöten des Alltags. Ihre Mentalität kommt dem Anlehnungsbedürfnis Louises entgegen. Als 1816 der Beamte im Hofmarschallamt Karl von Zwierlein sie umwirbt und Gedanken an Heirat aufkommen, er sich dann aber der jüngeren Schwester Marie zuwendet, nimmt sie die verstörte Freundin unter ihre Fittiche, tröstet und ermutigt sie.

Weckt Louise in Adele den Beschützerinstinkt, so beruht ihr Verhältnis zu Ottilie auf einem anderen Gefühl. »Ach Luisen liebe ich wohl, so wie Dich; aber Dich ganz anders, mit jeder Kraft meines Daseyns liebe ich Dich, mit jedem Gefühle das in mir ist; was ich unternehme, was ich denken mag, frage ich Dich in Gedanken und glaube daß ich nicht leben kann, wenn Du nicht glücklich bist, denn Du allein weißt alle meine Gedanken und empfindest ganz so wie ich.«

Louise heiratet 1828 den Lehrer und Improvisator Oscar Ludwig Bernhard Wolff. Zwei Jahre zuvor hat ihn Adele kennengelernt. Wolff war aus Hamburg gekommen, um vor Goethe eine Probe seines Talents abzulegen. Doch Goethe weist ihn zunächst ab: »Es würde mich zu sehr zerstreuen.« Dafür empfängt Johanna den jungen Mann. Vor ihr und Adele entfaltet der 27jährige die Kunst des Improvisierens. Das Miniaturbildnis eines italienischen Mönchs regt ihn zu einem Sonett an. Mit den Worten »denn er hat nicht gekonnt, was er gewollt«, beendet er die kleine Vorführung. Mutter und Tochter sind beeindruckt. Aus der ersten Begegnung erwächst rasch gegenseitige Vertrautheit. Wolff wird in Weimar seßhaft, übernimmt noch 1826 eine Professur für neuere Sprachen am Gymnasium, heiratet zwei Jahre später Louise Kirsten und folgt 1830 einer Berufung an die Universität Jena.

Wolff setzt Johanna Schopenhauer nach ihrem Tod 1838 ein literarisches Denkmal. In seinem 1839 erschienenen Buch »Porträts und Genrebilder« charakterisiert er ihre Bedeutung für das kulturelle Leben und ihre wissenschaftliche Bildung ebenso wie ihre Warmherzigkeit und den feinen Humor – Vorzüge, die sie nicht zuletzt in ihrem berühmten Weimarer Salon zur Geltung brachte. Mit Adele wechselt er Briefe, von denen sich in ihrem Nachlaß einige erhalten haben. Sie sind mit »Federigo« unterzeichnet, einem der Wolffschen Pseudonyme.

Das Heiratsprojekt scheint Adele tatkräftig unterstützt zu haben. Wenigstens versichert Louise wiederholt, der Freundin das Glück ihres Lebens zu verdanken. So trägt die erste Tochter der Wolffs auch den Namen Adele. Die wenigen erhaltenen Briefe, zwischen 1828 und 1835 geschrieben, sind von anrührender Zärtlichkeit. Adele indessen mißt dieser Freundschaft nicht die gleiche Bedeutung bei. Zwar tut ihr Louises Anhänglichkeit wohl, und mehrmals genießt sie die Häuslichkeit im Familienkreis der Wolffs, doch ihrem anspruchsvollen Geist kann diese Konstellation nicht genügen. Vielmehr folgt sie der Leuchtspur Ottilies, die in andere Sphären führt. Gleichmaß und Beschaulichkeit haben an Reiz verloren: »Dann aber fing mein Geist an, die schweren Riesenflügel zu regen, es kochte mir im Innern ein gewaltiges Leben, und es war mir sonnenklar: ich paßte nur zu Ottilien, ihre Phantasie, die Regellosigkeit des weit greifenden Geistes, die fesselfreie Empfindung aller Tiefen des Lebens und Liebens hatten mich verdorben für alles andere Leben. Ich konnte glücklich machen, aber nicht mehr glücklich sein ohne sie.«

Der Freundeskreis um Ottilie und Adele ist nicht auf Weimar beschränkt. Aus Jena stößt die um drei Jahre jüngere Allwina Frommann hinzu, Tochter des Verlegers und Buchhändlers Frommann. Adele weilt häufig in Jena, wo sie, besonders in schwierigen Situationen, Zuflucht sucht. Im Juni 1821 erlebt sie als Augenzeugin die Verzweiflung der kurz vor ihrer Heirat stehenden Pflegetochter der Frommanns, Minchen Herzlieb. Nach zwei gescheiterten Verlobungen gibt sie dem beharrlich um sie werbenden Professor der Rechtswissenschaften Karl Wilhelm Walch widerstrebend nach. Sie hegt keinerlei Gefühle für ihn, lehnt ihn innerlich sogar ab und heiratet ihn trotzdem. Wählt die Zweiunddreißigjährige die Ehe, um den gesellschaftlichen Gepflogenheiten zu genügen? Oder ist es Mitleid mit dem kränkelnden Mann? Wie eine zu schwerem Schicksal Verurteilte weicht sie jedem freundlichen Zuspruch aus. Ihre seelische Zerrissenheit lastet drückend auf der ganzen Familie. Im Auf und Ab der Hochzeitsvorbereitungen befremdet Adele die Qual der Braut, der sie ihr Mitleid nicht versagen kann. »Minchen Herzlieb, die abermals an der Schwelle des Ehestandes von einem Todesschauer angeweht scheint, erregte mich unaussprechlich. Ich mußte sie unausgesetzt tadeln, und doch quälte mich ihr Anblick unaussprechlich.« Am 25. September 1821 findet die Hochzeit statt. Wenige Monate später flüchtet sich Minchen zu ihrem Bruder nach Görlitz, fortan getrennt von ihrem Mann lebend.

Mit der Frommannschen Familie bleibt Adele bis zu ihrem Lebensende freundschaftlich verbunden. Allwina und ihr Bruder Friedrich Johannes, genannt Fritz, stehen ihr besonders nahe. Briefe gehen zwischen den Gleichaltrigen hin und her, Briefe aus Weimar, dem Rüschhaus bei Münster, Plittersdorf, Karlsbad, Florenz, Rom, Frascati, Neapel und Bonn. 1838 legt Adele ihrem Geburtstagsbrief an Fritz einen ihrer filigranen Schattenrisse bei, einen geflügelten Amor. Im letzten Sommer ihres Lebens begleitet er die Schwerkranke von Jena nach Weimar. Von dort schreibt sie, verzweifelt über ihren hilflosen Zustand, einen erschütternden Brief an Allwina.

Die Lebenslinien beider Frauen weisen manche Parallele auf. Beide sind Töchter aus gutem Hause, bleiben unverheiratet und sind später auf eigene Erwerbsmöglichkeiten angewiesen. Allwina wird 1837 Gesellschafterin bei dem preußischen Kultusminister Karl Freiherr von Stein zum Altenstein in Berlin, nimmt dort Unterricht in Arabeskenmalerei und Illustration und wird 1843 in den Rang einer akademischen Künstlerin erhoben. Im selben Jahr tritt sie als Vorleserin und Zeichenlehrerin in die Dienste der Prinzessin Augusta von Preußen, Maria Pawlownas zweiter Tochter und späteren deutschen Kaiserin, eine Stellung, die sie bis 1872 bekleidet. In Berlin schließt Allwina Freundschaft mit der geistvollen Henriette Solmar, deren Salon die Tradition der künstlerisch ambitionierten Teegesellschaften nach dem Vorbild Rahel Varnhagens und Henriette Herz' fortsetzt. An den Gesellschaftsabenden treffen sich Persönlichkeiten der Berliner Literatur- und Kunstszene. Sternberg, der Henriette Solmar häufig besucht, nennt

*Allwina Frommann*

Zeichnung eines unbekannten Künstlers, wahrscheinlich
von Johanna Frommann
Stiftung Weimarer Klassik / Goethe- und Schiller-Archiv

sie eine »Priesterin geistvoller Geselligkeit, die Freundin der Dichter, ohne selbst um den Lorbeer zu werben«.

Das Ringen um Selbstbehauptung durchzieht wie ein Ariadnefaden das Leben Adeles und Allwinas, versinnbildlicht in dem Vierzeiler, den Adele der Gefährtin 1833 widmet:

> Wer fühlte nicht den innern Flügel?
> Wen drückte nicht das äußre Joch?
> Alltäglichkeit hält uns am Zügel,
> Selbständigkeit zerreißt ihn doch!

Noch zwei Monate vor ihrem Tod beschwört sie Allwina, »Muth zum Leben« zu fassen: »Wir sind ernster als all die Frauen um uns her! Sei es in Ergebung gegen Deine Prinzen wie ich im Kampf gegen das mich verzehrende Leid.«

In Jenny von Pappenheim, der illegitimen Tochter des Königs Jérôme von Westfalen, Bruder Napoleons, und der Diana von Pappenheim, finden Ottilie wie Adele 1826 eine treue Freundin. Die um vierzehn Jahre Jüngere, intelligent und hochgebildet, blickt tiefer in Adeles Wesen als Ottilie. Sensibel erkennt sie die Gefahr der extremen Gefühlswelt, in der Adele lebt. In ihrem Tagebuch, in dem sie den geselligen Kreis um Johanna Schopenhauer schildert, bemerkt sie über die Tochter:

»Ihre Tochter Adele, meine sehr liebe, wiewohl bedeutend ältere Freundin, war in anderer Art wie die Mutter, aber auch ein belebendes Element dieses Kreises. Ihre Leidenschaftlichkeit riß sie oft über die Grenzen der geselligen Unterhaltung hin. Ihre Empfindungen waren von verzehrender Glut und ein Hauptgrund ihrer vielfachen körperlichen Leiden. Von Natur reich begabt, fehlte ihr die Kraft, sich zu beschränken, so daß sie weder ihr poetisches, noch ihr künstlerisches Talent zu Bedeutendem ausbildete. Goethes eindringliches Wort: ›Beschränkung ist überall unser Los‹ wollte sie nicht verstehen, daher das Gefühl des Unbefriedigtseins dauernd auf ihr lastete. Vollkommen und tadellos war ihre Geschicklichkeit im Silhouettenschneiden. Sie illustrierte einmal ein Märchen, das Tieck vorgelesen hatte, und zwar während er las, mit einer Feinheit und poetischen Auffassung, die deutlich zeigten, was sie hätte leisten können, wenn sie Ausdauer gehabt hätte, zeichnen und malen zu lernen.«

Jenny tritt zu einem Zeitpunkt in den Kreis der Freundinnen, als Ottilie schon neun Jahre mit Goethes Sohn August verheiratet ist, zwei Kinder, die Söhne Walther und Wolfgang, geboren hat und insgeheim nach Auswegen aus einer Ehe sucht, die sie frustriert und einengt. In der Rolle einer Vertrauten Ottilies nimmt sie Einfluß auf die Erziehung der Kinder und wird nach Almas Geburt 1827 die Hüterin der kleinen »Muschel«. Jenny atmet die Luft um Ottilie, jene besondere Mischung aus Phantastik und Alltag. Zeitweise deutet sich eine Konkurrenz zwischen beiden um die Gunst des von Ottilie favorisierten Charles Des Voeux an.

Lange Jahre nimmt Jenny die Pflichten einer Hofdame bei der Großherzogin Maria Pawlowna wahr, ehe sie 1838 den Baron Werner von Gustedt heiratet und nach Westpreußen auf ein Rittergut zieht. Ihre Enkelin Lily Braun gestaltet die aparte Figur der Großmutter 1908 in dem biographischen Roman »Im Schatten der Titanen«, wobei ihr deren Tagebücher und Briefe als Quelle dienten. Mehr in den Blickpunkt der Öffentlichkeit rückte die engagierte Verfechterin der Frauenemanzipation mit ihrem um dieselbe Zeit erscheinenden Schlüsselroman »Memoiren einer Sozialistin«, der mehrere Auflagen erlebte, zuletzt 1985.

Freundinnen gewinnt Adele auch auf ihren alljährlichen Sommer- und Badereisen. Mehrmals begegnet sie den Geschwistern Saaling, Rebecca, Julie und Marianne, Kusinen der Mutter von Felix Mendelssohn Bartholdy. Rebecca schreibt unter dem Namen Regina Frohberg vielgelesene Romane. Sie gilt als Vertraute Rahel Varnhagens, die sich in dem 1810 veröffentlichten Roman »Schmerz der Liebe« porträtiert sieht. Julie heiratet 1827 Felix' Hauslehrer Karl Heyse. Ihr Sohn ist der außerordentlich erfolgreiche und geschätzte Schriftsteller Paul Heyse, der erste deutsche Nobelpreisträger für Literatur. Mit Marianne kreuzen sich Adeles Wege mehrfach. Der Liebreiz ihrer Erscheinung fasziniert sie. »Ich kann dem Zauber nicht entgehen«, urteilt sie im Sommer 1823 in Frankfurt.

In seinen Memoiren »Jugenderinnerungen und Bekenntnisse« von 1912 erwähnt Paul Heyse die außergewöhnliche Schönheit seiner Tante, die auf dem Wiener Kongreß 1815 Aufsehen erregte. »Könige und Fürsten hatten ihr gehuldigt, ein alter portugiesischer Herzog sich mit ihr verlobt. Er starb, ehe sie die Seine geworden war, aber der Nachglanz dieses Erlebnisses und der Wiener Triumphe verbreitete sich über ihr langes, ferneres Leben und verlieh der hohen junonischen Gestalt auch in den bescheidenen, doch nicht ärmlichen Verhältnissen, in denen sie neben uns lebte, einen vornehmen Zug.«

Im Tagebuch hält Adele »eine gar anmuthige Geschichte« von der Saaling fest. In der Schweiz, welche sie gemeinsam mit dem jungen Felix bereist, besichtigen sie eine Dorfkirche. Die Orgel lockt zum Spiel. Zögernd gibt ein alter Mann die Zustimmung. Überwältigt von der Zauberkraft des Spiels und den Tränen nahe, gibt er sich als der Orgelbauer Aloys Moser zu erkennen. Niemand hätte ihm die Orgel feierlicher einweihen können als dieser Knabe, Felix Mendelssohn.

Marianne steht ebenso wie ihre Schwestern dem Kreis um Rahel Varnhagen nahe. »Die schöne Marianne Saaling«, schreibt Varnhagen in seinen »Denkwürdigkeiten« und erklärt: »[…] der Eindruck dieses Mädchens war der einer jungen Göttin, und wer sie nur sah, mußte ihr huldigen; dies geschah von allen Seiten, von mir doch am wenigsten, der ich ihren Geist vielleicht zu gering anschlug, durch ihn wenigstens nicht angezogen wurde.« Spricht aus dieser am Lebensabend festgehaltenen Äußerung nicht der abgewiesene Liebhaber? Ein Jahr nach Rahels Tod, 1834, wirbt er um Marianne, die, fast 50jährig, noch immer entzückt. Das Verlöbnis wird wieder gelöst. Paul Heyse, damals ein Kind von vier Jahren, erinnert sich nur dunkel an die damit verbundene Aufregung. Er empfand die Geschichte wie einen Roman. Der katholische Glaube, den Marianne mit Blick auf die geplante Heirat mit dem portugiesischen Herzog angenommen hatte, vertrug sich nicht mit Varnhagens Anschauungen und seinem Lebensstil. Ihre Bindung an die Kreise der katholischen Aristokratie in Berlin mißfiel ihm. Marianne, gewohnt, selbständig zu leben und zu entscheiden, geriet in Widerspruch zu ihm und zog sich zurück.

Während eines Sommeraufenthalts in Frankfurt am Main begegnet Adele einer Frau, die mehr als nur eine flüchtige Reisebekanntschaft bleibt, Philippine von Fichard, der ältesten von drei Töchtern des Freiherrn Johann von Fichard, genannt Baur von Eyseneck. Um die große Familie zu entlasten, die in zweiter Ehe der Mutter um weitere drei Töchter angewachsen ist, läßt sie sich mit ihren beiden Schwestern in ein adliges evangelisches Damenstift aufnehmen und übernimmt ab 1825 den Posten einer Pröbstin. Den »Atlas der Familie« nennt Adele sie. Wenn Frankfurt auf der Reiseroute liegt, wird jede Gelegenheit genutzt, um die ältere, unverheiratet gebliebene Freundin in dem Stift am Roßmarkt zu besuchen. Im Frühjahr 1828, wohl in einer kritischen Lebenssituation, versuchen sich alle drei Schwestern zu vergiften. Sie können gerettet werden, wie Adele an Ottilie berichtet. Die Beziehung dauert bis zum Lebensende Philippine von Fichards im April 1849.

Noch eine Frau vergrößert den Freundinnenkreis. Auf einer ausgedehnten Badereise von Juli bis Oktober 1816 trifft Adele an der Table d'hôte in Schwalbach Frau Goullet. Zu ihr, »dem kleinen Bergquell«, fühlt sie sich allein schon durch ihre gemeinsame Vorliebe für das Zeichnen und Malen hingezogen. Häufig verbringen sie miteinander anregende Stunden mit

Malstudien. Noch im Herbst 1829 hält sich Frau Goullet auf Einladung Adeles mehrere Wochen in Unkel am Rhein auf.

All diesen Frauen verdankt Adele manch gelösten Augenblick und die sonst so oft vermißte innere Zufriedenheit. Doch keine kann Ottilie den bevorzugten Platz im Herzen Adeles streitig machen. Immer wieder bricht das einzigartige Gefühl für Ottilie durch, am intensivsten gerade dann, wenn Adele fern von Weimar weilt. Am 16. Mai 1817 schreibt sie aus Jena: »Ottilie – zuweilen bangt mir für dieses blitzartige Verstehen unter uns; die tiefsten besten Menschen dieser Erde gehen trotzig aus kleinlichen Gründen voneinander fort und bleiben sich gegenseitig ein Räthsel [...] Es ist mein Glück, meine einzige Freude; aber ich meine immer, das sey mir nur auf einen kurzen Theil des langen Lebensweges gegeben, und wir würden dennoch früh scheiden. Womit hätten wir unter so vielen Tausenden diesen Frühlingstag verdient, der immer, immer leuchte? Auch andern geht Er auf, aber stets folgt eine Nacht; folgt sie bei Dir und mir auch, dann wird sie sehr dunkel.«

Stand vor Adeles innerem Auge die Verlorenheit, in die sie die bevorstehende Heirat Ottilies stürzen würde? Oder war sie sich schließlich der Unausweichlichkeit einer Trennung bewußt? Mit allen Fasern klammert sie sich an Ottilie, den Mittelpunkt ihres Lebens. Aus Danzig, wo sie und die Mutter sich vorübergehend aufhalten, kommt am 6. März 1820 der Aufschrei: »Ottilie, Ottilie, warum bist du nicht hier? Nur ein Herz habe ich erkannt auf dieser Erde, klar ist nur deines mir, wie sehr ich auch die anderen liebe; uns mußte man nicht so trennen, ich verstehe mich nicht mehr, weil ich dich nicht sehe, weil ich nicht an deiner Brust ausweine.«

Nähe jedoch dämpft den Gefühlsüberschwang. Die täglichen Anforderungen, vor allem Ottilies Heirat mit August von Goethe und ihre Einbindung in dessen Familienkreis, lassen Adele mehr Zeit, über sich selbst nachzudenken. So träumt sie von einem Lebensgefährten, »der mich verstünde und der mir lieb würde, einen Anhalt im Leben, einen Grundton, der die grellen Farben verschmelzt erscheinen ließe«, zugleich aber ist ihr bewußt: »Wirken, Erkennen, Schaffen ist mir Notwendigkeit, darum ist mir, als müsse sich mein Leben wenden.«

Zwar nimmt sie nach wie vor an allen turbulenten Erlebnissen, flüchtigen Verirrungen, leidenschaftlichen Verstrickungen der Freundin teil und steht ihr oft wider bessere Einsicht bei, doch wächst die Erkenntnis, daß sie sich mehr auf ihre eigenen Kräfte besinnen muß, wenn sie im Leben eine gewisse Unabhängigkeit erringen will. Erleichtert wird dieser Ablösungsprozeß, der nie ganz gelingt, durch die Freundschaft mit der Kölner Bankiersfrau Sibylle Mertens-Schaaffhausen, einer Persönlichkeit von ausgeprägtem Charakter. Mit einem ungeliebten Mann verheiratet, begegnet sie Frauen mit Wärme und Zuneigung. 1828 nimmt sie die ihr schutzbedürftig erscheinende Adele freundlich auf. Auch unterstützt sie die Familie Schopenhauer in ihrem längst gehegten Plan einer Übersiedlung an den Rhein. Aus Sparsamkeitsgründen – Liquiditätsschwierigkeiten des Danziger Bankhauses haben ihr Vermögen erheblich reduziert –, aber auch aus Rücksicht auf Johannas schlechte Gesundheit nach einem Schlaganfall denken beide an einen Wegzug aus Weimar. 1829 lassen sich Johanna und Adele in der lieblichen Rheingegend nieder. Unkel wird Sommersitz, Godesberg oder Bonn wählen sie zum Winterquartier.

Die Hinneigung zu Sibylle dämpft den Überschwang im Verhältnis zu Ottilie. Die Realität des Lebens und wachsende Erfahrung verdrängen Sentimentalität und übersteigertes Gefühl. Indes ist die innere Zugehörigkeit zu tief verwurzelt, als daß sie jemals erlöschen könnte. Mehr noch, Ottilie wird in den neuen Freundschaftsbund aufgenommen, als sie und Sibylle sich im Sommer 1832 persönlich kennenlernen. Ottilies Charme entfaltet auch diesmal seine Wirkung, so daß sie fortan in krisenhaften Situationen auf Sibylle rechnen kann – Vorgänge, die Adele nicht ohne Empfindlichkeit registriert. Wohl lassen beide den Kontakt nie abreißen, wohl fungiert Adele weiterhin in der Rolle einer Beichtmutter für Ottilies oft verworrene Situationen, ebenso wie Ottilie die Partnerin in Adeles persönlichen Angelegenheiten bleibt. Allein die Distanz zwischen ihnen nimmt zu, bedingt schon durch ihre verschiedene Lebenskonstellation und nicht zuletzt durch die räumliche Trennung. Als Adele im Herbst 1837 mit der hinfälligen Mutter vom Rhein nach Jena zurückkehrt, lebt Ottilie zeitweise in Leipzig und seit 1840 mit Unterbrechungen in Wien.

Äußeres Zeichen einer veränderten Haltung ist die Entfernung des Bildnisses der jungen Ottilie, einer Kreidezeichnung von Heinrich Müller, über Adeles Schreibsekretär, ein Umstand, der Ottilie gleichermaßen verletzt und provoziert. Nach Adeles Tod fragt sie Sibylle nach dem Verbleib des Bildes: »[…] es war in schwarzer Kreide Lebensgröße, 17 Jahre alt, glatt gescheiteltes Haar mit einer starken Flechte über den Kopf gelegt, Du magst es wohl nicht erkannt haben, so klar und muthig schaute es in die Welt. Es hing in Weimar immer in Adelens Stube, und als ich sie später befrug warum es verbannt sei, sagte sie mir, der veränderte Ausdruck habe ihr so weh gethan.«

Noch am 18. Juni 1849, zwei Monate vor Adeles Tod, kann Ottilie in ihrer rigorosen Art nicht umhin, diese mit Vorwürfen zu überhäufen. Sie fühle sich gekränkt und vernachlässigt, da Adele ihre Abschiedsbesuche bei den Freunden geplant habe, ohne sie, Ottilie, zu berücksichtigen. Außerdem habe sie bei ihrer Absicht, ganz nach Italien zu ziehen, keinen Augenblick daran gedacht, sie um ihre Begleitung zu bitten. »Als Du mir neulich schriebest, Du würdest unter keiner Bedingung nach Italien gehen, wenn nicht Sibylle mitginge, fuhr ich zusammen als hättest Du mit einem Schwerdtstreich das Band durchhauen was uns so lange verbunden, – Du rechnetest mich also gar nicht mehr zu Deinem Leben gehörend; ich zürnte Dir nicht, ich fand es auch natürlich, selbst wenn Deine Neigung zu mir noch die alte wäre. Du dachtest ich wäre nicht mein eigener Herr, Mutter, Schwester und Söhne bedingten doch oft mein Kommen und Gehen.« Auf diese Vorhaltung bemerkt Adele schlicht, sie gehe nie wieder nach Italien ohne Sibylles dauernden Schutz und Pflege. »Auch verlasse ich sie, da sie keine Kinder mehr um sich hat, nicht mehr – ist denn das nicht ganz einfach?«

Ottilie beweist ihre Zuneigung ein letztesmal, als sie die todkranke Adele in Bonn besucht und sich später um den Nachlaß kümmert. Von einem äußersten Wahrheitsanspruch an sich selbst und andere erfüllt, war ihr alles Kleinliche fremd. Dieser »Frau aus einem anderen Stern« hat sich Adele selbst dann noch nahe gewußt, als sie einsah, daß eine bedingungslose Gefühlsbindung an einen anderen Menschen zwangsläufig enttäuscht werden muß.

Wie wunderbar diese Freundschaft trotz allen gelegentlichen Unstimmigkeiten war, hat Sibylle feinfühlig erkannt. Am 19. September 1849, vier Wochen nach Adeles Tod, heißt es in einem Brief an Ottilie nicht ohne Bedauern: »[…] ein schmerzlich treffendes, aber zugleich mir günstiges Geschick hat mich in der letzten Zeit zu Adelen auf den Platz gestellt, wo Du fast Dein ganzes Leben standest und geblieben bist; nur äußerlich rückten die Umstände mich in ihre nächste Nähe; innerlich – ob ich nicht eifersüchtig hätte sein dürfen, wenn dies, Dir gegenüber, in meinem Karakter gelegen hätte, weiß ich dennoch nicht! Es ist kein Zugeben was ich hier ausspreche, sondern ein Anerkennen – das begreife wohl!«

# Nachsinnen

Während Adele zwischen den Welten die Nähe der Freundin sucht, weilt Ottilie in Gedanken bei ihr. Ohne die Feierlichkeiten zu Goethes 100. Geburtstag abzuwarten, ist sie mit den Söhnen weiter nach Freiwaldau in Schlesien gereist, um in der von Vinzenz Prießnitz gegründeten Kaltwasserheilanstalt ihre angegriffenen Nerven zu regenerieren. Hier schreckt sie in den Nächten auf, bangend um Adeles Leben und allen Tatsachen zum Trotz auf Besserung hoffend. Sich zur Beruhigung schreibt Ottilie Briefe. Anna Gargallo, seit dem Italienaufenthalt von 1845 bis 1847 mit ihr befreundet, berichtet sie von ihrem Besuch bei Adele und dem Befinden der Kranken.

»Von Tag zu Tag verschlechterte sich ihr Zustand, und Sie, meine liebe Anna, können verstehen, was ich empfand, als ich gezwungen war, meiner ältesten Freundin Lebewohl zu sagen in der Überzeugung, daß ich sie nie mehr im Leben wiedersehen würde. Der Arzt sagte, daß er ihr Ende nicht voraussagen könnte, da sie ebensowohl sofort sterben als noch Monate leiden könne. Ein Brief von Sibylle teilt mir mit, daß der Zustand ihrer Leiden sich zehnfach verschlimmert und die Krankheit solche reißende Fortschritte gemacht hat, daß der nächste Brief beinahe sicher die Todesnachricht bringen wird. Adele kannte mich genau, sie wußte, wie viele der Fehler, die jetzt in meinem Charakter sind, sich auf Grund meines Unglücks entwickelt haben; sie konnte mitleiden, wo andere nur das Recht zu tadeln sehen.«

Ja, Adele kannte Ottilie genau. Lächeln muß sie, als sie sich der lustigen gereimten Selbstdarstellung der Zwanzigjährigen erinnert:

*Ich kenne ein Mädchen, bei meiner Treu,*
*Die ist das vollständigste Allerlei; –*
*Heut will sie gebunden sein, morgen ganz frei,*
*Jetzt ist sie flatterhaft, dann felsentreu; –*
*Jetzt folgt sie sinnend der Sterne Bahn,*
*Und plötzlich fängt sie zu tanzen an; –*
*Nun weint sie und scheint ganz Melancholie,*
*Dann trällert und springt sie von Abend bis früh;*
*Ist jetzo ganz Dehmuth; – jetzt wieder unbändig,*
*Jetzt Kind ganz, dann wieder Matronen verständig,*
*So mädchenhaft schüchtern, dann männlich kühn,*
*Nun sittsam und häuslich, dann Welth in dem Sinn. –*

*Ein rot eingebundenes Heft mit dem Goldaufdruck »Aller-lei« bewahrt das facettenreiche Bild Ottilies. Jeder Buchstabe ihres Namens findet sich hier als buntes Bild. Den sieben Bildern folgt ein achtes und letztes, das alle Buchstaben wieder zu dem vollständigen Namen verbindet. Provozierend das Motto auf der ersten Seite, typisch »ottilianisch«: »Es muß auch solche Käuze geben.« Das Album, eine Gabe Ottilies zu Weihnachten 1816, hütet Adele als kostbaren Besitz. Ohne diese bildliche Erinnerung wäre der Danziger Aufenthalt, die schwierigen Jahre1819 und 1820, noch trostloser gewesen. »Allerlei« hat im Nachlaß von Adele die Zeiten überdauert.*

*Die so leicht hingeworfenen Zeilen von Ottilies Hand reflektieren wie ein Spiegel ihr Wesen. Ja, so ist sie. In all ihrer Widersprüchlichkeit anziehend, doch kaum faßbar, immer auf der Suche, Individualität und Lebensglück zu vereinen. Ungestillt zerrinnen Sehnsüchte. Unstet treibt sie mit den Söhnen durch die Zeiten, im Herzen einen Lebensentwurf, der Illusion bleibt. Wie eine Sucht beherrscht das Verlangen nach Liebe ihr Leben. Freundschaft gilt ihr weniger.*

*Adele hat es wiederholt hinnehmen müssen, noch 1841 in Karlsbad, als ihr Ottilie am Arm des Arztes Romeo Seligmann, ihres Wiener Gefährten, auf der Kurpromenade begegnete und sie für nichts anderes Augen hatte als für den Mann an ihrer Seite. Zwar sah sie die Freundin, schenkte ihr aber keine Beachtung. Adele gab es einen Stich im Herzen. Sie fühlte sich beiseite geschoben.*

*Die Nacht des 12. August will nicht enden. Nur schleppend verstreichen die Stunden. Adele starrt bewegungslos in die Dunkelheit. Irgendwo schlägt eine Uhr, knarrt eine Tür, raschelt ein Vorhang, ruft schlaftrunken ein Käuzchen – sonst nur Stille. Wo hält sich Ottilie jetzt auf, in Weimar oder schon wieder anderswo? Dieser Unruhe kann Adele seit langem nur noch eine Art innerer Resignation entgegensetzen.*

*Das Bizarre in Ottilies Wesen hat nicht nur sie herausgefühlt, auch Jenny von Pappenheim, Vertraute und Betreuerin der Kinder im Goethe-Haus, hat erfahren müssen, daß in Ottilies Leben die Phantasie Alleinherrscherin sei: In schneller Folge wechseln Männerbilder, Lebenspläne, Empfindungen. Wie häufig zerbrechen sie, die selbstentworfenen Bilder. Dann entzündet sich neue Hoffnung an jeder Blume, die ein Fremder ihr überreicht. Sie berauscht sich an ihrem Duft, bis der Blütenflor verwelkt, der Zauber verweht ist. Alle Gedanken Ottilies sind edel und von Hilfsbereitschaft, Erbarmen und Mitleiden geprägt. Sie sind ihrem Wesen immanent und keinem Grundsatz geschuldet. Freundinnen, ob junge oder alte, exzentrische oder schüchterne, fromme oder freigeistige, keusche oder sinnliche, bilden ihr Gefolge. Der uneingeschränkte Liebes- und Freiheitsanspruch dieser Frau fasziniert sie alle. Ja, Ottilie hat viele Freundinnen, doch diese haben sie nicht.*

*Die englische Schriftstellerin Anna Brownell Jameson, die Anfang der dreißiger Jahre Deutschland bereist, dabei bekannte Persönlichkeiten aufsucht und auch bei Ottilie eingeführt wird, empfindet diese wie eine »Frau aus einem anderen Stern«, sie vergleicht sie mit »einem federgeschmückten Indianer in den Savannen« und »einer hochgeborenen Dame«, ein Spektrum, das die extremen Gegensätze ihres Wesens einfängt. Isabelle von Egloffstein, Tante Jenny von Pappenheims wie auch der Gräfinnen Caroline und Julie, urteilt lakonischer: »verrückter Engel«. Ottilie entzieht sich dem üblichen Maßstab. Eine zu erdverbundene Freundschaft beschwert nur ihren Schwebezustand. Ihr freiheitsliebender Geist ist nicht gewillt, Tabus zu akzeptieren.*

*In späteren Jahren, als ihr Liebreiz verblaßt, die erotische Ausstrahlung erlischt, verändert sich ihre Wirkung auf Männer. Höflichkeit und Ehrerbietung bestimmen nun den Tenor männlichen Umgangs mit ihr. Dennoch übt ihr Charme nach wie vor einen Zauber aus. Adolf Stahr beeindruckt noch 1845/46 in Rom das Poetische ihrer Erscheinung. Ottilie kommt ihm »wie eine Rose vor, auf die Schnee gefallen ist«.*

*Ihrer Idee von Liebe hängt Ottilie ein Leben lang an. Keine Erfahrungen, Niederlagen und Enttäuschungen können daran jemals etwas ändern. Wider besserer Einsicht läßt sie das Karussell der Gefühle kreisen und verliert sich bei jeder Begegnung im Rausch des Augenblicks. Auf Glück und Überschwang folgen Verlust und Reue. Im Fluge verirrt, findet sie statt blühender Gärten eine von Nebeln verhangene Welt, statt Liebe obsiegen Konvention und Gesetz, statt Spiel Arbeit, Pflicht und Sorgen, statt unendlicher Räume enge Verhältnisse.*

*Wie gut kann Adele das Aufbegehren Ottilies verstehen, hat sie es doch mitgefühlt und mitgetragen, das Revoltieren gegen Dumpfheit und Enge. Freiräume gemeinsam zu erobern, diesem Lebensziel ordnete Adele alles unter, selbst die eigene Kreativität. Bedingungslos, wie sie der Freundin folgte, erwartete sie auch deren Gefolgschaft. War ihr Anspruch zu hoch, ihre Ausschließlichkeit zu absolut gewesen? Ottilie, sosehr sie auch mit Adele übereinstimmte, hatte ihre eigenen Gesetze, die jedem Wunschdenken Grenzen setzten. War zunächst Adeles Idealvorstellung, in enger Gemeinschaft mit Ottilie zu leben, an deren Ehe gescheitert, so mußte dieser Herzenswunsch auch nach Augusts Tod 1830 aufgegeben werden. Die rastlose*

*Suche der Freundin nach ihrem zweiten Ich, dem Mann ihres Lebens, besaß Vorrang.*

*Wieder und besonders jetzt nach dem endgültigen Abschied fragt sich Adele: Hätte sie sich mehr auf sich selbst verlassen sollen? Zweifel kommen auf, ob sie ohne Ottilies Einfluß ihr Talent konsequenter und zielgerichteter hätte ausbilden können. Ihre geistigen Kräfte sind in dem ewigen Auf und Ab der Empfindungen zersplittert. Wer aber will ein großes Gefühl gegen äußere Erfolge aufrechnen? Sich zu beschränken lag ebensowenig in Adeles wie in Ottilies Lebensform. Beide Frauen, vielfältig begabt, vermochten es nicht, sich auf ein Mittelmaß zu reduzieren.*

*Wie eng waren doch ihre Lebenslinien miteinander verflochten. Sogar die erste Liebe ihres Lebens, die schwärmerische Verehrung für den preußischen Offizier Heinke, teilten sie miteinander. Obwohl unterschwellig Rivalinnen um die Gunst eines Mannes, vertiefte die Gemeinsamkeit des Gefühls ihre Bindung aneinander. Insbesondere Adele, die zur Eifersucht neigte, verdrängte diese Empfindung der Freundin zuliebe. Das fiel ihr um so leichter, als auch die Beziehung Ottilies zu Heinke platonisch blieb. Die Erinnerung an ihn begleitete beide durch das Leben.*

*Jetzt, in den letzten Tagen zwischen Wachsein und Traumzustand, assoziiert der Anbruch der Nacht das Bild von Heinke. Wenn der Tag in den Abend sinkt und graue Tücher die Welt einhüllen, wenn Dämmerung die Konturen verwischt und die ersten Sterne in das zum Garten geöffnete Fenster flimmern, sucht Adele Hesperus, den Abendstern. Einst bedeutete er für Adele wie Ottilie das Sinnbild des Einklangs mit dem Mann ihrer Träume. Hesperus wurde zum Symbol des flüchtigen Augenblicks einer romantischen Liebe.*

*Am 28. August 1849, in der Hoffnung, daß ihr Brief Adele noch erreiche, richtet Ottilie Grüße von Ferdinand Heinke aus, der ihrer mit Innigkeit gedenke. Sie ahnt nicht, daß an diesem Tag die Freundin begraben wird.*

# Schwärmerei oder Hesperus

Alte Bilder steigen aus dem Rahmen,
Alte Träume wachen wieder auf! –

Adeles und Ottilies erste Liebe, Bewunderung und Verehrung
gelten ausgangs des Jahres 1813 demselben Mann: Ferdinand
Heinke, Adjutant des Majors Anton von Kleist. Er kommt im
Auftrag seines Vorgesetzten nach Weimar, um den bewaff-
neten Widerstand gegen die französische Fremdherrschaft
mit zu organisieren. Freiwillige sollen für den Aufbau einer
schlagkräftigen Landwehr gewonnen werden. Dieses Vorhaben öffnet dem Einunddreißigjährigen Türen und Herzen der
überwiegend preußisch gesinnten Weimarer Bürger, deren Patriotismus nach dem Sieg der verbündeten Armeen über die
Franzosen bei Leipzig erneut aufgeflammt ist.

Am 30. Oktober 1813 trifft Heinke in Weimar ein. Am
11. November lernt ihn Adele in der Teerunde der Mutter kennen. Fünf Tage später, am 16. November, trifft Heinke dort
Adeles »bildschöne Freundin«. Die Romanze zwischen Ottilie und Ferdinand beginnt. Adele durchlebt sie mit. Betroffen
registriert sie in einem Billett an Ottilie Anfang Dezember
1813: »Wir sind wirklich in einer traurigen Lage, denn fast
liegts am Tage, daß wir beide eine und dieselbe Person lieben.«
Wohl wissend, daß die Neigung des Offiziers mehr dem reizenden Fräulein von Pogwisch gilt, übt sich Adele in der Pose
scheinbaren Verzichts. Das Selbstwertgefühl gebietet ihr, das
Opfer für die Freundin zu bringen. Doch bleibt sie in das Ver-
wirrspiel der Liebe einbezogen. Das hier zum erstenmal zutage tretende Verhaltensmuster wird sich wiederholen: Die
aus Sehnsucht geborene Einbildung, ihre Liebe werde erwidert, mündet alsbald in freiwilliges Entsagen zugunsten anderer. Resignation und Trauer über den unerfüllt gebliebenen

Traum werden in die unteren Schichten ihres Bewußtseins verbannt. In Ottilies Liebesbeziehungen bringt sie ihre Person in einer Weise ein, daß sie oft nicht mehr zwischen Wahrheit und Illusion unterscheiden kann oder will.

Nur von kurzer Dauer ist der Liebestraum. Die Flamme aber hinterläßt eine Glut, die in Ottilies und Adeles Herzen nie ganz verlöschen wird. Nicht nur am Standesdünkel der adligen Gesellschaft scheitert ein engeres Verhältnis Heinkes zu Ottilie, auch die bereits abgesteckte Lebensbahn des studierten Juristen und feurigen Leutnants ist ein Hindernis. Auf ihn wartet in Breslau eine Braut, Charlotte Werner, die auch in späteren Jahren Vielbeneidete. Gerade aus dem Wissen um die Unerfüllbarkeit ihrer Sehnsüchte erwächst die Faszination.

Immer werden die letzten Tage eines jeden Jahres die Erinnerung an das Jahresende 1813 wachrufen. Am 27. Dezember steht der Abschied bevor. Nach einem stillen, wehmütig gestimmten Abend bei Frau von Pogwisch reißen sich Heinke und sein Begleiter Eduard Hufeland los. Ottilie und Adele eilen ihnen auf halber Treppe nach, ritterlich werden sie von den beiden Herren wieder nach oben geleitet. Das Spiel beginnt von neuem. Mehrmals geht es treppauf und treppab, ehe der letzte Gruß getauscht ist. Dabei nimmt Heinke die schwärmerische Adele als bloßen Schatten wahr, während er nur Augen für die aparte Ottilie hat. Noch 1854 gedenkt er in einem Brief an Ottilie der romantischen Abschiedsstunde. Kurz darauf erleben sie noch einmal das Glück der Nähe, als sie den Silvesterabend 1813 zusammen verbringen. Wieder verbreitet der »alte liebe Kreis« bei den Schopenhauers seinen Zauber.

Nur noch wenige gemeinsame Tage im Juni 1814 sind den Verliebten vergönnt. Dann ist die Trennung endgültig. Zum letztenmal sieht Ottilie Heinke, als sie Mitte August 1849 von Bonn aus nach Schlesien reist und sich kurz in Breslau aufhält – ein »Tag des Glückes, wie Gott mir selten gab«.

Die romantische Verklärung, mit der Adele und Ottilie die

*Ferdinand Heinke*

Zeichnung eines unbekannten Künstlers, um 1813
Adele Schopenhauer, Tagebuch einer Einsamen. Leipzig 1921
Stiftung Weimarer Klassik / Goethe-Nationalmuseum

Person Heinkes umgeben, weicht auch in den kommenden Jahren keiner Ernüchterung. Ja, die Vergötterung erfährt mit der Entfernung sogar eine Steigerung. Brauchen sie beide die Illusion der Vollkommenheit eines Menschen, um angesichts mancher Liebes- und Lebensenttäuschungen neuen Mut zu schöpfen? In der Phantasie spielen sie immer wieder den Gedanken durch, welche Entwicklung ihr Leben an seiner Seite genommen hätte. So aber begnügen sie sich in dem Bewußtsein, wie nahe sie einst einem idealen Mann standen: »Ich besaß es doch einmal, was so köstlich war.«

Adele rankt um Heinke eine Vielfalt von Gedankenketten, die sie in ihren Tagebüchern festhält. Er wird ihr zum Wegweiser im Denken und Handeln und formt ihren Charakter. »Ich glaube, ich wäre nie so weich, so milde im Innern geworden, wenn ich ihn nicht erkannt hätte, man erträgt gern die Dornen am Rosenstock um der Rosen willen«, sinniert sie am 6. Dezember 1816. Die Frage am Silvestertag desselben Jahres, dem Verlobungstag Ottilies mit August: »Ferdinand, hast du es so gewollt? Hab ich wohl nach deinem Sinn gehandelt, gelebt, gedacht? Meine Seele war das ganze Jahr bei dir, und dir danke ich wieder alle Freuden, mein schöner, heller, freudiger Hesperus«, offenbart ihr Anlehnungsbedürfnis, sei es an eine fiktive Vaterfigur, sei es an einen erträumten Geliebten. Und Weihnachten 1819 in Danzig zieht sie das Fazit: »Ferdinand schließt die Zeit der bunten Kinderfreuden; er öffnet das Wundertor!« Ihre kindliche Schwärmerei artikuliert sich in Versen. Die Gedichte »Capella« und »Hesperus« sind Heinke gewidmet. In »An meinen Freund« beklagt sie, daß außer ihr niemand mehr seiner gedenkt.

> Keiner nennt die alten heilgen Namen, –
> Keiner stört der leisen Thränen Lauf –
> Alte Bilder steigen aus dem Rahmen,
> Alte Träume wachen wieder auf! –

Was ich mühsam, kraftvoll mir errungen,
Nimmt dies ewig starre Schweigen mir –
Alle Lebenstöne sind verklungen,
Denn, ach! Keiner redet mehr von Dir!

Im März 1817

Ihm, dem Traumbild ihrer Jugend, zu gleichen an Würde, innerer Freiheit und aufrechtem Gang schwebt beiden als Ideal ihres Lebens vor. Gerade Adele, die ahnt, ohne Liebeserfüllung leben zu müssen, klammert sich an diese strahlende Erscheinung. Wie ein Meteor flammt seine Gestalt vor ihrem inneren Auge auf. Angesichts einer solchen Verbundenheit fragt sie sich:

»Wie kann mich nur Gerstenbergks Wesen so störend berühren, wie kann mich ein Mißverstehen so quälen, da ich ihn gekannt habe, dessen Wesen in so vollkommenem Einklang war, daß ich jetzt, obschon ich vierundzwanzig Jahre bin und ihn seit sieben verloren, ihn in jeder Handlung vollkommen ganz, wie er war, wiederfinde! Wie kann mich das Leben so drücken, da ich mitten im Gewirre kleinlicher Peinlichkeiten mit einem Ruck durch bloße Vergegenwärtigung meines Freundes all der Not enthoben bin, sie ganz gelassen belächle, und in Erinnerungen verloren, die Gegenwart nicht mehr fühle! […] Ach, wenn das ein Wahn ist – bei Gott, er ist schöner und wohltätiger als eine vernünftige Geistesklarheit, die mich allein und arm in undurchdringlichem Dunkel zurückläßt – wie den armen Aladdin.«

Immer wieder gibt Adele der Erinnerung neue Nahrung. In Gesprächen mit Ottilie beschwört sie seine Nähe. Da können Meinungsverschiedenheiten zwischen beiden nicht ausbleiben, wenn dieses Thema berührt wird. Ottilie, die Wahrheitsliebende, weist die Freundin auf Umstände hin, die diese hartnäckig ignoriert. Am Abend des 24. Februar 1821 kommt es zu einer erregten Szene: »[…] wir sprachen wieder von ihm.

Ottilie schonte mich nicht genug, der Schmerz ward wieder so zerstörend, daß mir war, als zöge sich ein schwarzer, dichter Nebel um meine Sinne, gewaltsam brach ich durch und sprach mehr – viel mehr, als ich im Leben zu sprechen glaubte. Ich sprach meinen ganzen Lebenslauf, Zweck und Plan aus, ich sagte, wie ich mich mit allen Kräften bestrebe, mit ihm Schritt zu halten, um einst mit ihm weiterzuleben, wenn wir hier scheiden. Ich wurde im Reden stolzer und freier – Ottilie aber war am anderen Morgen blaß wie eine Leiche.« Ottilie zieht die Berechtigung von Adeles ekstatischer Leidenschaftlichkeit in Zweifel. Gleichzeitig empfindet sie die Grenzen ihres eigenen Daseins. An August gekettet, weiß sie um die Vergeblichkeit solcher Träume. Eine schlaflos durchgrübelte Nacht hat ihre Züge gezeichnet.

Nichts kann Adele von ihrem Wunschbild abbringen. Auf Einschätzungen anderer Leute über den von ihr zum Idol erhobenen Heinke reagiert sie mit Abwehr. Das Urteil des Schauspielers Ferdinand Löwe, der in Breslau mehrmals am Aktientheater unter der Leitung des vorübergehend als Mitdirektor eingesetzten Heinke gastiert hat, dieser »sei ein guter schwacher Mensch«, weist sie als kränkend von sich.

Erst Ende 1825 zerreißt die Selbsttäuschung. Am Weihnachtsabend 1825 spielt der Hausfreund der Familie Schopenhauer, Müller von Gerstenbergk, Ottilie einen an ihn gerichteten Brief von Heinke in die Hand. Ottilie kann ihre Erschütterung beim Anblick der geliebten Schriftzüge nicht verbergen. Von Schwindelgefühl erfaßt, ist sie einer Ohnmacht nahe. Adele eilt herbei, nimmt den Brief an sich und liest ihn. Sie erfährt, daß Heinke der Freundin Ottilie mit Wärme, ihr jedoch nur mehr achtungsvoll gedenkt. Indem er Gerstenbergk Grüße an alle Bekannten aufträgt, schreibt er: »Daß darunter einer der besten an Frau von Goethe nicht fehlen darf, versteht sich von selbst. Ihr zu Ehren trägt meine zweite Tochter den Namen Ottilie. Möge diese einst an Herz,

Geist und Schönheit dem Vorbild gleichen, was mir aus jenen Jahren in der Erinnerung schwebt.« Über Adele heißt es ziemlich förmlich, daß die Kunde ihrer »ausgezeichneten Geistesbildung« auch zu ihm gedrungen sei, »und da mit ihr eine wohlwollende Gesinnung für alte Freunde notwendig verbunden sein muß, so darf ich bitten, auch ihr mich durch einen Gruß von 1813 in gütige Erinnerung zu bringen«. Die plötzliche Gewißheit, seit Jahren einer Illusion angehangen zu haben, verletzt sie tief. Sie weiß nun, Heinke hat ihre Liebe, »die er ahnden und sehen mußte, nie verstanden. Und somit war ich frei, frei von jener Liebe, von jener Erinnerung, frei bis in das Tiefste meiner Seele«, versucht sie sich zumindest einzureden.

Noch am 1. März 1828 versichert Adele der Freundin: »Mein Gefühl für Heinke ist mit Lesung jenes Briefes am Weihnachtsabend erloschen – ich wünsche ihn nicht mehr auf Erden zu sehen.« Nie wieder begegnet sie ihm, doch unbewußt bleibt er der Maßstab, an dem sie die Männer mißt. 1844 schickt sie ihm ein Exemplar ihrer »Haus-, Wald- und Feldmärchen«.

Ottilie, die Begehrte, steht mit Heinke bis an sein Lebensende in brieflichem Kontakt. 1832 übermittelt er ihr mitfühlende Worte zu Goethes Tod, die auf sie wirken, »als ob sie alle Engel des Himmels herabsteigen sähe«. Als Karl von Holtei Ottilie Ende 1840 in Wien besucht und ihr von der bevorstehenden Silberhochzeit des Ehepaares Heinke im März 1841 berichtet, kann sie ihre aufgestaute Verzweiflung nicht mehr zurückhalten: »Hat Charlotte wirklich 25 Jahre Glück verdient. Häusliches Glück, – warum ward mir denn nicht einen Tropfen davon und ich lechze danach, ich baue mir den trügerischen Schein eines häuslichen Verhältnisses immer wieder auf!«

Am Silvesterabend 1854 beschwört Ottilie die Vergangenheit mit all ihren Schmerzen. »Ich ergriff die Feder und schrieb an Heinke, an Heinke dem diese Nacht gehört seit 41 Jahren.

Noch einmal ging das Bild der Vergangenheit an meiner Seele vorüber, die sternhelle Nacht, in der er mich von Schopenhauers heimgeleitete, was er sprach, ich weis es noch ich verstand mein Glück und mein Unglück zusammen. [...] Mein armes, armes Leben, was wäre aus mir als seine Frau geworden, mein Gott Du kannst nicht zu streng mit mir ins Gericht gehen, nachdem Du mir ihn gezeigt – u mir ihn genommen. Ich setzte mich hin u schrieb an Heinke nach 41 Jahren weinte ich noch wie in der Nacht Thränen der Liebe.« Nur kurz fällt an diesem Abend der Besuch des Vertrauten ihres Wiener Aufenthalts, Romeo Seligmanns, aus, wohl der emotionsgeladenen Stimmung geschuldet.

Heinke beeilt sich zu antworten. Bereits am 15. Januar erwähnt Ottilie in einem Brief an Sibylle Mertens-Schaaffhausen: »Du kannst Dir denken, wie wohl es mir that, daß er mir 20 Seiten antwortete, und wir sind Beide obgleich getrennt denselben Pfad gewandelt, das war mir ein unendlicher Trost und flohen Beide Finsternis und suchten Licht.«

Am 17. März 1857 stirbt Ferdinand Heinke, für Ottilie einer der edelsten Menschen, der sein ganzes Leben versucht habe, in Harmonie mit sich selbst zu leben. Dabei drängt sich ihr die Empfindung auf, sie habe die Prüfung schlecht bestanden, »auch ohne ihn etwas zu werden«. Mit Schmerz sieht sie auf die Gaben, die ihr die Natur verliehen hat und die zerstreut liegengeblieben sind, weil ihr der Bau- und Ratmeister versagt war, der sie zu einem Ganzen hätte fügen können.

Dabei übersieht sie den Riß, der Traum und Wirklichkeit voneinander trennt. Bald hätte der Alltag auch für sie das ungewöhnlich Scheinende zum Banalen degradiert. Heinke hatte sich in seiner beruflichen und privaten Existenz längst zu einem pedantischen, pflichtbewußten und bürgerlich behaglichen Mann mit leicht bürokratischen Zügen entwickelt. Seine Karriere ließ ihn vom Regierungsassessor über einen Königlichen Regierungsrat und nebenamtlich tätigen Direktor am Breslauer Theater zum Polizeipräsidenten aufsteigen. Als Kurator und Regierungsbevollmächtigter an der Breslauer Universität, eine Funktion, die er seit 1835 ausübte, griff er häufig zum Nachteil der vorwärtsstrebenden Studenten und Professoren in die Geschehnisse um die Bewegung des »Jungen Deutschland« ein. Der »Fall« Hoffmann von Fallersleben, der 1842 wegen seiner »Unpolitischen Lieder« der Breslauer Professur enthoben wurde, brachte ihm die Empörung seitens der Liberalen ein. Heinke genoß das Vertrauen der Regierung, in deren Sinn er sich für die Erhaltung der überkommenen Ordnung einsetzte. Romantik und Schwärmerei seiner Jugendjahre waren in der Wahrnehmung amtlicher Pflichten erstickt.

# Verflechtungen

*Die Rosen in der blauen Vase neigen sich in verschwenderischer Fülle. Die Vase ist ein Geschenk Sibylles. In den Tagen des Besuchs von Ottilie hat sie das Haus ein einziges Mal verlassen. Als Trost bringt sie Adele die Vase mit. Jeden Tag wird sie mit Blumen gefüllt, meist mit Rosen in allen Farbschattierungen. Zwar erfreuen sie Blumen bis zuletzt – nach Auffassung Sibylles »der vergeistigte Ausdruck jener Freude an der Natur und an allem Schönen, welches ihrem Leben den edlen Gehalt gegeben hatte« –, doch streift sie die Rosenpracht mit immer flüchtigeren Blicken. Alles strengt sie an. Sie hat noch den Ehrgeiz, sich kleinere Handarbeiten vorzunehmen, etwas an ihrer Wäsche auszubessern und manche Geldangelegenheiten zu ordnen. Selbst das Lesen ist ihr noch ein Bedürfnis. In den seltenen beschwerdefreien Momenten versucht sie mit Hilfe Sibylles, ihren persönlichen Besitz zu sichten, Festlegungen über den Verbleib ihrer Bücher, Bilder, Autographen, Schmuckstücke zu treffen. Alle Freunde will sie bedenken. Einen Teil der aus Jena geschickten Sachen läßt sie auspacken. Sibylles Vorschlag aber, einige Gegenstände in ihrem Zimmer aufzustellen, lehnt sie ab. Ein hübsches Kästchen mit Spielmarken, noch aus dem Besitz der Mutter, schenkt sie Sibylle, dazu ein kostbares reichverziertes Glas. Aus einer Mappe mit Zeichnungen und Porträts entnimmt sie das Bildnis Fernows, eine Silberstiftzeichnung von Kügelgen, und Knebels Bildnis, das sie vor Jahren selbst gezeichnet hat. Nun bestimmt sie diese Originale für Sibylles Autographensammlung. Schnell ermattet sie, die Kräfte reichen nur für das Notwendigste. Ängste blockieren das Denken und untergraben die bisher mühsam*

*bewahrte Gelassenheit. »Ich fürchte mich nicht vor dem Ster-*
*ben, nein nicht vor dem Sterben; aber ich bange vor den*
*Schmerzen! Ach, Sibylle, laß mich nicht zu sehr leiden!« Diese*
*tut alles, was im Bereich des Möglichen liegt. Sie umgibt Adele*
*mit behutsamer Aufmerksamkeit und bannt das Gefühl tota-*
*ler Verlassenheit.*

*Opiate, in immer kürzeren Zeitabständen verabreicht, lösen*
*die krampfartigen Schmerzen. Phantastische Gebilde umgau-*
*keln die Sinne. Verschlungene Ornamente lösen sich auf und fü-*
*gen sich neu zusammen. Seltsame Figuren bevölkern die Szene,*
*auseinanderfließend und sich verwandelnd. Aus dem chaoti-*
*schen Wirbel schälen sich Gestalten heraus, Ottilie, neben ihr*
*August. Ottilie bleibt verschwommen. August nimmt schärfere*
*Konturen an. Schatten umspielen sein Gesicht. Adele fühlt Ent-*
*setzen aufsteigen. Kann ein Toter auferstehen? Holt er sie in*
*Persephones Reich? Ihr Stöhnen ruft Sibylle herbei.*

*Der Spuk verfliegt. Eine Atempause lang kann sich die*
*Kranke entspannen, ehe Phantasien sie erneut überschwem-*
*men. Wie auf einer Puppenbühne, an unsichtbaren Fäden be-*
*wegt, meint sie die Brüder Nicolovius, Heinrich und Franz, zu*
*erkennen. Nein, ein Trugbild scheint sie genarrt zu haben, es*
*sind Ottilie und Charles Sterling, die große Liebe der Freun-*
*din. Sie und der »dämonische Jüngling« bewegen sich aufein-*
*ander zu. Ein Gleiten, Wiegen und Schmiegen, ein Schweben,*
*Tanzen und Wirbeln irritiert die Sinne. Als wenn es gestern ge-*
*wesen wäre, so deutlich erinnert sich Adele des Verwirrspiels*
*der Liebe.*

*Adele seufzt. Armer August – seit Juni 1817 Ottilies Ehe-*
*mann –, wie ratlos stand er dem sprunghaften und eigenwilli-*
*gen Naturell seiner Frau gegenüber. Im Charakter eher ein*
*wenig unbeholfen, täppisch und prosaisch, konnte er ihr nur*
*wenig Verständnis entgegenbringen. Auseinandersetzungen*
*führten zu nichts, sie verhärteten nur die Positionen. August*
*flüchtete sich immer häufiger in die Droge Alkohol. Im Trin-*

ken suchte er Vergessen von den alltäglichen Widrigkeiten im Beruf und in der Familie. Er existierte am Rande von Ottilies Leben. Ihre Gefühlskapriolen berührten ihn nur dann stärker, wenn der Ruf des Namens Goethe gefährdet schien.

Welches Chaos lösten zuweilen Ottilies Eskapaden aus! Adele, selbst in das Netz der Gefühle verstrickt, hat es mitgelebt, das Anrennen der Freundin gegen die Fesseln der Konvention, bis sie flügellahm zurückblieb. Die Ehe mit August, was für ein Mißgriff! Wie hatte Adele gewarnt, gefleht, mit Engelszungen geredet. Alles umsonst, nichts konnte Ottilie von ihrem verhängnisvollen Irrtum abbringen.

Die Rosen duften wie damals in der versunkenen Zeit. Weiße Rosen für Ottilie, die Braut, glückverheißend und doch nicht glückbringend.

Die Gedanken, um die problematische Ottilie kreisend, schweifen ab und bleiben an Arthur, dem nicht minder schwierigen Bruder, hängen. Konflikte mit ihm überschatteten die Jahre bis jetzt. Warum standen sich Mutter und Sohn lebenslang als Antagonisten gegenüber, warum wurde die Vermögensfrage zur unüberwindlichen Barriere und ließ die Familie weiter auseinanderdriften, warum suchte er nie ihre Nähe so wie sie die seine, warum ließ er sie allein in den Ängsten des Alterns und den Beschwerden der Krankheit?

Ungelöste Fragen, die Adele bis zuletzt beunruhigen.

# Konflikte

Und mit dem Bewußtsein, als schied ich vom Glücke,
Verharrt' ich gefesselt am schwindelnden Rand!

Als behütete Tochter aus gutbürgerlichem Hause wächst Adele
weitgehend sorglos auf. Dissonanzen dringen ab 1816 in den
Alltag. Verlustängste, schon früh erahnt, steigern sich. Die Hin-
wendung der liebsten Freundin zu einem Mann, deren Amou-
ren und die eigene Verstrickung darin, vor allem aber die Fi-
nanzkrise ihres Danziger Bankhauses mit nachhaltigen Folgen
für die Beziehung zum Bruder gefährden ihr inneres Gleichgewicht.

Erste Anzeichen eines zielgerichteten Werbens August von
Goethes um Ottilie verdichten sich Ende 1815 zur Gewißheit.
Das seit 1813 mehr oder weniger lose Geplänkel ist in eine neue
Phase getreten. Eine Entscheidung steht bevor. August trägt
sich mit der ernsthaften Absicht, das liebreizende Fräulein von
Pogwisch zu heiraten.

Zu diesem Zeitpunkt nimmt August bereits eine feste Position innerhalb der Gesellschaft ein. Mit 26 Jahren bekleidet er
das Amt eines Kammerjunkers und Kammerrates. Sein Jah-
resgehalt beträgt 800 Reichstaler. Er ist Mitglied der Freimau-
rerloge, in die ihn sein Vater eingeführt hat. Daneben übt er
gegen freie Kost und Logis den Zweitberuf als Sohn seines Vaters aus. Er betreut das Rechnungswesen im Haushalt, beauf-
sichtigt das Personal, setzt sich mit Geschäftsleuten auseinander und vertritt den Vater bei repräsentativen Anlässen. Auch
sind ihm Aufgaben übertragen, die Goethe aus dem Amt der
Oberaufsicht über die »unmittelbaren Anstalten für Wissenschaft und Kunst« in Jena erwachsen. Die Reorganisation und
Umstrukturierung der Universität Jena beanspruchen Zeit
und Energie von Vater und Sohn.

Alle diese Tätigkeiten versucht August gewissenhaft zu meistern. Ihn zeichnet ein ausgeprägtes Pflichtbewußtsein aus. In der Öffentlichkeit stellt er eine Respektsperson dar, innerlich aber ist er unausgeglichen und haltlos. In seiner Freizeit weiß er wenig mit sich anzufangen. Sein Hang zum Alkohol verstärkt sich. In Weimar regen sich bald Klatsch und Tratsch. Goethe aber will geordnete Verhältnisse. Sein Sohn soll heiraten. Eine Heiratsabsicht Augusts mit einem bürgerlichen Mädchen, der ihm aus Kinderzeiten vertrauten Karoline Schumann, ist bereits vor Jahren am Veto des Vaters gescheitert. Er wünscht eine Schwiegertochter gehobenen Standes. Die im Sommer 1813 aufkommende Neigung Augusts zu Ottilie von Pogwisch beobachtet er mit Wohlwollen.

Ottilies Flirt mit Heinke Ende des Jahres hemmt vorübergehend eine weitere Annäherung. August zieht sich gekränkt zurück. Ohnehin gestaltet sich das ausgehende Jahr für ihn problematisch. Der Ausbruch der Befreiungskriege gegen die französische Vorherrschaft löst unter den jungen Leuten eine Begeisterungswelle für das Vaterland aus. Im Prinzip ist August der ganze preußische Patriotismus zuwider, er fühlt sich als Weltbürger, andererseits verunsichert ihn die militärische Außenseiterrolle, die ihm der Vater auferlegt hat. Ausgeschlossen von der die Jugend erfassenden Freiheitsbewegung, wittert er überall Spott und Verachtung. Doch an einst gefaßten Überzeugungen wird festgehalten. Napoleon stand und steht für Vater und Sohn auf dem Ehrensockel der Geschichte.

Unterdessen ist die Zeit darüber hinweggegangen, wie auch Gras über die Affäre Ottilies mit Heinke gewachsen ist. Erneut flammt Zuneigung auf, wenn sie sich mehr oder weniger zufällig in Gesellschaften, im Hoftheater, im Park an der Ilm oder in Begleitung junger Leute begegnen. August beginnt hartnäckiger um Ottilie zu werben. Einen Trumpf hat er in der Hand: das Ansehen seines Vaters. Goethes imposante und gebietende Persönlichkeit wird ihm den Weg zum Herzen seiner

Auserwählten ebenso ebnen wie den Adelsstolz derer von Donnersmarck und von Pogwisch überwinden helfen. Die Werbung stürzt Ottilie in mancherlei Gewissensnöte. Ihre Gefühle für August entbehren aller Sinnlichkeit. Wie eine Schwester empfindet sie für ihn. Mehr eine Tändelei denn ernsthafte Absicht vermutet auch Adele im Verhalten des Paares. Der Tod Christiane von Goethes am 6. Juni 1816 verändert die Situation. Der Platz der Hausfrau am Frauenplan ist vakant.

Schrecklich war Christianes einsames Sterben. Ein Zeugnis davon legt Johanna Schopenhauer in einem Brief an Elisa von der Recke ab. »Keine freundliche Hand hat ihr die Augen zugedrückt, ihr eigner Sohn ist nicht zu bewegen gewesen, zu ihr zu gehen, auch Göthe selbst wagte es nicht.« Die krampfartigen Anfälle vertrieben die Hilfsbereiten. »Dies verbreitete allgemeinen Schrecken, und niemand wagte, sich ihr zu nähern, man überließ sie fremden Weibern, reden konnte sie nicht, sie hatte sich die Zunge durchgebissen, ich mag das Schreckensbild nicht weiter ausmalen [...]«

Nach dem Tod Christianes steigert August die Intensität seines Werbens. Ottilie ist bereit, seiner Beharrlichkeit nachzugeben. Der Mutter, Henriette von Pogwisch, versucht sie ihre Beziehung zu erklären. Die Freundschaft habe in eine Vertrautheit geführt, »daß wir gegenseitig jede Miene und Bewegung auszulegen wissen«. Allerdings, dem Ideal eines Ehepartners entspräche er nicht, doch bestehe die Beziehung schon zu lange und sei zu fest geknüpft, als daß sie sich noch zurückziehen könne. Einwänden und Vorhaltungen seitens der Mutter kommt sie zuvor, indem sie verspricht, das Für und Wider einer Heirat nochmals in Ruhe abzuwägen. Ottilie fühlt sich durch ihre Familie verunsichert.

Die Zurückhaltung der sonst vor Einfällen sprühenden Freundin beunruhigt Adele. Sie spürt darin ein Warnzeichen. Sonst jederzeit für sie gesprächsbereit, verschließt sich Ottilie jetzt häufig. Sie muß über die neue Situation nachdenken, sich

Klarheit über ihre Gefühle verschaffen und auf einen möglichen Ausweg sinnen.

Mit bangen Vorahnungen begibt sich Adele am 9. Juli 1816 auf die alljährliche Erholungs- und Bildungsreise an den Rhein. In den Briefen an die reisende Freundin offenbart Ottilie ihre innere Zerrissenheit, teils hoffend, der beharrlichen Werbung Augusts doch noch ausweichen zu können, teils wissend, seine Huldigung schon zu lange stillschweigend hingenommen und damit Tatsachen geschaffen zu haben. Das Verstehen zwischen ihnen sei über die Jahre hinweg unmerklich gewachsen. Einziger Ausweg wäre eine Flucht nach vorn. Sie will Weimar verlassen und als Hofdame eine Stelle bei der Herzogin von Cambridge in Hannover antreten. Entsprechende Überlegungen werden gemeinsam mit Adele erörtert. Eine Trennung, so schmerzlich sie wäre, wird der Bindung an August vorgezogen. Ottilie bittet Adele, falls es dazu käme, ihren »Bruder« August zu beschützen. Noch einmal begründet sie ihren Entschluß, in die Fremde zu gehen: »[...] denn einander gegenüberstehend, – wird keins von uns Beiden je die Kraft haben, ein anderes Band als eins, das uns verknüpfte, zu wählen; und der Ton der alten lieben Stimme muß schon längst in unserm Ohr und Herzen verklungen sein, ehe eine andere uns feßeln kann. – Da bin ich mit ihm wieder in eine Art von Abhängigkeit gerathen, – die mich drückt und die ich doch nicht zu zerreißen vermag.«

Mit Sorge beobachtet Adele, wie sich Ottilies Entscheidungsspielraum immer mehr verengt. Einerseits will sie sich aus dem Verhältnis mit August lösen, wohl ahnend, die Ehe würde nur mehr eine Kette sein, andererseits regen sich Verantwortlichkeit, aber auch Freude und Stolz, als Schwiegertochter des verehrten Goethe in das Haus am Frauenplan einzuziehen. Hinzu kommt die Vorstellung, in der Ehe eine größere Freiheit in ihrer Persönlichkeitsentwicklung zu gewinnen als in einer Stellung bei Hofe.

Ein mehrwöchiger Aufenthalt in Dessau überzeugt sie davon, daß allein Weimar mit seiner besonderen Atmosphäre ihr Bedürfnis nach Geselligkeit und geistiger Anregung befriedigen könne. Sie faßt den Vorsatz, August zu heiraten, und ist zu Zugeständnissen bereit. Die Familie ist entsetzt. Die Großmutter Gräfin Henckel von Donnersmarck reagiert fassungslos. In einer ersten jähzornigen Aufwallung will sie ihre Tochter samt den Enkelinnen aus der Wohnung, den Mansardenzimmern des Fürstenhauses, weisen lassen. Hysterische Szenen spielen sich mit Mutter und Schwester ab, die Ottilie beschwören, von dieser unstandesgemäßen Heirat abzusehen. Die Lage scheint verfahren. Ottilie, bemüht, die Wogen zu glätten, gelingt es schließlich, Großmutter, Mutter und Schwester zu besänftigen und umzustimmen.

So sind die Weichen gestellt, als Adele Ende Oktober in das herbstliche Weimar zurückkehrt. Glücklich sind ihre Erinnerungen an die Reise. Das geruhsame Badeleben in Schwalbach lockte Bekannte und Freunde an. Sie traf Charlotte von Egloffstein, die Schwägerin von Julie und Caroline, verlebte das in dieser Gegend am 2. August zum Andenken an den heiligen Franz von Assisi gefeierte katholische Volksfest, das »Portiuncula Fest«, mit dem Komponisten und Goethe-Freund Karl Friedrich Zelter, begegnete der Schriftstellerin Regina Frohberg, geschiedene Rebecca Friedländer und Schwester von Julie und Marianne Saaling, die seit drei Jahren in Wien lebt. Nach Meinung Adeles hat die Frohberg Launen, ist eitel und spielt die »berühmte Frau«. Das Heidelberger Schloß erschien Adele wie ein verwunschenes Märchen am Neckar. Noch immer sind die Ritter mit Gerank umwachsen, »noch immer hält die in Efeu verwandelte Geliebte ihren Freund fest umarmt«. Die malerische Rheingegend um Worms, Bingen, Rüdesheim, St. Goar und Koblenz hob ihr Lebensgefühl. »O du unbeschreiblich schöner Rhein, wie ists möglich, daß hier nicht alle Menschen froh und glücklich sind!«

Wie im Fluge sind die Wochen vergangen. Unvergessen bleibt die herbstliche Landschaft, die sie auf der Heimreise durchfährt. Impressionen drängen sich auf: »Mir fiel ein: die Menschen fürchten den Herbst des Lebens, Alter und Todesnähe; wenn der Abend des Tages kommt, malt er alles rosig und golden, wenn der Abend des Jahres naht, färben alle Blätter sich goldig und sehen wie in Purpur getaucht aus, und der Abend des Lebens sollte nicht auch freundlich und goldig erblühen?«

Zu Hause aber in Weimar verliert ihre Zuversicht bald an Schwungkraft. Bis zuletzt noch hegt sie einen Funken Hoffnung, Ottilie könne sich aus der für alle bedrückenden Verstrickung lösen. Doch diese gesteht ihr am Abend des 22. Dezember, »August werde wohl um sie anhalten«. Adele reagiert betroffen: »Mir ists wie vor einem gewaltsamen Tode einem Verurteilten sein muß: Ottilie betrachte ich als Augusts Braut. Alle übrige Pein verschwindet neben diesem Übel, denn hier hat ja meine Kraft ihr Ende gefunden.«

Silvester 1816 verlobt sich Ottilie mit August, an einem Tag, der mit der Erinnerung an Ferdinand Heinke besetzt ist. Adele versetzt es einen Stich, daß die gleichen Kindereien und Possen getrieben werden wie damals vor drei Jahren: »Man sang alle Lieder, die damals meine Wonne waren – kurz, man quälte Otti und mich sehr. Sie hielt stand – nun, dann gehts wohl fürs Leben. Ich habe geweint, es hatte schon etwas eigen Rührendes, daß mich alle Menschen immer in den Armen hielten und mir alles Liebe erwiesen. Begrubt ihr etwa mein Glück?«

Die seit Sommer 1816 in Weimar weilende Julie von Egloffstein erlebt die Verlobungsfeier in der zwischen Trauer und Freude schwankenden Familie der Braut auf ihre Art: »Als in der gestrigen Mitternachtsstunde die ernsten Schläge der Glocke das alte Jahr zu Grabe trugen und das kommende einläuteten, stand um uns eine tiefbetrübte, in Tränen zerfließende Mutter, der dies Jahr zwei Töchter vom Herzen reißen wird

*August von Goethe*

Ölgemälde von Ehregott Grünler, 1828
H. H. Houben, Damals in Weimar. Leipzig 1924
Stiftung Weimarer Klassik/Goethe-Nationalmuseum

[Ulrike sollte für mehrere Jahre nach Frankreich gehen], ferner eine halb mit dem Zorne, halb mit der Rührung kämpfende Großmutter, deren Stolz durch die Verlobung ihrer Enkelin mit dem jungen Goethe bitter gekränkt ist und die gerne gezankt und getobt haben würde, hätte es das in Wehmut aufgelöste Herz und die von Tränen erstickte Stimme gestattet; – ferner die wegreisende Enkelin, die ihre Liebkosungen und Küsse und Tränen – als wären es schon die letzten vor dem langen Abschied – zwischen Mutter, Schwester und Freundinnen teilte – und nur aus den Umschlingungen der einen sich losriß, um in die der andern zu fallen – endlich das beglückte – zärtlich liebende Brautpaar, das nichts von allem sah oder hörte, was umher sich ereignete – wovon jedes mit einem langen, seligen Blick tief in das Auge des andern versank.«

Und Adele vertraut ihrem Tagebuch an: »Sie ist ja wenigstens jetzt glücklich. Gott schütze sie, was mich treffen muß, mag dann das peinigende Morgen bringen. Ich hab viel gelitten, viel auch für Ottilie getan, ach, es waren harte, harte Tage. Die Gewißheit tut mir unsäglich wohl. Ich bin ganz anders worden, seitdem ich nur Gegenwart zu schauen habe. Sonderbar aber wächst meine Abneigung gegen das Heiraten – es ist schrecklich! Und dennoch, welche Leere bringt jedes neue Jahr! Vor einem Jahr war ich noch glücklich, hatte Wolffs, hatte Sophien – hatte Ottilien ungeteilt. O dich, die ich so grenzenlos liebe, dich brauch ich ja nicht zu versichern, daß ich nicht an dir zweifle! Doch wir haben den Frühling des Lebens begraben und jetzt den schönsten Teil des Sommers [...] Nun gibt man dir lauter Rosen, armes Kind, nichts welkt schneller als Rosen ...«

Sie weiß, Ottilie hat August zwar lieb, liebt ihn aber nicht, und schon bald sollen sich ihre Befürchtungen bewahrheiten. Noch vor dem auf den 17. Juni 1817 festgesetzten Hochzeitstag häufen sich Zerwürfnisse kleineren wie größeren Ausmaßes. Mit ihrem Bemühen um Schlichtung fühlt sie sich oft überfordert, und mehr als sonst zieht sie sich nach Jena zurück, um von den täglichen Reibereien Abstand zu gewinnen. Am 15. Februar 1817 bekennt sie: »Die beiden Menschen machen mir viele, viele Not. Es sind so tausend Kleinigkeiten, Mißverständnisse, Abweichungen, kleine Härten – das ist alles nicht, wie ich es gedacht und gewünscht! Ich selbst werde auch ganz betrübt und verwirrt dabei.« Und nur einen Tag später: »All meine bösen Ahndungen treffen früh ein, es ist sehr hart.« Ständig ist Unruhe um Ottilie. »Ach, wie mich die ganze lange Reihe von Tagen ängstigt! Die Menschen mißverstehen sich: er hat unrecht, und sie nimmt alles höher auf. Ach Gott, wüßte ich Hilfe!« heißt es ratlos im Tagebuch, das öfter Lücken aufweist, da »manche trübe Stunde, die mir Ottilie macht«, ihr das Festhalten des Erlebten verleidet. Zudem hat sie das Gefühl, »in der Gesellschaft keinen bestimmten, passenden Standpunkt zu haben. Für ein junges Mädchen bin ich zu alt und viel zu bestimmt […] Die eigentliche Jugendlichkeit des Äußern, dieses schüchterne Anstaunen der Welt, das liegt hinter mir!«

Die Eskapaden der Freundin lenken Adele immer wieder von sich selbst ab. Einige Unruhe in den Alltag bringt Ottilies Flirt mit dem Vetter der Gräfinnen Egloffstein, dem preußischen Offizier Heinrich von Egloffstein. Die Heirat wird manches ordnen, was jetzt noch unklar ist, denkt Adele. Über das Ereignis selbst am 17. Juni 1817 fehlt jede Notiz. Das Tagebuch schließt am 26. April 1817 und wird erst wieder am 30. Oktober 1818 fortgesetzt.

Am 9. April 1818 kommt Ottilies erster Sohn, Walther Wolfgang, zur Welt, schon vor seinem Dasein liebevoll Tintenklecks, Misele oder Nune gerufen. In den schweren Momenten der Geburt weicht Adele nicht von Ottilies Seite, tupft ihr den Schweiß von der Stirn, versprüht wohlriechende Essenzen aus einem Gemisch von Zitrone, Lavendel, Rosmarin und Bergamotte, hält ihre Hände, spricht beruhigend auf sie ein und ist wie die junge Mutter überglücklich, als der neue Erdenbürger, dessen Patin sie wird, den ersten Schrei tut. Einige Damen der Weimarer Gesellschaft, unter ihnen Charlotte von Stein, rümpfen die Nase über diese Art Beistand. Jetzt, nach Walthers Geburt, scheint es, als ob beide, August und Ottilie, besser miteinander auskämen. Der Schein trügt. Als Adele Anfang Juli mit der Mutter und Gerstenbergk in die Schweiz aufbricht, ist Ottilie melancholisch gestimmt. Sie versprechen einander, zu schreiben und Tagebuch zu führen, um sich über ihre Gefühle, Gedanken und Erlebnisse auszutauschen.

Das Reiseerlebnis Schweiz – eine Faszination durch Menschen, Städte und Landschaften – lassen den Alltag vergessen. In Stuttgart nehmen sie einen längeren Aufenthalt. Die Stadt gefällt Adele, hier »ist ein schönes Leben und Sein, auch [Sulpiz] Boisserée kommt wahrscheinlich mit den Bildern hin«, berichtet sie an Louise Kirsten. Sie besuchen »den herrlichen, genialen alten Dannecker«, der die Schiller-Büste schuf, sie treffen die Schriftstellerin Therese Huber, zuerst Frau des Naturforschers und Politikers Georg Forster und jetzt Witwe des Publizisten Ludwig Huber, sie begegnen dem Dichter Friedrich Matthisson, Bibliothekar und Intendant am Stuttgarter Hoftheater, dessen elegante und sentimentale Gedichte Anklang finden. Weiter geht es »über die Schwaben-Alpe, der Donau zu, immer übers Gebirge nach Constanz, Schaffhausen, Zürich: über den Albis nach dem Zuger See. Gestern den hohen Rigi bestigen, die Nacht bis Heute dort gewesen mitten unter den Alpen und Hörnern; der Jungfrau im Angesicht den wunderherrlichsten Sonnen Aufgang erlebt.« Louise schwärmt sie vor: »Nur einmal möchte ich Dir den Rheinfall, die weiten Alpen, die Schneegebirge zeigen, Dich auf den grünen Matten führen wo nur im Hohen Sommer die Senner wohnen und Dich fragen, ob Dir das Herz nicht gesunde, ob der Schmerz sich nicht etwas löse?« Und an Ottilie, schon auf der Heimfahrt, äußert sie sich Mitte August aus Karlsruhe ähnlich begeistert über das Leben »in der herrlichen Natur von deren

Hoheit Du keine Idee haben kanst, denn die Schweitz steht
einzig da […] Am Fuße der Jungfrau zwischen Gletschern und
grünenden Matten wenn die Wasserfälle jubelnd niederstür-
zen, ja da geht ein poetischer Sinn im Prosa leben herrlich an –
Hier, im Breisgau schon, war der Spaß leider vorbei und ich
mußte lustig werden, wenn ich mich nicht todtärgern wollte.«
Was stört, ist Gerstenbergks Hektik, der zur schnellen Rückkehr drängt und Unruhe um sich verbreitet. Das großartige
Naturerlebnis Schweiz wirkt lange nach, alles Bedrückende
und Kleinliche fällt von ihr ab. Denken und Fühlen gewinnen
einen anderen, weiteren Horizont.

Am 19. September wieder in Weimar, findet sie die Verhältnisse unverändert. Ottilie ist über August verstimmt, August
reagiert gereizt auf Ottilie. Zugleich bemühen sich beide, ihre
Differenzen vor Goethe herunterzuspielen. Zwar verdrängen
Amüsements, Bälle, Theater, Konzerte, Redouten, ein Frühstück im Schloß Belvedere, Mittagessen beim »Vater« oder Tee
bei Bertuchs das eheliche Unbehagen, doch können sie die
aufbrechenden Risse nur übertünchen. Wie »eine gewöhnliche halbgebildete Frau mit einem dicken Mann und dicken
Jungen«, fühle sie sich, klagt Ottilie. Ein Gefühl der Ohnmacht und des Mitleidens überkommt Adele. Die ganze Situation scheint festgefahren und trostlos. Äußere Ereignisse, wie
die Ermordung Kotzebues durch den Studenten Karl Sand aus
Jena, belasten zusätzlich die Stimmung.

»Die Töne schliefen nur, und jeweilen erwachen sie wie ein
Schmerzensschrei. Sophie [Duguet, Haushälterin im Schopenhauerschen Haushalt, starb im Oktober 1816], alle Freunde
meiner Kindheit, verließen mich […] ich lernte, daß selbst das
treueste Herz hier nicht erhalten kann, was es gewinnt. Ich sah
ein: wie der Irrtum, jede Art Liebe mir zu erwerben, mich oft
hinriß. Ich ward nun sorgsamer. Ich mied Ergreifen, wo ich
nicht halten durfte, und vergaß oft alle meine Vorsätze […]
o Gott, laß nur Ottilie nicht die traurige Reihe schließen. Diese

letzte Woche war trübe – der Tod Kotzebues steht mit dem Bunde der Burschenschaft in genauster Verbindung, wir stehen am Rande des furchtbarsten Abgrundes, uns droht Revolution. Die tausendköpfige Schlange, die alle Hände, alle Herzen auseinanderreißt! Wenn ich diese Möglichkeit bedenke und die vergeblichen Opfer hier zurückrufe, so schaudert mich, und mein Mut bricht ganz zusammen«, verzeichnet am 2. April 1819 das Tagebuch. Gleichzeitig zeigt sich Adele von einem Schwächeanfall Goethes betroffen: »Neulich habe ich einen Schmerz gehabt – Goethe kam von Berka, einige Gläser Punsch und die Frühlingsluft nahmen ihm alle Besinnung. Ich sah ihn in einem furchtbaren Zustande. Nie werde ich es vergessen.«

Ein harter Schicksalsschlag steht der Familie Schopenhauer unmittelbar bevor. Das Danziger Bankhaus der Firma Abraham Ludwig Muhl, bei dem sie ihr Vermögen deponiert haben, meldet Konkurs an. Schon 1810 hatte Johanna durch den Bankrott des Handelshauses Peter de Bihl in Petersburg 10 000 Taler eingebüßt. Der neuerliche Verlust wäre um so schwerwiegender, als er das ganze noch verbliebene Vermögen von etwa 22 000 Reichstalern beträfe. Auch der Bruder ist in Mitleidenschaft gezogen, hatte er doch auf Anraten der Mutter etwa 9 000 Reichstaler bei Muhl in Wertpapieren angelegt. Adele erwähnt diese Beträge am 9. Dezember 1819 in einem Brief an Arthur. Nicht allein das Zerwürfnis zwischen Mutter und Sohn erfährt durch das Finanzdebakel eine zusätzliche Belastung, auch das wieder gewachsene Vertrauen zwischen den Geschwistern steht vor einer Zerreißprobe.

Seit Mai 1814, Arthurs Weggang aus Weimar, steht Adele zwischen den Fronten. Anfangs empfindet sie Arthurs Benehmen gegen die Mutter als »schändlich«. Seine Briefe an sie – vermutlich will er nicht alle Brücken hinter sich abbrechen – finden wenig Resonanz. Erst allmählich reift in der Heranwachsenden Verständnis für die Zerrissenheit und Unausgeglichenheit des Bruders. Arthur ist uneins mit der Welt, hat er doch vergeblich auf eine Anerkennung seiner Farbenlehre gehofft, die 1816 erschienen ist. Wieder hat seine pessimistische Haltung, alles Leben sei Leiden, eine Bestätigung gefunden. Mitleid bewegt Adele. Ihre Absicht aber, ihn im Sommer 1816 in Dresden aufzusuchen, durchkreuzt Arthur selbst, wohl aus Mißtrauen gegen die Mutter. Adele, zunächst enttäuscht, setzt weiter auf Verständigung. Ihre Zuneigung überwindet die Dissonanzen. Auch in den Auseinandersetzungen im Familienkreis beginnt sie ihn zu verteidigen. Manchmal fühlt sie sich wie »zwischen zwei Felsen gefesselt, die sich einander nähern – Arthur und Gerstenbergk«.

Einen Fürsprecher für ihre Annäherungsversuche an Arthur findet sie in dem Kunstliebhaber und Mäzen Johann Gottlob von Quandt, den sie im Sommer 1815 während eines Kuraufenthalts in Karlsbad kennenlernt. Zwei Jahre später in Leipzig vertiefen sie ihre Bekanntschaft. Intensive Gespräche wecken Verständnis füreinander. Sie versteht zuzuhören, wenn er die Folgen seiner strengen Erziehung beklagt, die aus ihm beinahe einen Eigenbrötler und Misanthropen gemacht habe, er wiederum zeigt Mitgefühl, wenn sie ihm die Konflikte ihrer familiären Situation andeutet. Quandt umwirbt die zehn Jahre jüngere Adele. Seiner Neigung begegnet sie mit Sprödigkeit, seine Anteilnahme aber für ihre Probleme weckt Sympathie. Quandt, der wie Arthur seit kurzem in Dresden lebt, nimmt auf Adeles Bitte hin Kontakt zu ihm auf. Ein Jahr später, im Oktober 1818, plädiert er nachdrücklich für eine Aussöhnung zwischen den Geschwistern unter Einbeziehung der Mutter. Einfühlsam geht er auf das verschlossene Wesen Arthurs ein. Nur die Schwester sei in der Lage, den Bruder behutsam aus seiner Isolierung, seiner Einsamkeit, seinem Egoismus herauszuführen: »Diese sympathetische Gewalt üben nur Sie über ihn aus; er liebt Sie unaussprechlich, und Sie sind es allein, die ihm Glauben, ja Begeisterung für eine höhere Frömmigkeit und wahre

Heiligkeit einflößt [...] Bedenken Sie, daß der ganze innere Mensch, mit dem ganzen Reichtum seiner Seele unverloren, nur in furchtbarem Egoismus eingesargt liegt, daß es aber auch nur einer wahrhaft liebevollen, schwesterlichen Stimme bedarf, um den in Egoismus begrabenen Engel zur Auferstehung zu rufen.« Bewegt konstatiert Adele die Verehrung und Fürsorge Quandts für Arthur und vermeint, er liebe im Bruder eigentlich sie, die Schwester.

Der bisher eher zaghaft geführte, vor der Mutter geheimgehaltene Briefwechsel gestaltet sich immer offener. Eine Begegnung noch vor seiner Abreise nach Italien im September 1818 hätte Arthur gefreut. Doch die familiären Zwistigkeiten halten ihn von einem Besuch in Weimar ab. Am 23. Juni 1818 läßt er Goethe wissen, »meinen Weg über Weimar zu nehmen, verhindern bekannte Misverhältnisse, so gern ich auch meine Schwester sähe, die ein außerordentliches Mädchen geworden seyn muß, wie ich nach ihren Briefen urtheile und nach ausgeschnittenen Figuren mit poetischem Text, welche mir der Graf Pückler mit Ekstase vorzeigte«. Zugleich kündigt Arthur der Exzellenz das baldige Erscheinen seines Lebenswerkes an. Arthur, dreißig Jahre alt, vertritt wie der französische Philosoph Claude Adrien Helvétius die Auffassung, aller Gedankenreichtum über diese Welt sei bis zum dreißigsten, höchstens fünfunddreißigsten Lebensjahr ausgeschöpft und werde später nur noch variiert. Als Titel der Schrift habe er »Die Welt als Wille und Vorstellung, vier Bücher, nebst einem Anhange, der die Kritik der Kantischen Philosophie enthält« gewählt. Der Verleger Brockhaus sei beauftragt, Goethe ein Exemplar zuzuschicken. Angesichts ihrer einstigen philosophischen Diskussionen hoffe Arthur auf seine Zustimmung, ja seinen Beifall, »falls Sie noch die Geduld haben, sich in einen fremden Gedankengang hineinzulesen«. Eine leise Ironie ist unüberhörbar. Goethe wird die Spitze sicher herausgelesen haben.

Auch Adele erhält ein Exemplar. Gerade sie verfolgt den

geistigen Werdegang des Bruders mit großem Interesse. Ausführlich berichtet sie ihm über die Wirkung des noch Ende 1818 erschienenen Werkes auf Goethe, dessen lobende Äußerungen und kritische Hinweise. »Goethe empfing es mit großer Freude, zerschnitt gleich das ganze dicke Buch in zwei Theile und fing augenblicklich an, darin zu lesen.« Über Adele lasse er ihm danken: »Dann sprach er mit mir […] In diesem Buche gefalle ihm vorzüglich die Klarheit der Darstellung und der Schreibart, obschon Deine Sprache von der der Andern abweiche, und man sich erst gewöhnen müsse, die Dinge so zu nennen, wie Du es verlangst. Habe man aber einmal diesen Vortheil erlangt und wisse: daß Pferd nicht Pferd, sondern cavallo und Gott etwa dio oder anders heiße, dann lese man bequem und leicht. Auch gefalle ihm die ganze Eintheilung gar wohl – nur ließ ihm das ungraziöse Format keine Ruh, und er bildete sich glücklich ein, das Werk bestehe in zwei Theilen […] Wenigstens bist Du der einzige Autor, den Goethe auf diese Weise mit diesem Ernste liest; das, dünkt mich, muß Dich freuen.«

»Die Welt als Wille und Vorstellung« – der Titel komprimiert sozusagen das Credo des Philosophen, die Quintessenz seines Denkens. Weltwille entspricht dem Urtrieb, der ungeachtet des Individuums auf die Arterhaltung gerichtet ist. Weltvorstellung erklärt die Unfähigkeit des Subjekts zur umfassenden Erkenntnis der Welt. Der menschliche Intellekt ist an die Begriffe Zeit, Raum und Kausalität gebunden, so daß das Wesen der Welt, nach Immanuel Kant das »Ding an sich«, dem einzelnen verborgen bleibt. Eine Erlösung aus der Sinnlosigkeit des Lebens, dem »Sich im Kreise drehen« und »Hasten nach Scheinwerten« mit dem Tod als Ende kann nur durch die Verneinung des Willens zum Leben erreicht werden.

Adele vertieft sich gemeinsam mit der Freundin Ottilie in das Werk. Es geschieht heimlich. Schnell sind Leserinnen solcher Bücher der Lächerlichkeit preisgegeben. Adele aber möchte vermeiden, in den Verruf eines Blaustrumpfs zu kommen. Leider mangelt es an Anleitung und Führung durch das Werk, das zu viele Kenntnisse voraussetzt. Zwar erwägt sie, Häser, ihren Italienischlehrer, zu befragen, doch wird dieser Gedanke schnell wieder verworfen. »Ein gründlich gebildeter Mann, doch wollte ich lieber gestehen das sittenloseste Buch gelesen zu haben als ein Werk dieser Art – du kennst die Narren nicht, mit denen ich lebe. Häser könnte mich verrathen und ich wäre geliefert. Ich weiß wenig, doch zeige ich das schon nicht gern – und es ist auch gut so; denn uns Frauen kleidet vieles Wissen schlecht.« Teilweise revoltierend, teilweise die bestehenden Normen annehmend, bewegt sich Adele auf unsicherem Boden. Sie ist bereit, sich anzupassen, wenn es die Schicklichkeit verlangt.

Die Anhänglichkeit der Schwester rührt Arthur. Das ihm fremde italienische Milieu und wohl auch Gewissensbisse veranlassen ihn am Jahresende, sich der Schwester anzuvertrauen. Von der Liaison mit einer »Kammerjungfer« in Dresden berichtet er. Das Mädchen erwarte ein Kind von ihm. Adele reagiert betroffen: »Das Mädchen, die Du nennst, jammert mich sehr, ich hoffe zu Gott du hast sie nicht betrogen; denn Du bist ja gegen Alles wahr, warum denn gegen so ein armes schwaches Ding nicht? Was Du für Kleinigkeiten von Deiner Frau forderst! Nur eben Alles, wie Alle. Doch wäre, dünkt mich, sehr leicht, ein Mädchen zu finden, die einem großen Theil Deiner Wünsche entspräche, der Zufall walte nur – ihr findet eher zehn Frauen als wir einen Mann.« Adeles eigene Sehnsucht nach familiärer Geborgenheit ist unüberhörbar: »Häusliches Glück ist wohl das Schönste, was uns dies Dasein giebt, und die Meisten gehen stumm, ohne Klage hin und haben es nicht und dürfen es nicht einmal suchen. Ich habe es auch nicht; mich drängt, mich quält fremde Einwirkung, mich treibt mein Stolz oft zu Unfreundlichkeiten gegen Gerstenbergk, gegen die Mutter.« Um der Tristesse des Lebens zu entfliehen, müsse sie sich »in Schlaf singen«. Arthur empfiehlt sie, dasselbe zu tun.

Das sexuelle Erleben des Bruders kommentiert Adele im Tagebuch lakonisch: »Ein Brief Arthurs, in dem das Höchste an das Gemeinste sich anschloß, bewegte mich tief. Sein Mädchen in Dresden ist guter Hoffnung, es ist mir entsetzlich – er nimmt sich indessen rechtlich und gut.« Das Kind ist nicht lebensfähig, Arthur also der Versorgungspflicht enthoben.

Adele verfolgt weiterhin jede Annäherung Arthurs an Frauen. Auf seiner Italienreise 1818/19 verstrickt er sich in Venedig in eine Liebelei mit der Venezianerin Teresa Fuga. Diese nimmt die Liebe leicht. Der großen Leidenschaft begegnet er in Florenz. Adele reagiert auf seine Andeutungen mit Wärme: »Deine Geschichte daselbst fängt an mich zu interessieren, möge sie glücklich enden – die Geliebte ist reich, sie ist von Stande gar und doch meinst Du, sie werde Dir folgen wollen? Wunderlich; dazu gehörte Liebe!« Und sie fügt den Wunsch hinzu: »Möchtest Du doch nicht ganz die Fähigkeit verlieren, eine Frau zu schätzen wenn Du mit dem Gewöhnlichen und Gemeinen in unserm Geschlecht Dich abgiebst und führte Dir der Himmel einmal eine Frau zu, für die Du etwas tieferes empfinden köntest, als diese Wallungen, die ich nicht einmal verstehe.« Die Beziehung verläuft im Sande. Die Frau ist kränklich, leidet an Tuberkulose. Am Ende steht Verzicht. Ohnehin zwingt das Desaster um die Geldanlage in Danzig Arthur zur Rückkehr nach Deutschland.

1820 bemüht er sich noch einmal in Berlin um eine Frau. Caroline Medon, »Ida« oder »Prinzeßchen« genannt, weicht jedoch der endgültigen Entscheidung aus. Als Arthur erneut 1822/23 nach Italien reist, wird sie ihm untreu. Ein Sohn wird geboren, der nicht Arthur zum Vater hat. Erst ihre Weigerung, ihm ohne den Sohn nach Frankfurt zu folgen, löst 1831 das Verhältnis auf. Auch später bleiben Affären mit Frauen nicht aus, doch aus keiner entwickelt sich eine ernsthafte Bindung. Beide, Schwester und Bruder, bleiben Einzelgänger.

Im Gegensatz zu Adele betrachtet Arthur Heirat und Ehe ohnehin mit skeptischen Augen. Seine Vorbehalte sind in die 1851 erschienenen kleinen Schriften und Nachträge »Parerga und Paralipomena« eingeflossen. Nach seiner Ansicht »heißt heirathen seine Rechte halbiren und seine Pflichten verdoppeln«. Jeder kluge und vorsichtige Mann müsse folglich genau überlegen, »ein so großes Opfer zu bringen und auf ein so ungleiches Paktum einzugehn«.

Trotz aller Gegensätzlichkeiten empfindet Adele das Gemeinsame mit Arthur stärker als das Trennende. Als sie ihm ihre Impressionen von der Schweiz schildert, scheint nur der Bruder sie zu verstehen, bei den Freundinnen stoßen ihre Gefühlsvisionen auf Befremden: »Was Du mir über mein Gefühl in der Schweiz schreibst, ist mir höchst erfreulich. Du hast also doch verstanden, was ich eigentlich wollte. Außer Dir aber auch noch Niemand. Es ist wunderbar wie in uns doch dieselbe Natur aus allen Verschiedenheiten, die uns Geschlecht, Erziehung und Leben aufdrang, hervorblickt.« Gleichwohl schränkt sie ein: »Nur in Deinem ungemäßigten Stolze finde ich mich nicht, und doch begreife ich, wie Du dazu kommst. Zugeknöpft! sagst Du – und es thut mir weh, daß auch ich Dir sagen muß: zuknöpfen ist das einzige Mittel Dich ruhig zu erhalten. Aber wie Dich auch das Schicksal oder Deine Seele treibe, gegen mich immer wahr! nicht so, mein Freund?«

Eine erzieherische Mission, zu der sie sich zeitlebens, und nicht nur dem Bruder gegenüber, berufen fühlt, klingt in diesem undatierten, vermutlich im Februar 1819 verfaßten Brief an. Arthurs ablehnende Einstellung zu den Menschen, seine Mißachtung gegenüber dem Urteil der Welt bewertet sie kritisch. Am 22. Mai 1819 bekräftigt sie ihr Befremden: »Nie kan ich darin mit Dir übereinstimmen daß Du Dir aus der Verachtung der Menschen nichts machst, reiße wie Du willst an der Lebenskette die uns alle verknüpft, Du reißest Dich doch nicht los, und es ist eine große Frage ob nicht Stunden kommen wo Du die Menschen brauchst, über die Du Dich jetzt stolz erhebst.« Und sie beschwört ihn, sich einzufügen in den Lebensrhythmus. »Ich bin fast überzeugt: Der Übermuth den die innere Kraft auch mir sogar zuweilen giebt, der ists der Dich treibt, immer mehr und mehr gegen Dich zu stellen; je größer der feindliche Haufe, je größer der Sieg – je größer der Stolz – aber am Ende, wars der Mühe werth? Ist etwa der ganze Sieg gar unnöthig, und kämpfest Du mit Windmühlen die zu umgehen viel leichter, sicherer und klüger war?«

Überrascht und glücklich registriert Adele die Zuneigung, die der Bruder in seltener Gefühlsaufwallung im Brief aus Italien anklingen läßt: »Da schreibst Du närrischer Mensch, außer mir hättest Du nie eine Frau ohne Sinnlichkeit geliebt. Ich habe sehr gelacht. Möchte aber fragen, ob Du mich denn wohl, wenn ich nicht Deine Schwester wäre, hättest lieben können; denn am Ende giebt's Frauen genug, die höher stehen als ich. Wenn also mein eigentliches Wesen und nicht der Schwestername mir Deine Neigung gab, könntest Du eine Andere lieben, fast – sieh', ich sage fast, ebenso lieben.«

Kaum noch wird Adele so kindlich offen dem Bruder ihre Gedankenwelt anvertrauen. Der Konflikt um den Vermögensverlust nimmt ihr die Illusion einer inneren Zusammengehörigkeit. Eine Schranke richtet sich auf, die trotz guten Willens nie mehr ganz durchbrochen werden kann.

Am 27. April 1819 erreicht Johanna und Adele die Hiobsbotschaft aus Danzig. Noch hegen sie die leise Hoffnung, daß es blinder Alarm sei. Doch die Gerüchte erhärten sich. Einen Monat später haben sie Gewißheit und treffen Vorbereitungen für die Reise. Das nötige Geld müssen sie bei Freunden borgen, da Muhl wegen Zahlungsunfähigkeit »nicht einmal die fälligen Zinsen geschickt hat«.

Ihr Vorhaben teilt Adele dem Bruder am 28. Mai mit, ohne

ihre Befürchtungen zu verhehlen. Zukunftsängste, Schmerz über den Abschied von Weimar auf ungewisse Zeit, Sorge um den Zustand der Mutter legen sich wie eine »Rinde kalter Verzweiflung« um ihr Herz. Adele, schutzbedürftig, sucht bei ihm Beistand und Trost – eine vergebliche Hoffnung.

Mutter und Tochter brechen am 5. Juni über Leipzig und Berlin nach Danzig auf, zu retten, was zu retten ist. Erst im Sommer des nächsten Jahres werden die beiden Frauen heimkehren. Dazwischen liegt für Adele ein Jahr seelischer Konflikte, die Todesgedanken aufkommen lassen.

Einen kleinen Aufschub, bevor die dunklen Zeiten anbrechen, bringt der Zwischenaufenthalt in Berlin. Noch einmal taucht Adele in die Welt der schönen Dinge. Sie atmet Theaterluft, erlebt ihre Freunde, die Wolffs, auf der Bühne, berauscht sich in Zelters Musikakademie an Händels »Judas Makkabäus«, besichtigt im Atelier des Bildhauers und Malers Schadow dessen Arbeiten zu Blüchers Grabmal, bewundert das Luther-Denkmal und das »auf Helm und Schild schlafende Kind auf dem Sarkophag, oben die alten Parzen«, gewidmet dem im Kindesalter gestorbenen Grafen von der Mark, einem illegitimen Sohn Friedrich Wilhelms II. Hier in Berlin begegnet sie auch Christian Daniel Rauch. Die einfache Natur des Bildhauers, seine sanfte, heitere und einfühlsame Art tun Adele wohl. Ottilie erinnert Rauchs Wesen an den Mond, ein Vergleich, den Adele aufgreift: »Es ist auch so, als wenn Mondschein so über Blätter und Blumenbüsche an der Wand eines stillen Zimmers wunderlich spielt, fast neckend das Auge fesselt und alte vergessene Gedanken und Träume weckt.« Rauch arbeitet mit seinem Kollegen Christian Friedrich Tieck zusammen, dessen Atelier Adele ebenfalls besuchen darf. Unterschwellig von Sorgen bedrängt, finden Mutter und Tochter im Bruder des Bildhauers, dem Dichter Ludwig Tieck, einen teilnehmenden Freund, Berater und Tröster. »Wie ein freundlicher Stern auf meiner trüben Bahn« empfindet Adele seine

Persönlichkeit. Noch öfter werden sich ihre Wege kreuzen, wobei die menschliche Wirkung die Ausstrahlung des Vortragskünstlers und Dichters übertrifft. Trotz des Schönen und Freundlichen dieser Tage kann Adele die Zeit nicht unbeschwert genießen. Sie fühlt sich wie ein gejagtes Wild, das sich nach einem »stillen Zufluchtsort« sehnt.

Danzig erreichen beide Ende Juni. Bevor sie im November in die Stadt ziehen, nehmen sie zunächst im Vorort Stries, einer »bezaubernd schönen Gegend«, eine Sommerwohnung. »Der Fluß mit seinen vielen Krümmungen, die vielen Wohnlichkeiten groß und kleiner Art, schöne Alleen, immer zwischendurch flatternde Wimpel, hervorragende Masten, endlich im Hintergrunde die See, die Reede mit ihren Schiffen, Fahrwasser nah an der Stadt mit Kähnen und Schiffen zahllos bedeckt, kleine, grüne Hügel und Berge von Oliva in nicht gar zu weiter Ferne – Mannigfaltigkeit im eigentlichsten Sinne des Worts.« Baden, spazierengehen, lesen, auf einer Anhöhe liegen mit dem Blick aufs Meer, Gedanken nachhängen, die wie die Vögel und Wolken davonziehen – in dem Rhythmus bewegen sich Adeles Sommertage in Stries.

Ganz in der Nähe an der Pelonker Straße zwischen Danzig und Zoppot, vor dem Ort Oliva, liegen stattliche Landhäuser. Das dritte davon, der »Pelonker Hof«, auch »Schopenhauerhof« genannt, besaß bis 1793 der Vater. Hier, im Schatten hoher Rüstern und Buchen, mit Blick auf die Weichsel und die Ostsee, verbrachte Johanna die Sommer ihrer ersten Ehejahre. Adele besichtigt das ehemalige, jetzt etwas verwahrloste Anwesen der Eltern ehrfürchtig, gemischt mit Bedauern über den Verlust: das schlichte, im klassizistischen Stil erbaute Haus, der weitläufige, verwilderte Park mit uralten Baumbeständen, terrassenförmig ansteigend, die mit Unkraut überwucherten Wiesen, der zerfallene Springbrunnen, der verschilfte Teich. Auch »Stutthof«, das weiträumige, an der Danziger Nehrung gelegene, zunächst von der Familie des Vaters, dann vom

Großvater mütterlicherseits, Christian Heinrich Trosiener, übernommene Pachtgut, wird in Augenschein genommen. Gemeinsam suchen Mutter und Tochter nach Bernstein, den die Ostsee reichlich an den Strand spült, wandern durch den würzig duftenden nahen Fichtenwald, die sogenannte Heide, freuen sich am Schlag der Nachtigallen, die rings um den Stutthof heimisch geworden sind. Johannas Erinnerungen an frohe Zusammenkünfte mit den Eltern werden wach, an ihre Freude, wenn sie mit Arthur zu ihnen kam. Verweht sind die unbeschwerten Tage, als die junge Frau hier mit ihrem kleinen Sohn spielte.

Jetzt hingegen verstärken sich Reizbarkeit und Unausgeglichenheit bis zur Hysterie und belasten die Tochter. Die verzweifelte Mutter, die sich nach dem von Muhl vorgeschlagenen Vergleich in Höhe von zunächst 50 %, wenig später nur noch 30 % des Guthabens dem Ruin gegenübersieht, und der scheinbar gefühlskalte Bruder, der keine eindeutige Position bezieht und statt dessen den Vergleich skeptisch betrachtet, treiben das Drama auf die Spitze. Ein sicher gutgemeinter Brief Arthurs, der erwägt, seinen Vermögensanteil mit Mutter und Schwester zu teilen, berührt auch das Verhältnis der Mutter zum Vater. Die Bemerkung, »obgleich Sie das Andenken des Ehrenmannes, meines Vaters, weder in seinem Sohn noch in seiner Tochter geehrt haben«, spielt auf Versäumnisse der Mutter an, auf ihre Gleichgültigkeit ihm gegenüber sowie auf die ausschließliche Verfügung über das Erbteil. Johanna findet diesen Brief, liest ihn unvorbereitet und steigert sich in eine »gräßliche Szene« hinein. Adele bewertet Arthurs Angebot höher als seine Anklage: »Taten sprechen mehr als das Wort.« Sie versteht beide nicht, weder die Mutter noch den Bruder.

Das Verhalten der Tochter aber wertet Johanna als Mißbilligung ihrer Person. Bedauern, gemischt mit Zorn, erfüllt sie, den Sohn nicht fester an sich gebunden zu haben. Er hätte sie mehr respektieren müssen. Maßlos erregt, kann sie weder durch

»Versicherungen noch Zärtlichkeiten« von seiten Adeles beruhigt werden: »Anerbietungen, ihr den Lumpenrest dessen, was mein ist, feierlich zu verschreiben, um nur von ihr alles zu nehmen und zu bitten, wurden nicht beachtet.« Johanna nimmt keine Rücksicht mehr. Die bisher verschwiegenen Umstände des Todes von Heinrich Floris Schopenhauer, sein Selbstmord, werden nun schonungslos offenbart.

»Sie sprach von meinem Vater – ich erfuhr die Schrecknisse, die ich geahndet, sie war so außer sich, daß weder Bitten noch Anerbieten meines ganzen Erdenreichtums sie zu einem freundlichen Wort, zur Überzeugung meiner Liebe bringen konnte. Ihre Ansichten, ihre Gefühle konnte ich nicht teilen – endlich, als sie mich durchaus nicht anhörte, reizte mich das offene Fenster mit unwiderstehlicher Gewalt! Sterben war ein Spiel gegen die Riesenlast des Lebens – aber als ich den entsetzlichen Drang in mir fühlte, gab mir Gott Besinnung und Kraft […] Dennoch brachte mich die Härte der Mutter gegen Arthur, ihr Starrsinn, die Unmöglichkeit, sie zu überzeugen, zu einer Verzweiflung, die in lautes Schreien und Weinen ausbrach. Ich lag weinend, vergehend auf der Erde – nirgends einen hellen Punkt! Alles dahin! Und nicht einmal das Glück erkauft, daß sie mir mild und ruhig traut, daß sie einsieht, daß ich sie liebe.«

Die ungeheure Spannung löst sich in einem Wein- und Schreikrampf. »Jahre löschen den Eindruck nicht aus, den Tag habe ich vergessen, die Worte gellen mir noch schmerzend in den Ohren. Ich blieb zwei lange Tage im Gefühl des Sterbens, die Mutter litt auch körperlich – und ich war gesund.« Wie so oft muß Adele feststellen: »Bei aller Güte, Anmut und Liebenswürdigkeit versteht meine Mutter die Dinge anders als ich. Wir sind verschieden, und mit glühender Sehnsucht ruhen meine Blicke auf den Bildern meiner Freunde, in deren Armen ich ruhen und weinen konnte.«

Die Unversöhnlichkeit der Mutter und der Eigensinn des

Bruders, auch wenn sie ihn loyaler beurteilt, bedrücken Adele. Obwohl Arthur die Mutter brüskierte, dankt Adele ihm für sein Teilungsangebot. Nur bittet sie »um Himmelswillen quäle jetzt nicht die Mutter, sie nimmt sich ganz vortrefflich, und ich weiß selbst nicht was Du sagen willst – sie habe das Andenken des Vaters nicht geehrt. Laß mich nichts mehr davon hören. Handle recht und edel, wie Deine Natur ist, ohne Worte die das mit einer dunklen Tinte ueberdecken, was sonst so hell in seinem eignen Glanze strahlte.«

Adele will Arthur ungeachtet ihrer Differenzen weiter in ihr Leben einbeziehen, ist sie doch von seiner Anhänglichkeit überzeugt. Hat er nicht bisher stets den Meinungsaustausch mit ihr gesucht, persönliche Dinge nur ihr mitgeteilt und die schwesterliche Zuwendung als wohltuend empfunden? Indem sie ihm erklärt, sehr einfach leben zu wollen, »meine eignen Bedürfnisse so viel mein Kranksein zuläßt« zu verdienen, und ihren Plan andeutet, eventuell nach Rußland als Gouvernante zu gehen, wenn es die finanzielle Not erfordern sollte, appelliert sie an sein Mitgefühl. Heirat als Mittel der Existenzsicherung weist sie von sich: »Heirathen kann, will ich nicht ohne Neigung, ein jeder kennt seine Kraft, was tausende drückt ist mir nichts, was tausende tragen würde mich zerdrücken.« Abschließend bemerkt sie: »So treibt uns alle ein ewiges Irren durch das Leben. Lebe wohl! Sei heiter und muthig und liebe mich recht denn jetzt bedarf ich aller Liebe noch mehr als sonst.« Die Antwort Arthurs mit der Erwähnung seines Aufenthalts in Weimar und der gastfreundlichen Aufnahme bei Goethe stimmt Adele nachdenklich. »Eine Ahndung dessen, was ihm Liebe geben konnte, was aus ihm zu machen gewesen wäre«, einen solchen Unterton glaubt sie herauszuhören. »Deine Nachrichten über Weimar, die Art wie Du die Liebe und Freundlichkeit meiner Freunde empfunden, hat mich tief gerührt. Ich wollte Dir so gern viel darüber schreiben, nun finde ich indem ich todtmüde vom Seebade zurückkomme,

Deinen Brief, und kan in dem Augenblick nur flüchtig Alles berühren. Daß Du nie so von mir empfangen werden kanst, daß Du nicht in Weimar mit mir warst, kann ich nie verschmerzen, ich kann nicht ohne Thränen daran denken!«

Mit den einsetzenden Herbststürmen, Anfang November, beziehen sie ihr Stadtquartier, vermutlich in der Heiliggeistgasse 81, dem Elternhaus der Mutter, wo noch immer die Schildkröte am Giebel klappert. Nicht weit davon steht das Vaterhaus und ganz in der Nähe die wuchtige Kirche St. Marien, Ort der Taufe und Einsegnung Arthurs. Erinnerungen an die traditionsreiche Familiengeschichte werden wach, nunmehr überlagert von der Beunruhigung um die Zukunft. Nur Julie, die Tochter des Danziger Arztes Kleefeld und fast gleichaltrig mit Adele, vermag durch ihre Anteilnahme die Sorgen um Arthur etwas zu mildern und wird in dieser problematischen Phase – die Mutter verschlossen, der Bruder unzugänglich – eine wichtige Bezugsperson für Adele. Seitdem halten beide den Kontakt durch Briefe und gelegentliche Besuche aufrecht.

Als einer der Gläubiger verschließt sich Arthur immer hartnäckiger dem Ansinnen eines Vergleichs mit 30 %. Als auch Adeles Vorstellungen und Bitten in dieser Hinsicht kein Echo finden – eher wächst dadurch sein Mißtrauen, da er Sonderkonditionen für Mutter und Schwester vermutet –, ist ihre »Seele von ihm geschieden. – Seine Art, den Akkord abzulehnen, mir auf meinen fast demütig weichen Brief, auf mein ruhiges Vertrauen so zu antworten, hat mich tief gekränkt – es muß eine lange Trennung begütigend zwischen uns treten.«

Dieser Vorsatz wird schnell wieder verworfen. Adele bewertet Blutsverwandtschaft höher als die sachlichen Differenzen. »Ich will meinem Bruder recht ernst und gelassen schreiben, aber ich will ihm verzeihen. Wer nie liebte, kann ja nicht vertrauen! –«, überlegt sie. Wiederholt, im November und Dezember 1819, appelliert sie an sein Verständnis, versucht

Mißtrauen und Argwohn zu entkräften, ihm ihre aussichtslose Lage von Bettlern nahezubringen, wenn er den Akkord ablehnen und klagen sollte. Herb fordert sie, »den unnützen Tadel meiner Mutter und meines unverheiratheten Lebens« ihr zu ersparen. »Vor allem aber entschließe Dich, laß uns entweder aufhören uns zu schreiben oder glaube Deiner Schwester unbedingt. Gemein kan ich nie sein und die elende Pfiffigkeit die Du mir andeutest verachte ich zu sehr um nicht durch den leisesten höflichen oder grob geäußerten Argwohn tief verwundet zu werden. Du wirst mich immer gleich finden aber ich will nicht in einem fort im Himmel erhoben und dann verdammt werden, fasse endlich eine klare Idee meines Wesens, – wo nicht, gieb mich auf.« Die erwartete Resonanz bleibt aus.

Als Adele ihm Anfang 1820 die Zustimmung der Mutter zum Akkord mitteilt und ihn fast flehentlich nochmals um sein Einverständnis ersucht, muß seine Reaktion unerwartet schroff gewesen sein. »Von ihm erhielt ich abermals einen empörenden, herzzerreißenden Brief, den ich mit wenig Zeilen erwiderte. Das ist einer von jenen harten, bitteren Schmerzen, die kein Berühren des Worts dulden.« Die Antwort Adeles, im Nachlaß Arthurs aufbewahrt, gleicht einem Aufschrei.

»Ich habe mich geirrt – ich büße es aber ich will und mag nicht klagen. Auf alle Deine harten Beschuldigungen, auf den gräßlichen Gedanken, daß die Mutter oder ich je einen Moment daran gedacht haben Deinen Tod Erbschaftswegen zu wünschen auf die unendlichen Schmähungen Ihrer und meiner habe ich nichts, gar nichts zu sagen. Fahr wohl, gebe Dir der Himmel eine treuere Liebe als die meine, ein reineres argloseres Herz als das meine! Ich habe Dich ganz unsäglich lieb gehabt – ich weiß nicht mehr warum. Denn Du hast mir nicht getraut; ich fühle es Du mistraust bei diesen Zeilen in Deiner Hand. Du willst mich nicht verstehen, Du willst nicht begreifen daß 6 Monate eine Sache ändern. Ich schwöre Dir bei allem was mir heilig ist, bei allem Trost den ich je hoffen werde und bedürfen – meine Mutter nennt Dich nicht, nie klagt sie Dich bei andern an, nie hat sie es gethan […] Alles uebrige was Antwort bedarf werde ich beantworten wenn ich gefaßter bin […] Meinem Eide daß uns nichts bleibt, als die Schuld in Rußland, 2000 in Weimar, von denen 800 zu bezahlen, und das kleine Stückchen Land, glaubt hoffentlich jeder Mensch. Leb wohl, ich wünsche Dir nie eine Erfahrung wie ich sie machte, ich gönne Dir eine bessere Liebe als meine war! […] Ich bin fertig mit Dir, denn Du stürzest mich, die Mutter und Ottilien die nur für mich lebt ins Elend weil Du einer Schwester die seit 7 Jahren Dir treu anhing nicht glauben kontest daß sie es ehrlich und rechtschaffen meinte und nichts forderte als was Dein eigner Vortheil verlangte […] ich kan ja nichts von Dir hören als was mir das Herz von einander reißt daß Du Deiner Schwester und Deiner Mutter eine infamie zutraust die die strengste Strafe verdiente. Auch kan ich nichts mehr hinzufügen was Dir nützen könte.«

Leider wurden Arthurs Briefe bis auf wenige Ausnahmen von Adele selbst vernichtet. So ist nur zu vermuten, daß er Mutter und Schwester unterstellte, ihm den Tod zu wünschen, um über sein Vermögen verfügen zu können – ein ungeheurer Vorwurf. Die seelischen Verletzungen durch Arthur werden vernarben, doch ein Mißklang bleibt zurück.

Ihr Befinden analysiert sie am 18. Februar 1820: »Mir geht es übel und es kan übler werden, ich sehe Verlust ohne Maaß, und mein Bruder hat mir entsetzlich weh getan. Meine arme Mutter leidet ungeheuer, ihre Gesundheit erliegt und zwischen all den inneren tiefen Schatten drängen sich die grellen Lichter des buntesten Gesellschafts Lebens.«

Das ohnehin dünne Band, das die Geschwister verbindet, droht ganz zu zerreißen. Arthur ist zu keinem Vergleich bereit. Seine Unnachgiebigkeit sichert ihm sein Vermögen. Johanna aber hat auf falsche Karten gesetzt. Ihr Vertrauen in die Rechtschaffenheit des Unternehmens wird mißbraucht. Sie beugt sich dem Druck der Verhältnisse und stimmt im Februar 1820 dem ihr vom Bankhaus Muhl aufgenötigten Vergleich zu. Damit verliert sie 70 % ihres Vermögens einschließlich der Anteile an mehreren Gütern um Danzig. Neben der Jahrespacht aus dem Gut in Ohra wird sie mit einer jährlichen Rente von 300 Talern abgefunden, die nach ihrem Tod der Tochter zufallen soll. Als Sonderkondition erhält sie außerdem einen echten Paolo Veronese und drei weitere Bilder, deren Verkauf aber vorläufig mißlingt. Arthur dagegen beweist, »daß man wohl Philosoph sein kann, ohne deshalb ein Narr zu sein«. 1821, nach wiedererlangter Liquidität des Handelsunternehmens, fordert er unter Androhung einer Klage sein Kapital zurück und erhält es.

Der leidige Finanzstreit ist Ende Mai 1820 ausgestanden. Auf der Rückreise von Danzig nach Weimar über Berlin trifft sich Adele noch einmal mit Arthur, der inzwischen an der Berliner Universität zum Dozenten ernannt worden ist. Am 1. Juli 1820 notiert sie: »Nach Tisch mit meinem [Pius Alexander] Wolff zu Arthur! Ich habe gar nichts von allem getan, was ich wollte, denn er war ganz anders, als ich dachte, indes die martervolle Stunde ging glücklich vorüber, und nichts ist schlimmer, manches sogar besser. Meine Seele war so bewegt – er hatte vielleicht recht, vielleicht hatte ich oft gefehlt, vielleicht hatten wir beide übertrieben – ich will und werde ihn noch einmal sehen – dann wird mir Gott helfen.« Diese Zuversicht schimmert auch im Brief an Ottilie durch: »Wir scheiden friedlich aber ich werde ihm nun sehr selten schreiben da ich sehe meine Briefe helfen nicht mehr. Ich gebe auch das gefaßt auf denn es wird dennoch vieleicht in ihm fruchten, – Du hast mich hoffen gelehrt [...]« Jahrzehnte werden vergehen, ehe sich die Geschwister wiedersehen.

Mehr und mehr bewegt sich der Kontakt in förmlichen Bahnen. Aus der Distanz verfolgt die Schwester den beruflichen Weg und das persönliche Befinden des Bruders, setzt sich mit dem philosophischen Anliegen seiner Werke auseinander und sorgt sich um seine Häuslichkeit als Junggeselle.

Doch es führt kein Weg zurück in die Vertrautheit vergangener Jahre. Zaghafte Versuche Adeles, sich ihm zu nähern, erfahren eine herbe Absage. Im Januar 1822 teilt er ihr seinen geplanten Ortswechsel von Berlin nach Dresden mit, allerdings mit dem verletzenden Hinweis, auch ein gleichzeitiger Aufenthalt von ihr und der Mutter werde ihn nicht davon abhalten: »Natürlich kann eure Anwesenheit in Dresden mich nicht von meinem alten Lieblingsaufenthalt vieler Jahre verscheuchen. Macht was ihr wollt: ich bekümmre mich nicht darum: ich thue recht, scheue Niemand, und gehe meinen Weg, ohne rechts oder links zu blicken.«

Adeles Bitten um Verständnis erfahren eine das Zynische streifende Zurückweisung: »Was Deine geäußerten Sentimens gegen mich betrifft; so sind das Lärvchen, die wohl in der feinen Welt gelten, darin Du aufgewachsen bist, weil man aus Höflichkeit thut, als nähme man sie für Realitäten: aber in der Welt des Ernstes und der Wahrheit, in der ich gelebt habe, nimmt man das eben für Lärvchen. Deine wahre Gesinnung gegen mich habe ich erprobt, ergründet und erforscht: da kann mich nichts irre machen: in die Sprache jener Gesinnung übersetze ich Deine Briefe, und da lauten sie gar sehr viel anders; denn die Motive werden klar. Adieu! Arthur Schopenhauer.« Darauf kann Adele nichts erwidern. Nur im Tagebuch konstatiert sie: »Die drei heftigsten Schmerzen in dieser Zeit entsprangen aus alten Erinnerungen […] – dann aus Arthurs Benehmen.«

Jedesmal, wenn der Bruder über die Vorhaben seiner Familie informiert werden will, wendet er sich an seinen Jugendfreund, den Philologen Friedrich Gotthilf Osann, einen Bruder des Chemikers Gottfried Wilhelm Osann, mit dem wiederum Adele befreundet ist. Beide verbindet die Erinnerung an den Griechischunterricht bei ihrem Lehrer Passow, den sie zusammen in Weimar von 1807 bis 1809 absolvierten und in dessen Haus Arthur vorübergehend wohnte. Als Arthur nun im Frühjahr 1822 gegenüber Osann seine Absicht, nach Italien zu reisen, erwähnt und zugleich ein Interesse an den Plänen der »Damen meiner Familie« andeutet, überwindet Adele ihre Scheu und versucht, über ihren Freund Gottfried ein Wiedersehen in Dresden zu verabreden. Heimlich geschieht es, ohne Wissen der Mutter. Mit Ungeduld erwartet sie Arthurs Antwort, die Gottfried aus Berlin mitbringen soll. Dieser trifft indessen erst Anfang Juli in Weimar ein, und Adele, im Begriff, den Kanzler Friedrich von Müller nach Frankfurt am Main zu begleiten, erfährt nur noch, daß Arthur schon unterwegs nach Italien ist, ihren Brief also nicht erhalten hat.

Neue Hoffnung auf Versöhnung zwischen den Geschwistern keimt im August 1824 auf. Adele erreicht in Wiesbaden, wo sie mit der Mutter zur Kur weilt, der Vorschlag Arthurs zu einem Treffen in Frankfurt am Main. Insgeheim scheint sich sein Gewissen geregt zu haben, denn seit Januar weiß er durch Friedrich Osann um den schlechten Gesundheitszustand der Mutter nach dem Schlaganfall im Dezember des vorletzten Jahres. Auch legt ihm der Freund eine Annäherung an die Schwester nahe, die seiner als Stütze bedürfe. Aber Arthur, der auf der Rückreise von Italien in München selbst schwer erkrankte – er kann kaum gehen, die Hände zittern ihm und das rechte Ohr ist jetzt völlig taub –, hört nur die in dem Brief enthaltene Andeutung heraus, seine Familie werde eventuell nach Mannheim gehen, was seinem ebenfalls dort geplanten Aufenthalt zuwiderlaufen würde. Ein Zusammentreffen will er strikt vermeiden. Was sein Verhältnis zur Schwester beträfe, so wissen Adele und er »gewiß am besten, was wir voneinander zu halten haben; die Empfehlung eines Dritten kann da nichts helfen«.

Nun meldet er sich aber doch am 27. August überraschend aus Mannheim. Selten hat sich Adele so gefreut. »Eine große, unbeschreiblich große Freude ist mir gestern geworden«, bemerkt sie tags darauf in ihrem Glückwunschbrief an Goethe zu dessen 75. Geburtstag. »Ihnen, lieber, gütiger Vater, muß ich davon sprechen, denn hier wie überall trennt sich mein Inneres von dem Außenleben und keiner sieht den schnelleren Herzensschlag. Mein Bruder ist vollkommen hergestellt, befindet sich in Mannheim, und hat mir geschrieben um eine Zusammenkunft zwischen uns, in Frankfurt zu bestimmen. – Es giebt Worte die ich von Ihnen gehört habe, die durch mein ganzes Leben hindurchtönen, ohne zu verhallen; so sagten Sie mir als ich von der Möglichkeit sprach: Du wirst dann wieder begütigend auf ihn wirken, und in dem gestörten Daseyn wieder eine Art Milde hineinbringen. Und so hoffe ich zu Gott soll es seyn. Ich bedarf des Gefühls jemanden wohlzuthun, denn in den letzten Jahren ist mir sehr weh geschehen, und oft habe ich mich unnütz, oder besser sag' ich unbenutzt gefühlt. Es hatte noch niemand mir ausgesprochen, daß in meinem Wesen eine Art Begütigung liege, deren Einwirkung ein Anderer empfinde, Sie sagten es, und nun ging es wieder fröhlicher durch die bunte Welt, in der ich wohl eigentlich ein Halbschatten bin.«

Doch umsonst die Zuversicht. Arthur hat, als ihre Zusage eintrifft, Frankfurt bereits in Richtung Dresden verlassen. Vermutlich fürchtet er eine Begegnung mit der Mutter. Sein Verhalten trifft Adele schwer. Ihm scheint nicht bewußt zu sein, wie sehr er die Bewegungsfreiheit der Schwester einschränkt. Seine Freiräume hat er sich erstritten, ihr aber ist das Recht auf Selbstbestimmung versagt. Adele, nicht egoistisch genug, um auf den eigenen Bedürfnissen ein Lebenskonzept aufzubauen und gegen die Mutter durchzusetzen, beugt sich dem Gebot der Pflicht. Den Verlust des Sohnes trägt Johanna noch mit Fassung, die Loslösung der Tochter würde ihren Lebensnerv treffen. Zudem kränkelt sie seit dem Schlaganfall. Ein bescheidener Versuch 1824, sich aus der Gemeinschaft mit

127

der Mutter zu lösen, mißlingt noch im selben Jahr. In Hinsicht auf Arthur, der den familiären Rückhalt nicht ganz einbüßen soll, und mit Rücksicht auf das Befinden der Mutter bleibt Adele eine fürsorgliche Tochter.

Nach wie vor übernimmt neben Osann der mit Arthur fast gleichaltrige Quandt eine Vermittlerrolle zwischen Bruder und Schwester. Zwar berühren dessen Anhänglichkeit und Freundschaftsbeweise Arthur kaum, zumal dieser den Philosophen Hegel verehrt, den Schopenhauer entschieden ablehnt. Folglich vermutet er, Quandt, der ihn als Menschen schätzt, aber als Philosophen nicht anerkennt, ignoriere seine Werke. 1857, im Alter von 70 Jahren – Arthur erlebt es noch –, vollzieht sich ein Umschwung im Denken Quandts: er wendet sich der Lehre Schopenhauers zu.

Ein Ziel aber verfolgt er seit Jahren beharrlich – die Verständigung zwischen den Geschwistern. Von dem Bruch in der Geschwisterbeziehung nach 1820 weiß er nichts. Im Herbst 1825 und ein Jahr später, im Dezember 1826, beschwört er Adele, auf den Bruder zuzugehen. Es scheint ihm, als habe sie ihren Bruder aufgegeben, »und die Schwester war doch die welche zunächst und einzig das was ihm zu Glück und Heile fehlt seyn konnte. Ich habe die Tiefe dieser Wunde seines Herzens nicht ergründen wollen und ahne sie bloß. Wenn dies aber so ist, so reichen Sie ihm doch die Hand zur Versöhnung!« Was mag Adele beim Lesen empfunden haben? Vielleicht eine gewisse Ermüdung, denn nicht ihr fehlt es am guten Willen zum Ausgleich. Arthur selbst weist auch nur den Ansatz einer Versöhnung zurück.

Eine wenn auch spärliche Korrespondenz stößt Arthur 1831 an. Sie setzt sich mit Unterbrechungen bis zu Adeles Tod fort. Erbschafts- bzw. Erbpachtsprobleme bestimmen überwiegend den Inhalt der Briefe. Wärmere Töne, die zeitweise anklingen, werden von neu aufkommenden Konflikten immer wieder verdrängt. Zu einer persönlichen Begegnung kommt es erst im

Herbst 1842 und dann im Frühjahr 1849, als Adele bereits von Krankheit gezeichnet ist. Ein grundlegender Wandel in den Beziehungen gelingt nie.

Als Johanna und Adele nach einem Jahr Mitte 1820 wieder in Weimar eintreffen, kommen sie als Verlierer zurück. Adele ist trotzdem glücklich. Die Ungewißheit hat ein Ende. Endlich ist sie heimgekehrt zu Ottilie. Wenig später weicht die Hochstimmung neuen Ängsten. Ottilie fällt in hochschwangerem Zustand die Treppe im Haus am Frauenplan hinunter. Adele beherrscht ihre Verzweiflung um Ottilie nur mit Mühe, fürchtet aber deren Tod nicht, denn »es wäre ja der meine. Kommt es so, so vergebt, Freunde und Mutter, aber tadelt nicht streng, was ihr vielleicht nicht begreift. Unberechnet ziehen die menschlichen Lebensbahnen seltsame Kreise ineinander – wir streben nach Vergleichen, aber es gibt keine. Richtet mich auch nicht, denn ein jeder tut, was er kann.«

Mit Todesgedanken spielen, dem Sterben und Vergehen nachhängen, an Gräbern Zwiesprache mit den Toten halten entspricht dem Kult der Zeit. Der Tod umschattet das Zeitgemälde. Freiwilliger Lebensverzicht – das »Aus-dem-einen-Zimmer-in-das-andere-Gehen« – wird als höchste Stufe der Eigenbestimmung begriffen. Heinrich von Kleist und Charlotte Stieglitz werden zum Inbegriff dieser Todessehnsucht. Jener wählte aus einem Gefühl der Sinnentleerung heraus mit der Gefährtin Henriette Vogel den Freitod, diese aus Opferbereitschaft, um dem vermeintlichen Genie ihres Mannes, Heinrich Stieglitz, aus Schmerz geborene Impulse zu geben. Auch Karoline von Günderrode suchte den Ausweg aus einem von Zwängen diktierten Dasein im Tod. Aus Weltschmerz gewachsene Todessehnsucht – Adele hat diesen Wesenszug der Zeit verinnerlicht. Angesichts der Todesgefahr, in der Ottilie schwebt, tröstet sie der Gedanke an einen Freitod.

Am 18. September 1820 bringt Ottilie unter schwierigen Umständen ihren zweiten Sohn, Wolfgang Maximilian, zur

Welt. Adele atmet erleichtert auf. Erst am Sonntagmorgen des 24. September ist sie in der Lage, die durchlebten Qualen zu schildern: »Das Gefühl des heißesten Dankes durchströmt mich noch immer, wenn ich die Feder ergreife, mit siegender Gewalt! Gott hat uns dem Leben erhalten, Ottilie hat eine schwere, entsetzliche Niederkunft überstanden, sie und ihr Sohn leben. Wie das möglich ward nach den Krämpfen, die ihr alle Kraft genommen und sie vier Tage und fünf Nächte so marterten, daß die eigene Mutter sie lieber tot wünschte, als so leiden – es ist ein Wunder, und nur mein Herz glaubt daran! Gott wollte mich nicht so elend machen. Wenn ich an die Nacht denke, wie ich den Moment erwartete, in dem man mir ihren Tod melden werde – wie ich in heftigen Krämpfen zu Boden fiel, als der Bote kam, wie ich nichts begreifen konnte, daß sie und das Kind lebten – das gellende Schreien – die Pogwisch und ihre Verzweiflung! Hinterher habe ich mich gefreut wie ein Seliger, aber der Kampf des Jammers mit der Freude, dieser Überfall des Entzückens, das in der Vernichtung aller Kräfte, aller Sinne keinen Raum findet, seinen Sieg zu feiern – das ist ein furchtbares Gefühl, als bräche der letzte Tag an, als öffneten sich Grab und Himmel, und die Seele stünde ringend zwischen Gott und Teufel.«

Die Freude, wieder in Weimar zu sein, schlägt bald in Ernüchterung um. Aus dem Verhalten von Freunden und Bekannten schließt Adele, daß ihr einige nach der in Danzig erlittenen Vermögenseinbuße ausweichen. Die Unabhängigkeit, aus der bisher fließenden Geldquelle geschöpft, ist verlorengegangen, der Nimbus der Wohlhabenheit verblaßt. Aus einer reichen Erbin ist Adele innerhalb kurzer Zeit ein Mädchen ohne Vermögen geworden. Um den Schein nach außen zu wahren, intensiviert Johanna ihre schriftstellerische Tätigkeit. Was bisher als Liebhaberei betrieben wurde, wird nun zur Pflicht. In rascher Folge erscheinen neben Reisebeschreibungen und Erzählungen die Romane »Gabriele«, »Die Tante«

und »Sidonia«. Mit ihnen avanciert sie binnen kurzem zur »Bestseller-Autorin«. Ihr Gesamtwerk erfährt 1830/31 die Krönung, als Brockhaus und Sauerländer die 24bändige Ausgabe ihrer »Sämmtlichen Schriften« herausbringen. Die zeitweise reichlicher fließenden Honorare – für die Gesamtausgabe erhält sie 8600 Taler – können den finanziellen Verlust wenn auch nicht ausgleichen, so doch mildern.

Auch Adele bemüht sich um Aufbesserung des häuslichen Budgets. Sie nimmt mit Brockhaus, dem Verleger der Mutter, Kontakt auf, wenig später mit dem Frankfurter Verlagshaus Wilmans. Auch an den Verleger, Kunst- und Buchhändler Friedrich Justin Bertuch, den Eigentümer des Landesindustriecomptoirs in Weimar, wendet sie sich. Erwogen werden Übersetzungen und Bearbeitungen englischer Neuerscheinungen. So bietet sie Wilmans die freie Übersetzung des Romans »The trials of Margaret Lyndsay« von John Wilson an. Auf das Erscheinen des Werkes weist eine Äußerung von ihr hin, in der sie gegenüber Ottilie von positiven Rezensionen spricht, was sie »angenehm überrascht« habe. Doch konnte eine Veröffentlichung bisher nicht nachgewiesen werden.

In ihre literarischen Pläne ist nur Ottilie eingeweiht. Ansonsten darf niemand davon erfahren. Geld verdienen zu müssen gilt als unschicklich, nicht standesgemäß. Doch läßt der Eifer bald nach, da die meisten Anfragen bei Verlagen im Sande verlaufen und Adele auch nicht die nötige Beharrlichkeit aufbringt. In ihrer Unentschlossenheit wird sie durch die Mutter bestärkt, die ihr eine unbeschwerte Jugend sichern will und sich bis jetzt noch durchaus in der Lage fühlt, den Lebensunterhalt für sie beide allein zu bestreiten. Ohnehin legt sie mehr Wert auf den Rat und die Hilfe der Tochter für ihre eigenen literarischen Projekte als auf deren selbständige Tätigkeit.

So rückt Adeles persönliches Anliegen gegenüber anderen Anforderungen abermals in den Hintergrund. Auch beansprucht Ottilie sie voll und ganz, die wieder einmal ihres Beistands bedarf. Der Vetter aus Berlin, Heinrich Nicolovius, ein Großneffe Goethes, wirkt anregend und anziehend auf Ottilie. Ihr tägliches Zusammensein schafft Nähe und Vertrautheit. Gerede kommt auf. Adele, in gleicher Weise der Wirkung des jungen Mannes erlegen, versucht zu beschwichtigen. Der Klatsch um die beiden, zunächst leise, dann immer lauter, droht sich zum Skandal auszuweiten. Erst die Abreise des Gastes läßt das Geraune abklingen. Die Herbst- und Wintersaison mit ihrem vielfältigen Angebot an Zerstreuungen glättet schon bald Liebeskummer und Weltschmerz. Adele und Ottilie schwärmen von Ball zu Ball. Eine französische Kunstreitergruppe gastiert in der Stadt. Baptiste, ein junger Akrobat, lenkt die Aufmerksamkeit Ottilies auf sich. Allerlei Verstrickungen werfen wiederum einen Schatten auf ihren Lebenswandel. August betrachtet diese Episode eher als die Allüre einer romantischen Seele denn als ernsthafte Verirrung. Die aufgeregten Gemüter finden keine neue Nahrung und verstummen allmählich. Doch Ottilie braucht dieses Spiel mit dem Feuer. Fast immer kommt Adele in ihren Affären die Rolle der verständnisvollen Vermittlerin zu. Mitteilungen und Briefe an die Liebhaber gehen über sie und umgekehrt. Sie ist einbezogen in die Atmosphäre heimlichen Geflüsters und versteckter Tändeleien. Zeit, über das Sichabspielende nachzudenken, bleibt ihr kaum. So spielt sie ihren Part im Liebesdrama mit Heinrich und Franz Nicolovius und mit Charles Sterling, dem »dämonischen Jüngling«, Ottilies großer Liebe.

Um 1823 schwelgt Weimars Damenwelt in Liebesrausch und Liebessehnsucht. Bildungsreisen führen attraktive Engländer nach Weimar, angezogen von dem Magneten Goethe. Die jungen Leute entfalten ihren ganzen Charme. Vor allem die Weiblichkeit der Gesellschaft wird umworben. Der Byron-Kult steht in höchster Blüte. In jedem Engländer wittert man einen Dichter. In Weimar grassiere derzeitig die »englische Krankheit«, spöttelt Karl von Holtei. Es ist eine Manie, dies Jagen nach Gefühlen, nach galantem Geflüster, nach verliebtem Getändel. Ob ernsthafter Verehrer oder lockerer Cicisbeo, ob Wahrheit oder Irrtum ist nicht entscheidend, was zählt, ist der Zauber der Stunde. Die Jünglinge aus dem nebelverhangenen Norden scheinen Geheimnisse zu hüten, deren Entschlüsselung Glück verheißt. Ottilie faßt eine stürmische Neigung zu Sterling, ihre Schwester Ulrike entflammt für Captain Frédéric Culling Smith, Caroline von Egloffstein entdeckt ihr Herz für den vierundzwanzigjährigen Leutnant Baronet John May.

Adele glossiert anfangs den Engländerschwarm: »Diese Engländer aber kommen mir eigentlich vor wie fremde Thiere – Vögel, und so amüsierten sie mich anfangs sehr; ziehen sie aber fort, denkt man ihrer so im Allgemeinen wie man etwa sagt: ›Ach ja, so einen Kakadu habe ich gesehen, ich wollte, es gäbe solche hier zu Lande!‹«

Ihre Meinung ändert sich, als der neunzehnjährige Irländer Charles James Sterling, Sohn des englischen Konsuls in Genua – »eine auffallend anziehende Erscheinung, groß und schlank, lichte Haare von einer ungewöhnlichen Farbe, glänzende und doch sanfte blaue Augen, eine feine durchsichtige Haut« –, sich in Ottilies Herz und Sinne einzuschmeicheln versteht. Byronsche Melancholie umgibt ihn, zumal er mit einem Empfehlungsschreiben des Dichters Goethes Haus betritt. Ihre nach Zärtlichkeit und Romantik dürstende Seele treibt sie ihm zu. Erneut gerät Adele in Konflikt, einerseits will sie alles verstehen und entschuldigen, andererseits befürchtet sie eine abermalige Verletzung der Konvention. Ottilie zerstreut ihre Bedenken mit leichter Hand, indem sie Sterlings Vorzüge preist und ein ideales Bild von ihm entwirft. Adeles seit dem Frühjahr 1822 aufkeimende Neigung zu Gottfried Osann wird zeitweise von der eigenen Verstrickung in die Gefühle des Paares Ottilie – Sterling überdeckt.

»Sterling giebt mir viel zu denken – ich weiß, wir können dem uns beunruhigenden Weh höchstens entgegen gehen –

aber nicht ihm entgehen, unser Charakter, unsre ganze frühere Richtung treibt uns ihm zu. So sagte ich auch Ottilien, nur sind wir anderen zu viel schuldig, um ganz frei handeln zu können. August soll und darf nicht leiden.«

Adele sieht die Freundin »der Qual der Phantasie, allem Zauber der unerfahrnen Jugend, jeder Träumerei, kurz jedem Übel der Unerfahrenheit ausgesetzt«, sie sieht »die tödliche Angst, mit der sie wie eine Scheintodte die sie überall umgebende Gefahr erkennt und doch sich nicht retten kann«. Ihr fehlt die Kraft, »sie gewaltsam herauszureißen; ich fehle in ihren Fehlern, thue Unrecht in ihrem Unrecht, gehe unter in ihrem Schmerz«.

Die Kette von Täuschung und Irrtum setzt sich fort. Ottilie versucht Adele zu überzeugen, daß nicht Leidenschaft, sondern allein glühender Enthusiasmus für alles Schöne sie vereine. Adele will ihr nur zu gerne glauben, vermutet sie doch hinter Ottilies Handlungen stets edle Beweggründe. »Ich meine, insofern diese innige Neigung kein Unrecht an und für sich ist, so sind wir frei von Schuld, denn reiner kann kein Herz sein als das dieser beiden Menschen.«

Unmerklich wird Adele tiefer in das Verhältnis hineingezogen. Wieder verfällt sie in den alten Fehler, sich als Dritte im Bunde mit Ottilies Neigungen zu identifizieren. Für Außenstehende kaum sichtbar, entsteht zwischen ihnen ein Dreiecksverhältnis. Abermals ist ein Beziehungsmuster etabliert, das dem vor zehn Jahren in bezug auf Heinke ähnelt. Adele meint sich geliebt, ist zugunsten der Freundin zum Verzicht bereit und hüllt sich resignierend in die Pose der Entsagenden.

Die Affäre spitzt sich zu und erregt allmählich die Aufmerksamkeit der Familie Goethe, die dem Treiben einen Riegel vorschieben will. Ottilie wird Ende Dezember 1823 nach Berlin in das Haus des Staatsrats Nicolovius geschickt. Am 24. Februar 1824 reist ihr Sterling nach. Die Situation eskaliert, als die Kunde von dem heimlichen Rendezvous gerüchteweise nach Weimar dringt. August greift ein. Er verbietet Ottilie jeden weiteren Umgang mit Sterling, auch die Korrespondenz mit ihm. Und Goethe, wie reagiert er auf die Eskapaden der Schwiegertochter? Ohnehin noch körperlich und seelisch angegriffen, auch wenn die vergebliche Werbung um die siebzehnjährige Ulrike von Levetzow in Marienbad bereits ein Jahr zurückliegt, empfindet er Ottilies Treiben als hohl und leer, ohne echte Leidenschaft, sie habe »nur eine Wut, aufgeregt zu sein«.

Adele kann dem eigenen Gefühlszwiespalt nur schwer entrinnen. Am 30. März unternimmt sie im Tagebuch den Versuch einer Rechenschaft. »Die ganze Qual faßt sich in wenig Worten – die schöne Freude in einem Namen! Sterling schien mir erst kalt – kam mir näher, vertraute mir seine Leidenschaft. Ich liebte ihn mit jedem Tag mehr! Sechs – nein sieben Wochen, vom 1. Januar bis zum 21. Februar lebten wir abgesondert von der uns umgebenden Welt, miteinander. Als ich mich seine Vertraute nennen mußte – da stand auch in meiner Seele sehr deutlich, daß kein Flecken in dieser Sache sein dürfe, eben weil ich, ruhig, darum wußte. Ich wollte, mich entschuldigte nichts! Anfangs gleich meinte ich, entweder koste mich seine Liebe die Ruh meiner Seele, oder Ottiliens Vertrauen, einen großen Theil ihrer Liebe, oder meinen Ruf und – Gottfried. Ich mußte durch.« Ottilie, die dieses Bekenntnis vermutlich gelesen hat, denn die Freundinnen tauschten regelmäßig ihre Tagebücher aus, wird über die Selbstinszenierung der Freundin verblüfft gewesen sein.

Ihre Beziehung zu Sterling basiert auf dem Prinzip der Selbsttäuschung und birgt in sich tragische Züge, zumal auch die Liaison mit Gottfried Osann bereits Risse und Brüche aufweist. Der aufkommende Verdacht, Sterling habe sie nur als Mittlerin zwischen sich und Ottilie benutzt, erhärtet sich nach Ottilies Rückkehr aus Berlin. Jetzt weiß sie, sein Interesse galt ausschließlich der Freundin. Das künstlich geschaffene Gespinst einer Liebe zerreißt.

Ottilie aber ist völlig der Leidenschaft preisgegeben, sosehr sie auch dagegen rebellieren mag. Adeles Ahnung, »Sterling wird scheiden – ein Stern«, bewahrheitet sich. Er verläßt Berlin in Richtung England. Ottilie, allein gelassen, flüchtet zu Adele, die, selbst in Mitleidenschaft gezogen und um Abstand bemüht, trotz Selbstzweifel und Unsicherheit die Verbündete der Liebenden bleibt.

Am 12. Juni 1824 wird Adele 27 Jahre alt, am Vorabend notiert sie: »Das hinter mir liegende Jahr gehörte fast ausschließlich Ottilien und Sterling an – ich habe wohl nie weniger für mich selbst gelebt [...]«

Ottilie kann unterdessen August nur noch mit Mühe ertragen, entspricht er doch so gar nicht ihrem Erwartungsbild. Sie grenzt ihr Leben von dem seinen ab. Wohn- und Schlafräume sind getrennt. Scheidungsgedanken, bereits kurz nach der Eheschließung aufgekommen, konkretisieren sich immer mehr. Die Mutter, Henriette von Pogwisch, beschwichtigt, vertröstet auf später. Zwei Jahre solle Ottilie noch durchhalten, dann kann neu entschieden werden. Man ist dem Namen Goethe zu viel schuldig, ein Skandal muß vermieden werden.

Ausweg aus der Misere des Alltags bieten Anregungen und Eindrücke aus der Schar der Besucher, die Weimar gleich einem Wallfahrtsort aufsuchen. Sie fesseln die Gedanken und beflügeln die Phantasie. Ottilie sucht im Rausch des Neuen Ablenkung. Die Lücke, die nach dem Weggang Sterlings entstanden ist, versucht sie durch engen Kontakt zu dem Dichter Charles Des Voeux zu schließen. Die Übersetzung des »Tasso« ins Englische bringt sie einander nahe. Ihm schüttet sie ihr Herz aus, beschreibt ihm »die Folter« des häuslichen Lebens und »die Furcht, es einmal durch einen raschen Schritt zu endigen«. Sie begegnet ihm äußerst besitzergreifend und mit wütender Eifersucht, wozu ihr die sechzehnjährige Jenny von Pappenheim Anlaß gibt.

In diese Zeit fällt die Geburt Almas. Am 29. Oktober 1827

bringt Ottilie ihr drittes Kind, Alma Sedina Henriette Cornelia, zur Welt. Das Goethesche Aussehen der Tochter entzieht
allen lästerlichen Vermutungen den Boden. Des Voeux wird
Pate der kleinen »Muschel«. Der drängenden Liebe Ottilies
aber versteht er auszuweichen. Er verläßt Weimar. Die Ver-
lassene trösten andere.

Ottilie indes sehnt sich nach Sterling, ihrer romantischen
Liebe. Seit ihrer Zusammenkunft in Berlin 1824 durfte sie ihn
nicht wiedersehen. Doch auch von seiner Seite gab es keinen
Versuch, dieses Verbot zu durchbrechen. In ihrem Auftrag
schreibt Adele am 22. März 1828 an Sterling. Mit knappen
Worten bittet sie ihn um die Rückgabe des Porträts, das Ottilie ihm einst überlassen hat. Die Mitteilung über Almas Geburt
schließt sich an. Die Zeilen sind kühl gehalten, ein unausge-
sprochener Vorwurf soll ihn treffen. Erst 1832, nach Goethes
Tod, wird Ottilie sich ihm offen zuwenden und alle Register
ihrer Lebens- und Liebeskunst ziehen, um ihn von der Groß-
artigkeit eines gemeinsamen Lebens zu überzeugen.

Im Auf und Ab der eigenen Gefühlsschwankungen und der
ihres Freundeskreises verbrauchen sich Adeles Kräfte. Wie
Ottilie verfängt sie sich bei jeder neuen Bekanntschaft in ein
Netz aus ersehnter Romantik und eingebildeter Zuneigung.
Bestürzt registriert sie die Leere, die nach solchen emotionalen Aufschwüngen zurückbleibt. Der Fixpunkt ihres Lebens,
Ottilie, beginnt zeitweise zu wanken. Soll sie ihr weiter auf
den verschlungenen Wegen in eine Phantasiewelt folgen oder
sich stärker davon distanzieren und auf ihr eigenes Selbst konzentrieren?

Zweifellos schätzt Adele ihre Lebenssituation realistisch ein:
weder verfügt sie über ein ausreichendes Vermögen noch über
eine attraktive Erscheinung, um sich unabhängig fühlen zu
können. Nur die kontinuierliche Vertiefung ihrer Talente
würde Selbsterfüllung und Zukunftssicherung bieten. Doch
kann und will sie sich dieser Einsicht noch nicht stellen. So

malt, dichtet, musiziert, schreibt, liest und urteilt Adele mehr aus Vergnügen am künstlerischen Gestalten und Denken denn aus ernsthaftem Bestreben. Gleich Ottilie hat sie das Selbstverständnis der Zeit verinnerlicht. Gefühle werden auf dem Altar einer mystifizierten Liebe kultiviert. Die Freundin lebt es vor, und Adele eifert ihr nach, auch wenn sie intuitiv ahnt, daß diese Tagträume Kreativität und Spannkraft lähmen.

# Letzte Illusion

*Seit ihrer Rückkehr aus Weimar am 7. Juli erscheint täglich der Arzt Heinrich Wolff am Krankenlager Adeles. Seit langem steht er ihr nahe. Bereits am 22. November 1831 hatte sie ihn brieflich Goethe vorgestellt. »Mein Haupt Umgang außer ihr [Sibylle] und D'Altons ist mein Arzt, ein sehr geistreicher milder harmonischer Mensch – aber erschrecken Sie nicht! ein Jude.« Doch weise er weder körperlich noch geistig »den kleinsten Jüdischen Zug« auf. Kennengelernt haben sie sich durch »seine auserlesene Kupferstichsammlung, allmählig sind wir Freunde geworden, und ich danke ihm sehr Viel«.*

*Befremdend mutet der Hinweis auf die jüdische Herkunft des Freundes an. Der Grund mag in dem Wissen Adeles um Goethes gespaltenes Verhältnis zum Judentum liegen. Einerseits hegt er Vorbehalte gegenüber Juden, Moses Mendelssohn und dessen »jüdische Pfiffe« lehnt er ab, Ludwig Börne und Heinrich Heine weist er von sich, ihre Angriffe und Schmähungen ignoriert er, andererseits achtet er das »bibelschöpferische Volk« und den Dichter, »der das hohe Lied gesungen hat«. Eine Charakterisierung des jüdischen Volkes enthält der Entwicklungsroman »Wilhelm Meisters Wanderjahre«: »Das israelitische Volk hat niemals viel getaugt, wie es ihm seine Anführer, Richter, Vorsteher, Propheten tausendmal vorgeworfen haben: es besitzt wenig Tugenden und die meisten Fehler anderer Völker; aber an Selbständigkeit, Festigkeit, Tapferkeit und, wenn alles das nicht mehr gilt, an Zähigkeit sucht es seinesgleichen. Es ist das beharrlichste Volk der Erde, es ist, es war, es wird sein, um den Namen Jehovas durch alle Zeiten zu verherrlichen.«*

*Vertrautheit und Nähe zwischen Adele und Heinrich Wolff*

*wuchsen mit den Jahren und schärften den Blick für tieferliegende Zusammenhänge. Heinrich Wolff nahm die Einsamkeit der Frau wahr, ihre Verlassenheit und ihr Aufbegehren gegen die Vorurteile des Bonner Bürgertums. Adele wiederum erkannte seine Zerrissenheit, litt an seiner Verlorenheit mit. »Unruhig, rastlos, vom Judenthum gequält«, so charakterisierte sie im Frühjahr 1840 seine Gemütsschwankungen. Er und Sibylle zogen sie auch nach 1837, dem Jahr ihres Umzugs nach Jena, immer wieder in die Stadt am Rhein. »Wenn diese beiden nicht dort lebten und nach mir verlangten, würde ich kaum noch einmal dorthin fahren«, hielt sie bei einem Besuch im Frühjahr 1840 in ihrem Tagebuch fest. »Meine Uhr dort ist abgelaufen.« Es fehle an interessantem Umgang und künstlerischen Anregungen, die Gespräche seien ermüdend langweilig. Es war ihr gar nicht bewußt, wie sehr Bonn durch die Existenz dieser beiden Menschen für sie Heimat verkörperte. Das erfährt sie erst jetzt, neun Jahre später, in den schweren Monaten der Krankheit, als sie hier ihre letzte Zuflucht findet.*

*Jeden Tag sehnt sie die Zeit der Visite herbei. Wolffs Wesen, vorsorglich und gütig, hilft ihr, Traurigkeit und Verzweiflung zeitweise zu vergessen. Seine Hände beruhigen, sein Lächeln tröstet. Es gab Augenblicke, da erhoffte sie mehr als nur Freundschaft. Noch 1840 betonte sie, »Wolff wird mir immer der liebste Freund bleiben, ja augenblicklich würde ich ihm folgen, wohin er wollte, ich würde ihn heirathen, wenn er frei wäre«. Unruhig und schmerzhaft war diese Sehnsucht nach Liebe, ganz erloschen ist sie nie. Dem Mysterium der Liebe hat sie lebenslang nachgespürt. Nun beginnt deren Aura endgültig zu verblassen.*

*Eine Vollmondnacht zieht herauf. Milchiges Licht geistert um die Kranke. Ein Zustand der Verzauberung hält die Welt in der Schwebe. Magische Bilder huschen vorüber, Momentaufnahmen der Vergangenheit. Ein Gewisper, ein Gelispel, ein Geflüster, ein Geraune von Liebe und Leidenschaft, von Zärt-*

*lichkeit und Schmeichelei schwirrt in der Luft. Quälendes Verlangen, verdrängt und vergessen geglaubt, steigt wieder hoch. Der schneidige Leutnant Heinke, der weltgewandte Freiherr von Könneritz, der aufrechte Gottfried Osann, der charmante Louis Stromeyer erscheinen als Schattenspiele auf der Bühne des Lebens. Berührt nicht jemand ihre Hand? Legt sich nicht ein Arm um sie? Schwindel befällt Adele. Schatten taumeln, wirbeln, lösen und verschlingen sich, irrlichtern in der Dunkelheit. Gestalten locken, schmeicheln und flüstern von der Grenzenlosigkeit des Himmels, dem Paradies immerwährender Liebe. Die uralte Sehnsucht des Menschen, die Fesseln abzustreifen und in gestaltlose Weiten aufzusteigen, überwältigt die Todkranke. Nur ein kleiner Schritt, und sie hat die Schwelle überwunden. Noch aber lastet lähmende Schwere auf ihr. Schwäche verurteilt sie zur Bewegungslosigkeit.*

*Durch die Tür fällt matter Lampenschimmer. Sibylle bringt die Öllampe und ein Beruhigungsmittel. Die Halluzination weicht dem Licht. Schmerzhaft dringt Helligkeit in Adeles Bewußtsein, bevor die verabreichte Droge zu wirken beginnt. Erschöpft sinkt sie in die Nacht des Vergessens zurück.*

# Verwirrung der Gefühle

Wie eine Blume der Sturm
hat Kummer das Herz mir entblättert,
Und das zerrißne Gefühl
flattert nun irrend umher.

Auf der Suche nach Inhalt und Sinn des Lebens orientiert sich Adele an den Maximen ihres Kreises, nach denen eine Frau ihr Glück nur in der Ehe finden kann. Also wäre es das naheliegendste, zu heiraten, aber nicht um jeden Preis. Ohne Neigung will Adele keine Ehe eingehen.

Gerstenbergk, der Hausfreund, wartet schon lange auf ein Zeichen von ihr. Der Regierungsrat, der zwar ein wenig zur Fülle neigt und dessen Gesichtszüge etwas gedunsen wirken, gilt als stattlicher Mann und gute Partie. Doch zwiespältig ist ihr Verhältnis zu ihm. Seinen dichterischen Versuchen bringt sie Sympathie und Verständnis entgegen, einer näheren Verbindung aber weicht sie aus. Sie sieht in ihm den Anlaß zum Zerwürfnis zwischen Mutter und Bruder. Auch hat sie seine Taktlosigkeit, ungefragt ihre Gedichte an Heinke in seinen 1817 in Leipzig erschienenen Gedichtband »Phalänen« aufzunehmen, befremdet und ihre Abneigung verstärkt. Drei ihrer Gedichte sind darin enthalten: »Tod im Leben«, »An einen scheidenden Landwehrmann 1813«, »Die Sternen-Blume der Freundschaft«.

Aus der Ferne, wenn er oder sie auf Reisen sind, findet sie ihn zuweilen recht liebenswürdig, »dennoch, es bleibt beim alten; unmöglich können wir uns vereinen, Süd und Ost, es berührt sich wohl, doch bleibts ewig verschieden und sich fern«. Johanna würde eine Verbindung mit Gerstenbergk gern sehen, glaubt sie doch, seine dichterischen Ambitionen garantierten eine harmonische Ehe. Zudem hätte Adele dann einen gesicherten Platz in der Gesellschaft.

Adele ist einsichtig genug, die Chance dieser Heirat als Gebot der Vernunft aufzufassen. Im Frühjahr 1817 meint sie: »Ihn heiraten wäre das klügste – ich kann nur nicht!«, und zwei Jahre später, am 28. Februar 1819: »Er ist einmal der Feind meiner Heiterkeit, meines Lebens, in mir erstickt alle Jugend von seinem Wesen, und ich erstarre zu Eis.«

Ambivalent ist und bleibt ihre Haltung ihm gegenüber, auch wenn sie sich scheinbar in die Rolle einer zukünftigen Braut fügt. Der zwangsläufig nähere Umgang mit ihm während der Schweizreise im Sommer 1818 vertieft nur den Widerstreit. Briefe an die Freundinnen Louise und Ottilie verdeutlichen ihre innere Spannung: »Nein, Louise, das Schicksal konnte nicht 3 Menschen komisch-trauriger zusammenstellen als uns – Ihn und mich! Nicht ein gleichstimmender Ton! Wo sich mein Herz kühner und glücklicher hebt, beim Anblick des Höchsten, Schönsten der Erde, wo Gottes Güte und Unendlichkeit am würdigsten sich ausspricht und die Größe des Lebens uns Muth aufdringt – ist er zerknirscht. Dagegen rennt Er in alle Kirchen und Messen, Er, der unglücklich ist, wenn er einmal in die unsere soll. Auch die Mutter war oft unzufrieden – ich ganz anfangs unbeschreiblich traurig: doch die gute Natur siegte und nun leben wir in der größten Einigkeit, er ist oft sogar sehr gut: ists denn etwa Hier der Mühe werth, daß ich böse werde!«

Adele sehnt sich nach einem gleichgestimmten Herzen, dem sie sich anvertrauen kann. »Du weißt, wie ich die Mutter dennoch liebe. Alter, manche Verschiedenheit, die größte, Er! stehen zwischen uns, obgleich wir sehr zusammenhalten und viel, viel glückliche lustige Stunden haben. Immer bin ich lustig oder fröhlich – nur in den fröhlich ernsten Stunden fehlt mir ein stilles schweigendes Verstehen.«

Krasser drückt sich Adele gegenüber Ottilie aus: »Gerstenbergks ganze Art – so wohl in Freude als in Verdrießlichkeit, die große Unwahrheit die dem Grundstoff seines Wesens Gott weiß wie, verwebt ist – das alles gab mir oft die Feder in die Hand und wo ich verstummen wollte schrieb ich.« Und nur vier Tage später, nachdem sie anfangs davon spricht, wie »natürlich, angenehm, freundlich« sich Gerstenbergk zeigt, offenbart sie ihre Abneigung: »Wegen der Brautschaft mit G. leide ich ueberall – ich wehre mich ohne Schonung, a tout prix. Sonst laß mich nicht vom ihm reden, ich bin gerade milder gestimt, darum erinnere mich nichts an das Widerwärtigste.« Auch als Gerstenbergk Mutter und Tochter in den schweren Zeiten des finanziellen Zusammenbruchs 1819/20 hilfreich zur Seite steht, ändert Adele ihre Meinung nicht. Gegenüber Arthur äußert sie im August 1819: »Gerstenbergk will alles mit uns theilen, mit uns ziehen wohin wir wollen, und wo er Brodt finden kann, er quält mich mit seiner Großmuth, denn Arthur ich will frei sein.« Ottilie erklärt sie, nicht Almosen von einem Mann nehmen zu können, den sie nicht liebe, »und finde den Ausdruck hart oder nicht, eine Geldhülfe ist eine Erniedrigung die ich nicht brauche [...] Arthur steht mir näher, und ich will nicht das drückende Gefühl einer nie zu erstatteten Güte tragen; G. ist jung, er steht sich gut, er kan heirathen – nehme ich's an daß er seinen Bedienten wegschickt, seine Pferde verkauft, uns alles giebt, so stehle ich ihm die letzten Jugendjahre, er veraltet – und wenn er dann einsam, melancholisch, kränklich allein noch auf mich als Schuldnerin hingewiesen in 10 Jahren vor mir steht muß ich dann vielleicht theuer ein Opfer bezahlen was ohnedies mich empört. Ich hoffe zu Gott, es soll nie dahin kommen.« Adele will selbständig Wege aus der Krise finden. Sie trägt sich mit Gedanken an Übersetzungen für den Verleger Brockhaus oder an die Einrichtung einer Pension für Kinder. Als letzten Ausweg erwägt sie, eine Gouvernantenstelle in Rußland anzunehmen. Auf jeden Fall verlasse sie lieber Weimar, »als daß ich von Gerstenbergk zu viel annehme, jetzt nahm ich, denn er hat früher 1 000 Rh von uns bekommen [...] Solange diese Hände noch frei sich bewegen will ich keinem danken was ich mir selbst danken kann [...]« 1824, mit 44 Jahren, heiratet Gerstenbergk eine Gräfin Häseler.

In späteren Jahren äußert sich Adele weitaus schärfer. Als sie 1835 einen Besuch in Weimar plant und durch Ottilie von Gerstenbergks gleichzeitiger Anwesenheit erfährt, steht ihr Urteil fest: »G. hat mich in Briefen u im Leben zu sehr beleidigt, als daß von Aussöhnung die Rede seyn kan, was er meiner Mutter Freundliches erzeigen mag ist er ihr schuldig, obendrein hat sein Verhältniß mit ihr, denen ihrer beiden Kinder zu ihr viel zu sehr geschadet, als daß ich mich zu irgend einer Dankbarkeit verpflichtet glauben müßte.« Seit ihrer Kindheit habe »das Breigesicht« eine negative Rolle in ihrem Leben gespielt. Zwei Jahre später gedenkt sie noch mal der »unseligen Neigung« der Mutter zu Gerstenbergk und deren Auswirkungen auf die Lebenslinien ihrer Kinder: »[...] wenn ich auch noch so klug gehandelt hätte, noch so einfach gefühlt, mein Schicksal doch durch meiner Mutter Charakter mit seinen Schwächen und Vorzügen, und durch die unselige Neigung zu diesem Menschen, auf ein oder die andere Weise verpfuscht werden mußte und mein Bruder nicht Unrecht hatte mich mit 15 Jahren verheirathen zu wollen, denn das war die einzig mögliche Art, mein äußeres Schicksal umzugestalten.«

1837, noch zu Lebzeiten der Mutter, erwägt sie sogar einen Prozeß gegen Gerstenbergk, um das ihm einst geliehene Geld einzufordern. Zunächst rät Ottilie ab. Als er 1838 stirbt, im selben Jahr wie die Mutter, beginnt sie doch noch einen Rechtsstreit mit den Erben, der unentschieden endet.

Arthurs Argwohn hingegen, Johanna und Gerstenbergk hätten ein Verhältnis gehabt, läßt sich nicht bestätigen. Auch Adeles Tagebücher, von den Anhängern des Philosophen als Dokumente einer Liebschaft zwischen Johanna und Gerstenbergk gewertet, entbehren der Beweiskraft, es sei denn, in gefühlsmäßig betonten Formulierungen über familiäre Szenen würde bewußt eine sexuelle Komponente hineininterpretiert. Schließlich hat Adele die Vermutung selbst widerlegt. Als sie unmittelbar nach dem Tod der Mutter am 16. April 1838 deren hinterlassene Briefe nach verwertbarem Material für die Herausgabe der Memoiren sichtet, resümiert sie: »Alle Briefe an Gerstenbergk gehen v. Anno 16 an, sie sind ganz schön, aber gar nicht zu brauchen, aber ich habe mich sehr gefreut, es ist keine Spur Leidenschaft darin.« Johanna Schopenhauer hielt bis an ihr Lebensende an der Freundschaft mit Gerstenbergk fest. Geistig standen sie sich nahe, verbunden durch das gleichgerichtete Interesse an der Literatur.

Während ihrer Jahre in Weimar konzentrieren sich Adeles Wünsche und Sehnsüchte auf drei Männer: den Regierungsrat Könneritz, den Chemiker Osann und den Medizinstudenten Stromeyer.

Seit 1815 bewegt sich der attraktive Freiherr Hans Heinrich von Könneritz mit Charme auf dem gesellschaftlichen Parkett Weimars. Am 17. Januar 1816 lernt Adele den um sieben Jahre Älteren kennen, ohne weiter Notiz von ihm zu nehmen. Das ändert sich bald. Ende des Jahres, als die Verlobung Ottilies mit August von Goethe gefeiert wird, steht Adele unter dem Eindruck seiner Persönlichkeit. Nicht nur der unweigerliche Verlust Ottilies läßt sie seine Nähe suchen, es lockt auch das uralte Liebesspiel. Ihrem Tagebuch gesteht sie: »Er beschäftigt mich ja doch oft. Könneritz gehört zu den wenigen Menschen, deren Nähe freundlich erheiternd auf mich wirkt. Er zieht mich durch seine Kälte, durch welche oft tiefes Gefühl bricht, sehr an. Sein Benehmen gegen mich ist zwar in fremder Leute Gegenwart immer zurückhaltend, dennoch zeichnet er mich leise aus. Sind wir vier [Adele, Ottilie, Julie von Egloffstein und Könneritz] allein, so spricht er meistens mit mir, und manchmal ists, als gefiel ich ihm und er wäre mir sehr gut. Ich kenne hier niemand, dem ich ihm gleichstellen möchte; ich stelle ihn hoch über Gerstenbergk. Seine Handlungen tragen ein Gepräge von Übermut, Klarheit, Güte und Rechtlichkeit, wie ichs noch selten fand. Wenn er offen ist, find ich ihn höchst liebenswürdig.« Wie so oft hält die Wirklichkeit nicht, was die Phantasie entwirft. Der Freiherr widmet ihr wohl manche Aufmerksamkeit, huldigt aber ihrer Klugheit mehr als ihrer Weiblichkeit.

Eine Konkurrentin um seine Gunst ist Gräfin Julie von Egloffstein. Doch ist auch ihr nicht vergönnt, was Adele versagt bleibt. Könneritz mag mehr die leisen Töne, das selbstbewußte Auftreten der Gräfin, ihr Brillieren, ihr Unabhängigkeitsanspruch als ausübende Künstlerin, kurz, ihr Emanzipationsbestreben läßt ihn nach anfänglichem Werben bald auf Distanz gehen. Noch im Dezember 1818 glaubt Adele konstatieren zu können, Julie »hat sich den Cönneritz eingefangen«, doch nur einen Monat später auf dem Königsfest wird sie Zeugin des herablassenden Verhaltens des Freiherrn der Gräfin gegenüber, obwohl diese »als Bohnenkönigin ihn zu ihrem König gewählt hat«. Neben dem koketten Spiel zwischen Julie und Könneritz steht Adele, beobachtend, deutend, sezierend.

Ende Mai 1819, am Vorabend der überstürzten Reise nach Danzig, verabschieden sich Adele und Könneritz. In Danzig erreicht Adele am 8. März 1820 die Nachricht der Verlobung von Könneritz mit Louise von Werthern aus dem Hause Beichlingen, Lu oder Lulu genannt. Adele ist davon tiefer betroffen, als nach ihrer eher losen Beziehung zu erwarten war: »Denn ihn als liebend zu denken, ist ein schönes Bild [...] und muß ich dieser Hochzeit beiwohnen, so werden alte Wünsche, alte Seligkeiten wach werden in mir, ich werde Mühe haben, das alles wieder zu stillen, denn wie Kinder sind die Wünsche. Sie scheinen einer andern Welt zu gehören und sehen so ernst über Blumen und Sterne hin, aber sind sie einmal recht munter und wach geworden, so wollen sie die ganze Erde und toben und laufen, und die alte Wärterin Vernunft rennt hinterher und kann sie nicht halten, nicht zähmen. – Wer konnte glücklicher werden als ich, wer konnte besser lieben und, ohne Stolz sage ichs, liebend glücklicher machen? Und dennoch – das ist vorbei auf immer. –«

Wie verletzt sie sich fühlt, verrät nicht nur ihr Tagebuch. Erst im Juli, als sie wieder in Weimar ist, kann sie sich zu einem Glückwunschbrief an Lu aufraffen. Ihre Gratulation, gekleidet in ein ironisch-lustiges Mäntelchen, verdeckt nur dürftig die Kränkung über eine fehlgeschlagene Hoffnung.

Vollkommen verdrängt hat sie die Tatsache, daß ein Adliger kaum Heiratsabsichten gegenüber einem bürgerlichen Mädchen hegt. Gerade sie, in deren Umfeld Standesdünkel häufig fühlbar wird, verschließt sich, verwöhnt durch den Umgang mit Ottilie, der Realität und flieht in eine illusionäre Vorstellung. Davon überzeugt, er habe eigentlich sie und nicht die andere geliebt, schützt sie sich vor Minderwertigkeitsgefühl und Selbstzweifel. Selbstbetrug als Schutz für angekränkeltes Selbstgefühl und hilflose Verlassenheit – ein Verhaltensmuster, das sich in fast allen ihren Partnerbeziehungen wiederholt.

1821 wählen Johanna und Adele Karlsbad, dann Teplitz und Dresden zu ihrem Sommeraufenthalt. Neue Eindrücke sollen das labile seelische Gleichgewicht der Tochter festigen. Karlsbad mit seinem internationalen Bade- und Gesellschaftsleben verspricht Ablenkung. Doch die Grundstimmung Adeles bleibt melancholisch. »Ach, wer Vergangenes künftig machen könnte«, grübelt sie. Wohin sind die glücklichen Karlsbader Tage entschwunden, als sie noch keck, übermütig und erwartungsvoll das Leben und Treiben ringsum beobachtete, am Brunnen mit den Badegästen lebhaften Gedankenaustausch trieb, ihre Verehrer lustig parodierte, die Abende und Nächte durchtanzte, in vielerlei Geselligkeiten eintauchte und an der Table d'hôte mit witzigen Sentenzen die Kurgäste verblüffte? Wie unbeschwert vergingen die Tage damals. Mit dem ersten Hahnenschrei wurde aufgestanden, »pfiffig Mützchen aufs Haupt gedrückt« und geschwind zum Brunnen geeilt, dort unter die Badegäste sich gemischt, Konversation betrieben, ehe gegen halb 9 Uhr das Frühstück eingenommen wurde. Visiten und Briefe füllten die Stunden bis zum Mittagessen, der Besuch der Komödie schloß sich an. Nach der Teestunde standen Ballvorbereitungen auf dem Programm, die Wahl der Garderobe erforderte höchste Sorgfalt, 8 Uhr abends wurde im Ballsaal erschienen, getanzt, geflirtet, zwischendurch Schokolade getrunken, um 10 Uhr schließlich nach Hause gegangen, dort ein letztes Souper genommen und dann müde ins Bett gesunken.«

Jetzt hat alles einen schalen Geschmack. Die Gesellschaft ist ihr zuwider. Die Lobhudelei um die Mutter, die wie ein Wunder bestaunt wird, stößt sie ab. Nichtssagende Komplimente ermüden sie. Quandts Ankunft mit seiner Frau Clara Bianca aus Dresden mildert ihre Befindlichkeit nur wenig, auch wenn sie sonst seine Freundschaft schätzt. Erst im vergangenen November hat er die Schopenhauers in Weimar besucht, auch lieh er ihnen für ihre Reise nach Danzig Geld, und nicht zuletzt vermittelt er schon seit Jahren zwischen Bruder und Schwester, selbst als das kurze Intermezzo seiner Werbung um Adele erfolglos blieb. Diesmal fühlt sie sich in seiner Nähe unbehaglich, aufdringlich wirkt das Ehepaar auf sie.

»Quandt kam mit all seiner Liebe und Güte und Lächerlichkeit. Ich nahm mich jetzt so ehrlich dumm als die Frau pfiffig klug. Sie spricht immer von der Überredung, mit der sie ihn hierhergezogen, sie läßt mich nicht von Arm und Hand, um mich so festzuhalten.« Zweifellos bringen beide Mutter und Tochter echtes Wohlwollen entgegen, aber das ständige Betonen ihrer Geneigtheit und das Einmischen in alles Persönliche stören Adele. Auch der Reichtum der Quandts, die selbstverständliche Art, wie sich die Frau in einer Atmosphäre des Wohlstands bewegt, schüchtern sie ein. »Quandts tyrannisieren uns ein wenig, wir sind täglich mit ihnen, fahren oder gehen zusammen, sooft der Himmel nur regenlos ist […]

Heute abend war ich mit der Mutter fast heimlich davon-
gegangen, um nur einmal ohne Quandts zu sein.«

In Teplitz begegnen sie dem Ehepaar Varnhagen von Ense.
Von Rahel ist Adele seit den Berliner Tagen vor einem Jahr
eingenommen, weniger von ihrem Mann, den sie »le mari de
madame« nennt. Mit Rahel schlendert Adele durch Teplitz,
vorbei am Schloß, den Parkanlagen und der Kapelle. Abends
geben Varnhagens eine Geselligkeit. Die übertrieben zur Schau
gestellte Goethe-Verehrung ärgert Adele, »weil sie – Goethen
so ganz abgeschmackt verjüdet lobten, wie ichs nicht mag«.

Ein halbes Jahr nach Rahels Tod, im Herbst 1833, übersen-
det Varnhagen an Adele, Allwina Frommann und Jenny von
Pappenheim das Erinnerungsbuch an seine Frau, »Rahel, ein
Buch des Andenkens für ihre Freunde«. Adele urteilt in einem
Brief an Ottilie: »Das Buch ist schön, voll Geist und Kraft –
wie die Frau war; mir scheint es aber bei weitem nicht so weiblich u so klar als ihm – vielleicht weil ich sie kannte, u weil ich
alles mit sah, was beide taten, um sich Deinem Vater immer zu
nahen […] Er, V[arnhagen] war mir sogar zuwider, er war le
mari de madame, u beide frömmelten, was bei ihrem schönen,
edlen Geiste, bei dem männlichen Verstande mir weh tat, wie
jede mißtönende Unvollkommenheit. Wolff u Schröter haben
sich gestritten, u zwar weil der eine mir weniger, der andere
mir mehr Geist zutraut. S[chröter] hat recht, sie hat weit mehr
Geist, besonders mehr kritischen Verstand als ich – aber dennoch tauschte ich nicht, denn sie hatte kein Talent, das ihr begütigend zur Seite stünde. – Trotz aller schönen Dinge, die der
Vater in ›Kunst u Altertum‹ und sonst ihnen beiden [Varnha-
gens] gesagt, lag doch ein dickes Manuskript lange, lange in
Deiner Stube, Briefe von ihr auch – weißt Du, Tille, ich liebe
nicht das bewußte Geistreichreden: faire de l'esprit.«

Ende August 1821 reisen Johanna und Adele nach Dresden
weiter. Hier steht Adele entzückt und bewundernd vor den
Kunstschätzen in der Gemäldegalerie und dem Grünen Ge-

wölbe. »Doch der Engel, der einst die Menschen aus dem Paradiese trieb, harrte auch meiner – ich sah Kügelgens ›Verlorenen Sohn‹.« Ergriffen betrachtet sie das letzte Gemälde des Malers, des vertrauten Freundes aus vergangenen Tagen. Während der Visite des Sohnes Wilhelm überwältigt sie der Schmerz. Sie bricht in Tränen aus. Er selbst bewahrt Haltung. Die Zeit hat den Schmerz um den Vater in gefaßte Resignation gewandelt.

Mutter und Tochter werden häufig in die gastlichen Häuser der Familien Quandt und Tieck eingeladen. Adele lernt Tiecks Lebensgefährtin, die Gräfin Henriette Finck von Finckenstein, und seine Töchter Agnes und Dorothea kennen. Mit letzterer befreundet sie sich. »Dorothea ist ein wunderbares Mädchen, voller Geist, der so klar ist und dabei voller Phantasie, die so wunderbar bunt ist, daß man vor den Farbenbrechungen erschrickt. Sie beschreibt die innere Wirkung des Grauens und die Marter des Denkens bei Kopfweh mit einer Wahrheit, vor der mir schaudert.« Dorothea arbeitet an der von ihrem Vater weitergeführten Shakespeare-Übersetzung Schlegels mit.

Gesellschaftsabende mit Lesungen Tiecks wechseln ab mit Theaterbesuchen, Mittagessen im Hause Quandt, Visiten bei Bekannten wie Carl Maria von Weber und dem Historiker Friedrich Raumer. Auch Helmina von Chezy, die Enkelin der Dichterin Anna Luise Karschin, bittet um eine Audienz bei den Schopenhauers. Die Schriftstellerin schrieb das Libretto zu Webers »Euryanthe«, und zu ihrem Schauspiel »Rosamunde« komponierte Franz Schubert die Musik. Enthusiastisch huldigt sie der Berufskollegin, sie legt Johanna ihre Verehrung förmlich zu Füßen. Adele kann sich eines Lachens ob des unaufhaltsam strömenden Redeschwalls nicht enthalten, während sie die Treppe zur Wohnung der Schopenhauers hinaufsteigen. Sie revidiert ihr bisher gefaßtes Vorurteil, eine gewisse Sympathie kommt auf.

Höhepunkt des Dresden-Aufenthalts ist das Zusammentreffen mit Könneritz, der einer Berufung zum Generaldirektor an das Hoftheater gefolgt ist. Obwohl alle Hoffnungen begraben sind, bereitet der Umgang mit ihm Freude. Im Tagebuch hält Adele fest: »Dienstag, den 28., früh, kam Könneritz, Lu war bei Mama, er also wieder jung und sorgenlos, schön, liebenswürdig und herzlich wie sonst.« Bis zu ihrer Abreise sucht er häufig Adeles Nähe, begleitet sie zu Besuchen und ins Theater, gibt ihr zuliebe ein Essen mit nur wenigen Gästen, läßt seine »Könneritzsche Vornehmheit« vor ihr spielen, beschwört vergangene Bilder und Erinnerungen. Bewegt nimmt er Abschied von Adele.

Noch einmal, im Oktober 1824, kommt Könneritz nach Weimar, ohne daß er die Schopenhauers aufsucht. Adele notiert mit Bitterkeit: »So endet nun diese Neigung meines Lebens [...] Wie fern die Zeit liegt! wie in einer andern Welt!« Fortan gehen ihre Wege auseinander. Könneritz wird später Gesandter in Madrid, Paris und Berlin, wo er 1863 stirbt.

Ein anderer möglicher Gefährte begegnet ihr in Gottfried Wilhelm Osann. Die Romanze dauert fünf Jahre, begleitet von emotionalen Wechselbädern zwischen Hochstimmung und Niedergeschlagenheit. Das Scheitern der Beziehung wird sie nie ganz verwinden.

Schon seit den Kindheitstagen kennen sie sich, verlieren sich aber mit dem Erwachsenwerden aus den Augen. Osann studiert Chemie in Jena bei Johann Wolfgang Döbereiner, nimmt an der Burschenschaftsbewegung teil, geht 1818 zu dem Pharmazeuten Johann Bartholomäus Trommsdorff nach Erfurt und übernimmt vorübergehend in Erlangen eine Privatdozentur, bevor er 1821 mit fünfundzwanzig Jahren eine Assistentenstelle in Jena antritt. Die Forschung auf dem Gebiet der Katalyse reizt ihn ebenso wie seinen Lehrer, der gerade das sogenannte »Döbereiner-Feuerzeug« entwickelt, indem er die katalytische Wirkung von Platinschwamm auf Wasserstoff

*Gottfried Wilhelm Osann*

Zeichnung eines unbekannten Künstlers
Adele Schopenhauer, Tagebuch einer Einsamen. Leipzig 1921
Stiftung Weimarer Klassik/Goethe-Nationalmuseum

ausnutzt. Wie Döbereiner bevorzugt er die Erfahrung gegenüber der Spekulation, die induktive Methode statt der deduktiven, die die Naturphilosophen favorisieren, wie dieser erfreut er sich Goethes Interesse an seinen Forschungen. So vermerkt dessen »Bücher-Vermehrungsliste« im Oktober 1821 den Zugang seiner Dissertation »De natura definitatis Chemicae« wie auch ein Jahr später seiner »Beyträge zur Chemie und Physik«. Oft weilt Osann in Weimar bei seiner Mutter, Amalie von Voigt, geborene von Hufeland, die 1815 eine zweite Ehe mit dem Staatsminister Christian Gottlob von Voigt eingegangen ist. Alte Bekanntschaften werden erneuert, so auch der Umgang mit Adele, der Gespielin aus Kindertagen. Nur mittelgroß, aber von kräftiger Statur, eine Haarlocke über der Stirn, offene, klare Augen, skeptische Fältchen in den Mundwinkeln, weckt der ein dreiviertel Jahr ältere Gottfried ihre Neugier. Am 26. September 1821 erwähnt sie ihn beiläufig im Tagebuch, dabei noch aus der Distanz urteilend: »Ich kann eben nicht finden, was mir so besonders wohl gefällt an ihm, indessen liegt viel Schönes in der Geradheit, in der er immer nach derselben Richtung fortstrebend, seit der Kindheit dieselben Neigungen, Ansichten und Triebfedern zum Handeln hatte.«

Ein halbes Jahr später, im Frühling 1822, keimen erste Gedanken an Liebe auf. Den Anstoß geben Außenstehende. »Sogar Gottfried nimmt eine Stelle ein in dieser Frühlingszeit, denn man hätte mir fast eingebildet, daß er mich liebte; das erregte eine große Lust, ihn einmal näher, ruhiger, nicht in der Aufregung eines Balles zu sehen, und doch war das eben nicht möglich – wir verfehlten uns immer.« Empört registriert Adele die Einmischung von Freunden und Bekannten in das gerade sich anbahnende Verhältnis: »Mein Himmel, was die Menschen heterogen fühlen und handeln! Da predigen sie mir stets von meiner Härte vor, von meinem Mädchenstolz, und gefällt mir mein freundlicher Spielgefährte, gedenke ich gern der frohen Kinderzeit – so schreien sie und warnen.« Möglicherweise beschleunigt die Reaktion der Umwelt die Annäherung zwischen beiden. Was zieht ihn zu Adele, ihn, der eher sachlich die Dinge des Lebens auffaßt? Ist es ihre gegensätzliche Mentalität, das Phantastische und Irrationale in ihrem Wesen oder ihre Bildung und künstlerische Begabung oder ihre Schutzbedürftigkeit, somit ihr Anderssein als die Mädchen, die er kennt? Vielleicht finden sie auch in der Verehrung für Goethe oder auf Grund ihrer familiären Problematik zueinander. Mit ihm kann sie über manche persönliche Angelegenheit sprechen. Auch ihren Zwiespalt in der Sorge um den Bruder scheint Gottfried zu verstehen. Umgekehrt interessiert sie sich für seine Arbeit, die Experimente, Analysen und Ergebnisse, zugleich auch für seine Zukunftspläne. Unmerklich wächst das Vertrauen. Schon wartet sie fieberhaft, wenn Osann sich ankündigt, und ist enttäuscht, wenn eine Begegnung versäumt wird.

Jedoch die Chancen für einen jungen Wissenschaftler in Deutschland stehen schlecht. Alle Bemühungen um eine Berufung an eine deutsche Universität schlagen fehl. Auf Empfehlung Goethes wählt Osann den Ausweg, nach Rußland an die neugegründete Universität in Dorpat zu gehen. Die Zeit bis zu seiner Abreise vergeht wie im Fluge. Anfang 1823 bricht er auf. Adele lebt seitdem in einer zwiespältigen Gefühlswelt, schwankend zwischen der Gewißheit seiner Zuneigung und nicht zu beschwichtigendem Zweifel. Aus seinen Briefen nährt sie die Überzeugung, daß er ihr ebenso zugetan ist wie sie ihm. Die Briefe enthalten Schilderungen seines Aufenthalts in Danzig und Dorpat und »tausend bindende Worte, die mir für den Moment die Freiheit seltsam beschränken« – Anlaß genug, um über ihre Beziehung nachzudenken: »Gottfried ist ein Mann geworden, und mein Freund, er hat uns auf eine lange, lange Zeit verlassen, um in Dorpat Professor zu werden; vielleicht seh' ich ihn nie wieder, vielleicht sind wir auf immer verbunden, eh' dieses Buch gefüllt ist! Vielleicht liebt er mich, und vielleicht versündige ich mich, daß ich nicht fortfliehe, um sein Jugendglück zu bewahren. Vielleicht irre ich, und er liebt mich nicht – und ich habe die Pforten der Jugend auf ewig geschlossen hinter mir durch dies wunderbarste Verhältniß […] Was ich für ihn fühle? Nicht jene tiefe, leidenschaftliche Liebe […], aber eine treue, so innige Anhänglichkeit, ein Gefühl des Vertrauens, wie ich es nie hatte! Er kommt mir vor wie mein Doppelgänger, denn jeder Ton seines Wesens klingt wider in meiner Seele, mir ist als hätte er ein angeborenes Recht auf mein Leben, und ich kann den Gedanken, ihn darin zu missen, nur mit ungeheurem Schmerz fassen.«

Um diese Zeit wird Weimar von einer Engländerschar überschwemmt, eine hektische Unruhe, die Sehnsucht nach Liebe, Liebelei und Flirt greift um sich. Ottilies Affäre mit Sterling weckt Schuldgefühle in Adele. Hat nicht ihre scheinbare Romanze mit Osann »in Ottiliens Herzen die Sehnsucht nach Glück auf die höchste, auf die schrecklichste Weise gesteigert«?

Sosehr Adele auch über sich, Osann, Ottilie und Sterling nachdenkt, eine Lösung will ihr nicht einfallen. Noch im Sommer 1823, als sie mit der Mutter Frankfurt am Main, Wiesbaden und Mannheim bereist, stellt sich trotz aller neuen Eindrücke der ersehnte Abstand nicht ein. Das vergebliche Warten auf Nachricht von ihren Freunden bedrückt sie. Allein die Worte »Trennung, Schmerz, Vergangenheit« assoziieren Gedanken an Gottfried, Ottilie, Sterling und Heinke. Unabwendbar erscheint ihr die Entfremdung Gottfrieds von ihr, zwingend das Scheiden Sterlings von Ottilie. Jahre noch werden bis zu Gottfrieds Eigenständigkeit vergehen, sie wird zu alt sein, um noch an Heirat zu denken. »Zusammen veralten ist schön, aber erst in späten Jahren sich vereinen ist Torheit.« Wie Gift setzt sich diese Idee in ihrer Seele fest, krank und schwach fühlt sie sich. »Ich denke oft, ich sterbe recht bald. Gestern war ich abends so bedrückt, daß ich zu Bett gehen mußte, ich konnte weder reden, noch reden hören.«

Erst als Mitte September ein Brief von Gottfried eingeht, den sie vor Erregung kaum lesen kann – die Zeilen verschwimmen vor ihren Augen –, kehren »Glück, Ruhe, Klarheit« wieder ein. »Schaffen und genießen, das Rechte mit doppelter vereinter Kraft thun, ausruhen von dem ewigen Bevormundschaften Anderer, und unterordnen ohne Täuschung, aber mit Zuversicht, das ist der Traum meines Erdenglücks« – so die Vision einer Gemeinsamkeit mit Gottfried.

Bald nach ihrer Rückkehr wird Adele vom Wirbel um Ottilie und Sterling erfaßt. Die Nähe zu ihnen bringt alles wieder ins Wanken. Eine Zeitlang spielen sie die Partie sogar zu dritt: Ottilie, die ihren Anspruch auf Glück einfordert, Sterling, der sowohl Ottilie als auch Adele mit Vertrauen und Zuneigung überschüttet, Adele, die sich geliebt wähnt.

Das Intermezzo endet jäh, als Sterling im nachhinein offen seine Gleichgültigkeit zeigt. Um so fester klammert sich Adele an den vermeintlichen Halt in ihrem Leben, den aufrichtigen und realistisch denkenden Gottfried, dem die Welt der sentimentalen, diffusen und verschnörkelten Gefühlsäußerungen fremd ist. Sie erkennt das ihr Unzuträgliche dieses Verwirrspiels und löst sich endgültig von Sterling. Ostern 1824 notiert sie: »Ich fürchte, Sterling hat mir geschadet, denn ich wünsche nun mit schmerzlicher Heftigkeit von dem einzigen festen Manne, den ich fand, geliebt zu werden.« Doch ist sie sich dessen nicht sicher. Die Ungewißheit, ob ihre Liebe erwidert wird, läßt sie »zwischen Kindheit und Alter, Himmel und Hölle« taumeln. Sehnsüchtig erhofft sie sein Kommen. »Gottfried, mein Freund, kehre wieder, daß ich an Glück, Leben, Wahrheit glaube, daß kein falscher Schein mich locke!«

Endlich trifft er ein. Ihre fieberhafte Erwartung, ihn bei sich zu sehen, steigert sich von Tag zu Tag. Als er sie schließlich aufsucht, geht sein Aufenthalt in Weimar bereits zu Ende. Ihren vorsichtigen Vorwürfen über sein langes Ausbleiben begegnet er gelassen. Mühelos vermag er Adeles Zweifel an seinen Gefühlen für sie zu zerstreuen. Sein Argument, leicht wäre es, einem Mädchen von Liebe zu sprechen, schwer jedoch, es mit seinem Wesen und Tun auszudrücken, klingt überzeugend. Sie legt seine Worte zu ihren Gunsten aus, empfindet sie als Liebeserklärung. Noch will sie nicht wahrhaben, daß ihr nur eine Nebenrolle in seinem Leben zugedacht ist. So trennen sie sich, ohne Klarheit gewonnen zu haben. Anfang August fährt er zurück in den Norden, während sie mit der Mutter die Sommerreise an den Rhein antritt.

Ein Zufall führt sie im September 1824 in Wiesbaden mit dem Medizinstudenten Georg Friedrich Ludwig Stromeyer, genannt Louis, zusammen. Der Zwanzigjährige wird von Adeles Cousin Eduard Gnuschcke begleitet. Der gleichaltrige Freund, von Stromeyer als »musikalisches Genie« bezeichnet, studiert gleich ihm in Göttingen Medizin, geht später als Arzt nach Danzig und stirbt im Alter von dreißig Jahren an der Cholera. »Den heitren, beglückenden Eindruck zu schildern, den die frische reine Jugendlichkeit der Freunde auf mich machte, ist unmöglich.« Beschwingt genießt sie Stromeyers Charme, der sie »wie mit goldenen Fäden umspann [...] Und daß ich's bekenne! auch mich zog es zu ihm, ich hätte diesen Stromeyer lieben können wie Sterling, ohne alle Nebenabsicht, ohne alle Hoffnung, ihn mir zu erhalten, blos wie Engel fromme schöne Kinder lieben und sie bewachen! Im Augenblick waren wir sehr glücklich!« Schwärmerei, die bald wieder in Vergessenheit gerät, wird ein halbes Jahr später zu einem ernsthaften Gefühl anwachsen.

Heimgekommen nach Weimar, meidet Adele gesellschaftlichen Umgang. Klatsch und Geschwätz belästigen sie nur. Man raunt sich zu, die Geheimrätin Voigt, Gottfrieds Mutter, sei gegen eine Heirat ihres Sohnes mit Adele. Das Gerede erschüttert ihr Gleichgewicht im Augenblick wenig, glaubt sie sich doch zum Verzicht bereit, da sie Gottfried mehr liebe als sich selbst. »Als ich mit Bewußtsein anfing Dich zu lieben, gab ich mich auf und werde ewig Dir das seyn, was Dein Glück nothwendig macht, Geliebte, Schwester, Frau und ernste Freundin – sogar Dein Spielgesell, aber nie Dein Unglück.«

Nach wie vor pendeln Adeles Stimmungen zwischen Gefühlsüberschwang und Depression. Sie erkrankt. Ihr Körper kann die dauernden Gefühlsekstasen nicht verkraften. Keiner steht ihr bei, weder die Mutter noch die Freundinnen Ottilie und Louise Kirsten. Alle sind viel zu sehr mit sich selbst beschäftigt. Ottilie sucht Vergessen im Amüsement und in ständig neuen Eroberungen. Diese »unselige Ehe« hat sie dahin gebracht, »nichts mehr zu suchen, nichts mehr zu denken, nichts zu athmen, als Liebe! nicht blos das verzehrende schmerzliche Gefühl für Sterling – nein, nur das Glück geliebt zu sein, es zu hören, es zu sehen – und keiner der Männer kann ihr bleiben, wird ihr genügen«. Die Krankheit steigert ihre Sensibilität, vor allem aber das Unverständnis der ihr Nahestehenden erhöht ihre Anfälligkeit. »Da schrieb Line [Caroline von Egloffstein] einen langen Brief, um mir zu beweisen, ich müsse resignieren weil sie muß. Da schreibt Julie [Kleefeld aus Danzig] – ich soll G[ottfried] kommen lassen, ihm sagen, daß ich mit nach D[orpat] will, ihn heirathen – weil ihre Lage unangenehm ist und, wenn sie einen braven Mann hätte, ihr besser wäre – da meint Louise [Kirsten], mir sei gar nicht zu helfen – weil ihr nicht zu helfen – die Mutter, ich solle hübsch gelassen lieben, dann fände sich's – weil sie alt ist – und Ottilie – da mich G[ottfried] liebe, ich ihn, müsse ich selig sein, und weiter sei nichts nöthig – weil sie, in ihrer Lage, nur Liebe überall vermißt, und nur sie allein auf Erden sucht und daran eben untergeht. O du menschliche weise Philosophie – ist denn die heimliche Narrenkappe des Egoismus, die wir bald Guter Rat – ruhige Ansicht, Theilnahme nennen – wirklich für alle Köpfe so gerecht?«

In dieser kritischen Lebenssituation meldet sich Stromeyer und befreit Adele aus ihrer depressiven Stimmung. Schon die Ankündigung seiner baldigen Ankunft löst einen Sturzbach

von Empfindungen aus. Zugleich bangt Adele, »daß er Ottilien gefallen könne«, deren »versengende Flamme« sie fürchtet. Die Seelenruhe des Freundes liegt ihr mehr am Herzen als
die Befindlichkeit der Freundin.

Fünfzehn Tage des Glücks durchlebt Adele im April 1825
ohne »vor Dir, mein Gottfried, erröthen« zu müssen, hält sie
im Tagebuch fest. Behagliche Abende mit Gesprächen und
Musik, Soireen, Zusammenkünfte mit Freunden, Theateraufführungen, Spaziergänge wechseln einander ab. Der Anziehungskraft des jungen Mannes erliegt Adele wie beim ersten
Mal, seine Komplimente schmeicheln ihr. Gedichte entstehen,
die Zärtlichkeit verströmen. Einen Mißton erregt zwar die
Gewandtheit seines Wesens, eine sich leicht spreizende Eitelkeit im Umgang mit den Damen der Gesellschaft, was Adele
nicht unkritisch beobachtet. Feinfühlig bemerkt es Stromeyer.
Sofort beginnt er, seine Liebenswürdigkeit vor Adele auszu-
spielen, er gesteht ihr geheime Fehler, manche Schwächen, sucht
ihren Rat. Adele fühlt sich in ihrem Element, ist Gebende und
Nehmende zugleich. Auf die Charakterbildung der ihr näher-
stehenden Männer Einfluß zu nehmen entschädigt sie auch
später für intimere Beziehungen.

Ihr offenkundiges Interesse an seinem Leben berührt ihn.
Ständig sucht er ihre Nähe, ihre Diskussionen um seine Entwicklung erwärmen beide, führen sie aber auch in eine schwüle
Atmosphäre. Fast ängstlich weicht Adele vor seinen Gefühlsausbrüchen zurück. Seinem Überschwang steht sie ebenso ratlos wie entzückt gegenüber. Louis Stromeyer kann eine Er-
oberung verbuchen. Sein Werben überwindet alle Vorbehalte,
und bald findet sie sich in seinen Armen wieder. Verwirrt konstatiert sie: »Louis' spielende Zärtlichkeit kante keine Grenzen.« Mit Recht muß sie annehmen, daß er sie liebt. Alles breitet er vor ihr aus, seine Einsamkeit, sein Verhältnis zu einer
Frau, einer Witwe mit zwei Kindern. Letztere habe ihn zum
Gefühlskomödianten geformt, Leidenschaft vorzutäuschen

*Louis Stromeyer*

Zeichnung eines unbekannten Künstlers
Adele Schopenhauer, Tagebuch einer Einsamen. Leipzig 1921
Stiftung Weimarer Klassik / Goethe-Nationalmuseum

falle ihm seither leicht. Oberflächlichkeit, Streben nach Macht, Pracht und Erlebnisgewinn seien durch sie dominierend geworden. Nur die Flucht aus dieser Beziehung habe ihn vor einer Deformation seines Charakters bewahrt. Aus der Begegnung mit Adele schöpfe er einen neuen Lebensinhalt. Wie Musik gehen ihr diese Geständnisse ein. Gar zu leicht fällt auch sie ein Verdammungsurteil über jene Frau, die Verführerin ihres Geliebten. Ihr klares Urteil versagt. Glaubt sie doch nur zu gern den Beteuerungen Stromeyers, schuldlos in Erotik verstrickt gewesen zu sein, obwohl sie gerade erlebt, wie er die Tastatur der Gefühle beherrscht.

Ein verschwiegenes Stelldichein im Park von Belvedere: »Ich ging wie ein Engel durch die Welt, liebte Alles und wollte nichts als sein und aller Menschen Glück. Wie ertrug – nein wie freute ich mich daran, seine reine Stirn zu küssen, wie ruhig ließ ich mich von ihm umschlingen und sah in die prächtige Nacht seines Blicks!« Berührungen und Küsse wühlen sie auf, er »ist der einzige Mann auf der Welt, dessen Liebkosungen ich geduldet und erwidert habe«. Adele mag wohl spüren, daß ein im Flirt und in der Betörung so gewandter Mann nicht auf Dauer zu fesseln sei. Seine Aufmerksamkeit wird bald schon anderen gelten. Diese Aussicht beunruhigt sie augenblicklich wenig, noch fühlt sie sich mit Osann versprochen, aus dessen Briefen sie nur Gutes herausliest. Beruflich stehen seine Chancen günstig, zumindest bekunden die Universitäten in Würzburg und Königsberg Interesse an ihm.

In Hochstimmung beginnt Adele den diesjährigen Sommerurlaub, ein Rendezvous mit Stromeyer ist bereits verabredet. Louis ist nahe, Gottfried noch in weiter Ferne. Kassel, der Ort ihrer Zusammenkunft, ist erfüllt vom Duft der Linden. Die Blumeninsel in der Fulda wird zum Paradies der Verliebten. Erotische Spielereien, ersehnt und gefürchtet, beschleunigen den Herzschlag. Nach erneuter Trennung wächst die Sehnsucht. »Es ist das gezwungene, fast unaufhörliche Denken an ihn, das leidenschaftliche Empfinden seiner Zärtlichkeit, oft wache ich in dem Gefühl auf, daß er mich in den Armen hält, ich fühle oft seine Lippen, ich sehe seine Augen.« Immer wieder beschwört sie die Erinnerung an Louis' Umarmungen und Küsse.

Adele schwebt zwischen Himmel und Erde. Was sie bei Gottfried entbehrt, durch Louis wird es ihr reichlich zuteil. Der Sturz wird um so tiefer sein, hält sie doch Schwärmerei für Liebe.

Der Zwiespalt der Gefühle, einerseits Louis Stromeyer anzuhängen, andererseits Gottfried Osann zugeneigt zu bleiben, reibt sie auf. Im Herzen weiß sie, der wortkarge und aufrichtige Gottfried ist dem wortgewandten und blendenden Louis vorzuziehen. Die Zärtlichkeit, die Louis ihr gibt und Gottfried vermissen läßt, ist eine starke Fessel, dennoch fühlt sie sich an letzteren gebunden, auch wenn sie die Trennung voraussieht. Eine verworrene Situation, die sie in ihrem Tagebuch festhält: »– die alte Idee, Gott habe mir ihn [Louis] zum Trost gegeben, weil mir das wahre Glück versagt werden sollte, ergreift wieder mein Herz [...] Was ist denn diese Liebe [zu Gottfried] für ein furchtbares Gefühl! wie hat sie mich zur Sklavin gemacht.« Nichts kann sie im Augenblick erfreuen, keine Kunst, keine Menschen, was sie ersehnt, ist Stille. »Ich sterbe verlassen und allein«, trauert sie im Vorgefühl künftigen Schicksals.

Im Februar 1826 trifft ein, was Adele in ihrem ahnungsvollen Pessimismus erwartet hat, das Scheitern ihrer Hoffnung in bezug auf Gottfried. Am 21. Februar 1826 notiert sie in ihr Tagebuch: »Ich sitze hier, um das Todesurtheil jeder Lebenshoffnung, jeden Glücksgedankens, jeden Wunsches – abzuschreiben, nach der großen Urschrift um mich. Ich werde diese Blätter nicht mehr fortsetzen – für wen? weshalb? Ich werde leben, tragen, dulden, hoffnungslos bleiben, freudenlos sterben, denn Leben und Tod sind mir, wenn ichs recht bedenke, gleich fern, beide dem Wunsche fremd!«

Um derart gleichgültig sowohl Leben als auch Tod hinzu-nehmen, muß ein Lebensnerv empfindlich getroffen sein. Die lange herbeigesehnte Aussprache mit Gottfried hat ihr den letzten Funken an Lebensmut genommen. Am 13. Februar war Gottfried Osann bei Johanna Schopenhauer, kurz darauf bei Adele erschienen. Zwischen beiden setzt ein Dialog ein, der über die Zukunft ihres Verhältnisses entscheidet. Seiner kühlen Mitteilung, alle Pläne einer Berufung nach Würzburg bzw. Königsberg hätten sich zerschlagen, er werde weiter in Dorpat leben müssen, da ihm sein Vaterland keine Stelle bie-ten könne, schließt sich die halbherzige Versicherung an, wie bisher ihr Freund sein und bleiben zu wollen. »Todeskälte floß wie ein schwerer Strom durch meine Adern«, Adele spürt das Unwiderrufliche seiner Abkehr von ihr. Um ihn ringend, er-klärt sie ihm ihre Liebe, findet jedoch wenig Widerhall. Osann ist völlig von dem Unglück beherrscht, als Wissenschaftler zu stagnieren. Ihm ist sein berufliches Weiterkommen wichtiger als die Frau neben ihm. Die Karriere zählt, die Frau bildet nur das schmückende Beiwerk. Letztendlich spielt sie in seinem Leben eine Nebenrolle. Auf Adeles provokative Aufforde-rung, ein junges Mädchen zu heiraten, reagiert Osann abwei-send. Es kommt ihm nicht einmal der Gedanke, daß sich Adele selbst anbietet, so weit ist er gefühlsmäßig von ihr entfernt. Noch fliegen Rede und Gegenrede hin und her, ein leichter Konversationston wird eingehalten, hinter dem Adele nur mühsam ihre Fassung wahrt.

Der Abschied kommt. Adele weiß nun: »Er liebt mich gar nicht!« Der Schmerz bricht die Dämme der Zurückhaltung. Schonungslos gesteht sie ihm, wie wenig sein Besuch sie ge-freut habe, wie weh er ihr getan habe. »Und nun, Osann, fuhr ich, ihn ganz klar anblickend, fort, fühle, daß Du nichts, gar nichts verloren hast, was Du von mir willst kan ich Dir immer geben, wie Du mir Freund bist, bleibe ich Dir's – ich bin's, die verloren hat. Unendlich lieb hatte ich Dich – Du bist nicht, wie ich Dich dachte, das ist's! – Jawohl, sagte er, Du hast mich immer überschätzt!« Ihre Briefe soll er verbrennen, schreiben wird sie ihm vorläufig nicht. Er akzeptiert alles und geht.

Adele ist fassungslos. War sie wirklich nur einem Phantom nachgejagt? Sie will und kann es nicht glauben. Ein schwacher Hoffnungsschimmer bleibt, noch sind ihre Beziehungen nicht ganz abgebrochen. Endgültige Gewißheit bringt ihr ein Brief Osanns im August 1826.

Die Illusion einer Liebe aber bleibt. Aus Notizen geht hervor, daß sie sich Osann, der seit 1828 als Professor der Chemie und Physik in Würzburg lebt und ein Jahr zuvor »ein schönes junges Mädchen geringen Standes« geheiratet hat, gedanklich weiterhin verbunden fühlt. Fünf Jahre später, 1831, bemerkt sie in einem Brief an den Bruder, der einzige Mann, den sie ohne Widerwillen hätte heiraten können, sei inzwischen schon verheiratet. Und 1836 redet sie sich ein, Gottfried habe »schön, treu und sehr liebevoll gehandelt«. Ihr sei die Überzeugung gewachsen, er habe sie geliebt, obwohl er es abgestritten und behauptet habe, nicht in sie verliebt gewesen zu sein. Rätselhaft ist ihr Tagebucheintrag vom Februar 1844: »Gottfried, an einer wahrscheinlichen Lüge eines Dienstmädchens brach das zusammen.«

Kann Gottfried nicht mehr ihr Gefährte werden, dann vielleicht doch noch Louis. Zu dieser leisen Hoffnung berechtigt sie dessen letzter Besuch in Weimar vom 16. April bis zum 7. Mai 1826, zwei Monate nach der entscheidenden Aussprache mit Gottfried. Stromeyer, der zehn Tage zuvor in Berlin promoviert hat, versteht es wieder, sie an sich zu fesseln. Heiratsabsichten werden geäußert. Nach Adeles Mitteilung an Ottilie läge das Einverständnis seiner Familie bereits vor. Doch dann läßt Stromeyer nach seiner Abreise nichts mehr von sich hören. Ottilie schaltet sich ein. Ende September 1826 bittet sie ihn brieflich um Klärung der Verhältnisse. Eine Antwort ist nicht bekannt.

Adele bricht unter der Last der doppelten Enttäuschung zusammen. Selbstmordgedanken quälen sie. Allwina Frommann nimmt die Kranke zu sich nach Jena. Verzweiflung und Ohnmacht schlagen sich in Versform nieder.

### In Jena
#### im September 1826

Vater! der Himmel mit seiner Weite
bleibt unerreichbar! – ich höre Dich nicht!
Frag' ich die Nacht mit dem Sternengeleite,
Frag' ich des Tages hellrosiges Licht!

Vater! Die Erde mit all ihren Banden
Hat mir die Seele mit Ketten umringt –
Vater! Dein Wille – er bleibt unverstanden,
Dich zu erfassen dem Streben mislingt!

Alle die Kräfte der Seele und Sinne,
Die Du zum Leben – zum Handeln geschenkt,
Wanken und irren – und nirgends gewinne
Ich den Gedanken, der deutlich Dich denkt!

Blind ist mein Auge, mein Herz mir entfremdet,
Todt alles Wollen und dunkel die Welt –
Haltlos zu Dir meine Seele sich wendet:
Zeige Dich Licht, das die Nächte erhellt!

Zeig' Dich! und müßtest den Tod Du mir zeigen –
Zeig' Dich! und zeigtest die Hölle Du mir!
Vater! Du mußt ja zum Kinde Dich neigen,
Vater im Himmel! es rufet zu Dir!

Eine tragische, leicht exaltierte Note kennzeichnen auch andere um diese Zeit entstandene Gedichte, wie »Dein Wille geschehe«, »Adler sind meine Gedanken« und »Brich mein Herz!«, letzteres noch unveröffentlicht im Nachlaß.

Auf der Rückfahrt nach Weimar stürzt sie aus dem Wagen, ob absichtlich, bleibt ungeklärt. Sie muß über Wochen ärztlich behandelt werden.

Die letzte Begegnung mit Stromeyer findet auf Vermittlung von Marianne Saaling im Mai 1827 statt. Adele, auf der Flucht vor ihren Erinnerungen und auf der Suche nach einer neuen Zuflucht für sich und die Mutter, nicht zuletzt auch in der Absicht, ihr Verhältnis zu Stromeyer endgültig zu klären, hat Weimar für längere Zeit verlassen und bereist die Rheingegend. In Eltville treffen sie zusammen, unternehmen gemeinsam Ausflüge. Adele drängt auf eine Entscheidung. Doch spürt sie trotz Billigung ihrer Beziehung durch seine Angehörigen, daß Stromeyer einer möglichen Heirat ausweicht. Sie gibt ihn frei.

Wie konflikt- und szenenreich diese letzte Begegnung verlaufen sein muß, läßt ein vier Seiten langer Brief an Stromeyer erahnen. Geschrieben vom 16. bis 18. Juni in Wiesbaden, jedoch ohne Angabe der Jahreszahl, wechseln darin Rechtfertigungsversuche mit Beschuldigungen und Loyalitätserklärungen ab. Furcht scheint Adele zu beherrschen, die Affäre habe ihren Ruf beschädigt. Unerträglich ist ihr Stromeyers Meinung, sie habe ihn wie eine Sirene an sich gezogen. Ein Plädoyer für ihre Unschuld, ihre Frauenehre setzt ein, dessen theatralisch-pathetischer Akzent ihre ohnmächtige Enttäuschung über das Ende der Beziehung kaum überdeckt. »Stromeyer, Sie kamen mit dem Wunsch zu scheiden, warum geschah es denn nicht ernst u würdiger? Sie schwankten fortwährend – und ließen Sich herab mich zu beschuldigen ich hätte durch meine Briefe Sie gehalten wie eine Sirene, Sie warfen mir mein unleugbares Unrecht gegen O[sann] vor u waren dazwischen glühend leidenschaftlich – oft heftig. Alles das thaten Sie um Sich den Kampf zu erleichtern mich aber verwirrte es u machte mich ungleich, oft scharf, ganz gegen meine Natur – oft sehr schwach. Daß Ihre Anklage falsch ist das weiß Ihr Herz, Sie sind nicht unedel! Ich habe Sie nicht an mich gelockt, meine Briefe passen zu meinen Worten u Thaten, ich habe nie irgend eine Absicht gehabt [...] Ehren Sie den Schmerz den Ihnen momentan der Verlust des treuesten Herzens noch machen wird – er ehrt Sie! Sie nanten sich treulos von frühster Jugend, charakterlos – ich kan u will es nie glauben. Seyn Sie wieder Sich treu beweisen Sie mir daß Sie werth waren mein Erdendaseyn zu trüben, ich will Ihnen beweisen daß ich Ihrer Thränen nicht unwürdig war [...]«

Geschickt suggeriert sie ihm das Gefühl eines Verlusts, beteuert zwar, die Trennung ebenso wie er als unumgänglich anzusehen, versucht trotzdem, noch eine Tür offen zu lassen. »Unser Wiedersehen war ein zu frühes u zu kurzes, darum waren wir Beide unserer nicht mächtig. Jetzt glaube ich würden wir uns ruhig wiedersehen – vieleicht wenn Sie von England kommen, falls unsre Verhältnisse es gestatten. Wir müssen noch einmal würdig vor einander stehen – ich wenigstens wünsche es. Dann müssen Sie meine Freundschaft erwerben durch das was Sie werden, u ich selbst muß gerechtfertigt vor Ihnen stehen so daß Sie Sich schämen mich je eine Secunde beschuldigt zu haben. Dann sei von keinen Erklärungen die Rede, mein Unrecht war Alles in Worten zu berühren, es giebt Dinge von denen man niemals reden sollte. Im Uebrigen mögen dann unsre Wege getrennt gehen; ich habe immer Ihr Glück gewollt finden Sie es auf diese Weise so will ich mich daran freuen.« Dringend ersucht sie ihn um Achtung ihrer Persönlichkeit. »Nur der Gedanke daß Sie mich anklagen könten als hätte ich Sie kommen lassen um Sie zu fesseln würde mich wenn Sie ihn fassten lähmen und entehren. Nur Ihre Handlungen (kein einzelnes Versichern kan mich dessen vergewißern), müssen mich überzeugen daß Sie mich zu hoch achten um etwas so Gemeines von mir zu glauben, bloß weil mein Herz dem Ihren zu unbedingt glaubte und das Jahrelang geglaubte allzuschwer vergaß in der Verwirrung einen Freund unklar zu sehen.«

Der Brief erweckt den Eindruck, Stromeyers Vorwürfe gegenüber Adele seien Scheingefechte, um sich aus einer ihm lästig gewordenen Beziehung zu lösen. Nach Ansicht von Marianne Saaling trägt er ein Janusgesicht, teils Adele suchend, teils sie fliehend. Stromeyer geht bis April 1828 nach England, dann nach Paris und in die Schweiz.

Was bleibt von Adeles Traumgebilden? Soll ihre einzige Aufgabe in der Sorge für die Mutter bestehen? Wird keine familiäre Gemeinschaft ihr Geborgenheit geben, sie in die Alltagspflichten einbinden? Ohnehin leidet sie an dem gespaltenen Verhältnis zum Bruder, daran, daß keine Geschwister ihr zur Seite stehen. Mit Bitternis reflektiert sie gegenüber Ottilie Anfang September 1827 ihre Lebenssituation, urteilt dabei ungewöhnlich herb über ihr Verhältnis zur Mutter: »[...] daß ich die Pflege meiner Mutter für mein Erdentagwerk halte, für eine heilige u theure Pflicht, weißt Du, als Lebenszweck kann ich sie nicht erkennen denn es scheint mir nicht natürlich daß ich blos gelebt habe um einem leider schon ganz ausgelebtem Leben noch einen letzten Reiz zu geben. Meiner Mutter Klage um meine Jugend ihr rastloses Streben mich zu Hoffnungen, Erwartungen, etc aufzuregen widerstrebt dem was mein Schicksal nöthig macht, der Ertödtung aller Jugendträume der Liebe, u ein ewiger Kampf, ein endeloser Widerspruch wird u muß meiner Zukunft entkeimen, wenn sie wieder mit mir vereint seyn wird. Hätte ich nun wie Du nicht blos eine Mutter, sondern viele Mitglieder einer Familie, eine Schwester, Kinder, Mann u. Schwiegervater, nebenher noch Geld u Freiheit ohne mich der Pflege Leidender ganz zu weihen doch Nothleidenden Hilfreich zu sein so wäre ich vielleicht nicht glücklich, gewiß aber nicht elend! [...] ich halte die Ehe, mit allem was dazu gehört, aller Einschränkung u allen Leiden u Freuden für natürlicher als die Lebens Einsamkeit eines Weibes, denn ihre ganze Natur kämpft dagegen. Ich mag nun so oder anders denken, recht haben oder irren, mein Geschick ist eine fürchterliche Einsamkeit, niemand auf der Erde gehört zu mir, niemand hat eine Pflicht für mich u wie ein Atom verliere ich mich im All – durch Louis [Stromeyer]! [...] Anders ists wenn man Geschwister hat! ich – laß das traurige Gespräch enden; ich lebe jetzt für meine Mutter u später werdet Ihr wohl nichts mehr hören von mir, ich kan es nicht tragen halb zu Euch zu gehören, und werde dann wohl weiter ziehen.«

Am 28. Juni 1828 – Adele befindet sich noch immer auf Reisen – bekräftigt sie gegenüber Ottilie, sie habe keine Wünsche mehr, da sie nicht Louis' Frau werden könne. Das Gefühl für ihn wandelt sich in Bitterkeit. Sie empfindet »immer deutlicher Verachtung«.

Stromeyer läßt sich als Arzt in Hannover nieder, verlobt sich am 5. Oktober 1830 mit der Tochter eines Hamburger Bürgermeisters und heiratet am 11. Mai 1831. Adele schreibt an Ottilie: »Louis hat sich verlobt [...] ich achte Louis nicht mehr.« Sie verbittet sich jede Nachricht über ihn. Später kann sie ihr inneres Gleichgewicht erst wiedererlangen, indem sie ihn und sein »schändliches, unbegreifliches Betragen« ablehnt. »Am unedelsten war Stromeyer, und er ist berühmt! als Arzt und Wundarzt«, bemerkt Adele noch am 4. Februar 1844 gegenüber Ottilie.

In den »Erinnerungen eines deutschen Arztes« erwähnt der berühmte Chirurg Stromeyer zwar die Bekanntschaft mit Adele Schopenhauer, verschweigt jedoch seine engere Beziehung zu ihr. »Fräulein Adele war ein Wesen eigener Art, außer einer schlanken Figur und zarten Händen hatte sie nichts, was das Auge bestechen konnte, ihre Gesichtsbildung war geradezu unschön. Und doch gefiel sie den Männern durch Geist, feine Bildung und ausgebreitete Kenntnisse. Sie sprach mehr als ihre Mutter, ihre Conversation war stets anregend und belehrend, ohne an den Blaustrumpf zu erinnern. Sie war die Braut eines stattlichen Mannes, den ich später als Professor der Physik an einer süddeutschen Universität kennen lernte.« Irrtümlich nimmt er eine Verbindung Adeles mit Osann an. Auch erwähnt er ihre »reizenden Compositionen« in schwarzem Papier, »kleine Idyllen oder Märchen, Figürchen mit Arabesken und Pflanzen verschlungen«. Vergessen scheint sein Eintrag in Adeles Stammbuch vom April 1825, ihre reine Liebe sei der Stern seines Lebens, vergessen die Versicherung in den Versen »Doch glücklich – werd' ich nur bei Dir«, später als angeblich von Adele stammendes Gedicht von Wolfgang von Goethe vertont und Allwina Frommann gewidmet. Vergessen auch die hoffnungsvollen Tage vom 16. April bis zum 7. Mai 1826 in Weimar, Jena und Gotha nach der Promotion in Berlin, vergessen die Fast-Heirat mit Adele.

Trotz aller bitteren Erfahrungen und schmerzlichen Enttäuschungen im Umgang mit Männern hegt Adele keine Haßgefühle. In ihrer Phantasie entwirft sie ein eigenes Bild der sich wiederholenden Vorgänge. Danach treiben höhere Zwänge die jeweiligen Männer in die Arme ungeliebter Frauen. Sie bleibt als Opfer zurück. Auch später passiert es ihr, daß sie allzu rasch für Männer entflammt. Doch immer wieder wächst eine neue Barriere. Entweder sind sie schon verheiratet oder versprochen, oder fehlgeschlagene Hoffnungen mit anderen Frauen lassen sie eine erneute Bindung scheuen. Dabei liegt Adele in späteren Jahren mehr an einer ungezwungenen Partnerschaft, wenn sie auch eine Heirat nicht ganz ausschließt. Ansprüche an einen männlichen Partner enden jedoch stets mit erneuter Resignation.

1833 – Adele leidet sowohl an der Unklarheit ihrer Beziehungen zu dem Arzt Heinrich Wolff als auch unter einer gefühlsmäßigen Bindung an einen verheirateten Mann in Jena, einen gewissen Schröter, vermutlich der Rechtswissenschaftler August Wilhelm von Schröter – holt Ottilie sie aus ihrer depressiven Stimmung: »Du hast es mir aufs Neue bewiesen, auf dem Punkt bleibt man der ewige Taucher, der stets aufs neue hinunterstürzt ihn in's Leben heraufzuholen. Rette Dir was Du kannst von dem Glück mit Wolff, und verschmähe nicht das

Baumaterial zur Hütte, weil es nicht zum Göttertempel reicht.«
Sie rät ihr von der Aufrechterhaltung der Beziehung zu Schröter ab, weil »leider nie ein Verhältniß zu einem Mann, den man
weder zum Geliebten, noch zum Ehemann nehmen kann und
will«, harmonisch wird – »es sieht nur aus wie dein schönes
ausgeschnittenes Luftschloß der Liebe, es ruht auf einer Blume,
auf den Flügeln einer Psyche – werden die es immer tragen?«

Eine weitere Enttäuschung steht Adele 1835 bevor. Ihre im
Sommer 1834 mit Professor Martius in Bonn geschlossene Be-
kanntschaft, die bald persönlicher wird, löst sich wieder auf.
Möglicherweise handelt es sich dabei um den Botaniker Karl
Friedrich Philipp von Martius, der als Direktor des botanischen Gartens an der Universität München mit seinen Bonner
Amtskollegen, den Brüdern Christian Gottfried und Friedrich
Theodor Ludwig Nees von Esenbeck – gleich ihm Botaniker
und verantwortlich für den botanischen Garten in Bonn am
Poppelsdorfer Schloß –, im wissenschaftlichen Austausch
steht. Während seiner Aufenthalte in Bonn wird er an den geselligen Runden bei Sibylle Mertens-Schaaffhausen teilgenom-
men haben. Adeles zeichnerische Begabung für Pflanzen – gerade das Metier der botanischen Illustration interessiert ihn als
Herausgeber der mehrbändigen »Flora Brasiliensis« – könnte
sie einander näher gebracht haben, ohne daß sich ihre Beziehung
vertiefte. Sibylle kommentiert das Geschehen am 27. März
1835 in einem Brief an Ottilie: »Adele ist nicht sehr wohl: das
Verhältniß zu Martius löste sich, und nicht auf eine freundliche Art; leider, wie ich es gefürchtet hatte. Er erschrickt vor
nie ruhender Stadtklatscherei … eine gewöhnliche Männer-
feigheit, die in allen Verhältnissen des armen, kleinen Lebens
stets gegen Riesen gewappnet sind und vor Zwergen davon
laufen. Adèle nimmt sich mit großer Milde dabei, was mir we-
her thut, als wenn sie heftiger wäre. An eine nähere Verbindung scheint er nie gedacht zu haben; aber das Privilegium, die
geistvolle Freundin, so oft es ihm behagte, zu sehen, war ihm

bequem, angenehm u. s. w. Ich fürchte ungerecht zu scheinen, darum nicht weiter hiervon.«

Eine letzte Liebe scheint noch einmal die Einsamkeit der 42jährigen aufzubrechen. Am 26. Februar 1840 schreibt sie trunken vor Glück: »Ich habe etwas gefunden, das ich mein halbes Leben hindurch gesucht, ich wage kaum zu denken, nichts zu sagen, zitternd zu schreiben: ich habe einen Freund gefunden, von dem ich hoffe, er werde mir bleiben. […] Mir ist noch wie ein Traum, noch werde ich nichts erzählen können, und doch bin ich so tief vertraut mit ihm wie sonst mit niemandem auf der Welt. – Ein Freund, der mich mehr liebt als ich ihn. – Wer kennt auch die Quelle der Neigung. Wer weiß wohin – woher.«

Der Freund, Professor an der Universität Jena, heißt Karl Gustav Schueler. Es wiederholt sich das alte Spiel. Dem ersten Entzücken folgt ein nüchternes Erwachen. Trotzdem verspricht sich Adele auch von einer nur losen Bindung an Schueler geistige Anregung und einen Zusammenhalt im Alltag. Drei Jahre währt das Verhältnis, dann löst es sich allmählich auf. Adele ist weder jung noch robust und gesund genug, um weiter einer ungewissen Hoffnung anzuhängen. Sie will »kein halbes Glück, kein halbes Herz, kein halbes Verhältnis«. Einzig ihren schriftstellerischen Plänen soll die ihr noch verbleibende Lebenszeit gewidmet sein. Der Gegenwart eines Mannes bedarf sie nicht mehr. Mit 45 Jahren zieht sie das Fazit ihrer Erfahrungen: »Männer sehen Frauen nur für bestimmte Thätigkeiten, zur Pflege und Haushaltung. Frauen verlieren ihre Zeit, ihren Geist, ihre Talente in Mägde-Arbeiten und Mägde-Sorgen.«

Die Liebe hat ihrem Leben keinen Inhalt geben können, ein Schicksal, das sie mit vielen Frauen teilt. Doch wächst die Rebellion gegen die ihnen zugedachte Rolle. Frauen verlegen ihr Tätigkeitsfeld mehr und mehr in die Öffentlichkeit. Sie fordern ein Recht auf geistiges Wirken. Viele wenden sich dem

Schreiben zu. Adele beobachtet diese Tendenz an sich und anderen. Theolinde, einer Figur aus ihrer gleichnamigen Erzählung, legt sie die Worte in den Mund: »Mit dem Nutzen aber, daß wir Weiber und Mütter werden, ists in unsrer Zeit nicht getan! Es werden schon im täglichen Treiben noch eine Menge anderer Kräfte in uns geweckt, die nicht zur Ausübung gelangen – man hat die Liebe aus dem Leben der meisten Frauen gestrichen – seitdem haben wir eine Menge Zeit übrig behalten, noch unendlich viel Anderes zu leisten.«

# Resignation

*Ein Alptraum lastet auf Adele. Schweißgebadet erwacht sie. Unruhig versucht sie, einen Gedanken festzuhalten. Welche Richtung hätte ihr Leben an der Seite eines Partners genommen? Wie oft hatte sie es sich erträumt: »Ein kleines Gartenhaus am Ufer, und ich Gottfrieds Frau – ja, hier am Rhein wünsche ich es, und er fleißig und ich lernend von ihm – und dann kommt Louis. Er ist mein lieber Gast, lernt von Gottfried, arbeitet mit ihm, verehrt ihn wie ich.« Ein Lebensentwurf, der nie Wirklichkeit wurde.*

*Ihr Geschick hatte sie bereits 1823 vorausgeahnt: »Und ich! Klar und deutlicher als je steht mein Beruf vor mir! Gott wird mir Kraft geben, und die Fehler in meinem Wesen werde ich besiegen, gefaßt, ernst, fest wie ein Mann werde ich durchs Leben ziehen, man wird mich lieben, mir folgen, man wird auf mich bauen, und ich werde dem Allem zu genügen streben, oft wirds gelingen. Aber wenn ich dann einem Menschen wohlgethan, so wird mein Weg wieder einsam sein, bis eine neue Arbeit mich anregt, auch wird das, was ich thue, stets unbedeutend seyn, wenn ich es mit meiner geistigen Kraft messe, nur innerlich werde ich leiden – wie sehr, wie tief! Leidenschaftliche, innige Liebe fehlte meiner Jugend.« Ferdinand, Gottfried, Louis, alles Illusionen, es blieben die Pflichten des Alltags. »Aber die Menschen ahnden nicht, wie tief ich leide, und nie werde ich es sagen, nie zeigen dürfen – ich gehe immer einsam durch ihre Liebe hin, ihre Arme umfangen mich, aber die meinen strecke ich sehnend aus – nach einem bleibenden ausschließenden Gefühl für das ganze, weite, mächtig dunkle Leben!«*

*Ob ihr eine Ehe das Gefühl der Vereinsamung genommen*

175

*hätte? Hatte sie doch selbst erfahren, wie selten Ehe und Part-
nerschaft übereinstimmen. Floh nicht Ottilie aus ihrer als
nüchtern empfundenen Ehe mit August in eine Phantasiewelt,
kapselte sich nicht Sibylle mit Schroffheit und Kühle von ihrem
Mann ab, die Ehe nur mehr aus Vernunftgründen aufrecht-
erhaltend? Kann ein Leben, frei von einer Bindung an einen
Mann, ein Haus, eine Familie, nicht gleichfalls eine sinnerfüllte
Existenz, möglicherweise sogar mehr Freiräume als die von der
Gesellschaft vorgeschriebene Hierarchie in einer Ehe bieten?
Am Lebensende nimmt Adele gegenüber diesen Dingen eine
kritische Haltung ein. Was so begehrenswert erschien, verlor
bei näherer Betrachtung an Reiz. Entwicklungsmöglichkeiten
für Frauen könnten vielfältiger sein, wenn nicht die Ehe als
einzige Alternative bliebe. Eigenverantwortlich sollten sie sich
entscheiden können. Voraussetzung dafür aber wäre ein ver-
ändertes gesellschaftliches Bewußtsein und damit die Schaf-
fung neuer Rahmenbedingungen für die Berufstätigkeit von
Frauen. Wie wichtig eine gewisse finanzielle Unabhängigkeit
ist, weiß Adele aus eigener Erfahrung.*

*Hat Ottilie nie begriffen, daß sie nach Augusts Tod 1830 frei
war, frei, über sich, ihre Zeit, ihren Geist und ihren Körper
selbst zu verfügen, zumal sie auch pekuniär sichergestellt war?
Statt dessen jagte sie einem Phantom nach, bereit, sich erneut
zu binden. War es nicht ein Trugschluß, zu denken, Ottilie wäre
an der Seite Sterlings oder eines anderen Mannes glücklicher
geworden? Würden ihr nicht bald Pflichten und Bevormundung lästig gefallen sein, die sie nur allzugern wieder abgeschüt-
telt hätte? Anders als Ottilie fühlt Sibylle die Fragwürdigkeit
aller Liebesbeziehungen. Sie ist sich bewußt, nicht unbedingt
gilt das Interesse des Mannes einer ihm geistig ebenbürtigen
Frau. Das sei ihm zu anstrengend. Äußerlichkeiten entzünde-
ten seine Sinne mehr. Die Verwunderung, die Fanny Lewald
einst im »Römischen Salon« der Sibylle Mertens-Schaaffhausen über die Verbindung intelligenter Männer mit einfachen*

*Frauen äußerte, kann Sibylle nur belächeln. Sie setzt nicht auf Männer, sie gibt ihrem Leben andere Akzente. Rege Tätigkeit, aktive Teilnahme an kulturellen und politischen Strömungen ihrer Zeit, vertiefte Auseinandersetzungen mit vergangenen Epochen, insbesondere der Antike, intensive Pflege aller Arten von Kunst bestimmen ihre Tage.*

*Ottilie aber vermeint, sich selbst nur in der Liebe und einer Häuslichkeit verwirklichen zu können. Nie hat sie es unternommen, die Ehe, ihre eigene und die ihrer Bekannten, sachlich zu betrachten. Sie folgt ihrer eigenen inneren Wahrheit, die den Mann als Ergänzung ihres Daseins begreift.*

*Alles Illusion, sinnt Adele. Was nicht aus sich selbst zu schöpfen ist, kann kein anderer bewirken. Im Geist hört sie Ottilies Gegenargumente, wie schal und langweilig ein Leben ohne Männer wäre, welches Spektrum an Gefühlen und Erkenntnissen den Frauen verlorenginge, da doch Männer anderen Denkstrukturen folgen, also andere Prämissen setzen. Adele stimmt dem zu, nur zieht sie den ausschließlichen Bezug auf den Mann in Zweifel. Ihre verschiedenen Ansichten aber werden sie nicht mehr zusammen erörtern können. Vielleicht wäre eine Diskussion über Liebe und Männer ohnehin überflüssig und würde zu nichts führen. Was einst wichtig war, ist mit den Jahren belanglos geworden: »Überhaupt und entsetzlich ist's, daß man im Alter immer mehr fühlt, daß vieles nicht wichtig, unwesentlich wird, Empfindungen blättern ab, können nicht der Erfahrung standhalten.« Im Zergliedern von Gefühlen und Seelenschmerzen verschleißen sich nur die Kräfte. Zielstrebig agieren ist besser als grübelnd sezieren. Die kühle Lebenshaltung Sibylles bildete ein gesundes Gegengewicht zu den Phantasmen und Schwärmereien mit Ottilie. »An Dir war mir alles, wenn Du willst, etwas übermenschlich und wenigstens durchaus nur Dir eigen«, reflektierte Adele nach ihrem Umzug an den Rhein ihre Beziehung zueinander, »so war ich stets verlegen, wenn Du krank warst, wie ich Dich nur zart ge-*

nug halten wollte, um Dir nicht weh zu tun; bei Sibylle nehme ich's gar nicht genau, ihre Fehler, Eigenheiten, Unarten, Gewohnheiten, Krankheiten, Tollheiten und alle Seiten der ganzen Person sind mir summa summarum bekannt, und ich halte es eben aus und liebe sie wie sie ist, aber nicht in der Art wie Dich. Dagegen hat meine Seele durch Deine gelebt – hier kam ich mit zerrissenem Herzen, aber ein fertiger Mensch an, so liebe ich.«

Die Tür öffnet sich. Sibylle tritt ein, in der Hand ein Tablett, auf dem eine Karaffe, ein Wasserglas und ein Teller mit kleingeschnittenen Weißbrotscheiben stehen. Sie stellt das Tablett auf ein nahe am Bett befindliches Tischchen. Plötzlich muß Adele trotz aller Schmerzen auflachen. Blitzartig taucht eine Szene vor ihrem inneren Auge auf – der Garten in Unkel, ein festlich gedeckter Tisch unter der Platane, die um den runden Tisch gruppierten Gäste. Sibylle als Hausherrin bewirtet alle mit Tee und Butterbroten. Als sie den Teller mit den belegten, in kleine rechteckige Scheiben geschnittenen Broten herumreicht, äußert eine Besucherin entzückt: »Das ist ein schöner Gedanke! So was wäre uns nimmer eingefallen!« Die Erinnerung an diesen zum geflügelten Wort erhobenen Ausspruch löst noch jetzt Heiterkeit aus.

Sibylle, Freundin versunkener Tage in der Geborgenheit von Unkel, Plittersdorf und Bonn, Kameradin in den letzten Jahren der Not – welch ein Glück, ihr begegnet zu sein. Zärtlichkeit wallt auf, von Verlustängsten überschattet.

Der Abend verhüllt allzu Schroffes. Nebel ziehen aus der Niederung, tauchen die Welt in ein fahles Licht. Fragwürdig ist die Existenz des Menschen. Woher kommt er, wohin geht er? Alles bleibt Episode, wird fade und blaß vor dem endgültigen Abschied.

# Zwischenspiel am Rhein

> Träume umängsten den Sinn, von lang
> schon entflohenen Tagen,
> Voller Leben und Glanz, voll auch
> von ätzender Pein.

Weimar ist der Mutter schon lange verleidet. Nun verschließt sich auch Adele den Argumenten für einen Wegzug nicht mehr. Noch vor wenigen Jahren hatte sie alle Überzeugungs- und Überredungskünste gegen derartige Bestrebungen aufgeboten. Weimar zu verlassen und damit die Nähe zu Ottilie aufzugeben erschien ihr unfaßbar. Wie hatte sie Ottilie im Krisenjahr 1819/20 beschworen, gemeinsam mit ihr alle Umzugsgedanken der Mutter zu zerstreuen. Denn getrennt voneinander, würden »wir Beide vielleicht fortvegetieren können, aber nur als Schatten unsres früheren Seins«.

Die herben Erfahrungen der letzten Jahre haben einen Gesinnungsumschwung bewirkt. Seit der Vermögenseinbuße versuchen Mutter und Tochter den Schein einer gewissen Wohlhabenheit aufrechtzuerhalten, was beiden schwerfällt. Eine gedrückte Stimmung beeinträchtigt die häusliche Gemeinschaft. Die sonst so heitere Johanna beginnt zu kränkeln. Am Weihnachtstag 1822 trifft sie ein Schlaganfall. Ihre Beine sind zeitweise gelähmt. Zwar bessert sich ihr Zustand, aber ihre Bewegungsfreiheit ist seitdem eingeschränkt, fortan hinkt sie. Ihre Stimmungen wechseln rasch, und das Zusammenleben mit ihr ist schwieriger geworden. Mutter und Tochter fühlen sich in Weimar mehr und mehr beengt und halten Ausschau nach neuen Lebensräumen. Adele wird auf Erkundung geschickt, wobei ihre angegriffene Gesundheit den Vorwand für eine längere Abwesenheit liefert. Anfang Mai 1827 bricht sie zu einer Reise an den Rhein auf, die anderthalb Jahre dauern wird. Ihre erste Station ist Frankfurt am Main, es folgen Rödelheim, Weinheim, Godesberg und Köln. Am Rhein, in Eltville, widerfährt ihr Ende Mai die tiefe Enttäuschung mit Louis Stromeyer. Gegenüber Goethe deutet sie am 10. November ihre depressive Stimmung an, ihre Niedergeschlagenheit und Unfähigkeit, Natur und Kunst zu genießen, »denn das Herz ist dennoch ein drittes, eine Welt für sich und muß in sich selbst schaffen und zerstören«. Und Goethe antwortet am 16. November: »Möge sich Ihr liebes Innere an der herrlichen Rheinnatur in sittlicher und künstlerischer Thätigkeit zum schönsten und liebenswürdigsten wieder herstellen.« Auf ihr Einsamkeitsgefühl reagiert Goethe, indem er ihre eigenen Worte aufgreift: »Freunde tragen hiezu nichts bey. ›Das Herz ist für sich eine Welt und muß in sich selbst schaffen und zerstören.‹«

Adele fühlt sich körperlich und seelisch erschöpft. Sie sucht Vergessen, wechselnde Eindrücke und Bekanntschaften erleichtern es ihr. Seit September 1827 hält sie sich als Gast in der Familie des Bankdirektors Brahl in Köln auf. Ihre »Vorliebe für alles Alter- und Eigentümliche« läßt sie schnell heimisch werden. Sie nimmt Zeichenunterricht und verfolgt damit das ehrgeizige Ziel, sich systematischer ausbilden zu lassen. Im Kohle- und Kreidezeichnen versucht sie sich. Ihr Lehrer ist ein vor der Revolution aus Frankreich geflohener Maler. In der Welt umhergetrieben, hat er manches erfahren und gesehen, wie sie an Goethe berichtet.

Hier in Köln erlebt Adele im Februar 1828 den Taumel des Kölner Karnevals. Eine buntwogende Menge, ausstaffiert mit fratzenhaften Masken und farbenprächtigen Geckenkappen, beherrscht das Stadtbild. Am Abend strömen viertausend Närrinnen und Narren zum Faschingsball in den großen, von hölzernen Pfeilern getragenen Saal des Tanz- und Festhauses »Gürzenich«. Der Mummenschanz mit Büttenreden, Scherzen, Gelächter und Tanzreigen wirkt mit seiner Ausgelassenheit ansteckend, auch Adele läßt sich mitreißen. Nur wenige Wochen zuvor hatte sie hier, in dieser Stadt, eine entscheidende

Begegnung – Adele trifft die gleichaltrige Sibylle Mertens-Schaaffhausen. Als sie Ende Januar das Mertenssche Haus in der Trankgasse betritt, beginnt eine Freundschaft, die allen Wechselfällen des Lebens bis zum Tod Adeles standhält.

Sibylle, älteste Tochter des Kölner Bankiers, Kaufmanns und Kunstsammlers Abraham Schaaffhausen, Begründer des Schaaffhausenschen Bankvereins, steht ganz unter dem Einfluß des Vaters. Sie teilt seine Vorliebe für Numismatik, Altertumskunde und Kunstgeschichte. Mit 18 Jahren fügt sich das temperamentvolle und geistreiche junge Mädchen zwar zögernd, aber ohne Einspruch dem Willen des Vaters und heiratet dessen Kompagnon, den Kaufmann Louis Mertens. Der umsichtige Geschäftssinn ihres Mannes läßt das ohnehin schon beträchtliche Vermögen von Jahr zu Jahr weiter anwachsen. Neben dem Stammhaus in Köln und dem Auerhof in Plittersdorf bei Bonn, Sibylles väterlichem Erbe, können ein Grundstück in Bonn, das Weingut in Unkel am Rhein, andere Weingüter in Niederdollendorf, die Brauerei in Andernach und die Kuppe des Petersberges bei Bonn erworben werden. Die Familie gehört zu der oberen Schicht des wohlhabenden Bürgertums.

In einem Brief an Ottilie vom 30. April 1828 schildert Adele die Persönlichkeit der neuen Freundin: »Ich habe wieder eine menschliche weiche Neigung in meinem von Kummer versteinten Herzen – zu einer Frau, die im Wesen Dir und mir gleicht, doch verschieden von beiden etwa zwischen uns zu stellen ist. Was sie alles getan hat, um mich zu gewinnen, aus welcher reinen Absicht, wie sie mittendrin die Absicht verloren und nur Gefühl geworden, das, meine Ottilie, ist zu groß und wunderlich, um es einem Wisch Papier anzuvertrauen, den Du doch herumliegen läßt [...] Sie erinnert mich unaufhörlich an Dich, sie hat ungemein viel von Dir, nur ist sie gescheiter, und Du hast mehr Geist; sie ist gründlicher, Du vielseitiger gebildet – sonst ist vieles so ähnlich, daß mir die Augen übergehen

[...] Wenn ich nicht mit Dir leben soll, Ottilie, so möchte ich da leben, wo die Mertens lebt, denn sie befriedigt mir Herz und Geist, obschon sie mich nicht entzückt, wie Du früher oft getan durch das, was nur Du bist und ich nicht nennen kann, und was kein Mensch zu mir sein wird.« Und drei Wochen später, am 20. Mai, heißt es: »Sie hat die Gabe des Auffassens, des leisen Verstehens, die Zartheit der feinsten Erziehung und die höhere des allerreinsten Gefühls. Ihre Fehler sind Stolz, Eigensinn, Heftigkeit – mitunter Launen, deren sie nur teilweise Herr ist. Ein zweiter Fehler ist Nichtbeachten einzelner kleiner Gesellschaftsformen und ein oft zu sehr hervortretendes Ungewöhnlichsein des Geistes. [...] Und nun ich so viel über sie geschrieben, laß mich sagen: sie ist so gut, so wohltätig, so himmlisch mitleidig – wie Du. – Die Mertens steht mir gleich [im Alter]. Sie verschönt mein verkümmertes Dasein, sie erleichtert die Kette, die mich drückt, sie hat die Eisrinde meines Herzens gelöst.«

Wer Sibylle Mertens-Schaaffhausen nähertrat, den nahm die ungewöhnliche Erscheinung dieser Frau gefangen. Fanny Lewald vergleicht 1845 deren eigenartigen Reiz mit der Atmosphäre, in der sie aufgewachsen ist. »Sibylle Mertens gehörte einem reichen bürgerlichen Patriziergeschlecht, der Familie Schaaffhausen in Köln, an, und niemals bin ich in späteren Jahren in Köln gewesen, niemals habe ich den Dom in seinem Ernste, mit seinen großartigen harmonischen Linien und mit seinen tausenden wunderlichen Gestalten und grillenhaften Steinphantomen vor Augen gehabt, ohne an die wunderbare Frau zu denken, die in der Nähe jenes Domes geboren, wie er, eigenartig und fremd in ihrer Umgebung, harmonisch trotz der Wunderlichkeiten, sanft trotz ihrer Herbigkeit, in meinen Erinnerungen so unvergleichlich und so gesondert dasteht, wie der Riesenbau, dessen Schatten weit hinausragt über ihr Vaterhaus in Köln.«

Sechs Kindern schenkt Sibylle das Leben. Mit leerem Her-

*Sibylle Mertens-Schaaffhausen*

Zeichnung von Ludwig Krevel, um 1830
Stiftung Weimarer Klassik / Goethe-Nationalmuseum

zen aber wird jede Lebensfreude schal. Dem Mangel an Wärme in den Beziehungen zu ihrem Mann versucht sie auf ihre Weise auszugleichen. Vielfältige Belastungen durch Haushalt und Kinder halten sie nicht davon ab, sich mit Energie persönliche Freiräume zu schaffen. Gelegentliche Mißfallensäußerungen von seiten ihres Mannes lassen sie unbeeindruckt. Kunst, Musik, klassische Altertumskunde, Poesie und Malerei beleben und lenken ab von dem Einerlei des Alltags. Sibylle entfaltet eine Sammelleidenschaft für Kunst jeder Art, ihre besondere Neigung gilt der Antike. Sie lernt Fremdsprachen und liest die Werke der griechischen und römischen Klassiker im Original. Virtuos beherrscht sie das Klavierspiel. Mit Persönlichkeiten aus dem Kulturleben pflegt sie einen lebhaften Meinungsaustausch.

Ihre Gabe im Aufspüren altertumswissenschaftlicher Funde führt während eines Aufenthalts in Genua 1835/36 zur Entdeckung des sogenannten Genueser Fragments, eines der Friese am Mausoleum von Halikarnaß. In der Villa des Genueser Marchese Gian Carlo di Negro fällt ihr am 10. Juli 1835 ein Basrelief auf, das einen Amazonenkampf darstellt. Während di Negro es der parthenonischen Schule um Phidias zuordnet, hat Sibylle ihre Zweifel. Sie sieht eher eine Ähnlichkeit mit dem Phigalischen Fries, der aus den Ruinen des Apollontempels zu Bassä geborgen wurde. Tatsächlich schmückte das Relief einst das Grabmal des Mausolos in Halikarnaß, das ihm seine Gattin Artemisia 352 v. Chr. hatte errichten lassen. Insofern kommt Sibylle mit ihrem Urteil der Entstehungszeit des Kunstwerks näher als der Marchese. Ein Abguß geht an die Berliner Akademie der Künste, später ein zweiter an das Britische Museum. Während aus Berlin keine Resonanz erfolgt, äußern sich englische Archäologen vierzehn Jahre später über die Übereinstimmung des Genueser Reliefs mit mehreren im Grabmal des Mausolos gefundenen Fragmenten. Eine Flut von Veröffentlichungen setzt ein. Deutsche Archäologen aber sind verstimmt, daß 1835 in Berlin der Hinweis einer Frau auf dieses Kunst-werk des Altertums unbeachtet blieb.

Intuitiv weiß Sibylle, daß sie als Frau in der Gesellschaft nur am Rande Beachtung findet. Gerade deshalb wendet sie sich verstärkt den Frauen zu. Im Umgang mit ihnen erfährt sie die Vielfalt frauenspezifischen Denkens und Handelns. Jede von ihnen verficht einen Anspruch auf Selbstfindung, je nach Tem-perament kämpferisch und kompromißlos oder diplomatisch und vorsichtig. Dazwischen gibt es viele Schattierungen. Frauen fühlen sich von Sibylle auf eigene Art angezogen. Ein gewis-ses Fluidum umgibt sie. Erotische Spielereien, Tändelei und Flirt finden bei ihr keinen Nährboden. Zuweilen blitzen in ihrem Wesen Ironie und Humor auf. Politische, soziale und kulturelle Fragen ihrer Zeit interessieren sie brennend. Intensiv richtet Sibylle ihr Augenmerk auf die Stellung der Frau inner-halb der Gesellschaft. Mehr Rechte für diese und damit Ein-fluß auf die Entscheidungen der Politiker fordert sie. Zumin-dest müsse das bisher den Männern vorbehaltene Wahlrecht gleichermaßen den Frauen zugestanden werden.

Die niedergeschlagene und reizbare Adele ist Sibylle will-kommen. Sie bietet ihr den Zehnthof, ein Weingut in dem Rheinstädtchen Unkel, zum vorläufigen Sommerwohnsitz an. Als Johanna am 20. Mai 1828 »mehr als halb krank« zu der Tochter aufbricht, »denn Adelens Sehnsucht nach mir ließ mir nicht Ruhe, um an mich selbst zu denken«, reist sie über Frank-furt am Main nach Mainz, schifft sich anderentags ein und langt gegen drei Uhr in Plittersdorf bei Bonn an. Dem in Aussicht genommenen Landsitz stimmt sie freudig zu. Der Umzug wird für das kommende Jahr geplant. Zunächst beziehen Johanna und Adele zwei Monate eine Wohnung in Godesberg und genießen die ländliche Stille, ehe sie wieder zu Reisen in die nähere und weitere Umgebung aufbrechen.

Die Impressionen der Rundreise hält Johanna in ihrem Reise-bericht »Von einem Ausflug an den Niederrhein und nach

Belgien im Jahre 1828« fest. Erste Abstecher führen nach Bonn und Köln. An Bonn, der kleinen, von einer Gartenlandschaft umschlossenen Residenz- und Universitätsstadt, rühmt Johanna die zauberhafte Lage und das milde Klima. Sie gehen in den hohen Laubengängen des Schloßgartens spazieren, lassen den Blick vom Alten Zoll, einer ehemaligen französischen Bastei, über Fluß und Rebenhänge schweifen, besichtigen das zur Universität umfunktionierte Residenzschloß mit seinen Hörsälen, dem Klinikum, der Bibliothek und dem Museum, wandern durch »eine Allee von alten hohen Kastanienbäumen nach dem nur eine Viertelstunde von Bonn entfernten Poppelsdorf«, dem einstigen kurfürstlichen Lustschloß, jetzt genutzt für die naturwissenschaftlichen Sammlungen der Universität, und verweilen im Park, einem der bedeutendsten botanischen Gärten in Deutschland. »Alles wächst und blüht und gedeiht hier unter kunstverständiger Pflege, die Pflanzen weit entfernter Länder wie die einheimischen, und man wandelt unter ihren Schatten, von ihrem Aroma umduftet, wie in einer neuen, fremden Welt.« Kritisch registriert Johanna den offensichtlichen Mangel an Kultur – nur ein kleines Schauspielhaus, keine öffentlichen Konzerte, wenige Ballbelustigungen. Da dieser Nachteil aber die häusliche Geselligkeit belebe, sei er wieder ausgeglichen.

Köln nähern sie sich per Dampfschiff an einem Regentag. »Der Sturmwind heulte, der zürnende Rhein jagte seine schäumenden Wellen übereinander her«, zum Glück schaukelt das Schiff kaum. Die Silhouette der Stadt wird sichtbar. »Haus an Haus, Giebel an Giebel, über welchen die zahlreichen Türme der vielen Kirchen emporsteigen [...] In ihrer Mitte erhebt sich eine rätselhafte, dunkle, kolossalische Gestalt« – der Dom. Logis nehmen sie in einem Gasthof am Rheinufer mit Blick auf das Gewimmel und Treiben am Hafen, auf die Schiffsbrücke und den Strom. Sie mischen sich in das Gedränge der Stadt, betäubt vom Lärm der Lastträger und der Karrenschieber, bewegen sich auf schlechtem, schlüpfrigem Steinpflaster durch düstere, enge Straßen, umgeben von hohen, die Luft beengenden Giebelhäusern. Erstickender Qualm »von Tran, Öl, Leder, Talg und allen möglichen Warenartikeln, die ringsumher Gewölbe, Keller und Speicher anfüllen«, erschwert das Atmen. Aber plötzlich ändert sich die Szene – breite Straßen, baumbestandene Plätze, Wohlgerüche aus den innerhalb der Mauern liegenden Gärten. Johannas und Adeles ungeteilte Begeisterung gilt dem Riesenbau des Kölner Doms. Staunend und bewundernd stehen sie vor dem noch unvollendeten Meisterwerk gotischer Baukunst. Einzig die Außenseite des Chors ist fertiggestellt. Schwindelnd sehen sie »an seiner himmelanstrebenden Höhe hinauf, an allen den Säulen und Säulchen, Spitzbögen und kleinen Türmen und mit künstlich in Stein gehauenen Verzierungen geschmückten Heiligennischen und Tabernakeln, die alle ein symmetrisches Ganzes bilden, von dessen erhabener Schönheit Worte keinen Begriff zu geben vermögen«. Im Innern des Chors ergreift sie »der Gedanke, daß die mächtigen Eichen und Buchen entsprießenden Laubgewölbe der alten Druidenhaine das Vorbild aller gotischen Architektur gewesen« sein müssen. Welcher immenser Anstrengungen bedurfte es bis jetzt, den Dom nicht ganz verfallen zu lassen. Sulpiz Boisserée, der ihnen bekannte Kunstsammler, engagiert sich seit Jahren für den Erhalt des Bauwerks. Seine detailgetreue Beschreibung des Kölner Doms, 1823 begonnen und bis 1832 fortgesetzt, soll das öffentliche Bewußtsein sensibilisieren.

Fortgesetzt wird die Reise über Aachen und das Maastal bis Namur und weiter nach Brüssel, Gent, Brügge und Antwerpen, bevor beide im September nach Weimar zurückkehren. Hier herrscht bald wieder die gewohnte Ordnung, Johanna am runden Tisch, die Teemaschine vor sich, Bekannte und Freunde um sich. Doch der Schein trügt. Nichts ist mehr, wie es war. Der Tod hat Lücken in ihrem Bekanntenkreis gerissen, auch der Großherzog Carl August ist während ihrer Abwesenheit am 14. Juni 1828 gestorben. Nicht ohne Sarkasmus bemerkt Johanna gegenüber Holtei: »Die verwittwete Großherzogin ist sehr betrübt; aber der Kummer bekommt ihr gut; sie ist gesünder, als sie seit einem Jahre gewesen.« Auch Goethe gebe sich gelassen, indem er den Verlust seines fürstlichen Freundes »mit der allen Alten eigenen stillen Ergebung« trage.

Johanna und Adele fällt das Weggehen aus Weimar nun doch schwer, und der Abschied nimmt sie mehr mit, als sie sich eingestehen wollen. Ein letztes Mal, am 11. April 1829, sitzen sie bei Goethe am Tisch, zusammen mit Ottilie, ihrer Schwester Ulrike und anderen Gästen.

In der ersten Maihälfte bricht Adele nach Unkel auf, um das alte Gemäuer des Zehnthofs für die Mutter wohnlich herzurichten. Ottilie begleitet sie bis Erfurt. Ende Juni folgt Johanna der Tochter nach. Acht Wochen später schildert sie auf ihre plastische Weise Freund Holtei die Ankunft und das neue Heim: »Ich kam hier eben auch nicht gleich auf Rosen zu liegen. Es sah bei uns ungefähr aus wie es vor der Schöpfung in der Welt ausgesehen haben mag. Meine arme Adele war drei Wochen vorher eingezogen, Haus und Garten ward in der unbeschreiblichsten Unordnung gefunden und mit größter Anstrengung war's ihr doch nicht gelungen, mir gleich für den Anfang einen nur einigermaßen leidlichen Aufenthalt zu bereiten. Dazu kam das fürchterliche Wetter dieses niederträchtigen Unsommers, dessen gleichen ich noch nicht erlebt habe. Vierzig Tage lang strömte der Regen, wütheten Sturm, Donner und Blitz, und jetzt ist es, einige wenige Tage ausgenommen, noch nicht viel besser damit geworden [...] Jetzt ist endlich Ordnung bei uns. Unser Haus ist von außen sehr häßlich, von innen sehr nett und bequem. Mein Wohnzimmer sieht genau wie das in Weimar aus, wo wir Beide so manche schöne Stunde mit einander saßen. Alle meine Meublen, die ich dort um mich stehen hatte, stehen darin. Stühle und Tische, Gemälde und Spiegel [...] Die Gegend ist eine der schönsten, die ich kenne. Ich habe einen Garten, der mir unsägliche Freude macht, voll der herrlichsten Obstbäume, Spargel-, Erdbeerbeete, Aprikosenbäume, wie bei uns die großen Birnbäume, und vor dem Hause eine nicht große, aber sehr hübsche englische Gartenpartie mit ein paar schattigen Lauben, prächtigen Platanen, Ahorn und eine Menge fremder Sträucher und Bäume, die ich nicht zu nennen weiß.« Der Garten, zum Fluß sanft abfallend, wird Johannas Lieblingsaufenthalt. Ein paar Schritte nur ist es bis zur spätgotischen Pfarrkirche St. Pantaleon, die der etwas höher gelegene Friedhof umgibt. Von hier aus »genießt man eine der schönsten Aussichten auf den mit Schiffen und Nachen belebten Rhein, auf den hohen malerischen Drachenfels und die zwischen diesem und Rolandseck liegende Insel Nonnenwerth«. Das verträumte Städtchen mit winkligen Gassen, lauschigen Plätzen, alten Adelshöfen, Klostergebäuden und am Rheinufer erbauten Herrenhäusern vermittelt eine Atmosphäre der Beschaulichkeit. Zehn Jahre später wird sich der Dichter Ferdinand Freiligrath in einem mit barocker Fassade geschmückten Haus am Rhein einmieten, Ida Melos, die Tochter des Weimarer Gymnasialprofessors Melos, die in Unkel als Erzieherin tätig ist, heiraten und sich hier wohlfühlen: »Hab ein Belvedere hart am Rhein, um das mich ein Fürst beneiden würde. – Mir ist fabelhaft wohl hier.«

Der Zehnthof selbst mit seinem hohen Dach, den Mansarden und doppelten Böden, einem geräumigen Erdgeschoß und vier niedrigen Stuben im ersten Stockwerk strahlt zwar Behaglichkeit aus, doch Wärme lassen die dicken Mauern dieser ehemaligen »Zehntenscheuer« kaum in das Innere dringen – ein Umstand, den die neuen Bewohner in diesem kühlen und regnerischen Sommer 1829 leider zur Kenntnis nehmen müssen.

Schräg gegenüber von Unkel, auf dem Apollinarisberg bei

Remagen, den Sulpiz Boisserée erworben hat, steht dessen Landhaus. Doch ist es selten bewohnt, da seine Arbeiten ihn in München festhalten. Ebenfalls auf dem gegenüberliegenden Ufer liegt Plittersdorf und dicht am Strom der in einem gepflegten Park mit alten Baumgruppen und einer Fülle von Blumen gelegene Auerhof, Sibylles Hauptdomizil. Ein reger Besucherverkehr, meist im Nachen über den Rhein, entfaltet sich zwischen Unkel und Plittersdorf. Im August 1829 und dann wieder im Oktober zur Weinlese zieht Sibylle ganz auf den Zehnthof.

Adele verspricht sich anregende Stunden mit Sibylle. Zu ihrem Bedauern muß sie wenn auch bewundernd feststellen, daß der rastlose Fleiß dieser Frau – sie arbeitet in Haus, Hof, Garten und den Weinbergen, weist an, überwacht, verhandelt mit den Handwerkern – ihr nur am Abend wenige Mußestunden gönnt. Dann vertiefen sie sich in mythologische Schriften, befassen sich mit klassischen Werken oder auch mit Goethes Dichtungen. Adele überträgt ihre Verehrung für Goethe auf die Freundin. Schon bald entspannt sich zwischen Rhein und Ilm ein lebhafter Brief- und Antiquitätenaustausch. Sibylle ist Gebende und Nehmende zugleich. Als Übermittlerin interessanter Abgüsse und Zeichnungen antiker Kunst genießt sie Goethes Wertschätzung. Das Vorhaben, den Abguß der Medusa aus der Wallraffschen Sammlung in Köln Goethe zukommen zu lassen, scheitert trotz eifrigen Bemühens, nur die Zeichnung hängt heute noch im Eingangsbereich vor dem Gelben Saal im ersten Stock des Hauses am Frauenplan.

Seit Jahren hat sich Sibylle nicht mehr so ungezwungen im Beisammensein mit einer Frau gefühlt, ausgenommen im Winter 1825/26, als ihr in Köln Annette von Droste-Hülshoff begegnet ist, die ihren Onkel Werner von Haxthausen und seine Frau Betty, Freunde der Familie Mertens-Schaaffhausen, besuchte. Der Funke der Sympathie zündet zwischen der witzig gescheiten Annette und der temperamentvoll warmherzi-

*Zehnthof in Unkel am Rhein*

Gouache, wahrscheinlich von J. Goullet oder Adele Schopenhauer
Stiftung Weimarer Klassik / Goethe-Nationalmuseum

gen Sibylle. Gleichen Alters, verbindet sie ein ausgeprägtes Bedürfnis nach Selbständigkeit, Ungebundenheit des Geistes und Sachlichkeit in den Gefühlen. Beiden sind Kunstbegeisterung, Gespür für Echtheit und Ursprünglichkeit notwendige Bedingung ihres Lebens. Sibylle ahnt noch nichts von dem künftigen Dichterruhm der Droste. Eher wäre sie davon abgestoßen, denn gegenüber schriftstellernden Frauen hegt sie gewisse Vorurteile. Die Preisgabe geheimer Gefühle, Gedanken und Regungen mißbilligt sie. Später wird sie eine Ausnahme nicht nur dulden, sondern sogar befördern: Adele wird sie unentwegt zu literarischen Arbeiten drängen und ermuntern. Ungeachtet ihrer Zurückhaltung wirkt Sibylle auf Annette motivierend. Die Dichterin schätzt ihren klaren Verstand, die Unbestechlichkeit ihres Urteils, die Logik ihres Denkens und die Art ihres Zuhörenkönnens. Schweigen oder Kritik hindern sie nicht, Sibylle in die Gedankenwelt ihrer Prosa und Gedichte einzubeziehen. Das Außergewöhnliche in ihrem Charakter zieht Annette an: »Sie ist eine sonderbare Frau, es sind grandiose Elemente in ihr, aber wunderlich durcheinandergewürfelt und mit Widersprechendem versetzt; sie erläutert mehr als sonst Jemand, wie sich die Extreme berühren.«

Bereits im Frühsommer 1828 hatte Sibylle ihre neue Freundin Adele mit Annette bekannt gemacht. Ein engerer Kontakt ergibt sich aber erst im September 1830, als Annette erneut in Bonn weilt. Anfänglich überwiegen Förmlichkeit und Kühle. Die Anwesenheit der Droste und ihr Anspruch auf Sibylle entfachen in Adele einen Widerstreit der Gefühle, sie spricht sogar von dem »bösen Genius« dieser Frau. Es fällt ihr schwer, Sibylle mit der anderen zu teilen. Das gespaltene Verhältnis Adeles zu Annette kommt bald offen zum Ausbruch.

Im Oktober 1830 erkrankt Sibylle. Schwindelgefühl und Ohnmachtsanfälle fesseln sie ans Bett. Die Droste pflegt sie, da Adele selbst leidend ist. Eine schwere Gehirnerschütte-

rung, die sich Sibylle im Januar 1831 durch einen heftigen Stoß
am Kopf zuzieht, kommt noch hinzu und verzögert die Gesundung. Am 11. März 1831 beschreibt Annette der Mutter
ihre Rolle als Krankenpflegerin, wieviel Last und Mühe sie allein tragen muß, da das Dienstmädchen entlassen wurde, die
älteren Kinder in der Pension seien und »Adele Schopenhauer
immer krank«. Erst Mitte März ist Adele so weit genesen, daß
sie nach Plittersdorf gehen kann. Sie und Annette wechseln sich
nun in der Betreuung der Kranken ab.

Mit Qual muß Adele die Dominanz der anderen registrie-
ren. »Sibylle war ein anderes Wesen geworden, jede Kraft zer-
brochen, Krämpfe, die sie nicht bekämpfte, sondern eher durch
Aufregung herbeiführte, Inkonsequenz, Launen, Mutlosig-
keit, grenzenlose Härte gegen mich abwechselnd mit Vertrauen und Hingebung, das waren die Früchte des Umgangs
mit Annette. Sibylle zeigte sich charakterlos«, läßt sie Ottilie
wissen. Ihr fällt es, ähnlich wie Ottilie, schwer, Distanz zu geliebten Menschen zu wahren. Wo beide lieben, wollen sie um-
fassend besitzen. Adele erhebt höchste Ansprüche an die ihr
befreundeten Frauen, Ottilie fordert bedingungslose Zuwendung von den ihr nahestehenden Männern. Anders als Ottilie,
die zumeist an der Unerfüllbarkeit ihres Liebesbedürfnisses
leidet, relativiert Adele das Vorgefallene nach kurzer Zeit und
findet zu einer realen Einschätzung zurück.

Allmählich legen sich die Wogen des Mißtrauens und der
Eifersucht. Adeles Gefühl für Sibylle ist zu tief, um kleinlichen
Erwägungen allzu lange Raum zu geben. Sibylle ist zu großzü-
gig, um Mißstimmungen nachzutragen, und Annette zu sehr
in ihr eigenes geistiges Leben vertieft, um den Gereiztheiten
Beachtung zu schenken. Adele gibt ihre abwehrende Haltung
gegen Annette auf. Zunehmend basiert ihr Verhältnis auf ge-
genseitigem Interesse an literarischen Themen. Die von Zeit
zu Zeit aufflammende Rivalität um die Gunst Sibylles verliert
angesichts dieser Geistesverwandtschaft an Gewicht. Der ge-

meinsame Diskurs um inhaltliche und formale Aspekte und mancher beratende Hinweis in bezug auf das dichterische Schaffen der Droste verdrängen kleinliche Gefühle und Mißmut.

Adele setzt sich ernsthaft mit dem Schaffen der Droste auseinander. Vorwiegend ihrem Einfluß verdankt Annette vertiefte Kenntnisse der englischen Dichter und Schriftsteller, an denen sie ihren Stil schulen wird. »Mich dünkt Byron Ihrem Genius nahestehend«, schlußfolgert denn auch Adele in einer Stellungnahme zu dem Entwurf »Des Arztes Vermächtnis«. Die endgültige Fassung des Gedichts ist ihren Hinweisen und kritischen Bemerkungen zu danken. Sie spürt die Berufung Annettes zur Dichterin und erkennt, daß eine innere Notwendigkeit diese treibt, die vielfältigen Erscheinungsformen des Lebens in eine sprachliche Form zu gießen.

Als Annette eine Veröffentlichung ihrer Gedichte bei dem Verleger Hüffer in Münster plant, rät ihr Adele ab und empfiehlt statt dessen Frommann in Jena oder Bertuch in Weimar. 1838 erscheint der erste Band der Gedichte in der Aschendorffschen Buchhandlung in Münster. Ein Exemplar schenkt sie der Gefährtin. Adele äußert begeistert, Annettes Geist entfalte seinen Flug »in einem Augenblick, wo sonst jedes Weib eine schmerzliche Leere empfindet«. Ausführlich berichtet sie über die Resonanz auf die Gedichte in Jena und Weimar, spricht von Beifall und erwähnt Gustav Kühnes und O. L. B. Wolffs lobende Rezensionen. Trotzdem verkauft sich das Buch schlecht.

Zu diesem Zeitpunkt zählt die Dichterin 41 Jahre. Ein unsichtbares Band scheint von nun an beide zu verbinden. Noch 1840 erlebt Adele »schöne stille Tage im Rüschhaus« bei Münster, Annettes Wohnsitz. Lebhaft interessiert sie sich für den Fortgang der Novelle »Die Judenbuche«. Auch das nächste Vorhaben, eine Beschreibung ihrer westfälischen Heimat, wird diskutiert. Dem Hinweis auf das 1838/39 von Immermann erschienene vierbändige Werk »Münchhausen«, in dem eine Schilderung der westfälischen Landschaft eingebettet ist, geht Annette ebenso nach, wie sie die humorige Bitte Adeles »um Gespenster und Second sight« erfüllt. Sowohl in dem Fragment »Bei uns zu Lande auf dem Lande« als auch in der Prosadichtung »Bilder aus Westfalen« gedenkt die Autorin ausführlich der »Vorkieker«.

Adele, die nach 1840 selbst als Schriftstellerin an die Öffentlichkeit tritt, erhofft sich von der Droste manche Anregung und auch manchen kritischen Hinweis. In diesem Wunsch sieht sie sich allerdings getäuscht. Das Echo ist spärlich und bleibt bald ganz aus. Der Gedankenaustausch zwischen ihnen bricht ab. Irritiert zieht sich Adele zurück. Doch die dichterische Kraft dieser Frau bleibt ihr Ansporn und Ermutigung.

Dagegen kann Sibylle das Streben Annettes nach öffentlicher Anerkennung ihrer poetischen Schöpfungen nicht billigen. So zerbricht die Freundschaft, »weil ich die allerliebsten Verse meiner Freundin weniger geeignet fand für den Druck und die Öffentlichkeit, als für die Schreibtafel und das Ohr eines befreundeten Kreises«, bedauert Sibylle 1842 in ihrem Tagebuch.

1830, für Adele das Jahr der Gewöhnung an die neue Lebenssituation am Rhein, das Jahr wachsender Vertrautheit mit der Gefährtin Sibylle Mertens-Schaaffhausen, das Jahr der Annäherung an die Dichterin Annette von Droste-Hülshoff, bedeutet für Ottilie das Ende ihrer immer mehr als zwanghaft empfundenen Ehe. August kehrt von seiner Italienreise, nach der er sich so sehr gesehnt hatte, nicht zurück. Hoffnungsvoll verließ er mit Eckermann, dem Assistenten seines Vaters, am 22. April Weimar. Ein halbes Jahr später, am 26. Oktober, bricht er in Rom in den Armen des befreundeten Malers Friedrich Preller zusammen. Als Todesursache diagnostiziert der Arzt Gehirnschlag infolge einer Pockeninfektion. Begraben wird er auf dem einzigen protestantischen Friedhof der Stadt nahe der Pyramide des Cestius. Ottilie, die an die Rückkehr

Augusts nur widerwillig dachte, empfindet tiefes Bedauern mit seinem Schicksal.

In Adele regt sich nach anfänglicher Erschütterung neue Hoffnung auf eine künftige Gemeinschaft mit Ottilie. Eindringlich beschwört sie die Freundin, ihre neugewonnene Selbständigkeit nicht leichtsinnig zu verspielen, zunächst aber ihre Kräfte ganz dem »Vater« zu widmen, denn »ganz Deutschland blickt auf Dich wie auf den letzten Bewahrer eines uns Allen eignen Schatzes«. Ottilie widerspricht heftig. »Du sagst: Deutschland sieht auf mich, – liebe Adele, Deutschland sieht auf Goethe, – und ich pflege meinen Vater und nicht Goethe. – Ich habe mich nie gescheut, die Worte auszusprechen, die die Empfindungen meines Innersten bezeichneten, und ich bebe auch jetzt nicht davor zurück. Du willst, ich soll nur daran denken, daß ich frei bin, mit dem Wunsch, frei zu bleiben; Du möchtest, daß nicht ein Gedanke mich zu Sterling oder Des Voeux trüge, und überhaupt ich mich überredete, es wäre eine Unmöglichkeit, daß ich je wieder heirathen könnte, – Du möchtest mich eine heroische Rolle spielen lassen, – und ich will mich nicht täuschen, will mir nichts einbilden, will keinem Glück ohne Nothwendigkeit entsagen […] – Adele, ich wiederhole Dir, ich glaube, ich sehe nicht die Möglichkeit mehr glücklich zu werden, aber ich bin weit davon entfernt zu wähnen, daß ich wirklich es in etwas Anderem finden könnte, als worin ich es mein ganzes Leben gesucht: in inniger, aufopfernder Liebe«, lautet kategorisch die Antwort Ottilies am 11. Dezember 1830.

Während Ottilie nach dreizehn Ehejahren aufatmet: »Ja, ich habe wieder das Gefühl zu leben, obwohl ich immerwährend an Gesichtsschmerzen leide. Man muß wissen, welche Nacht meine Seele umgab, um es zu begreifen, wie verschieden meine Empfindung ist, seit ich wieder lesen und schreiben kann, seit mir nicht der Eintritt irgend eines menschlichen Wesens ein Gefühl der höchsten Qual giebt«, stellt sich bei Adele die Zu-

friedenheit, die sie sich am Rhein erhofft hat, nicht ein. Die
Bonner Gesellschaft läßt »mich gemüthskalt, selbst da wo sie
mich geistig beschäftigt. Meine Arbeiten interessiren mich wenig, mir ist zu Muth als zähle ich die Pausen in einer großen
Musik und wüßte nicht wann ich einfallen muß«. Ihr anhal-
tendes Unbehagen deutet sie im November 1831 in einem Brief
an Goethe an. Gern hätte sie ihn persönlich gesprochen, aber
die Cholera habe ihren Plan durchkreuzt, nach Weimar zu
kommen. So müsse sie mit ihm schriftlich kommunizieren:
»Wir wären nun auf dem Puncte, von welchem aus meine Erzählung anfangen könte, wäre von so still hinlebenden Menschen etwas wirklich Interessantes zu berichten, die Mama ist
heiter, fleißig, hat manchen Zeit gemäßen Aerger mit ihren
Buchhändlern, liest Victor Hugo, mit einem Eifer als wäre sie
18 Jahre, will Diät halten, vergißt es wieder, und läßt die Cholera seit wir Bonn betreten haben ruhig seyn. Ich selbst bin etwas verdrießlich, mußte diese Hydra zu so viel Menschen fres-
senden Mäulern noch ein Phantom Maus haben mit welchem
sie unnützer Weise meine Hoffnung verschlang? ich meine die
nach Weimar zu kommen [...]« Bedenken werden angemel-
det, das etwas grobe Verhaltensmuster der Leute dieses Land-
strichs anzunehmen: »[...] ich fürchte mir eine Art Gefühls
Roheit anzugewöhnen hier in diesem Lande wo die Menschen
nicht blos am Materiellen u. Sinnlichen kleben, nein wo sie sogar sich bemühen feinere Empfindungsfasern zu knicken oder
wenigstens abzuhärten. Kaum zu ertragen schien mir anfänglich Manches was ich nun belache – wenn es nun allmählig
übergienge in mich selbst und diese größere Ruhe u. Haltung
wäre am Ende nur Abstumpfung? Bequem ists, wie hier auf diesem Fleck voll zusammen gewehter Individuen dem Augenblick zu leben, wenig engere Verhältnisse zu schließen, das ist
wahr. Auch diese Art Umgang, die Gespräche der Frauen über
Haus u. Nachbar und der Männer über Welt Angelegenheiten, Bücher, Politik kurz über alle Hebel dieser Zeiten zu

hören.« Der Alltagstrott bestimme das Zusammenleben. Ausbruchsversuche stoßen gegen Mauern. Ohne die gastlichen Häuser der Freundin Sibylle und der Familie d'Alton würde sie in der provinziellen Enge Bonns versinken. Der seit 1818 in Bonn tätige Professor der Archäologie und Kunstgeschichte Eduard d'Alton, mit dessen Tochter Marie sich Adele angefreundet hat, ist Goethe noch aus Weimar bekannt, doch mehr in seiner Eigenschaft als Anatom und Kupferstecher. Flüchtig geht sie auf Schlegel ein, der sich in Paris aufhält, und erwähnt das Aufsehen, das Hegels Tod hervorruft, »das größte aber ohne Zweifel bei meinem Bruder den die Cholera nach Frankf. getrieben«. Nebenher berührt sie die allgemeine soziale Lage der Bevölkerung. Die alljährlich auftretenden Epidemien, Cholera und Nervenfieber, verunsichern neben der Verteuerung der Lebensmittel die Familien: »Andre scheuen die Cholera, u. in manchen Häusern herrscht dies Jahr Kränklichkeit. In der Stadt sind böse Nervenfieber, dazu ist die Theurung ungeheuer trotz dem guten Herbst. Das drückt alle größern Familien, u. wie die armere Klasse durchkommen will begreife ich nicht. Somit fängt der Winter ernster und einsamer an als einer der von uns hier erlebten.« Bis jetzt ist der Herbst mild, alles »noch grün, meistens 8–9 Grad Wärme, aber viel Regen; wenig Klarheit, viel Mäuse u Wind. Die Weinpreise sind v. 24 – auf 45–50 Rh gestiegen, so gut ist die Lese, doch gab es wenig.« Zum Arbeiten fehle jeder Antrieb, nur Sticken bereite ihr zur Zeit Vergnügen, die »bunten Wollen auf den grauen Tagesgrund« zu setzen. Geschwätz, beurteilt Adele selbst ihr Schreiben, entschuldigt sich dafür und bittet um ein paar Worte von seiner Seite, »die mir dann die graue Woche hell machen«.

Bis zu Goethes Tod am 22. März 1832 beansprucht Ottilie die Fürsorge um ihren Schwiegervater ganz und gar. Noch in seiner Sterbestunde ist sie ihm nah. Ihr gelten seine letzten Worte. Danach ist ihre Widerstandskraft erschöpft. Zudem belastet die Atmosphäre in Weimar ihr Gemüt. Sie möchte fliehen, sehnt sich nach Ungebundenheit ebenso wie nach der schützenden Geborgenheit in den Armen eines Mannes. Tausend Pläne entstehen und werden wieder verworfen. Auch Adeles Angebot, nach Unkel zu kommen, kann sie nicht locken. Sie wartet auf ein Zeichen von Charles Sterling, hatte sie ihm doch bereits nach Augusts Tod versichert: »Ich glaube nicht, daß man durch Heuchelei die Todten ehrt.«

Sein endlich eintreffender Brief sprengt alle Gefühlsdämme. Die Sehnsucht nach Liebe fordert ihr Recht. Ottile trifft sich mit ihm am 20. Mai 1832 in Mainz. Die Glückswogen schlagen über sie zusammen. Sie ist »so glücklich, wie auf der Erde es nur möglich sein« kann. »Wir sind wie ein paar Kinder, die glauben, daß ihnen die Welt gehört, und nicht wißen, daß die Sonne je untergeht, sondern an einen ewigen Tag glauben.« In Mainz und auf der Insel Nonnenwerth liebt sie und wird geliebt. Selig in seinen Armen liegend, seine Gesichtszüge studierend, seinen Körper neben sich spürend, dem Klang seiner Stimme lauschend, verliert sich Ottilie im Labyrinth der Gefühle.

Nur von kurzer Dauer ist der Liebesrausch. Schon Anfang Juni trennen sich ihre Wege. Sterling trägt sich seit kurzem mit dem Gedanken an ein Theologiestudium in Oxford und bricht bald wieder auf. Ottilie begleitet den Geliebten auf seiner Weiterreise bis Köln. Dann flüchtet sie sich nach Unkel zu Adele. Sie, deren Wesen Ruhe und Harmonie ausstrahlt, wirkt wohltuend auf die rastlose Ottilie. Sibylle, gleichfalls anwesend, wird in ihren Kreis einbezogen und genießt das Vertrauen beider. Ottilie bedarf im hohen Maße der Wärme und Fürsorge der Freundinnen, ahnt sie doch, daß der Höhepunkt ihrer Liebe überschritten ist. Wie ein heimatloser Vogel empfindet sie sich, immer auf der Suche nach dem Gelobten Land. Sollte es sich schon wieder in nebelhafter Ferne auflösen? War es wirklich nur eine Utopie, Charles Sterling als Partner an ihrer Seite zu sehen? Seine Briefe, trockene Milieuschilderungen aus

Rotterdam, einer Zwischenstation auf seiner Überfahrt, genügen ihrem liebeheischenden Herzen nicht. Ihre Antworten enthüllen ihre verletzten Gefühle. Deutlich spricht sie aus, was sie bisher vermißt, aber ständig erwartet – ein klares Bekenntnis zu ihrer gegenseitigen Liebe. Das bleibt aus.

Enttäuscht zieht sie sich auf die zwischen Rolandseck und Drachenfels gelegene Insel Nonnenwerth im Rhein zurück, wo sie der Erinnerung an glückliche Tage nachhängt. In dem einst prächtigen Kloster, jetzt ein ausgedehnter Gasthof inmitten eines von alten Nußbäumen bestandenen Gartens, wählt sie die Zelle der vormals vom sagenhaften Grafen Roland geliebten Nonne Hildegunde – von Schiller in der Ballade »Ritter Toggenburg« gestaltet – zu ihrem Domizil. Es ist ihr, als ob die Ruine Rolandseck wehmütig in ihr zum Garten gelegenes Fenster grüßt. Derzeit ist das Haus fast leer, meist wird es nur von englischen Familien in den Sommermonaten bewohnt. Die Abgeschiedenheit und Lieblichkeit der Insel verführen zum Nachsinnen. Noch einmal umreißt sie in einem Brief an Sterling ihre Vorstellung vom Glück: »Das Hauptbedingniß zum Glück scheint mir der klare Begriff zu sein was ein Jeder dazu bedarf. Keine allgemeine Meinung darf darüber gelten, sondern nur die individuellste kann darüber entscheiden […] Das Glück ist eine Pflanze, die in jeder Brust ein bestimmtes Vaterland und eine bestimmte Sonne bedarf; sie ist nicht kosmopolitisch.« Liebe, das ist für Ottilie »warme Quelle« und ein »Flügelpaar«, das sie über die Erde hinausträgt, »Äolsharfe« und grenzenloses Einssein, nicht »das limonadengleiche Gefühl«, das die meisten Menschen mit Liebe verwechseln. Sie ist überzeugt, sollte echte Liebe sie berühren, würde sie zum Wunder der Natur aufblühen, ihre Seele »mit tausend Blumen und Bäumen« schmückend.

Auf der Rückfahrt nach Weimar hält sie sich für ein paar Stunden in Mainz auf. Als sie das Zimmer betritt, in dem sie mit Sterling so glücklich war, bricht der Schmerz aus ihr heraus:

»[…] nichts konnte ich empfinden als daß ich Dich verlohren, und die Thränen, die ich in Cöln beim Abschied nicht weinte, stürzten mir ströhmend aus den Augen. Ich lag mir selber unbewußt vor dem langen Canapee auf den Knieen, ich drückte meine Lippen auf das kalte Polster, als wäre es Deine Hand, und fand keine anderen Worte, kein ander Gebet an Gott, keine andere Bitte an Dich als Wiedersehen! Charles, Charles, liebst Du denn nicht? erträgst Du denn die Trennung von mir ruhig! und ich! wie leide ich seit ich weiß, daß ich auf der Rückreise bin, seit ich weiß, daß ich mich mehr und mehr von Dir entferne! Wie schwinden meine Kräfte mit jeder Stunde mehr und mehr! […] Erbarme Dich!«

Die Briefe an Sterling schreien Schmerz, beschwören Wiederkehr. Die Fünfunddreißigjährige kann noch immer ihre Gefühle nicht beherrschen. Auf ihre leidenschaftlichen Ausbrüche reagieren die Männer meist ausweichend. So auch Sterling. In seinen Briefen ist nur von Hindernissen, die einer Verbindung entgegenstehen, und vom Urteil der Welt die Rede, auf welches Rücksicht zu nehmen ist. Ottilie, maßlos enttäuscht, fragt sich: »Warum habe ich meine Liebe an solche Halbmänner verloren?«

Der Zufall führt die beiden noch einmal zusammen. Im Juli 1838 steht Sterling unversehens in der Dresdner Galerie hinter Ottilie. Anfängliches Erschrecken weicht Überschwenglichkeit. Empfehlungen an die Mutter in Weimar, ihn zuvorkommend aufzunehmen, bergen neue Erwartungen, denen sich Sterling jedoch entzieht. Nebenbei erfährt sie von einer Pfarrstelle in der Grafschaft Yorkshire, die er in Aussicht hat, dann hört sie nichts mehr von ihm. Nachforschungen in Genua ergeben 1854, daß er nach dem Theologiestudium und einem Intermezzo als Missionar in Indien mehrere Jahre die Stelle eines Predigers in Frankfurt am Main bekleidet hat und nun mit einer kränklichen Frau und einer schwächlichen Tochter auf einer Landpfarre in England in dürftigen Verhältnissen lebt, nervös und innerlich unzufrieden. Ottilie ist schockiert: kein Lebenszeichen, kein Suchen nach ihr während seines Aufenthalts in Deutschland! Noch im Alter spürt sie die nie verheilte Wunde. Hat sie, die Geistsprühende und Zärtliche, sich an einen nichtssagenden Mann verschwendet? War er der Tiefe ihres Gefühls nicht gewachsen?

Seit ihrem Zusammentreffen in Unkel zählt auch Ottilie zum näheren Bekanntenkreis Sibylles. Ihrer Aufnahme in den Freundschaftsbund kann Adele zustimmen. Argwöhnisch hingegen beobachtet sie den Umgang der Gefährtin mit zwei anderen Frauen, den Schriftstellerinnen Henriette Paalzow und Anna Brownell Jameson.

Im September 1833 nimmt Henriette Paalzow die Einladung Sibylles an und kommt mit ihrem Bruder Wilhelm Wach, dem Historien- und Porträtmaler am Königlichen Hof in Berlin, nach Bonn. Seit 1821 ist es das erste Zusammentreffen zwischen Sibylle und Henriette. Diese war 1816 eine Vernunftehe mit dem preußischen Offizier Paalzow eingegangen. Als er 1821 nach Köln versetzt wird, begegnen sich beide Frauen. Die Tristesse des Ehealltags mögen sie ähnlich empfunden haben, doch im Unterschied zu Sibylle löst sich Henriette von ihrem Mann. Trotz religiöser Skrupel und innerer Konflikte läßt sie sich noch im selben Jahr scheiden und zieht zu ihrem Bruder nach Berlin. In der Residenz gelten die Geschwister als »Philemon und Baucis«, wie Sternberg berichtet. Durch Henriette entwickelt sich auch zwischen Sibylle und Wach, der als »Höfling und Diplomat unter den Künstlern« gilt, ein herzliches Verhältnis. Eine elegante Erscheinung, »ein schöner Mann und vollendet salonfähig«, wird er 1827 zum Hofmaler und 1840 zum Vizedirektor der Akademie der Künste ernannt. Die Schwester ist ihm ähnlich, nur steifer und zeremonieller, gemessener und zugleich exzentrischer.

Bis Mitte Oktober 1833 genießen Schwester und Bruder Sibylles Gastfreundschaft. Für Adele, die den Herbst bei Allwina in Jena verbringt, bleibt das Paar nur schemenhaft. Mit Befremden aber registriert sie nach ihrer Rückkehr den regen Briefwechsel zwischen Bonn und Berlin. Sibylle hat eine tiefe Sympathie zu Wach gefaßt. Sie bringt ihm mehr Gefühl entgegen, als sie sich selbst eingesteht. Den Geschwistern öffnet sie Herz und Hände, überhäuft sie mit Aufmerksamkeiten und Geschenken. Briefe gehen hin und her. Alles Interessante aus Kunst, Wissenschaft und dem Alltagsleben wird den Bewohnern des Hauses am Monbijou-Park, in der Cantianstraße 4–5, mitgeteilt. Es ist die Art, in der sie ihre Liebe erklärt, nicht die romantisch-schwärmerische Form wählt sie, der Austausch von Wissenswertem erscheint ihr angemessener.

Adele hat für Sibylles Verhalten kein Verständnis. An Ottilie schreibt sie: »Ihre Art Liebe zu W. ist auch mir ganz fremd – ich möchte dich eine einzige Stunde über diese unbegreifliche Geschichte sprechen – Du würdest mir deutlich machen können daß ich sie in dieser so natürlichen, so allen Frauen gleichen Empfindung anstaune, ohne im mindesten zu verstehen! Sie schreibt ihm Briefe – wie ich etwa an Coudray schriebe, – oder nein, wie ich nie schriebe, Episteln über Kunst, Statistik, Armenwesen, Bürgerliche Noth, Kirchenbau etc. etc. und liebt! nie war sie weniger weiblich und liebt! nie weniger jung im Gemüth, und liebt! nichts kann das in mir verstehen!«

Während Sibylles nüchtern-sachliche Art Adele ein Rätsel bleibt, ist Ottilie voller Verständnis, denn »erstens ist es natürlich, daß man wie auf einem Opferaltar, alle Blüthen und Früchte dem Mann niederlegt den man liebt, und dann glaubt man auch man müsse ihm zeigen, daß man ihm nicht nur durch das Herz, daß man ihm auch durch den Geist nah stände«.

Doch die fast ängstliche Zurückgezogenheit und Distanziertheit des Geschwisterpaars untergraben allmählich die Freundschaft. Steifheit und Förmlichkeit können auf die Dauer auch von Sibylles Warmherzigkeit nicht durchbrochen werden. Sternberg, der mit beiden näher bekannt ist, bescheinigt ihnen eine edle Natur. Er bewundert Henriettes »moralischen Mut, ihre Kraft, Leiden zu ertragen, die fast an die Grenze des Ertragbaren gingen«. Am Krankenbett erlebt er ihre Schwäche und Hinfälligkeit. »In diesen Momenten legte sie den Mantel der Eitelkeiten ab und sah die Erde an mit ungefärbter Brille.« Am 24. November 1845 stirbt der Bruder, dem sie zwei Jahre später, am 30. Oktober 1847, folgt.

Zu Lebzeiten als Autorin gefeiert, ist Henriette nach ihrem Tod heftiger Kritik ausgesetzt. 1838 hatte sie unter einem Pseudonym die Romantrilogie »Godwie Castle« veröffentlicht, die lebhafte Diskussionen auslöste. Zeitweilig wird als Autorin Marianne von Hessen-Homburg, seit 1804 verheiratet mit dem Prinzen Wilhelm von Preußen, vermutet, deren Umgang mit Henriette bekannt ist. Weitere historische Romane, »Sainte Roche«, »Thomas Thyrnau« und »Jakob van der Nees«, kommen 1839, 1843 und 1845 heraus. Den Romanen der Paalzow kann Adele nichts abgewinnen. Als sie sich 1842 endgültig zum Beruf einer Schriftstellerin durchgerungen hat, fürchtet sie nichts so sehr, als mit ihr, deren pompöser, unwahrhafter Stil sie abstößt, in eine Reihe gestellt zu werden. »Gefasel«, urteilt sie.

Im November 1833 – Adele ist noch über die Beziehung Sibylles zu Henriette erregt – zieht abermals eine Frau die Aufmerksamkeit der Freundin auf sich, Anna Jameson. Eine Empfehlung Ottilies, die im Juni die englische Schriftstellerin im Haus am Frauenplan empfängt und ihr aufgeschlossen entgegenkommt, führt sie mehrmals nach Bonn, zuletzt im November. Sibylle und Anna verstehen sich auf den ersten Blick. Adele fühlt sich wieder einmal vernachlässigt. Gekränkt bemerkt sie zu Ottilie: »Sibylle hat sich gewaltig exaltiert und mich sogar unfreundlich behandelt aus lauter Liebe zur Jameson, welche Sibylle wie eine Todtkranke behandelt und dieselbe stets schonende Klugheit von mir verlangt.«

Ein neues Gesicht zähle anscheinend mehr als die alte Freun-

*Anna Brownell Jameson*

Selbstporträt,
Kohlezeichnung für Sibylle Mertens-Schaaffhausen, 1834
Kunstsammlungen zu Weimar

din. Überhaupt wechseln in der Gunst Sibylles die Frauen rasch einander ab, erst die Paalzow, dann die Droste und jetzt die Jameson, konstatiert Adele mit Bitterkeit. Im stillen wird sie auch Ottilie in diesen Kreis einbezogen haben. »Sieh Ottilie«, schreibt Adele am 1. Dezember 1833, »ich muß nach 5 Jahren mir wirklich sagen, ich habe Sibyllens Liebe zu mir ganz miß-verstanden, [...] denn wirklich liegt eine unberechenbare Exal-tation in diesem Wesen. Sie hat die König, die Droste, die Paal-zow, mich – jetzt vielleicht die Jameson auf ganz gleiche Art geliebt, und Zufälligkeiten haben das Gefühl für mich ausge-bildet und mich getäuscht. Wenn ich einst von Sibyllen gehe – sie wird Trost finden!« Ottilie beschwichtigt, deutet an, daß Sibylles Hauptunglück darin bestehe, »keinen Mann geliebt zu haben«. Nun suche sie Ersatz bei Frauen, »denn diese Art ist zwischen Frauen nicht natürlich. Sie hatte die Freundin als Surrogat des Geliebten, – deshalb war sie so anfordernd, so lei-denschaftlich – und hat sie wirklich wieder dieselbe Weise für die Jameson, so möchte ich daraus behaupten, sie liebte Wach nicht und die Jameson wäre ihr maskierter Liebhaber.«

Ein Jahr später, 1834, erscheint von Anna Jameson »Visits and sketches at home and abroad« in vier Bänden. Darin skiz-ziert sie Persönlichkeiten, denen sie in ihrer Heimat und auf Reisen begegnet ist. Neben Ottilie hält sie auch Adele und Sibylle im Bild fest. Beide, obwohl verschieden in ihren An-sichten über Literatur, Kunst und das Leben, in Geschmack, Gewohnheiten und Gefühl, seien urdeutsch. Zwei so originelle Frauen hätten nie aus der englischen Gesellschaft hervorgehen können. Besonders die Tochter der berühmten Schriftstelle-rin Johanna Schopenhauer sei eine der vollendetsten Frauen, die ihr jemals begegnet seien. Adele ist irritiert. Das übertrie-bene Lob mißfällt ihr und scheint ihr Mißtrauen gegenüber der Jameson zu rechtfertigen.

Freundinnen von Sibylle, ob nahe oder entfernte, kann Adele trotz allem akzeptieren. Problematischer dagegen gestaltet sich ihr Umgang mit dem Mann des Hauses. In ihm sieht sie die Hauptursache für Sibylles Zeitknappheit, ihre Abgespanntheit und zeitweilige Depression. Adele, zu absoluter Inanspruchnahme der von ihr geliebten Person neigend, nimmt eine feindselige Haltung gegen ihn ein. »Selten regt sich ein Wunsch, außer dem, daß den Mertens der Teufel holen möchte, damit ich frei würde mit ihr […] Die Mertens ist unruhig im Haus, weil sie krankhaft reizbar ist, und von dem teuren Gatten hin und her gehetzt«, empört sie sich schon bald nach ihrer Ankunft am Rhein. Sie hofft auf die Trennung der Eheleute. Eine Scheidung jedoch ist undenkbar, da beide an die katholische Konfession gebunden sind. Man muß sich arrangieren, was angesichts des weitläufigen Besitzes der Familie kein Problem ist. Sibylle schafft sich ihren eigenen, von ihrem Mann nur ungern geduldeten Lebenskreis. Da ihn die Leitung der Bankgeschäfte den größten Teil des Jahres an Köln fesselt, vermißt er die Anwesenheit der Hausfrau. Konflikte bleiben nicht aus. Sibylle erweist sich als die Stärkere. Ihrem unbedingten Willen nach Freiräumen für Studien, Sammlungen und geistigem Austausch steht er machtlos gegenüber. Er gibt nach und versucht, den Freundinnen Sibylles entgegenzukommen. Das gelingt ihm bei Adele nicht. Er stößt auf Abwehr. Ihr ohnehin gestörtes Selbstverständnis gegenüber dem männlichen Geschlecht wird durch Mertens' herablassende Art nur noch gesteigert. Unzweifelhaft rechnet er sie nach einem ungeschriebenen Gesetz der menschlichen Gesellschaft zu der Kategorie »spätes Mädchen« oder »alte Jungfer«. In gewisser Weise rächt sich Adele, indem sie den häuslichen Frieden empfindlich stört und sich als Bundesgenossin Sibylles in manche eheliche Auseinandersetzung einmischt. Mertens sieht sich in die Defensive gedrängt und kapituliert. Künftig gehen sie sich aus dem Weg. Selbst bei ihren späteren Besuchen in Bonn – Adele lebt seit 1837 in Jena – kommt es zu keiner Begegnung.

1831 zieht Arthur in die Nähe von Mutter und Schwester. Er wechselt von Berlin nach Frankfurt am Main. Wohl eine Depression angesichts der sich ausbreitenden Choleraepidemie veranlaßt ihn, der Schwester im Oktober 1831 zu schreiben. Spontan reagiert Adele. Sie nähert sich ihm herzlich, versucht eine Brücke zu schlagen. Die Hoffnung regt sich, neue Anknüpfungspunkte zu finden. Eine ausführliche Schilderung ihrer gegenwärtigen Lebensumstände folgt in einem zweiten Brief Ende Oktober.

Adele erwähnt die Geschehnisse in Weimar nach dem Ende der glücklichen Tage, ihre finanziellen Nöte, die Schulden, die nur unter großen Opfern getilgt werden konnten, die Freundschaft mit Sibylle Mertens, der Frau, die sie zweifellos gerettet habe, ihr neues Heim in den Sommermonaten, ein reizendes Landhaus in Unkel, ihr Fremdsein in den wechselnden Bonner Winterquartieren. Innerlich habe sie Ruhe gefunden und hoffe, ohne drückende Sorgen durchzukommen. Darin bestärke sie die Arbeit der Mutter an der Gesamtausgabe ihrer Werke. Ansonsten bewege sie »keine einzige leidenschaftliche Empfindung […], keine Hoffnung, kein Plan – kaum ein Wunsch; denn meine Wünsche streifen an das Unmögliche: so habe ich ihrem Flug und Zug nachsehen lernen, wie dem der Vögel in der blauen Luft. Ich lebe ungern, scheue das Alter, scheue die mir gewiß bestimmte Lebenseinsamkeit, ich mag nicht heirathen, weil ich schwerlich einen Mann fände der zu mir paßte. Ich weiß nur einen, den ich heirathen könte ohne Widerwillen, u. der ist verheirathet. Ich bin stark genug um diese Öde zu ertragen, aber ich wäre der Cholera herzlich dankbar, wenn sie mich ohne heftige Schmerzen der ganzen Historie enthöbe.«

Trotz allem hat sie den Gedanken an eine Ehe noch nicht ganz aufgegeben. Allerdings liegen Leidenschaft und Liebe hinter ihr, so daß sie »zwar heirathen kan, aber nur einen Mann, den ich ganz besonders u. durchaus achte und geistig über oder neben mich stelle, wo er dann als Mann doch über mir stünde.

Nur so könte ichs mit klarem Gewissen – nun sieh selbst, wo findet sich das leicht? Der Mann würde sich finden; aber auch zu mir finden?« Zumal sie in der Gesellschaft eine Maske trage, ja eigentlich die Gesellschaft scheue. »Mich kennt fast Niemand, denn meine Seele hat ein Gesellschaftskleid wie die Venezianischen Schleier u. Masken, von mir selbst sieht man nicht viel. Warum die Leute langweilen? Sie wollen meistens blos oberflächliche Worte, und wenn ich denn in Gesellschaft muß, gebe ich diese.« Dennoch habe sie einige Freunde, »d'Alton, ein sehr geistreicher alter Mann, seine Frau u. Tochter, Münchow, auch ein älterer Mann, u. mein Arzt, Wolff, zuletzt aber die Mertens, die mich wirklich kennt, so gut man sich eben in dieser kuriosen Welt kennen lernen kan, wenn man in ganz verschiednen Verhältnissen aufwächst. Ich habe sie sehr lieb und sehe sie oft.«

Adele, selbst oft unglücklich, versteht die Lebensangst des Bruders, seine vermeintliche Neigung zum Selbstmord aber widerstrebt ihr. Ihre Lebenszeit könne sie abwarten, alles ende einmal, nur der Zeitpunkt sei ungewiß.

Adele schließt den Brief, indem sie das Verhältnis zu Arthur nunmehr aus dem Abstand der Jahre reflektiert. Die Befangenheit der Jugend liege hinter ihr, einige Zwänge habe sie abstreifen können. »Jetzt ist vieles anders: die Zeit hat Dich gelehrt, daß mich mein freier Wille, keine Art Noth, keine Hilflosigkeit zu Dir treibt. Ich bin überzeugt, daß unsre Charaktere im Guten u. Schlimmen viel Aehnliches haben, wir wollen, denke ich, nun einmal sehen, wo wir zusammenpassen. Du magst die Menschen im Allgemeinen nicht, ich achte sehr wenige, und lebe gern allein oder mit sehr wenigen; doch bin ich nicht menschenscheu. Du glaubst die menschliche Natur zu kennen, ich manchmal auch, manchmal bescheide ich mich, und glaube daß ich anfange mich zu kennen. Laß mich Dich womöglich sehen; wenn ich irgend einen Menschen zu kennen wünsche, bist Du es […] gieb mir in der Nähe ein Rendezvous von ein Paar Tagen, aber wo möglich in einem kleinen unbemerkten Orte, und wohin ich von hier aus leicht ganz allein reisen kann.« Bis dahin möchte er ihr schreiben, über sich, über andere, über Bücher, Städte, Musik, »kurz was Du willst: ich werde Dich herauslesen lernen, aus dem was Du schreibst. Fürchte kein Spioniren, was Du von Deinen Verhältnissen verschweigst, werde ich nie zu errathen suchen, aus Rechtlichkeit u Faulheit.«

Der erwartete Widerhall fällt schwach aus. Ein Wiedersehen wird nicht angeboten. Ihre Skepsis hatte sie schon in dem Brief an Goethe vom 22. November 1831 geäußert: »Wir haben uns einander schriftlich genähert, wie nah wir uns kommen können, kan ich noch nicht sagen von beiden Seiten ist noch vieles ganz Unerörtertes, u. von beiden Seiten Narben! – Gebe der Himmel leidliches Auskommen.« Und ein wenig hilflos gesteht sie am letzten Novembertag Ottilie: »Arthur ist wieder verstummt, ich muß also fürchten daß doch aus unsrer Annäherung nicht viel werden wird.« Obwohl er zuerst ein Lebenszeichen gab, scheint es, als ob ihre Briefe »ihm nicht mehr lieb, so herzlich ich schrieb. Bin ich ungeschickt meine Tille daß ich das Glück nicht mehr fassen kann – oder was ists sonst?«

Den brieflichen Kontakt hält Adele weiter aufrecht. Am Weihnachtsabend 1831 denkt sie an ihn: »Heute ist Weihnachten – es wird nichts bescheert. Wir können jetzt nicht wegen der Theurung, und am Ende ohne meine alten Freunde mache ich mir nicht viel daraus, was ich brauche kaufe ich, und die Mertens schenkt mir immer noch eine Menge Zierlichkeiten, mehr als nöthig. Indessen ist dieser Tag dennoch mancher Erinnerung wegen sehr betrübt. Ich wollte Dir schreiben vor Jahresschluß, ich bin gerade so pedantisch als eine Frau seyn darf ohne unausstehlich zu seyn. Obendrein aber hasse ich alles Halbe, es war mir herzlich lieb daß Du wieder schriebst, u ich will u kan nichts thun was dieser Näherung störend entgegenträte.« Auch berichtet sie ihm von ihrem schlechten Befin-

den: »Ich habe ungeheuer an Zahnschmerz gelitten, überhaupt
welche Riesennatur habe ich! wie wirken Körper u Geistes
Schmerzen gleich so in Massen. Man hohlte noch Abends
11 Uhr einen Arzt, der ein Paar Stunden bei mir blieb, spani-
sche Fliegen eine auf die andre, Blutegel, in die Wunde ge-
streutes Gift – nichts half, endlich gab man mir bis 44 Tropfen
Opium, u da erst verfiel ich in Ermattung, denn ich phantasirte
früher vor Zahnschmerz, damahls aber war ich bei ganz klarem
Verstande u konte die Schmerzen recht genau unterscheiden.
Es war eine Erkältung beim Umzug gehohlt, das ist alle Jahr
mein casus.« Adele wünscht ihm einen heiteren Tag und für sich
selbst eine freundliche Minute des Gedenkens.

Das schwache Pflänzchen Zutrauen wird schon bald wieder
gestört. Anscheinend fordert Arthur Rechenschaft über ihre
Vermögensverhältnisse, obwohl er darüber im Bilde gewesen
sein dürfte. Ende Januar 1832 beteuert Adele, wie aussichtslos
es für sie sei, der Mutter gegenüber als Schuldnerin aufzutre-
ten. Wo nichts mehr sei, kann auch nichts verteilt werden. Die
Mutter verfüge über kein Vermögen mehr. »Bei so bewandten
Umständen konte ich, die die Mutter von Herzen liebt, keine
Auseinandersetzung fordern – meine Forderung hätte sie zur
Bettlerin gemacht.« Zwar habe die Mutter noch den Ehrgeiz,
durch rastlose Arbeit an den Gesammelten Werken ihr zu ersetzen, was sie verlor, doch werde sie »die unglückliche Frau
nicht drücken und quälen«. Jeder Mensch müsse nach seiner
Überzeugung handeln, »gegen mich war die Mutter immer
gut, ich konte nicht hart seyn, um so weniger da Ihr nicht einig wart – ich hätte das nicht ertragen können«. Schließlich
versichert sie dem Bruder: »Ich weiß ich werde viel, viel ärmer
seyn als Du, aber sey ganz ruhig, ich werde mir selbst helfen,
und sterbe ich einst ganz einsam, so wirst Du was dann noch
da ist, von mir geordnet u wohlbehalten erben. Die Mutter hat
nichts mehr leider! sie hatte schon anno 19 eigentlich gar nichts
mehr, durch Ganslandt, und Rußland, durch den Krieg u große

Unkenntniß in Geschäften hatte sie alles verloren.« Eindringlich bittet sie ihn, sein Mißtrauen ihr gegenüber zu bekämpfen, seine Tadelsucht einzudämmen, seine Animosität gegen sie abzubauen, falls ihm wirklich an einer Annäherung gelegen sei.

Offenbar legt Arthur jedoch mehr Gewicht auf die Klärung von Vermögensfragen als auf Adeles Zuneigung. Nun übernimmt zeitweise die Mutter die Korrespondenz. Vorwiegend werden Verwaltungsangelegenheiten der Güter um Ohra, Pacht- und Zinsgelder, Vollmachten und ähnliches erörtert. Persönliche Töne klingen nur selten an, etwa wenn Johanna aufmunternde Worte gegen Arthurs Menschenscheu, seine Eremitenrolle in der Gesellschaft und sein düsteres Gemüt findet, ihm die Schonung seiner Gesundheit nahelegt oder seinen »garstigen Pudel« erwähnt. Johanna meidet Beunruhigung durch Gefühle. Ihr Bedürfnis nach Gleichmaß hat im Alter zugenommen. Sie altert zusehends, kränkelt immer häufiger, dabei verteidigt sie energisch ihre Unabhängigkeit, was der Tochter Sorgen bereitet. »Da ich nicht klagen kan, noch mag, schreibe ich keine Details über mich; genug mein Leben ist nicht erstaunlich«, läßt Adele im November 1835 Arthur wissen. Zugleich fragt sie nach seiner Zufriedenheit, seinen schriftstellerischen Vorhaben: »Gott weiß daß ich immer den alten Antheil an Dir fortnehme. Sollte ich die Mutter verlieren wie ich oft ahnde; so reißt uns Beide das Leben noch mehr auseinander, seit Jahren schon habe ich meine eigne Zukunft bestimmt, ich würde den Rhein augenblicklich und auf immer verlassen. Ich muß in Thüringen leben, nur dort ist mir wohl. Mögtest Du recht heiter seyn wenn Dich diese Zeilen erreichen.« Nur am Rande seiner üblichen finanziellen Erörterungen geht Arthur auf der Schwester »Rosenfarbnes Schreiben« ein. Er teilt ihr außerdem mit, daß er an einer Abhandlung arbeite. »Sollte Dir die Schrift ein Mal zu Gesicht kommen, so kannst Du durch Blättern daraus abnehmen, was mein Leben, Streben und Leiden eigentl ist. –«

»Über den Willen in der Natur« erscheint 1836 in Frankfurt am Main. Ob Arthur dem wiederholten Wunsch Adeles nach Übersendung eines Exemplars entsprochen hat, ist ungewiß. Zumindest fragt sie noch einmal im Dezember 1836 an: »Ist denn Dein Buch nicht heraus? Willst Du mir es nicht schicken? Soll denn der Verdruß zwischen uns nicht enden? Mein Gott, mir ist so weh, mir scheint, ich habe keine Zeit irgend Jemanden mehr zu zürnen.« Und im Oktober des folgenden Jahres erwähnt sie aus Jena: »Dein Buch wird hier gelesen, und man spricht mit Anerkennung davon unter den Gelehrten.«

Möglicherweise hat Arthurs reservierte Haltung mit der krisenhaften Situation im Zusammenhang mit Muhls Tod am 26. November 1835 zu tun. Erneut scheint die existentielle Sicherheit von Mutter und Schwester bedroht, als Hinrich Abegg, Muhls Schwiegersohn und Nachfolger, die Weiterzahlung der kleinen Rente von 300 Talern vorübergehend in Zweifel zieht. Adele fürchtet, in ein finanzielles Desaster zu stürzen, die Mutter in Pension geben und für sich einen Unterhalt suchen zu müssen. Diesmal hingegen versucht Adele Widerstand zu leisten. Ein Hilferuf an Arthur am 23. Januar 1836, gemeinsam mit ihr Strategien gegen Abegg zu entwickeln, zumindest seine Erfahrungen einzubringen, auf welche Weise er 1819/20 Muhl und auch Abegg beigekommen sei, stößt jedoch auf taube Ohren. Wohl betont sie ausdrücklich, nicht mit einer Unterstützung zu rechnen, überhaupt nie etwas zu fordern außer seinen geistigen Beistand, muß aber von ihm erfahren, daß sie rechtmäßig gar nichts zu fordern habe. Unumwunden fällt ihre Antwort aus. Seiner Ansicht, nur Söhne dürften erben und dann naturgemäß für die Frauen sorgen, stimme sie vorbehaltlos zu, betont aber zugleich, wie gern sie diesem Grundsatz gefolgt wäre, wenn ein Bruder zur rechten Zeit auch auf ihr Erbe achtgegeben hätte. »Sey Du ruhig, und rathe, ernst, aber laß nun alle harten Worte weg – Arthur es ist ja zu spät, verschwende sie nicht! Das laß Weibern, für einen Mann paßt es nicht, sage auch der Mutter nichts mehr, es kann ja weder für die Zukunft noch für die Vergangenheit helfen, die Frau ist 70 Jahre alt, laß sie nun so still hinleben.« Ohnehin könne an der Tatsache, daß die Mutter betrogen wurde und sie, die Schwester, der Situation hilflos gegenüberstand, nichts geändert werden. Allein sein unbegründeter Argwohn an ihrer Ehrlichkeit habe ihr Erbe verspielt. Deshalb bittet sie: »[…] schreibe nichts Hartes, denke daß ich doch eigentlich ein Kind war als mein Unglück bestimmt wurde – als ich 23 Jahre alt war, war mein Vermögen verschwunden.« Und nur eine Woche später, am 7. Februar, beschwört sie ihn, sie nicht zu quälen, »ich weiß ja daß Du mir nichts geben wirst, ich bitte ja nicht, fordre nicht – ich wünsche nicht einmal, denn Deine Achtung hängt daran, daß ich nichts von Dir bekomme u doch nie ganz von Dir lasse«. Bis an ihr Lebensende nimmt Adele Anläufe, um die Verkrustungen zwischen ihnen aufzubrechen. Letztlich aber kann das zerrissene Band nur geflickt werden.

Adeles Nerven sind in den Jahren am Rhein nach wie vor leicht erregbar. Annäherungen verschiedener Männer versprechen immer noch körperlichen und seelischen Aufschwung. Jedes Zeichen von seiten des Arztes Dr. Heinrich Wolff wird gedeutet und je nach Stimmung ausgelegt. Der Umgang mit Professor Martius während seiner Aufenthalte in Bonn, die Beziehung zu Professor Schröter in Jena rufen vergessene Empfindungen wach. Wie in ihrer Jugend schwankt sie zwischen Hochstimmung und Niedergeschlagenheit – ein permanenter Zustand.

Hinzu kommt das Bangen um Ottilies Schicksal, deren Lebensschiff von Strudeln erfaßt, herumgewirbelt und leckgeschlagen wird. 1833 und 1834 scheitern alle Versuche, Charles Sterling noch einmal in Frankfurt zu treffen. Im Frühsommer 1834 wird Sibylle Zeugin ihres fieberhaften Wartens auf Sterling, ihrer Verzweiflung über die sich wiederholende Absage des Freundes, ihrer vorgetäuschten Ausgelassenheit im Um-

gang mit Männern, ihres Sichanklammerns an neue Bekanntschaften und ihres Sichverlierens in der Euphorie einer vermeintlichen Neigung. Eine Atmosphäre des Vertrauens beginnt beide Frauen zu umschließen. Sibylle erlebt, wie Naivität
und Schwärmerei Ottilie immer mehr in die Arme eines gewissen Captain Story treiben, als Reaktion auf das vergebliche
Warten auf Sterling.

Ihr Verhältnis hat Folgen, sie wird schwanger. Um dem Gerede zu entgehen, verläßt sie Ende September 1834 Weimar. In
Wien will sie ihre Niederkunft abwarten. Begleitet wird sie von
Anna Jameson. Am 15. Februar 1835 bringt Ottilie in Wien ihr
viertes Kind, Anna Sibylle, zur Welt. Es lebt nur anderthalb
Jahre. Diese Zeit äußerster Anspannung und hilfloser Verlassenheit kann sie nur dank des Verständnisses und der Hilfe weniger Freundinnen bewältigen. Sibylle unterstützt sie tatkräftig
und steht ihr materiell wie ideell zur Seite. Ohne Jammern und
Klagen beginnt sie, die ungewöhnlichen Lebensumstände Ottilies zu ordnen, gemäß ihrem Wahlspruch des Marcus Antonius:
»Du bist eingestiegen, fortgefahren, angelandet; steig aus! überall sind Götter!«

Adele hingegen fühlt sich ohnmächtig angesichts dieser Wir-
ren. Ihr andersartiges Lebensgefühl spricht sich in den Ab-
schiedsworten aus, die sie Sibylle anläßlich deren Reise nach
Italien im Juni 1835 in das Stammbuch schreibt:

> O laß die Tage mit Dir schalten
> und tun, was ihnen wohlbehagt!
> Soll Dir das Leben stets gefallen,
> das nie auf Dauer sich verstand,
> So laß das Schönste wieder fallen
> und schließe nicht zu fest die Hand.

Anna Jameson, die treue Gefährtin Ottilies in Wien, stellt
sich auch weiterhin schützend vor sie, zumal deren Unvorsichtigkeit und Indiskretion Gerede in den Gesellschaftskrei-

sen aufkommen läßt. Sibylles uneigennützige und vorurteils-
freie Haltung in dieser komplizierten Situation aber bewundert sie. Als Anna im April 1836 zunächst nach England und
im Herbst weiter über New York nach Kanada zu ihrem Mann
geht, hält sie beide auf dem laufenden, schildert ihre Atlantik-
überfahrt auf der »Britannia« von Portsmouth nach New York,
den glänzenden Empfang, der ihr dort als Schriftstellerin zuteil wurde, das großartige Schauspiel der Niagarafälle, die
Trennung von ihrem Mann im gegenseitigen Einvernehmen
und die Erfüllung ihres Wunschtraums – die Fahrt zu den In-
dianervölkern in Kanadas unwegsamen Weiten. 1838 kehrt sie
nach Europa zurück und versäumt keine Gelegenheit, Ottilie
und Sibylle zu besuchen. Obwohl Anna auch nach Adele
fragt, ihr »tausend herzliche Grüße« ausrichten läßt und die
Bitte, sie nicht zu vergessen – »denn ich liebe sie« –, wahrt
diese Zurückhaltung.

Vier Sommer, 1829 bis 1832, verbringen Johanna und Adele
auf dem Landsitz in Unkel, den Winter über wählen sie erst
Godesberg zum Wohnort und dann Bonn, wo sie sich 1832
endgültig niederlassen. In der Wenzelgasse beziehen sie eine
angenehme Parterrewohnung mit Garten. Von dort sind es
nur wenige Schritte bis zu Sibylles neuem Zuhause in der Wilhelmstraße 24 (jetzt vermutlich 34 und ein Institut der Bonner
Universität).

Sibylle ist und bleibt der Hauptbezugspunkt in Adeles Bonner Zeit. Wenn nicht die Anwesenheit des Mannes Louis
Mertens, den Adele als »gemein und roh« empfindet, sie ab-
schreckt oder eigene Unpäßlichkeit und Beschwerden der
Mutter sie hindern, nutzt sie die geselligen Zusammenkünfte
im neuerbauten Haus mit seiner beeindruckenden klassizistischen Fassade und den schwingenden Treppen. Verschwiegene
Nischen und weite Hallen laden zum Verweilen ein. In den
geschmackvoll eingerichteten Räumen fühlt sie sich geborgen.
Geist und Toleranz, sonst eher selten in der Bonner Gesell-

schaft, bestimmen den Ton. Zwanglos ergeben sich Bekannt-schaften, die Honoratioren der Stadt, Vertreter der Universität und andere Gäste beleben den Kreis.

Das Spektrum der Geladenen reicht vom Gelehrten zum Dichter, vom Wissenschaftler zum Künstler, vom Bankier zum Beamten. Schlegel, die d'Altons, der Mineraloge Nöggerath, der Mathematiker Münchow, der Altertumswissenschaftler Welcker, Gründer der Bonner Universitätsbibliothek, der Zivilrechtsforscher Bethmann-Hollweg, später Kultusminister in Preußen, gehen hier ein und aus, ebenso die Bildhauer Schadow und Rauch sowie der Dichter Freiligrath. Von den beiden mit Sibylle befreundeten und mit Goethe bekannten Botanikern Nees von Esenbeck lernt Adele nur den älteren Bruder Christian Gottfried flüchtig kennen, bevor er, wie sie Goethe schon Anfang Januar 1830 mitteilt, Familie und Stellung aus Liebe zu einer anderen Frau aufgibt und Bonn fluchtartig verläßt. Erneuern kann Adele die schon früher geknüpften Kontakte zu Sulpiz und Melchior Boisserée und dem Komponisten Ferdinand Ries. Durchreisende Künstler, Wissenschaftler und Politiker erhöhen den Glanz der Soireen.

Abwechslung in das Alltagsleben bringen Besucher aus der Heimat, in die es Johanna und Adele seit geraumer Zeit wieder zieht. Allwina Frommann, die Freundin aus Jena, kehrt gern in das gastliche Haus der Schopenhauers in Bonn ein. Hier kann sie sich vorübergehend von der zermürbenden Pflege des schwerkranken Vaters erholen.

Professor Wolff aus Jena, verheiratet mit Adeles Jugendfreundin Louise Kirsten, bereist im März 1835 zusammen mit Ludwig Bechstein die Rheingegend. Sie besuchen auch Johanna und Adele, von Wolff scherzhaft »Genius« genannt. In seinen »Briefen, geschrieben auf einer Reise längs dem Niederrhein, durch Belgien nach Paris« skizziert Wolff mit wenigen Strichen die beiden Damen, »die angenehme Laune der Mutter, ihr feiner, durch ein reiches Leben so bedeutend ausgebildeter Verstand, ihre komische Auffassung wunderlicher Eigenheiten bei Bekannten wie Fremden […], dazu der Tochter wunderbare Tiefe und reiches Gefühl mit ihrer klaren unwandelbaren Treue«. Wolff wird in die Auseinandersetzung um das Buch »Goethes Briefwechsel mit einem Kinde« von Bettine von Arnim einbezogen, das gerade im Buchhandel erschienen ist. Sein ohnehin diffiziles Verhältnis zu Goethe bekommt neue Nahrung. Dem Kreis um Heine und Börne nahestehend, teilt er deren Vorbehalte gegen den »Dichterfürsten«. »Das Büchlein von Goethe«, unmittelbar nach dessen Tod 1832 anonym veröffentlicht, stammt von O. L. B. Wolff und hat ihm den Unwillen, ja die Feindschaft ganzer Generationen von Goethe-Verehrern bis in die Gegenwart eingetragen. Bis heute ist dem Improvisator und Schriftsteller Wolff, dessen Witz und Ironie noch immer bestechen, keine angemessene Würdigung widerfahren.

Entgegen Johannas Bericht kommt Bonn in Wolffs Reisebeschreibung nicht gut weg. Die Stadt mißfällt ihm, »krumme, enge, düstere und kotige Gassen«, ein wenig ansprechender Menschenschlag, an der Universität ein »Überfluß an Arroganz, Neid und gehässiger Klatscherei«, viel schlimmer als in Jena. Zudem sei dort das Vertrauen der Studenten zu ihren Lehrern weit höher als in Bonn.

Auch Adele hat in Bonn längst Kränkungen erfahren müssen. Gewohnt, verschiedene Gesichtspunkte eines Themas zu betrachten und offen zu diskutieren, stößt sie hier auf kleinliche Nachrede, begegnet abwertenden Urteilen und borniertem Denken. Abschätzige Meinung aber hinterläßt immer eine Wirkung. Hat deshalb der Dichter Immermann die persönliche Bekanntschaft der Damen Schopenhauer in Bonn vermieden, obwohl sein Weg ihn häufig von Düsseldorf hierherführte?

Die engherzige Atmosphäre in der Provinzstadt am Rhein wirkt lähmend auf Adeles Kreativität. Sporadisch nur und heimlich pflegt sie ihre künstlerischen Talente. Dagegen schmiedet Sibylle, die in der schriftstellerischen Begabung der Freundin die einzige Möglichkeit für ein gesichertes Einkommen und ein stabiles Selbstwertgefühl sieht, seit langem Pläne für deren Zukunft. Ihre Kampagne aber, Adele auf die Laufbahn einer Schriftstellerin einzustimmen, stößt auf passiven Widerstand, sei es aus Unsicherheit dem eigenen Talent gegenüber oder aus Eigensinn, verstimmt durch Sybilles resolute Bestimmtheit, oder aus Abneigung, dem Vorbild der Mutter zu folgen. So verläuft ihr Versuch, Adele 1835 als Erzieherin in die Kreise der italienischen Aristokratie nach Genua zu holen, ihr dadurch den nötigen Freiraum für literarische Arbeiten zu sichern und sie gleichzeitig aus der Abhängigkeit von der Mutter zu lösen, im Sande. »Mich jammert, daß Du, bei Deinem sehr bedeutenden Talent, die ausgesprochene Abneigung gegen literarische Arbeiten nicht überwinden kannst, und andererseits Dir jetzt jede Gelegenheit fehlt, die Poesie der Plastik und Malerei auf den Punkt auszubilden, der im Bereich der Kunst mit Deinem Namen bezeichnet ist. Es gehen in Dir diese beiden Sterne unter, ohne jemals wolkenlosen Äthers sich erfreut zu haben, oder vielmehr, sie werden zersplittert an den winzigen Riffen einer Brandung, die zu hoch geht, um gefahrlos zu bleiben, und doch der gewaltigen Stürme ermangelt, an denen der Menschengeist erstarkt wie an dem Hochgefühl reinen Glücks. Ich hätte mich heimlich gefreut, Dich die ersten Versuche einer literarischen Bahn wagen zu sehen, weil ich für die Zukunft (und ich halte fest die Überzeugung, mit Recht) Bedeutendes von dem Aufschwunge Deiner Phantasie, von der angeborenen Grazie Deiner Empfindungen, von der geordneten Klarheit Deiner Gedanken und von der Reflexionsübung, oder richtiger -geübtheit, Deines Geistes erwartete. Dazu kam die reiche Spachkenntnis und Deine vielseitige Ausbildung – aber ich mochte nicht viel darüber reden, weil die Erfahrung mich auf den Punkt fast abergläubisch machte: Vielberedetes gelingt nicht. Ich schwieg und hoffte; an Deiner

Abneigung scheitert eine Erwartung und, was wichtiger ist, ein wirklich großes Talent«, kommentiert Sibylle die Weigerung der Freundin. Unberührt davon sammelt sie für sie weiter Anregungen und Stoffe, entwirft Skizzen und Szenen.

Furcht vor dem unbedingten Zwang des Produzierens und Scheu vor öffentlicher Kritik lassen Adele zurückweichen. Vorsicht scheint ihr geboten, sich in der Allgemeinheit zu exponieren. Noch ist sie nicht gefeit gegen kritische Urteile und Attacken der Presse auf ihre Person. In der Stille widmet sie sich nach wie vor ihren Liebhabereien: neben Malen, Zeichnen und Silhouettenschneiden auch dem Schreiben. Es entstehen kleinere Arbeiten, Erzählungen und Gedichte, für gelegentliche Publikationen bedient sie sich eines Pseudonyms, das sie vermutlich einem um 1600 lebenden niederländischen Maler und Dichter entlehnt. Unter »Adrian van der Venne« erscheint von Juli bis Dezember 1835 in »Phönix, Frühlingszeitung für Deutschland« im Verlag Sauerländer die Novelle »Die lothringischen Geschwister«. Vorausgegangen ist ein gründliches Quellenstudium. Sie vertieft sich in historische und klassische Werke, in die Memoirenliteratur und in Goethes Schriften. Alles interessiert sie, »was die Menschen im Großen u Kleinen innerlich zu Resultaten brachte«. Sie versteht, daß die »Geschichte der Völker u Herzen immer dasselbe, immer Wechsel, immer Fort- oder Rückschreiten, immer Irrtum, wo Glück scheint, immer am Ende eine neue Gestaltung, eine Art zweiter Geburt, in der alles anders wird, u doch das Vergangne nicht nutzlos ist«. Schauplatz der Novelle ist Lothringen in der Mitte des 17. Jahrhunderts, als das Herzogtum zum Spielball der Interessen des französischen Königshauses wurde. Vor diesem politischen Hintergrund wird das wechselvolle Schicksal Karls IV., Herzog von Lothringen, und seiner Geschwister gestaltet, deren Charaktere nuancenreich und mit psychologischem Einfühlungsvermögen entwickelt werden.

Als Autorin vermutet man Johanna, doch nur Adele benutzt

diesen Decknamen. Manche Gedichte sind so unterzeichnet, auch der von ihr stammende Text der Oper »Enzio. Oder: Der Gefangene von Bologna« von Walther von Goethe. Enzio, König von Sardinien und Lieblingssohn Kaiser Friedrichs II. von Hohenstaufen, Krieger und zugleich Poet, gerät nach verlustreichen Schlachten in die Hände der Bologneser und bleibt zeitlebens ihr Gefangener trotz Interventionen von seiten des Vaters und eigener Ausbruchsversuche. Die Oper erlebt keine Aufführung, nur das Libretto erscheint 1845.

Zu diesem Zeitpunkt stellt sich Adele bereits der Kritik, erträgt gelassen Tadel, nimmt Anregungen dankbar und Anerkennung freudig entgegen. Bedrückt sie Ablehnung nicht mehr so wie in jungen Jahren, so wirkt andererseits auch Zustimmung weniger beflügelnd. Adele hat gelernt, ein gewisses Gleichgewicht zu wahren und das Urteil anderer zu tolerieren. Ihre Weltsicht hat eine neue Dimension gewonnen.

Während der Jahre am Rhein aber ist der Selbstfindungsprozeß gehemmt. Zudem ist Adele eingespannt in die Pflichten des Haushalts. Die dürftige Finanzlage und die Kränklichkeit der Mutter beschränken ihren Freiraum. Zwar kann das Budget 1830/31 durch die Herausgabe von Johannas Gesamtwerk aufgebessert werden, doch weitere Einnahmen aus ihren Romanen bleiben infolge mangelnder Nachfrage aus. Auch verlangen die Beschwerden des Alters immer mehr Bequemlichkeit. Johanna geht auf die Siebzig zu. Trotz gewisser Einschränkungen wächst die Schuldenlast. Um so bedrückender wird es für sie, ähnlich wie in den letzten Weimarer Jahren den Schein der Wohlhabenheit aufrechterhalten zu müssen. Wertvolle Kunstgegenstände, Schmuckstücke und Bilder, unter anderem für 600 Taler das kostbare Gemälde von Veronese, das Muhl ihnen als Ausgleich für ihren finanziellen Verlust überlassen hatte, sogar das Wiener Piano, das sich Adele aus Übersetzungsgeldern zusammengespart hat, werden verkauft oder zum Händler gebracht. Auch wenn Adele der Mutter manches versagen will, »den weißen Haaren gegenüber« vermag sie es nicht.

Seit geraumer Zeit beobachtet Sibylle diese Situation. An Wach schreibt sie 1835: »Ich fürchte, Adele ist durch die Mutter ruiniert«, und 1836: »[...] der Leichtsinn der Mutter, die mit mir unbegreiflicher Sorglosigkeit das eigene und das Vermögen der Tochter dem Zufall und dem Untergang preisgab, ist von erschreckender Beharrlichkeit.«

Adele, selbst kränklich, reibt sich in der Sorge um die gebrechlich werdende Mutter auf. Noch schreibt Johanna an ihren Memoiren, zwar langsam, aber stetig, verspricht sie sich doch davon eine Belebung ihrer früheren Erfolge. Erste Anzeichen einer Wassersucht verstärken ihre Hinfälligkeit. Die Lebenstage der Mutter zu erhellen, ihr jede Verstimmung zu ersparen, das hat nun Vorrang vor allen anderen Ansprüchen, so wie sie es vor zehn Jahren vorausgeahnt hat. Adeles praktizierte Entsagungsfähigkeit erwirbt ihr allgemeine Achtung. Annette von Droste-Hülshoff, die sich im Winter 1836/37 in Bonn aufhält und Adele häufig besucht, blickt tiefer in die Verhältnisse der Familie als andere. Am 24. Januar 1837 schreibt sie der Schwester Jenny: »Adele dagegen ist um vieles liebenswürdiger und bescheidener geworden; sie hat allen eiteln Gedanken den Abschied gegeben, um sich ganz mit ihrer kranken Mutter zu beschäftigen, die am Brustwasser leidet und gar nicht mehr ausgehen kann. Adele beträgt sich musterhaft hierbei, weicht nicht von ihr, schläft fast keine Nacht und gibt ohne Klage nach und nach ihr ganzes Vermögen her, um der Alten alles zu gewähren, was ihr Erleichterung oder Freude geben könnte, und das so ganz ohne Prahlerei. Käme es nicht durch den Arzt, den Geschäftsmann und dergleichen Personen aus, so würde man es nicht mal bemerken. Sie genießt deshalb jetzt einer allgemeinen großen Achtung in Bonn, und selbst ihre früheren Gegner können es nicht mehr leiden, wenn jemand was über ihre kleinen Torheiten sagt.«

Etwa sieben Monate später, am 5. September 1837, geht sie noch einmal in einem Brief an ihre Tante Sophie von Haxthausen auf das Charakterbild Adeles ein. Obwohl sie die Mutter anfangs höher geschätzt habe, müsse sie, je länger sie beide kenne, ihr Urteil revidieren: »Hör, Sophie, Du hast ein Gedächtnis wie ein Sieb, sonst hättest Du Dich erinnert, was ich Dir über Adele gesagt: daß jedermann die Mutter lieber hat, Adele vielmehr ganz widerlich gefunden wird, auch widerlich ist, und ich sie sehr lange nicht habe ausstehen können, daß aber, wenn man sie lange und genau beide kennt, der Charakter der Mutter ebenso der Achtung unwert ist als jener der Tochter wirklich ehrwürdig erscheint. Adele ist allerdings eitel und mitunter wirklich lächerlich, aber sie ist nicht imstande, einem Kinde weh zu tun, hat keinen gemeinen Funken und ist der größten Opfer fähig, die sie auch täglich bringt, und zwar ganz ohne Prahlerei.« Adele könne entsagen, um andere, Bedürftige, ihre Freunde oder ihre Mutter, glücklich zu sehen. Ohne Einwände komme sie den Wünschen der Mutter nach Zerstreuung entgegen, obwohl es ihr selbst gesundheitlich oft schlechtgehe. Annette selbst konnte beobachten, daß die Mutter »trotz allem Aufheben mit ihrer Tochter nicht einen Pfifferling drum gibt, wie es ihr zumute ist«, und wenig Rücksicht nimmt, wenn sie sich langweilt, sogar »sie zwang, im Fieber aufzustehn und mit ihr in Gesellschaft zu gehen«. Zudem verzehre sie das Vermögen der Tochter in Form von Leckerbissen, ohne daß Adele aufmucke. »Das sind doch Eigenschaften, um die man wohl ein bißchen armselige Empfindsamkeit und Eitelkeit übersehn kann, da Adele zudem so honett und anständig ist und gar nicht verliebter Natur, sondern bloß für interessant passieren will bei Damen so gut wie Herren.« Doch will Annette auf keinen Fall Adele schmeicheln, umgekehrt wäre dies auch nie der Fall gewesen, eher »war sie dermaßen resolut mit mir, daß ich wohl von keiner Person in meinem Leben soviel Unangenehmes zu hören bekommen habe. Das ist ganz gewiß wahr, das kannst Du mir glauben.«

Adele und die Mutter sehnen sich seit geraumer Zeit nach Thüringen als dem verlorenen Paradies zurück. Ein am Jahresende 1836 unterbreitetes Angebot des Großherzogs Carl Friedrich von Sachsen-Weimar-Eisenach, Johanna Schopenhauer bei ihrer Rückkehr eine jährliche Pension von 300 Talern auszusetzen, erleichtert ihnen die schon länger erwogene Absicht einer erneuten Übersiedlung. Im Frühherbst 1837 wollen sie umziehen. Wieder belebt sich Zuversicht.

# Letzte Bestimmung

*Sibylle hat jede Hoffnung auf Adeles Genesung verloren. Am Abend des 18. August 1849 verfaßt sie für Arthur einen zweiten Krankenbericht. Wie schon vor vier Wochen, am 20. Juli, beschreibt sie ihre Ängste um Adele und deutet ihm die Pein der Schwester an. Linderung, wo und wie nur möglich, versuche sie der Kranken zu verschaffen, doch müsse sie hilflos dem Sterben zusehen. »Ich darf an den Verlust, der mir so nahe droht, nicht denken, wenn ich zu dieser traurigen und heiligen Pflicht Muth und Faßung mir bewahren soll.« Da jederzeit mit dem Ende gerechnet werden muß, ersucht sie Arthur um eine Vollmacht »für diesen speciellen Fall«. Eine Antwort erwarte sie so schnell wie möglich.*

*Ein neuer Morgen graut. Der 19. August dämmert herauf. Betörendes Vogelgezwitscher kündet den Tag an. Ein frischer Lufthauch streicht vom Park herein. Noch sind Leid und Qual nicht bewältigt. Besucher melden sich an, Marie d'Alton, Alfred Nicolovius, Sulpiz Boisserée, Johann Nöggerath. Sie werden weggeschickt. Adele empfängt nicht mehr. Mühe bereitet jede Geste, jeder Gedanke. Die Geschwulst läßt sie nur zeitweise schmerzlos ruhen. Immer häufiger muß umgebettet werden. Dann erhellt ein dankbares Lächeln die abgezehrten Züge der Kranken.*

*Das noch ausstehende Testament beunruhigt sie. Ihre Hinterlassenschaft soll dem Bruder, wie mehrmals versprochen, geordnet übergeben werden. Sie hat den Ehrgeiz, ihm den Beweis zu liefern, ihren Lebensunterhalt nicht nur allein bestritten, sondern darüber hinaus ein kleines Kapital gespart zu haben, trotz fehlender Hilfe seinerseits. Schon lange wollte sie eine*

225

*entsprechende Verfügung treffen, zumal sein Testament, eine versiegelte Schrift, die er ihr vor Jahren kommentarlos anvertraut hatte, noch immer von ihr aufbewahrt wird, auch wenn sie Vorbehalte hegte, wie Ottilie gleich nach Erhalt derselben am 16. Januar 1836 erfuhr, »gewiß nimmt er sie noch zurück. Aber gefreut hat mich das momentane Zutrauen sehr.« Ihre Vermutung, er übertrage ihr die Aufgabe, »eine treue Tante zu sein«, erwies sich zwar später als gegenstandslos – seine beiden Töchter in Dresden und Frankfurt waren bereits gestorben –, zunächst aber gab sie Anlaß zu variantenreichen Erörterungen mit Ottilie, ob das Kind erst nach Johannas Tod oder gleich in ihre Obhut kommen solle, wie dessen Unterhalt abzusichern sei, welche Erziehungskonzepte am günstigsten wären. Als sie ihm Ende 1840 sein Testament zurücksandte, weil sie plötzlich annahm, »es könnte was drin stehen was Dich reute mich wissen zu lassen«, erhielt sie es postwendend wieder. Arthur muß verärgert reagiert haben, denn Adele entschuldigte sich: »[...] aber ich dachte Du hättest Kinder, u nie wäre mir aufgefallen daß Du mir aufträgst was Du noch wolltest gethan haben; Du mußt ja wissen, daß ich rechtlich bin. Nun meinte ich weil die Kinder todt wären, wünschtest Du vielleicht daß ich jetzt nicht wisse um Deine Verhältnisse, u in keinem Recht möchte ich Dich kränken!« Gleichzeitig, wohl in einem Anfall von Depression, deutete sie ihm ihre eigene Absicht an: »Ich denke jetzt bald mein Testament zu machen. Meine Idee ist: Du bist mein Erbe, bis aufs Mobiliar, das sollen meine Freunde theilen, die Rente fällt an Abegg, das Uebrige Dir zu. Meine Papiere sollen meine Freunde haben u zerstören. Man hat niemals viel von mir gewußt, eben so unbekannt wünsche ich zu verschwinden. Meine Briefe verbrenne ich stets alle, wenn sie nicht ganz gleichgültig sind. So denke ich das in Ordnung zu haben, Du bist ein sehr rechtlicher Mensch u so hoffe ich daß Du nichts dagegen thun wirst.« Hier spricht sie aus, was die Nachwelt bedauern wird, die Vernichtung von Briefen ihr Na-*

*bestehender, nicht nur Arthurs, auch der Korrespondenz mit der Mutter, mit Freundinnen und Freunden. Das Testament sollte gerichtlich hinterlegt werden: »nicht daß ich eben grade zu sterben glaube, sondern so der Ordnung wegen, es ist ja nur ein Geschäft wie jedes andre. Ich bin sehr gleichgültig dabei, da ich nie gern gelebt habe, selbst wenn mir's gut gieng, die allgemeinen Natur- und Lebensbedingungen drücken mich, u ich lege es gern ab: werde was da wolle.« Eine innere Simme sagte ihr, er werde sie überleben. »Du wirst der letzte der Abenceragen!« prophezeite sie in Anlehnung an eine Erzählung von Chateaubriand. Sie sollte recht behalten.*

*Es blieb vorerst bei dem Vorsatz. Vier Jahre später, im Oktober 1844, ergingen an Arthur aus Florenz weitere Verfügungen im Falle ihres Todes. Als Nachlaßverwalter bestimmte sie ihren Freund Fritz Frommann in Jena. Ihn hatte sie beauftragt, dem Bruder sowohl Schmuck und Silberzeug, in einem Koffer aufbewahrt, als auch die Wertpapiere für das bei Sibylle deponierte Kapital und den Gutsanteil in Ohra zu übergeben. Das Testament wäre zwar nicht amtlich bestätigt, trotzdem würde sie ihn bitten, sich damit zu begnügen und ihren Freundinnen Louise Wolff, Sibylle Mertens, Ottilie von Goethe und Allwina Frommann »das Uebrige, bestehend aus Kunstsachen Kleidern Wäsche u Möbel, zu lassen zur Theilung, denn der Verkauf in Jena würde nicht lohnen, Du bekämst gar wenig u so gewähren die kleinen Andenken den Freunden verhältnißmäßig weit mehr, als Dir durch den Verkauf od Transport würde. Ich wünsche alles was sich Geschriebenes vorfindet an Louise Wolff zum Vernichten zu geben.« Diese Festlegungen würden jedoch erst nach einer gerichtlichen Bestätigung ihres Todes wirksam, vorher wäre Frommann nicht befugt, ihm sein Erbe auszuhändigen.*

*Auf diese Verfügungen will sich Adele jetzt, am 20. August, berufen. Schreiben kann sie nicht mehr, sprechen nur mühsam. Mit leiser Stimme diktiert sie Sibylle den Brief:*

*Lieber Arthur!*

*Die Verfügungen, die Du Gottlob genau kennst, werden Dir von meinem Vermögen leider nicht so viel zurücklassen, als wünschenswerth. Dieses aber steht sicher, wird in bestimmten Raten bis zu jedesmaliger Abzahlung gut verzinnst Dir ausgezahlt werden. Den noch in meinen Händen befindlichen Theil unseres Familien-Silbers wird Frau Sibille Mertens-Schaaffhausen Dir im Falle eines Unglücks sicher übersenden. Es bleiben mir noch, unbedeutend an Werth, zur Verfügung eine kleine Damenbibliothek, vier Portraits in Oehl, die Miniaturen die die Mutter gemalt hat, etwas werthloser Modeschmuck, und einzelne Mobiliarstücke, und alte Kupferstiche die mir niemand hat abkaufen wollen. Erlaube mir, daß auf den Fall eines sehr plötzlichen Endes meine Freundin Sibylle Mertens diese Dir unnützen Dinge, nach meinem ihr bekannten Willen unter meine Jugendfreunde vertheilt. Du würdest sehr wenig durch den Verkauf zu Deiner Gunst gewinnen.*

*Um für den angedeuteten traurigen Fall das Versieglen bei der Mertens zu verhüten, bitte ich Dich an irgend jemand in Bonn Deine Vollmacht zu senden: Du könntest sie, wenn Du niemand Näheres weißt, an Dr. Wolff, Professor Nicolovius oder Herrn Wilhelm Mertens Dewald schicken. –*

*Indem ich Dir von ganzem Herzen für alle Freundlichkeit der letzten Monate danke, bitte ich mir bald zu antworten.*

*Deine treue Schwester Adèle*

*Gegenüber den Bestimmungen von 1844 fehlt in der Erbmasse nur der Gutsanteil. Ihn hatte Adele im Januar 1849 an Sibylle für 510 Taler Jahresrente verkaufen können, also weit über den bisherigen Pachtzins von 150 Talern. Sibylle, äußerst gewissenhaft, wird Arthur nach dem Tod Adeles die 150 Taler des ursprünglichen Pachtzinses auf Lebenszeit weiterzahlen. Mancherlei Querelen mit Arthur über die pünktliche Auszahlung dieses Geldes lassen Sibylle vorübergehend ihre großzügige Geste bereuen. Trotzdem hält sie sich an die einmal getroffene Regelung, selbst als sie 1854 das Land wieder verkauft.*

*Der letzte Brief Adeles an den Bruder bekundet Distanz, schlicht und sachlich ist die Sprache. Angesichts des Todes weicht jede Floskel der schlichten Wahrheit, trotz Annäherungsversuche einander nicht nahegekommen zu sein.*

*Selbstvorwürfe, einst empfunden, sind verebbt. Sein Leben hat Arthur sich einzurichten gewußt. Kompromisse schloß er nie. Das Streben nach Gedanken- und Handlungsfreiheit war ihm oberstes Gesetz. Die Voraussetzung dafür sicherte ihm das Geld. In finanziellen Dingen ließ er keine Verwandtschaft gelten. Adele hat diese Tatsache oft genug erfahren müssen. Wenn sie je den Traum von brüderlichem Schutz und brüderlicher Hilfe geträumt hatte, spätestens nach dem Tod der Mutter war er verflogen.*

*Kälte weht sie an.*

*Eine kleine Befriedigung verspürt Adele bei dem Gedanken, Arthur als ihrem Erben eine bestimmte Geldsumme hinterlassen zu können. Genugtuung empfindet sie, ihrem Bruder niemals zur Last gefallen zu sein, obwohl sie, sich selbst kann sie es eingestehen, seiner Hilfe mehr als einmal dringend bedurft hätte.*

*Erst jetzt weiß sie, wie schutzlos sie der Katastrophe des Bankzusammenbruchs 1819/20 ausgeliefert war. Mit zwei Frauen glaubten Muhl und Abegg leichtes Spiel zu haben, und sie täuschten sich nicht. Mutter und Tochter wurden mit 30 % und einer jährlichen Pension von 300 Talern abgespeist. Der Verlust ihres Erbes, rund 19 000 Taler, war einschneidend. Nein, einen Bruder im Sinne eines familiären Beistands hat Adele nie gehabt. Ungern denkt sie an ihre abermalige Hilflosigkeit, als fünfzehn Jahre später Muhl starb und zeitweilig sogar die kleine Rente von 300 Talern gefährdet schien.*

*Erregt erinnert sie sich auch der Vorschläge des Bruders kurz nach dem Tod der Mutter. Weder sein Rat, sie solle sich einer Familie anschließen, weil sie dann wohlfeiler lebe und keiner Magd bedürfe, noch seine Empfehlung, Gouvernante bei den Prinzessinnen des Weimarer Hofes, Augusta oder Marie, zu werden, waren akzeptabel. Entsetzen erfaßt Adele, stellt sie sich vor, als Kranke in einer fremden Familie leben zu müssen, ohne Bedienung und völlig auf deren guten Willen angewiesen. Als Zumutung empfand sie auch den zweiten Vorschlag. Wie könnte sie, die Unverheiratete, den beiden inzwischen in Preußen lebenden Ehefrauen mit Rat und Tat zur Seite stehen, etwa im Kindergebären oder in der Kinderpflege? Außerdem war nicht einzusehen, warum sie dienen sollte.*

*Denkt sie dann noch an seine Vorhaltung, den um beiderseitige Versöhnung bemühten Quandt nicht geheiratet zu haben, kann sie sich des Unmuts nicht erwehren. Entschieden hat sie sich seine Einmischung in ihre persönlichen Angelegenheiten verbeten, ihn aufgefordert, ihre Entscheidungen zu respektieren.*

*Warum begegnete ihr Arthur so rigoros, warum provozierte er die Schwester noch zu Lebzeiten der Mutter zu der Feststellung: »Ich habe kein Recht das Mindeste zu fordern, von Dir, und was mir bleibt werde ich anwenden um die Mutter zu erhalten«? Fürchtete er den Versorgungsanspruch der Schwester?*

*Sollte ihn dieser Gedanke beunruhigt haben, dann ist er nun gegenstandslos geworden. Das Fazit, welches Adele schon 1836 gezogen hat, »Quitt sind wir aber«, gilt ebenso heute.*

*Noch am Abend des 20. August läßt Adele den königlichen Notar Maubach aus Königswinter rufen. In Anwesenheit von Sibylle und Wilhelm Mertens-Dewald, einem weitläufigen Verwandten, legt sie die Verteilung ihres Besitzes fest. Sorge erfüllt sie, jemanden vergessen zu haben. Sibylle verspricht ihr, etwaige Versäumnisse auszugleichen. Auf die Freundin vertrauend, löst sie sich von dem bedrückenden Gedanken, alles noch selbst ordnen zu müssen.*

*Adele versinkt in einen Dämmerzustand, aus dem ihr Bewußtsein nur mehr schattenhaft auftaucht. Jedes Zeitgefühl erlischt.*

*Am folgenden Tag setzt sich Mertens-Dewald mit Arthur in Verbindung und erläutert ihm die Verfahrensweise für die Auszahlung des Barvermögens, das Adele ihm hinterlassen wird. Die Schwester lebe zwar noch und das Ringen mit dem Tod könne noch einige Tage dauern, aber eine Lebenschance bestehe nicht mehr.*

*Adele hinterläßt 2 000 Taler Preußisch Courant, Arthur bei seinem Tod elf Jahre später 70 000 rheinische Gulden. Das entspricht einer Summe von ca. 40 000 Talern, also dem 20fachen des Vermögens der Schwester. Wilhelm Gwinner bemerkte zur Hinterlassenschaft Arthur Schopenhauers: »Das mässige väterliche Erbtheil verwaltete er mit ängstlicher Vorsicht, und vermehrte dasselbe trotz der früheren erheblichen Verluste im Laufe eines langen Lebens durch Ordnung und Sparsamkeit auf das Doppelte [...]«*

*Zum Universalerben bestimmte Arthur »den in Berlin errichteten Fonds zur Unterstützung der in den Aufruhr- und Empörungs-Kämpfen der Jahre 1848 & 1849 für Aufrechterhaltung u. Herstellung der gesetzlichen Ordnung in Deutschland invalide gewordenen Preußischen Soldaten, wie auch der Hinterbliebenen solcher, die in jenen Kämpfen gefallen sind«.*

# Wegsuche

Dürft' ich in rasendem Schmerz noch einmal
die Wollust empfinden,
Welten und Menschen zum Trotz kindisch
und selig zu seyn!

1837 brechen Johanna und Adele in Bonn alle Brücken hinter sich ab. Anfang September verlassen sie die Stadt und ziehen wieder nach Thüringen. Sie wählen diesmal nicht Weimar, sondern Jena zu ihrem Wohnort. Beide hegen eine Scheu, in Weimarer Verhältnisse zurückzukehren. Das neue Heim befindet sich im Branschen Haus in der Gasse Unterm Markt.

Adeles Sympathie gehört schon lange Jena. Im altvertrauten Milieu, in der Nähe von Weimar, erhofft sie sich neue Impulse. Das geistig aufgeschlossene Klima der traditionsreichen Universitätsstadt wird ihren künstlerischen Ambitionen mehr Spielraum gewähren als das mit einem gewissen »protestantischen Pietismus« behaftete und von Vorurteilen beherrschte Bonn.

Abweisend, ja schroff reagiert Ottilie im Mai 1837 auf die Ankündigung einer Rückkehr der Schopenhauers nach Thüringen: »Ich kann nicht sagen, daß ich mich freue Dich wiederzusehen, denn es wird wohl sehr schmerzlich sein, und wenn ich bedenke wie wir alle mit unserm zerbrochenen Geschick und gebrochenen Herzen wieder zusammen kriechen und mühsam durch künstlich erregte Interessen uns zu erwärmen und beleben suchen, so schaudert es mich.« Mit Verwunderung nimmt sie den geplanten Umzug nach Jena statt nach Weimar zur Kenntnis: »Ich begreife nicht warum Du (denn Du bist es doch) Jena statt Weimar gewählt. Alwina [Frommann] sagte mir stets, es wäre durchaus nicht wohlfeiler, und ein größerer Wechsel von Fremden ist doch in Weimar, zumal da Deiner Mutter ja auch gesellig liebenswürdige Menschen zum Umgang angenehm sind und sie nicht immer Gelehrte bedarf; außerdem hätte sie da noch an dem Theater eine Erheiterung gehabt, und in Jena bietet sich ihr sehr wenig. Ich weiß nicht, ob sie [O. L. B.] Wolff mag; doch selbst sollte es der Fall sein, so glaube mir, er wird ihr bald lästig sein, da er so viel ich weiß mit den übrigen Jenensern in gar keinem oder einem unangenehmen Verhältnis ist und die Leute eher verscheuchen wie anziehen wird. Alwinens Gesundheit und die Kränklichkeit und Krittlichkeit ihres Vaters werden Dich auch dies Verhältniß weniger genießen lassen, kurz es erscheint mir wie ein entschiedener Mißgriff, zumal da Deine Mutter wirklich Freunde in Weimar hat.« Doch ihre Bedenken, in Jena werde die Freundin vereinsamen, da der größere Bekanntenkreis nun einmal in Weimar sei, verhallen ohne Resonanz.

Meidet Adele Weimar, um der Erinnerung an Jugend, Hoffnungslosigkeit und Verletzlichkeit auszuweichen, wie es Ottilie andeutet? Oder fürchtet sie, ihre Ansprüche an diese könnten wieder in Ausweglosigkeit münden, so daß ein gewisser Abstand mehr Schutz bietet? Erwägungen dieser Art werden die Entscheidung beeinflußt haben. Die Ereignisse im Leben Ottilies rechtfertigen letztlich den von Adele und der Mutter gefaßten Entschluß. Eingebunden in die Pflichten und Erziehungssorgen einer Mutter, wechselt Ottilie mehrmals im Jahr von Weimar nach Leipzig und umgekehrt. Die musikalische Ausbildung ihres Sohnes Walther bei Mendelssohn Bartholdy in Leipzig verläuft konfliktreich. Nur sie kann Walthers aufbrechenden Selbstzweifel beschwichtigen.

Nicht nur der Sohn beansprucht die Mutter. Auch Gustav Kühne, Herausgeber der »Zeitung für die Elegante Welt«, zieht Ottilie nach Leipzig. Bekannte Schriftstellerinnen der Zeit, George Sand, Ida Hahn-Hahn, Amalie Winter, kommen hier neben jungen Autoren wie Heinrich Heine, Karl Gutzkow, Heinrich Laube, Ludolf Wienbarg, Theodor Mundt zu Wort. Als ausgeprägte Individualisten wagen die sogenannten »Jungdeutschen« Vorstöße in ein politisch brisantes Umfeld. Auf ihrer Fahne steht die Einheit Deutschlands, die Kampfansage gilt der deutschen Zersplitterung, aller provinziellen Muffigkeit und dem absolutistischen Gebaren von Kleinstaatenfürsten.

Das ist Ottilies Element. Sie schließt sich eng an Kühne an. Mit ihm teilt sie die Empörung über die politischen Vorgänge im Königreich Hannover. Sieben Professoren an der Universität Göttingen verlieren ihren Lehrstuhl, weil sie entgegen der Verfügung des neuen Königs an der Verfassung festhalten und konsequenterweise den Huldigungseid verweigern. Sie werden zum Symbol des aufrechten Ganges. Den Kommentar Ottilies zu den Ereignissen enthalten in verschlüsselter Form die Verszeilen »Traurige Geschichte der Sieben«:

> Kinglefu, ich glaub' in China,
> Wo man stets gar sehr bemüht,
> Daß kein Samenkorn Gedanke
> In dem Kopfe Funken sprüht,
> Dachte d'rauf, des Reichs Gesetze
> Umzustoßen keck und frei,
> Daß sein unumschränkter Wille,
> Künftig ohne Fessel sey.
> Des Confucius große Seele
> War schon längst der Erd' entfloh'n,
> Doch noch liebt er seine Brüder,
> Nahte sich des Fo-to Thron,
> Fleht um Segen für sein Land,
> Und des Fo-to hohe Gottheit
> Reicht gewährend ihm die Hand:
> »Als den Lohn für hehre Tugend,
> Sollst du wirken fort auf Erden;
> Sieben deiner weisen Lehren
> Sollen plötzlich Menschen werden.«
> So entstanden sieben Männer,

Reich an Muth und Kraft und Wahrheit,
Standhaft und voll hoher Mäß'gung,
Feurig, doch voll milder Klarheit.
Aber Kinglefu verblendet,
Hat sie aus dem Reich vertrieben; –
Ist ihr Wirken dort geendet,
Sind sie doch der Welt geblieben,
Hat verbannt die Götterfunken,
Die in der Form der Menschen kamen,
Und es deckt nun seinen Namen,
Stets mit Schmach Historia.

Im Austausch mit Kühne entfaltet sie all ihren Schwung und ihre Phantasie. Sie liefert Anregungen und Motive aus Irland, der Heimat ihrer Liebe, für Kühnes Novelle »Die Rebellen von Irland«, die später unter dem Titel »Die Verschwörung von Dublin« dramatisiert wird. Versuche, Gustav Kühne stärker an sich zu binden, schlagen fehl. Der um zehn Jahre Jüngere heiratet 1841 ein 18jähriges Mädchen. Ottilie ist verletzt. Erst nach Kühnes eindringlichem Appell an ihre Warmherzigkeit und geistige Größe findet sie zu einer freundschaftlichen Haltung zurück. Der Briefwechsel wird erst mit ihrem Tod 1872 enden.

Ebenso erweist sich die kurze Episode mit Edmund Phipps, Schriftsteller und Bruder des amtierenden Vizekönigs von Irland, dem Marquis of Normanby Constantine Henry Phipps, als enttäuschend. Ihre geheimsten Gedanken, Sehnsüchte, Irrtümer und Enttäuschungen hat sie vor ihm ausgebreitet, und dann findet sie alles zwei Jahre später in seinem Roman »The Fergusons or woman love and the world's favour« von 1839 wieder. Interesse an dem Namen Goethe hat sie wieder einmal mit Neigung zu ihrer Person verwechselt.

Ja, Adele hat den Wohnort richtig gewählt. Jena legt zumindest eine räumliche Distanz zwischen beide Frauen. Sie will nicht erneut in den Sog der Rastlosigkeit um Ottilie gezogen

werden. Die Stadt wirkt wohltuend auf sie: »Gar abgeschlossen lebe ich hier, wie in einem dämmernden Traume. Wolff
nennt das ›die süße Milch von Jena‹, sogar die schreckliche
vielarmige Industrie, die wie eine Indische Gottheit nach
oben, nach unten, nach allen Seiten, Hände und Beine streckt,
ist nicht hierher gedrungen, wo die höchste Industrie in lebendigen, schönen Schaffen besteht.«

Anfang April 1838 gibt Ottilie ihre Wohnung in Leipzig auf
und kehrt vorläufig nach Weimar zurück, bereits neue Um-
zugspläne, diesmal nach Wien, erwägend. Adele eilt sogleich
zu ihr. Die ersten, seit längerer Zeit ungestörten Tage des Zusammenseins zerreißt jäh die Todesbotschaft aus Jena. Johanna
Schopenhauer ist in der Nacht des 16. April an einem Schlaganfall gestorben. Fassungslos in ihrem Schmerz schreibt Adele
am nächsten Tag an Arthur: »Lieber Arthur, die Mutter ist
diese Nacht um 11 Uhr sehr sanft entschlafen! Es kam plötzlich – ich war in Weimar wurde geholt kam 2 stunden zu spät!
Sie hat noch ganz angezogen Thee getrunken, ist erst halb 9 zu
Bett – dann hat sie Beklemmungen bekommen, hat einmal auf-
geathmet, aber ganz sanft, u ist mit geschlossenen Augen ganz
schmerzlos gestorben. Ich weiß daß sie vollkommen gepflegt
war – aber ich werde es nie vergessen u nie ganz verwinden daß
man mich zu spät geholt hat.«

Adele quält sich lange Zeit mit Schuldgefühlen. Nicht einmal
ein liebes Wort, ein letzter Blick bleiben ihr als Trost. Unmut
und Unduldsamkeit, sich der Mutter zu sehr angepaßt und eigene Wege vermieden zu haben, ließen sich in letzter Zeit nur
schwer verbergen und belasten sie jetzt. Die Dominanz der
Mutter, ihre Resolutheit, ihr unverwüstlicher Optimismus,
aber auch ihre Güte und Heiterkeit hinterlassen ein Vakuum,
wenn auch die zunehmende Hinfälligkeit – sie bedurfte in letzter Zeit ständiger Pflege – den Freiraum Adeles erheblich ein-
schränkte. Gewiß, auch sie, die Tochter, wird der Mutter
Kummer und Enttäuschungen bereitet haben. Geheime Vor-

*Frau Ottilie von Goethe auf dem Hofball 1838*

Aus der Erinnerung gezeichnet von Alexander von Sternberg
Stiftung Weimarer Klassik / Herzogin Anna Amalia Bibliothek

würfe, versteckt hinter Munterkeit, blieben ungesagt. Andererseits sind Selbstanklagen unberechtigt, denn wer, wenn nicht sie, stand der Mutter stets zu Diensten, als Gesprächspartnerin, sogar vermutlich als Mitautorin, als Reisebegleiterin, als Verwalterin der Finanzen und als Vorsteherin des Haushalts.

Wie gespalten ihr Verhältnis zur Mutter zeitweise war, verraten mehrere Äußerungen gegenüber Ottilie. 1820, im Konflikt mit dem Bruder, ist sie überzeugt, »meiner Mutter Glück und Dasein zu schonen ist meine Pflicht und ich fühle bestimmt ich bin es mir schuldig Hier fest zu sein«, wobei sie gleichzeitig relativiert: »Du kenst die Mutter nicht – sie ist in manchem Fall unbedacht und zu leicht denn das Glück hat sie verwöhnt – sie ist wie sonst alle Künstler.« Und sieben Jahre später, in der Phase der verlorenen Illusion von Partnerschaft und Ehe, hinterfragt sie ihren künftigen Lebenszweck, den sie nur noch in der Betreuung der Mutter sieht. Gleichwohl überwiegt das Gefühl enger Zusammengehörigkeit: »Meiner Mutter unendliche Liebe lehrt mich tiefer und tiefer erkennen, wie gewaltig die Bande der Natur sind, und wie nichts mir ersetzen kann, was mir fehlt, ich bin ganz allein.« Zweifelsohne hat sich Adele oft unverstanden gefühlt, zu unterschiedlich waren ihre Charaktere – Johanna lebensbejahend, humorvoll und zum Spott neigend, Adele nachgiebig, ernsthaft und gefühlvoll. Ungeachtet gelegentlicher Dissonanzen bedeutete Johanna den Halt in Adeles Leben, sie gewährte Zuflucht und Trost, Geborgenheit und Ermutigung in Zeiten der Verlassenheit, sie förderte ihre Talente und bildete ihren Intellekt.

Die drei Testamente Johanna Schopenhauers vom 5. Juli 1823, vom 12. April 1830 und vom 31. Oktober 1837 bestimmen die Tochter zur Universalerbin eines de facto nicht mehr vorhandenen Vermögens. Ihre letztwillige Verfügung, ausgestellt in Jena im Branschen Haus Unterm Markt, »in einem großen Zimmer mit zwei Fenstern nach dem Löbdergraben«, bestätigt, daß ihr gesamter Nachlaß einschließlich der literarischen Hinterlassenschaft und der Grundstücksanteile in Ohra bei Danzig nicht ausreichen werde, »meine Tochter hinsichtlich ihres in meinem Vermögen gebliebenen und diesem größtheils verloren gegangenen väterlichen Erbtheils zu befriedigen«. Aus diesem Grund betont sie wiederholt, Adele als alleinige Erbin eingesetzt zu wünschen.

Obwohl Johanna bis zuletzt die trügerische Hoffnung hegte, die Tochter mit dem Erlös ihrer Werke finanziell absichern zu können, ist sich Adele, in dieser Hinsicht realistischer als die Mutter, der prekären Lage bewußt. Ungewiß allein ist die Schuldenhöhe. Um dem Bruder aufwendige Formalitäten und Kosten zu ersparen, hatte sie ihn Anfang Dezember 1836 noch aus Bonn um die schriftliche Erklärung seiner Entsagung auf Erbschaft zu ihren Gunsten im plötzlichen Todesfalle der Mutter ersucht. »Es ist eine Form, denn Du verlierst nichts, ja im Fall Du es nicht voraus thust, wirst Du es später doch thun, um keine Schuldenlast anzunehmen. Es ist hier die Rede vom Pflichttheil; dies könte sie Dir nie nehmen, wenn sie etwas eignes hätte, weil sie jedoch nichts hat, so verlierst Du auf keinen Fall, denn sie bekennt sich als meine Schuldnerin. Ihre Ehre leidet dadurch nach ihrem Tode – kannst Du, so spare mir das.« Arthur kam dem Wunsch der Schwester entgegen und gab seine Zustimmung gerichtlich zu Protokoll. Doch insgeheim trägt er noch lange an dem Groll, daß er, »der alleinige Stammhalter«, enterbt wurde und die jüngere Schwester dadurch in den Besitz eines größeren Anteils an dem Stammgut des Großvaters in Ohra gelangte als er, der Erstgeborene. Arthur vergißt dabei die durch Adele zu begleichenden Schulden. Auch ignoriert er die Tatsache, daß das Land außer den 300 Talern Jahresrente von Muhl und später Abegg die finanzielle Basis für Mutter und Tochter bedeutete und eine Teilung mit ihm die Existenzgrundlage der Schwester gefährden würde.

Adele als alleiniger Erbin obliegt nun die Mühe, den Nachlaß zu sichten, ausstehende Forderungen zu begleichen, die

Kosten des Begräbnisses zu tragen und ihre Lebenssituation neu zu ordnen.

Am 23. April 1838, eine Woche nach dem Tod der Mutter, legt sie dem Bruder Rechenschaft über das Erbe ab. Die detaillierte Aufstellung ergibt eine Schuldensumme von 476 Talern, zu zahlen an verschiedene Institutionen, an Arzt und Apotheker, an die Bediensteten sowie für das Begräbnis. Beglichen werden sollen die Schulden aus ihrem Guthaben von ca. 2 000 Talern, angelegt im Bankhaus Mertens. Inständig bittet Adele den Bruder, »sey freundlich, erschwere mir nicht die an und für sich nicht leichte Lebensstellung! Laß auch die Mutter ruhen, was sie an uns beiden gethan mag vergessen seyn.« Sie hofft auf baldige Antwort oder ein Wiedersehen.

»Laß auch die Mutter ruhen«, so wird sie ihn noch öfter beschwören. Schließlich ist nicht sein, sondern ihr Vermögen durch ein allzu großes Vertrauen in die verschiedenen Bankhäuser verspekuliert worden. Um Schulden begleichen zu können, versetzte sie schon in Bonn Wertgegenstände. Auch flossen ihre Einnahmen, wie Honorare für Aufsätze, Übersetzungen, Unterrichtsstunden und ihre Rente, in den Haushalt. Vom Ringen Adeles um den Erhalt eines bescheidenen bürgerlichen Wohlstands blieb Arthur unberührt. Um so weniger kann sie den anhaltenden Groll zwischen Mutter und Sohn verstehen. Jetzt, nach dem Tod Johannas, regt sich in ihr wieder der Gedanke an eine Versöhnung mit Arthur. Doch muß sie in den folgenden Jahren die Vergeblichkeit ihres Bemühens zur Kenntnis nehmen. Zeugen dafür sind ihre Briefe, die der Bruder aufbewahrt, während Adele die seinen vernichtet hat.

Ihre letzte Ruhestätte findet Johanna Schopenhauer auf dem Johannisfriedhof in Jena. Der Gestaltung des Grabsteins gehen Konsultationen Adeles mit Coudray, dem Oberbaudirektor in Weimar, voraus. Entsprechende Anweisungen und Skizzen werden an Fritz Frommann geschickt. Einziger Schmuck soll neben Namen und Lebensdaten ein Schmetterling sein.

So geschieht es auch. Johanna ruht unter einem gewölbten, leicht geneigten Stein, den ein eingemeißelter Schmetterling ziert.

Dem Berufsethos der Mutter, ihren Grundsätzen der Verantwortung, Gewissenhaftigkeit und Selbstdisziplin als Schriftstellerin und somit ihrem hinterlassenen Werk weiß sich die Tochter verpflichtet. Bis zuletzt hatte Johanna an ihren Erinnerungen gearbeitet, die nunmehr mit der Jugendzeit abbrechen. Unter dem Titel »Johanna Schopenhauer's Nachlaß – Jugendleben und Wanderbilder« gibt Adele 1839 bei Georg Westermann in Braunschweig das zweibändige Werk heraus. Den bis 1790 reichenden Jugenderinnerungen sind neben Auszügen aus dem Tagebuch einer Europareise, die Johanna mit ihrem Mann und Arthur 1803 bis 1805 unternahm, Aufsätze über die Maler Gerhard von Kügelgen und Caspar David Friedrich sowie Skizzen aus Karlsbad 1815 und 1821 beigefügt. Ein Vorwort hat Adele nicht geschrieben, doch würdigt sie die Mutter mit einem Text, den sie zwischen die Erinnerungen und die Notizen für die geplanten, aber unvollendet gebliebenen Kapitel ihrer Lebensgeschichte eingeschoben hat: »So weit hatte meine Mutter geschrieben, als unerwartet, ja ungeahnt, der Tod wie ein längerer Schlummer sie überschlich – sie legte die Feder nieder und entschlief in der Nacht des sechzehnten Aprils schmerzlos, ohne Vorgefühl ihrer Auflösung. Es ist mir nicht möglich zu ergänzen, was sie unvollendet zurückließ, doch hoffe ich, daß es ihren Lesern lieb sein werde, wenigstens die Umrisse der ferneren Gestaltung ihres Lebens in diesen Blättern aufbewahrt zu finden. Meiner Mutter Charakteristik liegt in fast allen ihren Schriften zu Tage; sie ließ alles Aeußere ruhig auf sich einwirken und blieb dennoch im Innern sich gleich; sie ertrug unendlich viel Schweres ohne Klage, und genoß alles Gute, was ihr das Dasein bot, mit dankbar heiterem Gemüth. – Als hätte der Tod die Anmuth ihrer ganzen Existenz gescheut, nahte er mit leiser schonender Hand,

und fast könnte man sagen, sie sei mit einer heitern Lebenshoffnung auf den Lippen gestorben.«

Die Memoiren finden in literarischen Kreisen Beifall. Sternberg, der kurz zuvor in Weimar auf einer Abendgesellschaft
bei Ottilie »Miß Jameson, eine interessante englische Schriftstellerin, und Adele Schopenhauer, eine ebenso anziehende
deutsche Schriftstellerin, die damals aber noch nichts hatte
drucken lassen«, getroffen hatte, äußert sich anerkennend über
die Aufzeichnungen, bedauert aber ihren Abbruch noch vor
der Weimarer Zeit. An Adele richtet er die Frage: »Sie könnten so gut ergänzen u. vollenden, warum thun Sie es nicht? Bei
allen diesen weltberühmten Thee's waren Sie gegenwärtig u.
es entging Ihnen nichts. Ihre Frau Mutter scheint die Feder
grade da aus der Hand gelegt zu haben wo Sie sie aufnehmen
konnten.«

Noch zu Lebzeiten Adeles erfahren die Memoiren in
Deutschland zwei Nachauflagen, und in London erscheint
1847 eine zweibändige englische Übersetzung: »Mme [Jo-
hanna] Schopenhauer, Youthful life and pictures of travel:
being the autobiography of the authoress«. Drei weitere deutsche Ausgaben folgen bis 1958. Neu herausgegeben werden sie
1978 in der DDR und acht Jahre später als Lizenzausgabe in
der BRD. Um Briefe ergänzt, sind sie ein Zeitdokument und
ein Stück Kulturgeschichte.

Jetzt, nach dem Tod der Mutter, drängt Sibylle erneut darauf, daß die Freundin ihre literarische Begabung für die Ab-
sicherung ihrer Zukunft nutzen möge. Adele ist sich bewußt,
eine andere Alternative wird es für sie nicht geben. Trotzdem
folgt sie nur zögernd diesem Rat. Soll sie mit vierzig Jahren beginnen, was sie bisher als unangemessen von sich wies? Ihre
Abneigung gegen das berufsmäßige Schreiben kann sie so
schnell nicht überwinden. Noch im Dezember 1838 vertraut
sie Annette an: »Und doch, Nette, so innig ich Ihre Gedichte
bewundere, so naturkräftig u. treu Sie schildern […] so himm-

lisch Ihre Naturbilder, so kühn u. groß Ihre Bewegungen in diesem Ideen- u. Bildermeer sind, so habe ich doch nicht eine Minute daran gedacht, daß ich so die Feder führen möchte. Ich freue mich aus Herzensgrund, endlich der Pein dieses Schaffens überhoben zu sein.«

Kritisch, wie sie sich selbst sieht, beurteilt Adele auch andere. Was sie einer Annette von Droste-Hülshoff neidlos zugesteht, bedeutendes Talent, spricht sie einer Fanny Tarnow, einer Charlotte von Ahlefeldt, Adelheid von Stolterfoth oder Henriette Paalzow ab. Letzterer kreidet sie nach dem Lesen des Romans »Thomas Thyrnau« sogar mangelnde Sach- und Fachkenntnis an. Ebenso lehnt sie die sentimentale Frauenliteratur der Tarnow ab, obgleich deren Übersetzungen von George Sand und Balzac beachtenswert sind.

Nein, in die Schar der Schwätzer und Schreiberlinge möchte sie nicht eingereiht werden. Dazu hat sie die Goethesche Schule zu sehr geprägt. Ausdruck und Stilelemente, Versform und Sprache haben klaren, einfachen Linien zu folgen. Dieses ungeschriebene Gesetz wohnt nach Goethe jeder Kunst inne. Wie oft bezog er in Vorbereitungen von Aufführungen für das Herzogliche Haus in Weimar Adele in Gespräche über Dramaturgie und Vortragskunst ein. Sprechproben bei Goethe, gemeinsam mit Julie von Egloffstein und Louise von Werthern, gaben genügend Anlaß, sich in dieses Metier zu vertiefen. In Adele fand Goethe eine aufmerksame Schülerin. Nicht zufällig spiegeln ihre späteren Theaterkritiken Goethes Auffassungen wider, und nicht von ungefähr bilden ihre Rezitationen und Lesungen Goethescher Werke Höhepunkte in der Geselligkeit künstlerischer und literarischer Kreise.

Kennzeichnend dafür ist die Einschätzung, die Fanny Lewald in ihrem »Römischen Tagebuch« gibt. Auf Wunsch Adolf Stahrs liest Adele im Winter 1846 im römischen Quartier der Fanny Lewald die »Iphigenie«. Mit Spannung wird die Lesung erwartet, da »wie Frau von Goethe sagte, der ›Vater‹ behauptet hatte, daß niemand so wie Adele spreche. Das war denn allerdings ein großer Genuß, der namentlich auf Stahr einen erschütternden Eindruck machte. Bei seiner Verehrung für Goethe ergriff es ihn und uns mit ihm, das Wort des Meisters von derselben Stimme lesen zu hören, mit welcher es einst an sein Ohr getragen war. Man empfand sich dem großen Genius dadurch näher gebracht; ein Göttliches, ein Vergangenes trat menschlich und gegenwärtig an uns heran, stieg zu uns herab und trug uns mit sich empor, weil wir fähig waren, es zu erfassen.«

Doch auf der Basis einer solchen Kunst kann keine Existenz gegründet werden, ebensowenig wie auf der von Adele so geliebten Ausschneide- und Malkunst. Silhouetten entstehen unter ihren geschickten Fingern zu jeder Lebenszeit. Sternberg würdigt in seinem Nekrolog auf Adele ihr Talent, das »eine seltene Virtuosität eigener Art« darstellte: »Sie fertigte nämlich aus Papier – gemeiniglich aus schwarzem – die zierlichsten Landschaften und sogar kleine poetische Genrebildchen mittels der Schere aus. Sie führte zu diesem Zweck stets ein Etui mit ganz besonders fein und klein gestalteten Scheren mit, und gemeiniglich auch ein paar Blättchen geeigneten Papiers. Mit diesem Material ausgerüstet, konnte man sie selbst in dem lebhaftesten Gesellschaftszirkel an die Arbeit gehen sehen, und unter der schöpferischen Schere erblühte, ehe man sich's versah, die zauberhafteste kleine Schattenwelt, voll Palmenwälder, Blüthenstauden und flatternder kleiner Genien.«

Aus ihrem Nachlaß wird Sibylle nach 1849 eine Edition mancher »Blumenmetamorphosen« und »arabeskenartiger Erfindungen« anstreben. Trotz begeisterter Zustimmung des Verlegers Cotta kommt es zu keiner Einigung. Die romantische Epoche ist vorbei. Die leisen Töne gehen in der Welt nach 1848 mehr und mehr verloren. Im Wirbel des politischen Zeitgeschehens und des gesellschaftlichen Umbruchs als Folge der zunehmenden Industrialisierung fehlt für solcherart filigrane

Kunstwerke das Verständnis. So geraten Adeles Schattengebilde in das Dunkel der Vergessenheit. Erst nach der Jahrhundertwende, als die Silhouettenkunst eine neue Blütezeit erlebt, finden einige ihrer Schattenrisse, herausgegeben in zwei schmalen Bänden 1913 und 1920, eine vielbeachtete Aufmerksamkeit. Heute zählen sie zu den bibliophilen Kostbarkeiten.

Das von Hans-Timotheus Kroeber 1913 edierte Silhouettenbuch Adele Schopenhauers enthält drei Scherenschnitte, gestaltet nach dem Stoff einer indischen Mythe von A. W. Schlegel. Kroeber nennt diese Arbeiten »ein Meisterstück der Silhouettenkunst überhaupt«. Sie »bedeuten eine neue Stufe, über die hinaus bis jetzt kein Fortschritt gemacht worden ist«.

Beliebte Motive sind neben romantischen Phantasien, wie Geisterspuk und Hexenzauber, auch Szenen aus dem Alltagsleben sowie die Gestaltung mythologischer Figuren aus der römischen Sage, Venus, Adonis, Diana. So nennt der auf eine Bitte Immermanns für ihn aufgestellte »Katalogue raisonné« vier Szenen aus Begegnungen zwischen Venus und Adonis. Zwei von ihnen, Venus unter Palmen und das Rendezvous des Adonis mit Venus, werden heute in den Kunstsammlungen zu Weimar aufbewahrt.

Vorlagen für Adeles Schaffen bieten auch Geschichten und Dramen von Goethe und Schiller, das Epos »Olfried und Lisena« von August Hagen, Märchen von Tieck oder eigene Ideen. Sogar das Alphabet regt sie zum künstlerischen Gestalten an. 1820 und dann erst wieder hundert Jahre später erscheint das Silhouettenalphabet, zuletzt im 1. Jahrgang der Zeitschrift »Das Inselschiff« mit Versen von Rudolf Alexander Schröder.

Mit ihren bezaubernden Schattenrißphantasien begeistert sie ihre Freunde und Bekannten. Verschwenderisch verschenkt sie ihre Schöpfungen, so daß sie entweder verlorengegangen sind oder in fremden Nachlässen auftauchen. Ihr eigener Nachlaß im Goethe- und Schiller-Archiv birgt kaum einen Schattenriß, während im Nachlaß der Familie Frommann mehrere zu entdecken sind. Besonders reizvoll ist ein hier aufbewahrter Scherenschnitt mit dem Titel »Die vier Jahreszeiten«. Für diese Komposition ließ sich Adele von Werken Goethes, Schillers und Shakespeares inspirieren. Goethes Gedicht »Der Fischer« symbolisiert den Frühling, »Ein Sommernachtstraum« von Shakespeare den Sommer, Schillers Gedicht »Das Mädchen aus der Fremde« den Herbst und den Winter wiederum Shakespeares »Ein Wintermärchen«. Die Jahreszeiten sind im Uhrzeigersinn zu einem Kreis geschlossen.

Ein unmittelbares Zeugnis ihrer Kunstfertigkeit legt noch heute ein mit Silhouetten verziertes Schränkchen zur Aufbewahrung von Noten und Mappen im Urbinozimmer des Goethe-Hauses am Frauenplan ab. »Amors Luftschloß«, ein Geschenk Adeles an Ottilie, hat die Zeiten überdauert.

Vier Scherenschnitte, Szenen aus dem Land- und Jagdleben, hängen im Fürstenhäusle oberhalb der Stadt Meersburg, dem Ende 1843 von Annette von Droste-Hülshoff gekauften Besitz. Die Urheberschaft wird der Dichterin zugeschrieben, doch deutet die grazile Ausführung auf Adele hin. Sie könnten im Mai 1840 während ihres Besuchs im Rüschhaus entstanden sein. Mary Lavater-Sloman erwähnt in ihrer Biographie »Annette von Droste-Hülshoff. Einsamkeit und Leidenschaft«, daß die junge Annette sich mehrmals im Zeichnen und Malen versuchte, doch »was sie zuwege brachte, war herzlich schlecht«. Auch Bettine von Arnim wird als Schöpferin von Scherenschnitten gerühmt, deren Ausführung auf Adeles Meisterschaft hinweisen. Möglicherweise birgt noch mancher Nachlaß oder Familienbesitz solche Gebilde aus Licht und Schatten.

Bei aller Bewunderung, die diese Kunst findet, eine Erwerbsgrundlage kann sie nicht sein. Die Ausschneidekunst bleibt für Adele zeitlebens eine Liebhaberei, genauso wie das Zeichnen und Malen. Von Jugend an entstehen Bleistift- und Kreidezeichnungen, Aquarelle und kleinere Ölgemälde. Einige sind

*Die vier Jahreszeiten*

Scherenschnitt von Adele Schopenhauer
Stiftung Weimarer Klassik / Goethe- und Schiller-Archiv

in die Kunstsammlungen zu Weimar eingegangen, darunter zwei Porträtzeichnungen von Karl Friedrich Zelter und Karl Ludwig Knebel, Blumenaquarelle, Landschaftsskizzen und der Entwurf eines Titelblattes zu einem geplanten Liederbuch von O. L. B. Wolff. Wie sehr es sie immer wieder zu dieser Kunst zieht, artikuliert der Brief an die Droste vom Dezember 1838. In ihm erwähnt sie einen Unterricht in »Federzeichnen« und fügt hinzu: »Ich thue, als wollte ich mich sehr fest an die Kunst halten, doch weiß ich, es ist viel zu spät.« Insgeheim verfolgt sie ihr Vorhaben weiter. Gegenüber Fritz Frommann äußert sie im Januar 1839: »[…] ich bin mitten in einer Federzeichnung und lerne ungeheuer eifrig, denn es gilt die Gestaltung meines künftigen Lebens.« In ihrem Bestreben motiviert sie das Entgegenkommen der beiden Weimarer Künstler Louise Seidler und Friedrich Preller, die sie ein halbes Jahr später erwähnt: »Je mehr ich lerne, je deutlicher fühle ich zwei Dinge: mein Talent, und meinen Mangel an Kenntniß. Preller und die Seidler wollen durchaus daß ich den Winter hier zubringe […] Ich bin ganz entschlossen, da ich so einsam stehe in der Welt, meine Randzeichnung so weit auszubilden, daß ich allerlei herausgebe, das ich selbst radire und mir so eine Art Interesse, und zugleich ein vergrößertes Einkommen sichere. Dazu bedarf ich einer Ausbildung die mir zu erwerben leicht noch ein Jahr kosten kann.« Ihre Absicht, im Frühjahr kommenden Jahres nach Düsseldorf zu einem befreundeten Kupferstecher in die Lehre zu gehen, »um radiren zu lernen«, verhindert die ausbrechende Krankheit.

1839 steht noch ganz im Zeichen der Malkunst. Intensiv arbeitet sie an der Fertigstellung eines Ölgemäldes »Die Evangelien«. Im Januar 1840 verkauft sie es an einen »Herrn Rath Schlosser« in Frankfurt am Main. Außer einem Titelblatt für eine Komposition von Carl Maria von Weber ist es das erste Kunstwerk, das ihr Geld einbringt, 30 Friedrichsdor. Jahrelang hat sie im verborgenen daran gearbeitet, sogar gegenüber

Freunden und Bekannten Stillschweigen gewahrt. Nicht ohne
Trauer gibt sie es weg, gleichwohl überwiegen Selbstgefühl
und Freude über das Gelungene. »Nun aber bin ich etwas
stolz geworden, ich freue mich meines Talents, und gedenke
das Geld zu rein künstlerischen Zwecken zu verwenden. Es
liegt ein Förderndes in dem Gefühl vorwärts geschritten zu
sein in dem Kunststreben. Es liegt auch eine große Sicherheit
darin, meine Stellung in der Welt niemals die eigentlich alt-
jüngferliche werden zu lassen [...] Ich bin keine Künstlerin,
und will keine werden. Das ist ein Punkt über den selbst meine
Freunde nicht im klaren sind.«

Es wird ihr letztes Gemälde bleiben. Mangelnde körperliche
Robustheit und ein labiler Gesundheitszustand verbieten ihr
das Arbeiten in Öl oder in anderen Techniken wie Steindruck
und Kupferstich. Zudem ist ihre nur sporadisch erfolgte tech-
nische Ausbildung lückenhaft. Adele selbst macht sich keine
Illusionen. »Mit meiner Kunst wirds wohl alle sein, denn meine
Krankheit kostet sehr viel, wird noch weit mehr kosten, und
ich werde weder nach Weimar noch sonstwohin in die Lehre
können, eben weil sie jetzt zu theuer ist«, teilt sie ernüchtert
Fritz Frommann mit. Ihre Tätigkeit muß ihr aber eine Vergütung einbringen, denn ihre Vermögenslage bedarf dringend
einer Aufbesserung.

Dem Bruder kann ihre angespannte Finanzsituation nicht
verborgen geblieben sein. Am 15. Februar 1840 richtet die Malerin J. Goullet, seit 1816 mit Adele und der Mutter bekannt,
einen Brief an ihn. Besorgt äußert sie sich über die Lebensumstände seiner Schwester. In der Annahme, Adele lebe wie bisher mit der Mutter wenn nicht in glänzenden, so doch in gesicherten Verhältnissen, mußte sie jetzt das Gegenteil feststellen: »[...] mit Schrecken sah ich vor einigen Tagen ein
Kunstwerk von der Hand Ihrer talentvollen Schwester (es ist
eine Bibel mit Randgemälden und Zeichnungen) welche dieselbe hat verkaufen laßen, weil sie genöthigt sey, durch ihre

Arbeiten sich zu ernähren! Dieses ist es, verehrter Herr Pro-
feßor, worauf ich Ihre Aufmerksamkeit lenken wollte!« Die
beabsichtigte Wirkung bleibt aus. Eher scheint es, er selbst
habe Wert auf eine erwerbsmäßige Ausübung des Zeichen-
und Maltalents der Schwester gelegt. Zumindest läßt eine Bemerkung in Adeles Brief vom November 1840 aufhorchen:
»Wüßtest Du was ein Unterleibsuebel ist, durch Drüsen veranlaßt, so wüßtest Du daß Malen u Zeichnen sich durch Schmerz
v. selbst verbeut.«

1840 belaufen sich Adeles jährliche Einkünfte auf 610 Taler.
Die Summe setzt sich zusammen aus 300 Talern Rente gemäß
der Vereinbarung mit dem Bankhaus Muhl/Abegg, aus 150 Talern Pacht, die sie aus ihrem Anteil an den Familiengütern in
Ohra bezieht, und aus 160 Talern Zinsen, die ihr das restliche
väterliche Vermögen einschließlich einer kleinen Erbschaft
von insgesamt 3200 Talern einbringen. Demnach trifft die Vermutung Annette von Droste-Hülshoffs nicht zu, Adele beziehe
sehr zum Ärger der Weimarer Kreise die der Mutter gewährte
Pension von 300 Talern weiter.

Nach einem Einkommensspiegel aus dem Jahre 1820 für die
Bürger Weimars ist sie in die obere Gruppe der Mittelklasse
(500 bis 600 Taler pro Jahr) einzustufen, vergleichbar mit As-
sessoren, Revisoren, Hofsekretären, Chor- und Musikdirekto-
ren, Diakonen und Advokaten. So bilden die 610 Taler eigentlich eine solide finanzielle Basis, wenn nicht im Hintergrund
stets Ängste lauerten: Angst vor der abzutragenden Schuldenlast, Angst vor zusätzlichen Kosten im Krankheitsfall und im
Alter, Angst auch vor dem Verlust ihres Lebensniveaus – allein
die Ausbildung im Zeichnen erforderte in den letzten Jahren beträchtliche Mittel –, nicht zuletzt Angst vor dem Urteil des Bruders. Gerade ihm will sie ihre Souveränität in Geldfragen beweisen und ein Beispiel für die Unabhängigkeit einer Frau von
der Unterstützung durch Verwandte geben.

Um ihr kleines, bei Sibylles Ehemann deponiertes Kapital

zu schonen, muß das Budget zeitweise durch Anleihen bei den Freundinnen aufgebessert werden. Da Ottilies Finanzen ebenfalls einer soliden Grundlage entbehren, behebt überwiegend Sibylle ihre Geldnöte. Adele sieht ihre Eigenständigkeit gefährdet, falls es ihr nicht gelingt, trotz wachsender Kränklichkeit zusätzliche Verdienstquellen zu erschließen.

Mit ihrer Gesundheit geht es seit 1839 ständig bergab. Kränklich ist sie seit ihrer Kindheit. An Kopfschmerzen leidet sie fast immer. »Mein alter Dämon, der Schmerz im Kopf, schlug seine garstigen Nacht Flügel um alle meine Gedanken«, entschuldigte sie sich am 28. August 1824 auf poetische Weise bei Goethe für den verspäteten Glückwunsch zu seinem fünfundsiebzigsten Geburtstag. Seitdem hat ihr Krankheitsbild bedrohlichere Formen angenommen. Herz- und Unterleibsbeschwerden sowie Rheumatismus schwächen ihre Leistungskraft. »Mir ist Rheumatismus aufs Herz gefallen, ich habe es nicht geschrieben, weils unnütz war«, teilt sie im März 1839 dem Bruder nebenbei mit, den doch mehr geschäftliche Angelegenheiten interessieren. In den kommenden Jahren wird sie auf Anraten der Ärzte mehrmals im Jahr zur Kur fahren, überwiegend nach Karlsbad. Eine Krebserkrankung, als solche jedoch nicht erkannt, nimmt ihren schleichenden Verlauf.

Was tun, um sich künstlerisch noch behaupten zu können? Letztlich bleibt nur das Schreiben als eine erfolgversprechende Tätigkeit. Seit ihrer Jugend ist es ein wesentlicher Lebensinhalt für sie. Wie viele Gedanken, Gefühle, Erlebtes und Belauschtes, Gesehenes und Gehörtes hat sie in Worte zu bannen gewußt. In Form von Tagebüchern und Gedichten, Operntexten und Erzählungen, Schauspielen und Märchen, Aufsätzen und Dramen ist in den vergangenen Jahren Literatur entstanden, teils veröffentlicht unter einem Pseudonym, teils als Manuskript vorliegend oder verschenkt an Freunde und Bekannte und somit in alle Winde zerstreut.

Gedichtet hat Adele seit ihrer Jugendzeit, nicht nur in Versen, auch in Prosa. Die Mehrzahl dieser Gedichte entsteht in der Weimarer Zeit. Später bedient sie sich seltener dieser Form, dafür aber mit größerer Tiefe und Sicherheit. In jungen Jahren überwiegen romantische Motive, später orientieren sich die Gedichte an antiken Stoffen oder spiegeln die eigene seelische Befindlichkeit wider. Auch Balladen und volksliedhafte Gedichte stammen von ihr. Mit den Gestirnen hat sie sich immer verschwistert gefühlt. Den Abendstern Hesperus, Symbol ihrer Liebe, besingt sie in manchen Variationen. Ihr Gedicht »Hesperus«, von Des Voeux mit »A Wish« betitelt und dem Namen »Adèle« versehen, findet sich mit anderen Übersetzungen deutscher Gedichte im Anhang der englischen Ausgabe des Goetheschen »Tasso«, einer Gemeinschaftsarbeit des Schotten mit Ottilie aus dem Jahr 1827.

Ein kleiner Gedichtband mit ungefähr 80 Gedichten von Adele Schopenhauer erscheint 1920 zusammen mit einem Band Scherenschnitte bei Julius Klinkhardt in Leipzig. Als Herausgeber zeichnen H. H. Houben und der Leiter des Goethe- und Schiller-Archivs, Hans Wahl, verantwortlich.

Auf der Suche nach ihrem literarischen Nachlaß stößt Houben im Goethe- und Schiller-Archiv auf zwei Manuskriptbücher. Sie enthalten vorwiegend Abschriften, aber auch Gedichte in Adeles eigener Handschrift. Houben, um eine chronologische Abfolge bemüht, eröffnet seine Ausgabe mit dem Gedicht »Mein erstes Lied«, das den Zusatz »An Ottilie, die mir zugeredet hatte« trägt. Er ordnet es dem Jahr 1816 zu. Das letzte Gedicht, vom Herausgeber der Spätperiode nach 1840 zugewiesen, prägt Traurigkeit. Im Rückblick belebt Adele die Erinnerung an ihre erste Liebe zu Heinke, an vergangene glückliche Tage. Überschrift und Jahresangabe fehlen.

> Weihnachten wird es für die Welt
> Mir aber – ist mein Lenz bestellt,
> Mir ging in solcher Jahresnacht

Einst leuchtend auf der Liebe Pracht!
Und an der Kindheit Weihnachtsbaum
Stand Englein gleich der erste Traum!
Und aus dem eiskrystall'nen Schooß
Rang sich die erste Blüte los –
Seitdem schau ich nun jedes Jahr
Nicht was noch ist – nur was einst war!

Den 1. November

Der Band enthält ferner das Lied der Gabriele, das für den gleichnamigen Roman der Mutter entstand, zwei aus Adeles Feldmärchen herausgelöste Gesänge, die in dem Roman »Anna« enthaltenen Balladen sowie poetische Betrachtungen über Erde, Sonne, Mond und Sterne in Prosaform. Neben lustigen Augenblickseinfällen stehen Gelegenheitsreime für festliche Anlässe. Leicht und beschwingt klingen die Verse, die Adele auf das Titelblatt eines Notenbuchs für Ottilie schrieb.

In Ottilies Notenbuch.

(Zu einer arabeskenartigen Einfassung des Titelblattes.)

Unglaubliches und längst Bekanntes,
Erfahrung, Traum und Kinderspiel,
Chimären, fratzenhaft Verwandtes,
Und was je Deinem Geist gefiel:
Lehrt die Musik Dich wieder finden,
mit goldnen Fäden es verbinden.

Zum Weihnachten 1829

Lose Blätter mit Gedichten, sowohl in Adeles Handschrift als auch in Form von Abschriften, finden sich im Nachlaß der Familie Frommann im Goethe- und Schiller-Archiv in Weimar unter der Rubrik »Sammlungsstücke auf Adele Schopenhauer«. Neben Duplikaten bereits veröffentlichter Gedichte werden hier auch bisher unbekannte aufbewahrt, wie »Rollen Tage, rollen Nächte, dreht der Zeiten Rad sich schwer«, »Trennung im Beisammenseyn«, »Überschwang«, »Die Worte sind ein Schattenriß« und »Ich bin so müd«:

> Ich bin so müd von all dem Treiben –
> stumm ist mein Herz und laut die Welt –
> Ich mögte nirgends lange bleiben,
> und wand're zögernd durch das Feld.
> Kann man zugleich im Eilen zaudern?
> Kann man vor heiß Erschautem schaudern?
> Ach frage nicht! ich bin so müd!

Außer Gedichten verfaßt Adele seit ihren Jugendjahren auch Prosa in den verschiedensten Formen: Erzählungen, Märchen, Dramen, Libretti. Das wenige, was an die Öffentlichkeit gelangt, erscheint unter einem Decknamen wie die 1835 publizierte Novelle »Die lothringischen Geschwister« und das Libretto für die von Walther von Goethe komponierte Oper »Enzio«.

Aber nicht »Enzio« kommt auf den Spielplan, sondern eine andere Oper des Goethe-Enkels. Für »Anselmo Lancia« hebt sich am 15. Oktober 1839 der Vorhang des Weimarer Hoftheaters. Die Oper, an deren Libretto Ottilie, ihre Mutter Henriette und Adele beteiligt sind, fällt durch. Vernichtend die Haltung der Presse: zuerst Schweigen, dann Taktieren, später offene Kritik. Seitdem scheut Walther von Goethe die musikalische Öffentlichkeit.

Um 1840 fällt Sibylles wiederholte Aufforderung, Adele möge ihr literarisches Talent nutzen, auf fruchtbaren Boden. Ein Gesinnungswandel ist unübersehbar, artikuliert im Brief an Annette von Droste-Hülshoff vom 1. Februar 1840: »Nun, Nette, werde ich vielleicht schriftstellern, um mein Leben auszufüllen. Es dämmert langsam schwer in meinem Innern, u. es wird alles anders […]« Sie bittet Annette und Levin Schücking, den Vertrauten und Freund der Dichterin, sie mögen ihren Werdegang als Schriftstellerin kritisch begleiten: »Ich wäre dann bei Ihnen u. lernte ungeheuer, denn Ihr müßtet mich recensieren. Gedichte schicke ich nächstens, ich bitte um ein ganz unbarmherziges Urteil. Das thut mir not. Ich muß Eure Talente in mich saugen, dann kann ich produzieren [...] Ich möchte Levins Urteil, ohne daß er wüßte, daß die Gedichte von mir sind. Überhaupt ist's ein undankbar Geschäft zu schriftstellern, weder uns noch andern ist's ernst genug!« Noch überwiegen Hemmungen. Sie fürchtet die Zwänge des Produzierens. Wie oft vermisse sie in der Literatur Gründlichkeit und Ehrlichkeit, »dadurch entsteht so viel Halbechtes, Halbwahres! Dennoch ist Produktivität ein Schutz gegen den Andrang des Lebens! Ich wollte, Annette, ich wüßte etwas anderes, was mir über die Jahre hinweghülfe, die ich leider noch leben muß.«

Wurzellos steht Adele im Leben. Die Freundschaft mit dem um zehn Jahre jüngeren Gustav Schueler entbehrt des Fundaments. Als Professor der Mineralogie, Geologie und Technologie an der Universität Jena verbindet er Beruf mit Berufung. Er vergrößert die mineralogische Sammlung der Universität in einem Maße, daß sie nach und nach sechzehn Räume im Schloß beansprucht. Reiche Funde bringt er von seinen Reisen nach Ost-, Süd- und Westeuropa mit. Reisen und das Aufspüren seltener Minerale und naturwissenschaftlicher Raritäten besitzen für ihn einen höheren Stellenwert als Heim und Familie.

Am Krankenbett des Malers Friedrich Preller haben sie sich im Februar 1840 kennengelernt und sich in der Sorge um den gemeinsamen Freund zusammengefunden. Adele denkt unterschwellig sogar an Heirat, denn insgeheim hat sie ihren Herzenswunsch nach Ehe und Familie noch immer nicht ganz aufgegeben. Schueler aber ist unentschlossen. Als Grund führt er ungeregelte Vermögensverhältnisse an, die erst durch den

Verkauf der Mineraliensammlung ausgeglichen werden können.

Anfang März erfährt die anfängliche Euphorie einen weiteren Dämpfer. Schueler, 33 Jahre alt, gesteht, »in Folge einer Jugendthorheit seit 14 Jahren verlobt« zu sein. Er habe sich vergeblich bemüht, die Verlobung aufzulösen. Adele reagiert enttäuscht, verlangt eine eindeutige Entscheidung, »Halbheit sei das Übelste« und ohne Vertrauensbasis ein Zusammenleben nicht möglich. Schueler verspricht eine Klärung. Sie einigen sich vorläufig auf eine Partnerschaft ohne weitergehende Verpflichtungen. Ihre Haltung ihm gegenüber bleibt ambivalent. Einerseits möchte sie mit ihm verbunden sein, Alltagssorgen und -freuden mit ihm teilen, eventuell sogar die Welt bereisen, andererseits vermißt sie den geistigen Austausch. Seinem emsigen Sammlertrieb kann sie wenig abgewinnen. In seiner Gegenwart langweilt sie sich häufig, depressive Stimmungen treten auf. Mimosenhaft registriert sie jede Veränderung in seinem Verhalten. »Glaubt er seine Freiheit gefährdet?« fragt sie sich manchmal. Dann wieder folgen Zeiten voll Stille und Harmonie zwischen ihnen.

Wenn auch der Gedanke an eine behagliche Häuslichkeit, an gemeinsame Reisen und eine mögliche Unterstützung im Alter für Adele manchen Reiz hat, eine Heirat kann sie schon wegen ihrer latenten Kränklichkeit nicht ernsthaft erwägen. So wird sich das Verhältnis in all seinen Schwankungen über Jahre hinziehen.

Am 20. März 1840 bricht Adele zu Besuchen bei Freunden auf. Dadurch kann sie erst einmal eine räumliche Distanz zwischen sich und Schueler legen. Die Reise führt nach Bonn zu Sibylle, nach Düsseldorf zu Immermann und in das bei Münster gelegene Rüschhaus zu Annette von Droste-Hülshoff. Bis zum 10. Juni 1840 ist sie unterwegs.

Ein beabsichtigter Besuch bei dem Bruder in Frankfurt, brieflich für den 21. März angekündigt, scheitert an seiner reservierten Haltung. Enttäuscht registriert sie: »Dein Brief hat mir sehr weh getan. Da Du selbst so gar keine Rücksicht auf mich nehmen magst, wirst Du natürlich finden daß ich bei dem entsetzlich schlechten Wetter lieber ganz gerade nach Mainz fahre ohne mich länger aufzuhalten als eben nöthig ist, denn die Opfer an Geld u Zeit die ich brächte, machen Dir ja keine Freude!« Auch die von ihr vorgeschlagene Möglichkeit, sich auf der Durchreise wenigstens eine Stunde zu sehen, bleibt ungenutzt. Arthur hat keine Zeit für die Schwester. Aber sie will nicht aufgeben. Noch Mitte Mai, vor ihrer Rückreise über Düsseldorf und Münster nach Jena, bittet sie um ein Treffen in Frankfurt. Diesmal vereitelt ein akuter Krankheitsanfall ihr Vorhaben.

In Bonn hält sich Adele acht Wochen auf. Hier nutzt sie die Zeit für die Kunst der Lithographie. Sie lernt »auf Stein graviren«, »den Stein selbst aetzen« und »die Aetzung durch Andre einigermaßen verstehen«. Wieder taucht der Gedanke auf, »zu 12 Grimmschen ganz kleinen Kindermärchen Umrisse« zu gestalten. Ansonsten mißfällt ihr manches. Sibylle wirkt abgespannt und gereizt. Auch Heinrich Wolff scheint von Depressionen heimgesucht. Adele leidet an der Unausgeglichenheit der beiden ihr nahestehenden Menschen. Wolff trägt sich mit dem Gedanken, nach Amerika auszuwandern, wo er wie sein Bruder die Einbürgerung beantragen will. Als jüdischer Arzt fühlt er sich in Deutschland nicht mehr heimisch.

Mit Sorge konstatiert er den labilen Gesundheitszustand der Freundin. Er untersucht sie gründlich und empfiehlt, so schnell wie möglich eine Kur anzutreten. Adele, erschrocken, kürzt ihren Aufenthalt in Bonn ab.

Außer zu Sibylle und Wolff hat sie kaum Kontakt zu anderen Menschen. Alle erscheinen ihr fade und uninteressant. Dem Freund aus den Bonner Jahren bis 1837, Professor Martius, begegnet sie flüchtig am Tag ihrer Abreise. Eigentlich hatte sie auf einen Besuch von ihm gehofft. Er aber fürchtet eine Wiederholung der »Klatscherei«. An der Anlegestelle für Dampfschiffe – sie fährt nach Düsseldorf zu Immermann, er nach Honeff – treffen sie sich kurz. Adele spürt, sie sehen sich nie wieder.

Höhepunkt der Reise ist die Begegnung mit Immermann. Seit Ende September 1837, als er die Schopenhauers in Jena aufsuchte, stehen sie in schriftlichem und mündlichem Austausch. Adele schwärmt: »Immermann! schön, kräftig, ein Mann in jeder Bewegung, in jeder Regung der Stimme, vielleicht unser bester Dichter!« Er wiederum nennt sich einen rechten Toren, die Bekanntschaft mit ihr nicht eher gesucht zu haben, und bedauert sein bisheriges Zögern. Mit feinem Gespür erkennt er ihre künstlerische Sensibilität. In seinen Erinnerungen charakterisiert er sie achtungsvoll: »In Weimar war sie Goethe's enfant chéri und deshalb Mittelpunkt eines bureau d'esprit, das hatte sie verwöhnt, nun wurde sie in Bonn auf die Hungerkur gesetzt […] Sie schneidet à merveille in Papier aus. Es sind wahrhaftige Gedichte mit der Scheere. Sie hat die Zwergenhochzeit von Goethe mit einer Laune ausgeschnitten, die mich entzückte.«

Immermann, bezaubert von ihrer Silhouettenkunst, bekennt: »Noch schweben meiner Seele Ihre Poesien in schwarzem Papier vor; denn Sie erweisen sich darin als wahre Poetin, während Varnhagen nur seine geschniegelten prosaischen Perioden ausschneidet.« Er bittet um eine Aufstellung und Beschreibung ihrer Scherenschnitte. Eine Vervielfältigung der »phantastischen Zwergenhochzeit« wird in Aussicht genommen. Adele aber knüpft eine Bedingung daran: ihr Name dürfe nicht genannt werden. Die Erfahrungen aus der Bonner Zeit haben Schatten geworfen. Ihm gegenüber gesteht sie am 24. November 1837 ihre unbefriedigende Situation und die zum Teil demütigenden Erlebnisse im Bonner Milieu.

»Ich habe sehr gelitten in meinem Leben, weil ich, unter sehr geistreichen Menschen erwachsen, gewohnt war, meine Gedanken klar und ganz offen auszusprechen, wenn sie Kunst od Litteratur betrafen; nie habe ich den Fehler gehabt auf mein kleines, unausgebildetes Talent eitel zu seyn, und eben darum habe ich Sachunkundigen gern gezeigt was ich arbeitete; die Freunde um mich zerstreute mein Treiben, es machte ihnen das Leben leicht; einige unter ihnen waren so eminent mir überlegen, daß ich an kein rivalisieren dachte! – Als ich die größere Gesellschafts-Welt betrat, ward ich misverstanden; in Bonn, besonders von denen, die mich nicht kannten, für prätentiös, eitel, etc. ausgeschrien, weil ich die Tochter einer Schriftstellerin war; es that mir weh, und gab mir einen Widerwillen gegen alles Zeigen, Auftreten, Bekantseyn. Ihnen gegen über war mir sehr wohl, ich empfand das befreundete Geisteselement, in dem ich erwachsen, und die kleinlichen mir aufgedrungenen Rücksichten fielen von mir ab. Ich bitte Sie recht herzlich, machen Sie nicht, daß ichs bereue, indem Sie einen Schein von Eitelkeit um mich breiten, ich will nicht bekannt seyn!«

Dem Brief ist der gewünschte Katalogue raisonné einiger Scherenschnitte beigefügt. Sie wiederum empfängt von ihm die auf Stein gezeichnete Allegorie »Der Traum aus der Flasche« des vielseitig begabten Düsseldorfer Malers, Illustrators und Kupferstechers Schrödter, kurz als »Schröttersche Flasche« bezeichnet, die im Nachlaß Allwina Frommanns im Goethe- und Schiller-Archiv aufgehoben ist. Die Lithographie sollte als Vorlage für Immermanns gemeinsam mit Schrödter abgestimmtes Programm dienen, mehrere ihrer Silhouetten nach diesem Verfahren zu drucken.

Im Juni 1838 läßt Immermann Adele über O. L. B. Wolff sein Beileid zum Tod Johanna Schopenhauers übermitteln. Für ihn fertigt sie zu einer Komposition des Goethe-Enkels Wolfgang, einem Geschenk zu ihrem Geburtstag am 12. Juni, eine nach dem Steindruckverfahren hergestellte Zeichnung an. »Es sind Noten, mit einer Vögel-Arabeske umgeben. Das Ganze ist eine

Galloppade – der Vögel! Als ich sie vom jüngsten Göthe zum Geburtstagsgeschenk erhielt, ergötzte mich die Composition, das streifen der Vogelfüßchen und Flügelchen, das Hin- und her Rollen der Sandkörner, das Aufjauchzen und Aufschreien, es wurde gleich ein Bild.« Es sei ihr erster Versuch, in Stein zu zeichnen, weshalb er einen gewissen Dilettantismus nachsehen möge.

Anfang Oktober 1839 besucht Immermann Adele in Jena. Er hat gerade die neunzehnjährige Marianne Niemeyer geheiratet, nachdem seine langjährige Lebensgefährtin, Elisa von Ahlefeldt, ihren Widerstand gegen die Verbindung aufgegeben hatte. Bei ihrem Gegenbesuch in Düsseldorf 1840 verbringt sie »unvergeßlich schöne Tage mit Immermann«. Nur wenige Monate später, am 25. August 1840, stirbt er. »Welch ein Wechsel des Lebens. Immermann, dem ich so viel danke, der meinen Aufenthalt in Düsseldorf so unendlich angenehm machte, ist todt!« trauert sie. Der plötzliche Tod des erst 44jährigen vereitelt manche gemeinsam gefaßten Pläne. Eine Zeitschrift mit dem Titel »Gäa« wollten sie herausgeben als Forum für Schriftsteller verschiedener Richtungen. Adeles Silhouetten sollten veröffentlicht werden, und vor allem wollte sie den Winter 1840/41 im Kreis der Familie Immermann verbringen.

Auf dieser Reise, im Frühjahr 1840, kommt es zur letzten persönlichen Begegnung mit Annette von Droste-Hülshoff. Adeles Ankunft im Rüschhaus verzögert sich. Das Warten nimmt Annette jede innere Ruhe, sie kann nichts unternehmen, teilt sie am 19. Mai ihrem Freund Christoph Bernhard Schlüter mit. Jeder verstrichene Tag sei unersetzbar, da der Termin der Rückfahrt definitiv feststehe, »so betrübt mich diese Verzögerung, denn es ist wohl das letztemal, daß wir in diesem Leben zusammenkommen [...] Ihr Ausbleiben beunruhigt mich, da ich sie wirklich lieb und außerdem viel mit ihr durchlebt habe; zu zweien Malen ein ganzes ereignisvolles

*Venus und Adonis*

Scherenschnitt von Adele Schopenhauer
Kunstsammlungen zu Weimar

Jahr; für manche Tote oder für immer Ferne war sie mir noch
der einzige vorhandene Faden, an den ich meine Erinnerungen knüpfen konnte; so wird mit ihrem gänzlichen Scheiden
mir ein großes Stück Vergangenheit erst recht zur Vergangenheit, zu jener dämmerigen, grauen, wo man nichts mehr hört,
durch nichts mehr erinnert wird an Dinge, die einem dann sehr
bald einer steinalten Zeit anzugehören scheinen.«

Ein Bote mit Adeles Nachricht, daß sie in Münster »jede Minute den bereits bestellten Wagen« erwarte, läßt Annette vom
Schreibtisch aufspringen und vor den Spiegel eilen, denn »der
Panther kann seine Flecken nicht ablegen und kein Frauenzimmer die Eitelkeit«. Noch am selben Tag trifft Adele ein.
Die Freude des Wiedersehens auf beiden Seiten ist groß. Adele
bringt einige literarische Arbeiten mit in der Absicht, sie mit
der Gefährtin durchzusprechen. Doch Mangel an Gelegenheit, vermutlich auch fehlende Aufgeschlossenheit von seiten der Droste lassen es dazu nicht kommen. Annette von ihrer Gefühlsbindung an Schücking beherrscht und von ihren
eigenen Dichtungen in Anspruch genommen, ist mehr die Rat-
suchende.

Die Zeit im Rüschhaus ist für Adele eine Zeit des Nachden-
kens. Sie beobachtet, wie sich Annette vielen Vorstellungen
öffnet, Ideen aufgreift, die sie rasch wieder verwirft. Ein fest-
gefügtes Gedankengebäude gibt es für sie nicht. »Zudem habe
ich dort eine Erfahrung gemacht, die ich nie zu machen für
möglich gehalten. Annette leidet an Gewissensqualen und
gänzlichem Schwanken des Glaubens und Meinens. Ob ich
dahin auch noch gelange?« Sie beginnt ihre eigene Haltung in
Frage zu stellen – ein beunruhigendes Unterfangen. Bestimmte
Ansichten über das Leben, die Welt und das eigene Ich, bisher
als Lebensmaximen hochgehalten, weisen bei näherem Hin-
sehen feine Risse auf.

Dem Rüschhaus bewahrt sie »eine dankbare Erinnerung«.
»Und mir war so poetisch und ich war so zum Sterben krank

und doch so heiter! Ich denke mit großer Liebe an Rüschhaus, an seine Räume, und wie sehr an seine Waldgegend und Haide und Wasserblumen und seine tausend Insekten, Vögel, Katzen und Hunde und Hühner! An seine sonderbaren Menschen, Maria und die Amme und so fort.« Sibylle, die zwei Jahre später während eines Aufenthalts im Rüschhaus bei Annette die Bruchstellen der Freundschaft zu kitten versucht, kann dieses Gefühl nicht teilen. »Sonderbar«, entgegnet ihr Adele, »ich liebte Rüschhaus! Mir war in dem Altarzimmer, in Annettens Stube, wo ich hinunter in die wunderliche Küche sah, wohl und sehr gemütlich!«

Der Frühling, ein Hexenmeister, verzaubert die Atmosphäre in und um das Rüschhaus. Hier frönt Adele wieder ihrer Leidenschaft, dem Zeichnen. Burg Hülshoff, der nahe gelegene Familienstammsitz, hält sie als Sepiazeichnung fest. Landschaft und Natur Westfalens werden skizziert. Schlüter erwähnt in einem Brief ihr Entzücken über das reiche Insektenleben an den Ufern des Rüschhauser Teiches, »welche mit Ried, Calmus und Binsen reichlich besetzt waren, und welches sie eine Welt für sich im Kleinen nannte, sowie an den daran grenzenden, mit Buchen, Eichen und Tannen bewachsenen Wäldchen, worin im Frühling ein ungewöhnlich reicher Gesang von Schwarzdrosseln, Kuckucken und Wiedehopfen erscholl und die Gegend belebte«.

An Fritz Frommann schickt Adele am 23. Mai aus dem Rüschhaus eine anschauliche Schilderung ihrer Reiseeindrücke und -erlebnisse: »Schreiben konnte ich nicht, weil ich gelebt wurde, keineswegs ad libitum lebte, denn obschon ich ein Privatquartier hatte während der 8 Wochen die ich in Bonn zugebracht, so gings doch in der Regel den ganzen Tag hindurch gerade so zu bei mir wie ichs am Morgen nicht wollte u. nicht erwartete [...] Schöne Tage gab es, und meinen Freunden that ich wohl, sie hatten mich, meine Liebe, und meine Ruhe nöthig [...] Ich muß noch dies Jahr nach Carlsbad. Du kannst denken,

daß diese kostbare Badereise nach der eben vollendeten Ver-
gnügungsreise ein Donnerschlag für mich war! Ich kann mir
jedoch nicht bergen, daß meine ganze künftige Existenz von
meiner Genesung abhängt [...] Ich habe wahrscheinlich einmal einen Stoß bekommen, und in der Seite eine Drüsengeschwulst die wie Wolff sagt fort muß, und entschieden durch
Carlsbad, aber sonst durch Nichts geheilt werden kann. Du
kannst den Schrecken denken! [...] Düsseldorf habe ich im
höchsten Grade angenehm gefunden, und mir dort besonders
durch Immermanns freundschaftliche Güte alles bereit gemacht zu einem späteren künstlerisch zu benutzenden Aufenthalt. Es war meine Absicht vielleicht jetzt mehrere Monate
dort zu verweilen, indessen macht mirs die Carlsbader Reise
unmöglich. Auch daran hatte ich gedacht den nächsten Winter dort zuzubringen, wenn ich die Künstler mir gewänne, obschon Letzteres geschah, obschon ich Theilnahme, Unterricht, Alles fand, muß ich ins Carlsbad [...] Von Düsseldorf
reiste ich hierher, wie durch einen Zauberschlag aus der
Rheinländischen Südlichkeit in den frommen ernsten Norden
Münsters versetzt, in den plötzlichsten Wandel aller innern
und äußern Formen: Münster mit seinen Giebelfassaden, seinen herrlichen gothischen Gebäuden, den gothischen Kirchen
– dem Rathhaus, unten die nordischen Vorhaushallen, wie in
Marienburg – dann das kleine fabel- oder märchenhaft stille
Rüschhaus! mit Gräben umschlossen, Eichen- u Buchen-
Alleen, ungeheure Bäume, drum herum überall das üppige
Wiesengrün, Kornfelder, Fläche – weiter hin Haide. Wir heit-
zen tüchtig, wir leben winterlich, klösterlich still u sacht – man
träumt fast anstatt zu leben. Da ruhe ich denn aus, an der Seite
des geistreichsten Wesens das ich unter Frauen kenne. Ich
bliebe gern 6–8 Wochen. Ich würde hübsche Sachen denken
und machen. Es würde Manches für fernere Zeit Bleibende
entstehen – doch muß ich fort! Anfangs meinte Wolff der an
Kieser geschrieben hat, es werde möglich sein bis nächstes Jahr

zu warten, nachher bat er dringend sobald als möglich zurück.«

Was bleibt, ist die Erinnerung an harmonische Stunden mit
Annette, neben Ottilie eine der »liebenswürdigsten Frauen, die
ich auf Erden kenne«, und deren Tante Sophie von Haxthausen, an Schücking, Elise Rüdiger und Schlüter. Ende Mai, auf
der Rückfahrt, trifft Adele zum letztenmal Wilhelm Grimm
in Kassel.

Heilung sucht sie auf Empfehlung der Ärzte zunächst von
Juli bis August in Sulza, dann in Karlsbad. Arthur erklärt sie
am 12. Juli 1840 in einem Brief aus Sulza die Gründe für ihren
Ortswechsel.»Vor 8 Wochen wurde ich unwohl in Bonn, dann
kränker, es fand sich nach einer nöthig gewordnen Untersuchung daß ich eine Drüsengeschwulst innerlich hatte, zu deren
Cur man mir Karlsbad rieth. Ich gieng zu meinen Freunden
nach Düsseldorf wo ich einige Tage blieb, dann auf ein Gut in
Münster Westphalen, wo eine meiner intimsten Freundinnen
lebt. Mein Arzt hatte das erlaubt, nur mir empfohlen zu Anfang Juny nach Jena zurückzukehren, um nach Karlsbad zu gehen. Da ich Einladungen nach Rödelheim, Frankf, Heidelberg
nun nicht annehmen konnte, kehrte ich geradenwegs v. Münster über Kassel nach Haus: dort angelangt brach eine Entzündung innerlich theilweise aus, ich habe zwei Aerzte weil Gh.
Hofrat Kieser Herrn Doctor Wedell als höchst geschickt in
Drüsenübelkuren verlangt hat. Beide konferirten mit D. Wolff
in Bonn, und fanden daß die Gefahr einer Entzündung nicht
gestatte mich nach Böhmen reisen zu lassen, man verordnete
mir das hiesige ganz einsame Soolbad, ich zog es Kösen vor, da
ich gern allein bin.« Eigentliches Anliegen des Briefes ist es,
Arthur über Person und Adresse ihres Bevollmächtigten in
Jena während ihrer Abwesenheit, Professor Gustav Asverus,
zu informieren.

Sein Antwortschreiben berührt nur kurz ihren Zustand.
»Deine Krankheit bedaure ich von Herzen: aber die Lustreise

im März mit der Schnellpost konnte nicht viel Heil bringen. Hoffentlich wird es Dir heilsam seyn, jetzt etwas marinirt zu werden, u. dann pflege der Ruhe: Die Reisesucht ist eine wahre Krankheit unsrer Zeit: hier hat man sie am Besten vor Augen.« Ansonsten strotzt der Brief von Angriffen gegen den Gutspächter in Danzig, Daniel Friedrichsen, dessen Redlichkeit er mißtraut. Zudem rügt er ihre Entscheidung, den Juristen Asverus zu Verhandlungen über ihre Gutsanteile bevollmächtigt zu haben. Er vermutet darin eine Indiskretion. Adele beschwichtigt. »Dein Mißtrauen macht Dich elend, und das thut mir noch leider als Dein Kranksein [Arthur litt an heftigen Ohrenschmerzen] von dem ich hoffe es geht über, ärgre Dich nur so wenig als möglich, das schadet am meisten […]«

Am 6. August beendet sie ihre Kur in Sulza, deren Wirkung so gering ist, daß sie auf Drängen von Kieser bereits am 19. August nach Karlsbad weiterreist. Adeles Befinden um diese Zeit schildert Annette von Droste-Hülshoff ihrer Mutter: »Ich freue mich, daß ihre Stimmung nicht mehr so niedergeschlagen ist. Sie macht sich jetzt die beste Hoffnung zur völligen Genesung, beschäftigt sich viel mit ernsthafter religiöser Lektüre, was gewiß das Tröstlichste für sie ist, hilft auch einem Freunde seine Mineralien zu ordnen und hat mir ein paar sehr hübsche Gedichte geschickt, die sie gemacht hat. Kurz, ich sehe wohl, sie findet sich in ihre Lage und gewinnt nach und nach wieder Heiterkeit. Es ist ein Glück, daß sie soviel Vernunft und Charakterstärke hat. Mancher andere in ihrer einsamen Lage und jetzt mit dem Übel dazu würde nichts tun als einem die Ohren voll jammern, aber sie schreibt ganz freundlich und gelassen. Ich habe sie wirklich recht lieb, und – sie verdient es auch.«

Niemand ahnt, wie verlassen sich Adele oft vorkommt, welche Anstrengung es sie kostet, den Lebensmut nicht zu verlieren. Ihrem Grundsatz indes, stets Haltung zu wahren, will sie unter allen Umständen treu bleiben.

In den kommenden Monaten und Jahren konzentriert sie sich auf den Beruf einer Schriftstellerin, nachdem auch ihre Bemühungen um Übersetzungsaufträge im Sande verlaufen sind. Weder gelingt es ihr 1841, die Genehmigung für die Übertragung der Werke von Anna Jameson, Sibylles und Ottilies Freundin, zu erlangen, noch erhält sie später die Zustimmung des Verlegers Brockhaus für die Bearbeitung eines italienischen Werkes über die Künstler der Genueser Schule von Raffaele Soprani aus dem Jahre 1647, ein Buch, das Seltenheitswert besaß und nur mit Mühe von Sibylle in der Bibliothek des Vatikans aufgespürt wurde.

Es bleibt nur die Chance eigenen schöpferischen Schreibens.

# Nachtgedanken

*Arthur – die Herzbeklemmung verstärkt sich, sie kann nicht ohne Kummer an ihn denken, den Schroffen und Argwöhnischen, den Denker und Weisen. Gestern hat sie ihm ihren letzten Wunsch übermitteln lassen, im Unterbewußtsein sehnt sie ihn herbei. Die Vernunft aber sagt, er würde sich bis zuletzt verweigern. Gewissensbisse, immer wieder aufgeflackert, sind verflogen. Kompromißlos ist er seinen Weg gegangen. Seine Idee »vom Leiden der Welt« und der »Nichtigkeit des Daseyns«, getragen von einer pessimistischen Grundhaltung, kann sie durchaus verstehen. Beistimmen muß sie ihm, daß das Leiden die Welt beherrsche, daß die verfliegende Zeit, daß Arbeit, Plage, Mühe und Not wie Furien die Menschen hetzen, daß die Erkenntnisfähigkeit des Menschen Schmerz auslöse. Welche Erwartungen hegt das Kind, welche Träume die Jugend! Gut, daß die Zukunft verborgen bleibt. Trotzdem kann und will Adele das Leben nicht als einen Fehltritt, eine Art Verirrung oder »als eine unnützerweise störende Episode in der seeligen Ruhe des Nichts« begreifen, auch wenn nach Arthur alle irdischen Bestrebungen allein schon durch die begrenzte Lebenszeit nichtig seien. Die Welt ein Schauplatz von Not und Jammer, eine Hölle, in der die Menschen sowohl Opfer als auch Täter sind – diese kategorische Behauptung will sie nicht ganz teilen, obwohl die Weltereignisse, vergangene, gegenwärtige und künftige, eine solche Auffassung berechtigt erscheinen lassen.*

*Wiederum stimmt sie mit ihm in der Schlußfolgerung überein, alle Menschen seien Leidensgefährten und sollten einander mit Toleranz, Geduld, Schonung und Nächstenliebe be-*

gegnen. *Gerade weil am Sinn der Welt und des Menschen zu zweifeln sei, kann nur Mitleid die Lebenslast erleichtern.*

*Die Fragwürdigkeit der Zeit, postuliert Arthur, die jeden Augenblick ins Nichts rinnen lasse und somit wertlos mache, gewinne zwar einen Sinn in dem »nie zu erschöpfenden Born der Ewigkeit« zur Erneuerung der Lebenszeit und schließlich durch bewußte Verneinung des Willens im endgültigen Eingehen in das Nirwana als höchste Stufe der Erkenntnis – welchen Beweis aber gibt es dafür, rätselt Adele.*

*Worin liegt der Sinn aller Anstrengungen des Körpers und des Geistes? Der Bruder meint, nichts als die bloße Existenz zähle, die von Not oder Langeweile geprägt sei. Das Leben lasse einen wahren, echten Gehalt vermissen, nur Bedürfnis und Illusion halten es in Bewegung.*

*Wenn aber alles Leben das Nichtsein zum Ziel hat, wenn gelebtes Leben nur als »dürre Mumie einer Erinnerung« bleibt, wenn, gemessen an der Unendlichkeit der Zeit und des Raums, das menschliche Dasein zum »Nichts« wird, wenn das Gehetze, Gerenne, Gejage nach Ehre, Macht, Besitztum, Ruhm sinnlos ist, warum dann Arthurs erbittertes und zähes Ringen um jeden Groschen? Aus Existenzangst? Aus Unabhängigkeitsstreben? Diese Gründe kann Adele nachvollziehen, nicht aber sein pedantisches Verhalten in allen Fragen des Geldes, seine Forderung nach Abrechnung und Offenlegung ihrer Finanzsituation, seine Einmischung in ihre persönlichen Pläne für die Sicherung ihres Lebens und das Schlimmste, seine strikte Weigerung, ihr in kritischen Lebenssituationen beizustehen. Nein, dieses Verhalten vermag sie nur als Widerspruch zu seiner Lebensphilosophie zu deuten.*

*Ihm, dem Individualisten und Eigenbrötler, fühlt sie sich im Geiste verwandt, im Herzen immer noch fremd. Daran wird sich nun nichts mehr ändern. Um Verständnis bemüht, hat sie seine Haltung gegenüber den Eltern doch nie begreifen können, die brüske Ablehnung der Mutter und die ausschließliche*

*Verehrung des Vaters. Gerade der Vater hat den Sohn unge-
achtet seiner Interessen und Begabungen für den ungeliebten
Beruf des Kaufmanns bestimmt, ihn in eine licht- und freud-
lose Zukunft gedrängt. Die Mutter war es, die dem Sohn 1807
die Wahl gelassen, ihm den Weg in die Welt des Geistes geeb-
net, seinen Wissensdrang akzeptiert und unterstützt hat. Freiräume, die die Mutter ihm zugestand, verweigerte er ihr. Mit
Schärfe nahm er Unvollkommenheit und Schwäche der Mutter wahr. Johanna vermißte schmerzlich die Achtung ihrer
Persönlichkeit durch den Sohn, umgekehrt fehlte Arthur die
Anerkennung seines geistigen Schaffens durch die Mutter. Die
Verhärtung beider zu durchdringen gelang Adele nie. Am Lebensende vermeint sie zu wissen, Kernpunkt der Mißstimmung
zwischen Mutter und Sohn war die Rebellion des Sohnes gegen
die Verfügungsgewalt der Mutter über das Vermögen, auch
nach seiner Volljährigkeit. Vielleicht wäre die Verwaltung in
seinen Händen wirklich besser aufgehoben gewesen, gegen
Bankkonkurse aber hätte auch er nichts ausrichten können.*

*Ach, diese leidigen Auseinandersetzungen um Geldfragen –
wie ein roter Faden ziehen sie sich durch ihren Briefwechsel.
Manche Lebensstunde haben sie ihr vergällt. Seine Briefe lösten eher Beklemmung als Freude aus. Nicht nur forderte er
Rechenschaft über das ihr verbliebene Erbe, zunächst angelegt
in der Bank des Kaufmanns Louis Mertens, nach dessen Tod
1842 weiter von Sibylle verzinst, auch warf er ihr wiederholt
Unkenntnis, ja Verschwendung vor. Demgegenüber beteuerte
Adele ihre Fähigkeit, das Geld zu verwalten, die Schulden
pünktlich abzuzahlen, er selbst werde es prüfen können, früher
oder später, an ihrer Hinterlassenschaft.*

*Ihr Verhältnis pendelte zwischen Anziehung und Absto-
ßung. Je nach seelischer und körperlicher Verfassung konnte
sie den extremen Argwohn Arthurs belächeln, seine Maßrege-
lungen relativieren oder sich eines Gefühls der Abwehr, ja des
Gekränktseins nicht erwehren. Hinter dem Vorschlag, für ihre*

*beiden Gutsanteile einen gemeinsamen Verwalter einzuset-*
*zen, witterte er eine Übervorteilung durch die Schwester, ihren*
*Briefen an ihn rechnete er die Portokosten nach, den Verbleib*
*der 600 Taler Honorar aus den Memoiren der Mutter wollte*
*er genau aufgeschlüsselt haben, ihrem Rechtsberater in Jena,*
*Gustav Asverus, mißtraute er, ihre Reisen begleitete er stereo-*
*typ mit dem Vorwurf der Verschwendung.*

*Manchmal waren seine Vorhaltungen nur schwer zu ertra-*
*gen. Im November 1839 appellierte sie an ihn, doch kein Narr*
*zu sein und nicht zu vergessen, »Du hast keine eigenwillige*
*Thörin vor Dir, aber auch kein Kind«. Dem Tadel ihrer Reise*
*an den Rhein 1840 begegnete sie mit der Versicherung, keinen*
*Pfennig des von Mertens verwalteten Kapitals beansprucht zu*
*haben, »sondern vom Geld das ich verdiente hab ich mir den*
*Spaß gemacht [...] Ich bin ordentlich u sehr rechtlich im Abzah-*
*len, gewiß Arthur Du wirst es finden, denn sterben werde ich*
*doch wohl.«*

*Nein, die Quereleien mit Arthur verdrießen nur, besonders*
*der letzte große Zwist um ihre Leibrente, erst im Januar dieses*
*Jahres beigelegt, läßt sie aufseufzen. Vorbei, vergessen, wie alles*
*Irdische an der Lebensgrenze an Gewicht verliert. Dieses*
*Mißverhältnis zwischen Lebensauffassung einerseits, der »Lehre*
*von der Nichtigkeit des Daseyns« und »vom Leiden der Welt«,*
*und kleinkrämerischem Alltagsgebaren andererseits wie der*
*Gängelei in allen ihren finanziellen Belangen kann sie nicht*
*mehr ergründen.*

*An Versuchen, eine Erklärung für sein Verhalten zu finden,*
*hat es von ihrer Seite nicht gefehlt. 1844, in der Phase der Aus-*
*einandersetzung um die von ihr angestrebte Leibrente, deu-*
*tete sie seine Einwendungen auf ihre Weise. Sie hielte ihn »für*
*einen zu tiefen, ich möchte sagen zu heiligen Denker (denn es*
*ist Dir ein so edler Ernst darum) als daß ich erwarten kan, daß*
*Du die kleinen miserablen pecuniären u bürgerlichen Verhält-*
*nisse so durchdenken solltest wie andere practischere Men-*

schen. *Darum achte u ehre ich stets Deine Ansicht, bewundre Deinen Geist, mehr noch Deinen durchdringenden Verstand, oft sogar die wunderbare Poesie die in Deiner Anschauungsweise anbetungswürdig vortritt – in Geschäften gemeiner Art, folge ich Dir nicht unbedingt, ich frage Männer vom Fach.«* Erneut deutete sie an, ihr Tod werde Zeugnis ablegen von der Besonnenheit ihrer Haushaltsführung.

Arme Adele, als Mann wäre ihre Stellung in der Welt vermutlich sicherer gewesen. So aber führte Arthurs Geringschätzung der Frauen im allgemeinen und der Mutter im besonderen zwangsweise zur Bevormundung der Schwester.

Der Abend des 21. August verdämmert in die Nacht, bleiches Mondlicht sickert durch die Baumwipfel und wirft geisterhafte Schatten in das Krankenzimmer. Flüchtig streifen Erinnerungsfetzen die Bewußtseinsschwelle. Jena um 1840, arbeitsreiche Jahre, versunken im Zeitenstrudel. Aufschwung und Verzagtheit standen dicht nebeneinander, ein mühsam errungenes Selbstbewußtsein, immer wieder abgelöst durch Unsicherheit und Minderwertigkeitsgefühle. Diese Jahre enthüllten die Möglichkeiten und Grenzen eigener Kreativität. Im Hintergrund lauerte bereits die Krankheit, die ab und zu die dünne Schicht des Wohlbefindens grell zerriß. Eine eiserne Disziplin erforderte das geistige Schaffen. Welcher Sieg, wenn die Mauer des Selbstzweifels durchbrochen, die Schwäche des Körpers vergessen war, welche Niederlage, wenn das Ringen um Form und Ausdruck mißlang, wenn Ohnmacht und Resignation jedes Lebensgefühl erstickten und die Krankheit triumphierte. Spärlich die Freude über das Gelungene, häufiger die Traurigkeit über vergebliche Mühen. Das, was noch möglich war, hat sie sich abgerungen. Ihre Lebensleistung ist vollbracht.

# Selbstfindung

Ist's doch noch lange nicht Herbst, wohin
ihr verwehenden Blüthen?
Fruchtlos verödender Stamm, wurzelst
umsonst du so fest?

Den Entschluß, als Schriftstellerin zu wirken, dokumentiert
Adele definitiv am 14. März 1842. Im Tagebuch heißt es lakonisch: »Ich werde Schriftstellerin«, mit dem nüchternen Zusatz »denn ich bin doch allein in der Welt«, also garantiert nur
die eigene Arbeit Unabhängigkeit.

Inzwischen hat sich das Verhältnis mit Schueler weiter hin-
geschleppt. Ende Februar – sie verbringt einige Wochen mit
ihm im Haus der Familie Goethe am Frauenplan – erwägt sie
die Trennung. »Seelenschwere« lastet auf ihr, »da Schueler zu
unzugänglich für Zuneigung, zu eitel, zu egoistisch um mich
wirklich recht lieb zu haben, er wird mich langweilen und un-
geduldig machen. Zerstreuung, Gesellschaft – sogar ohne Geist
sucht er.« Die Einsicht reift, Schueler »freiwillig zu verlassen«.
Eine räumliche Distanz wird erwogen. Ohne Abschied will sie
zuerst nach Böhmen, später nach Berlin gehen. Noch aber
fehlt es ihr an Kraft, die Bindung ganz zu lösen. Noch ist da ein
Funke Hoffnung auf ein bißchen Geborgenheit, gerade weil
Kränklichkeit ihre Tage zermürbt und Zukunftsangst auslöst.

Ablenkung und eine ihr zusagende Tätigkeit verspricht das
Angebot Wolfgang von Goethes, an seiner Dichtung »Erlinde«
mitzuarbeiten. Derzeit studiert er in Berlin Jurisprudenz und
Philologie, nachdem er sich 1839 zuerst in Bonn, dann in Hei-
delberg hat einschreiben lassen. Adele nimmt freudig an. In
Berlin trifft Wolfgang Vorbereitungen für das gemeinsame
Projekt. Doch Geheimrat Vogel, ihr behandelnder Arzt in
Weimar, legt sein Veto ein. Feinfühlig errät Wolfgang das Nie-
derdrückende der Situation für Adele, die Vertraute seiner

Kindertage. Kurzentschlossen wechselt er die Universität und kommt nach Jena. Am 30. April 1842 meldet ihr Tagebuch: »Wolf ist hier. Schueler auch, ich gehe nicht nach Berlin.« Wolfgang steht zu Adele in einem freundschaftlichen Verhältnis und hört gern ihren Rat in literarischen Dingen. Sie wiederum betrachtet ihn als ihren geistigen Sohn, als einen ihrer nächsten Freunde.

Weniger eindeutig empfindet Walther. Der Mißerfolg der Oper »Anselmo Lancia« verstärkt seinen Minderwertigkeitskomplex. Die erstrebte Komponistenlaufbahn hat sich als Illusion erwiesen. Seitdem reagiert er mimosenhaft auf Meinungen und Bemerkungen ihm Nahestehender, meidet die Begegnung mit Bekannten und Verwandten in Weimar, flieht vor ihrem Bedauern, ihren Klagen. Im Geiste sieht er die Großmutter, Tante Ulrike, Kanzler Müller, Geheimrat Vogel und »zwischen allen mitleidig lächelnd, mehr schwebend als schreitend – Adele«, eine Vorstellung, die ihn bedrückt.

1840 geht Walther nach Wien, angezogen durch den Kapellmeister Ignaz Ritter von Seyfried, bei dem er Unterricht in Kompositionslehre nimmt. 1841 enden diese Studien durch Seyfrieds jähen Tod. Eine Rückkehr nach Weimar erwägt er nicht. Das ruhelose Wesen seiner Mutter erhöht die Hemmschwelle. »Euer ewiges Schweben über der Erde, statt auf ihr zu gehen. Eure stets wechselnden Pläne, Eure Unruhe und das ganze Durcheinander« – es würde ihn einengen.

Ottilie, die Walther zusammen mit Alma nach Wien gefolgt war und inzwischen wieder in Weimar ansässig ist, will nun auch der Stadt endgültig den Rücken kehren. Im Sommer 1842 verabschiedet sie sich offiziell von der Weimarer Gesellschaft und bricht nach Wien auf. Trotz Walthers Abwehr glaubt Ottilie, ihm, dem Gefährdeten, Schutz bieten zu können. Alma bleibt vorläufig noch in Weimar bei der Großmutter Henriette von Pogwisch. Und Wolfgang bindet das gemeinsame Vorhaben mit Adele an Jena.

*Wolfgang von Goethe*

Aquarell von Carl Goebel, 1850
Ottilie von Goethe. Erlebnisse und Geständnisse.
Leipzig: Klinkhardt & Biermann 1923
Stiftung Weimarer Klassik/Goethe-Nationalmuseum

Im Mai 1842 beginnt eine Zeit intensiver Arbeit an dem Epos »Erlinde«, das Ideen der Romantik mit naturphilosophischen Vorstellungen zu einem Grundmuster verwebt. Die Dialektik von Mensch und Natur, Einheit und Vielfalt soll sich symbolisch in der Ilmnixe manifestieren. Die Dichtung zeigt Ähnlichkeiten mit Adeles im gleichen Zeitraum entstehenden Märchen, trägt aber auch Züge von Fouqués »Undine«, von Tiecks Märchen und dem Immermannschen Waldmärchen.

Nicht immer verläuft die Zusammenarbeit reibungslos. Kompromisse müssen geschlossen, Verstimmungen verdrängt und innere wie äußere Hemmnisse überwunden werden. Endlose Debatten über Detailfragen behindern das Vorankommen. Selbstzweifel und mangelnde Entschlußkraft verzögern die Vollendung. Als Partner sind sie sich zu ähnlich, um sich gegenseitig sinnvoll ergänzen zu können. Durch Erziehung festgelegt, durch äußere Verhältnisse gedrückt, durch Kränklichkeit reizbar, stehen sie sich häufig im Wege.

Nach Monaten angespannter Arbeit notiert Adele am 26. Oktober 1842 in ihr Tagebuch: »Die Erlinde ist fertig.« Und fügt resigniert hinzu: »Mir ist recht wehmütig [...] er [Wolfgang] ist auf dem Wege sich sehr unglücklich zu machen durch Übertreibung, Schwärmerei u Talent. Gnade ihm Gott! und lasse ihn den Menschen finden der ihm was thun kann. Ich bin es nicht.« 1843 schließt Wolfgang die Dichtung endgültig ab. Adele rät ihm von einer Drucklegung ab. Sie fürchtet das kritische Urteil des Publikums, da sie um seine Verletzlichkeit weiß. Trotzdem erscheint die Dichtung 1845 zusammen mit zwei philosophischen Abhandlungen in Anlehnung an Schellings Naturphilosophie unter dem Titel »Der Mensch und die elementare Natur«. 1851 folgt eine zweite Auflage.

Gerade die Arbeit an »Erlinde« im Frühjahr und Sommer 1842 und die damit zusammenhängenden Studien machen Adele die Fadheit im Umgang mit Schueler verstärkt bewußt.

An Sibylle schreibt sie am 22./25. Juli 1842: »Mein Verhältnis zu Schueler ist im Grunde sich gleich. Er hofft fortwährend seine Sammlungen anzubringen, sieht mich wie seinen Lebensgefährten an, trödelt aber, teils mit, teils ohne Schuld. In mir ist aber allmählich die Überzeugung gewachsen, daß erstlich Jena nicht, zweitens Allwina [Frommann] nicht, drittens die Art Lebens durchaus nicht länger für mich paßt, die ich Schueler erwartend von Tag zu Tag so hinführe. Ich werde matt, einseitig, gewöhnlich; meine Freunde genügen mir nicht, und daran ist nur dies tote, wartende, nichtsergreifende, von Körperleiden zerstückelte Dasein schuld.«

Nach Tätigsein sehnt sie sich. Die Menschen langweilen sie. Selbst Ottilie entbehrt sie leichter, und Wolfgang scheint ihr im Wesen ein Kind geblieben zu sein. Menschen und Geschehnissen bringt sie immer weniger Anteilnahme und Zuwendung entgegen. Geselligkeiten mit ihrem hohlen Geschwätz, einer blasierten Vornehmheit, falschem Pathos und gezwungen geistreichem Geplänkel erregen ihren Widerwillen. Die Individualität ist verlorengegangen, denkt Adele. Sie, die so individualistisch wie nur möglich ist, kann nur noch Arbeit retten.

Auf diesem Weg braucht sie Hilfe. Wer, wenn nicht Sibylle könnte raten und ermutigen. Sie beschwört die Freundin: »Jetzt oder nie muß mich eine Arbeit an die Welt ketten oder eine Neigung oder eine Pflicht, denn ich lebe ein übermenschliches Leben. Schuelers Ansichten haben mir geschadet; aber glaube mir, wenn ich nicht selbst wieder eintrete in die Reihe der anderen, wenn diese Neigung, allein, immer allein zu sein, wächst, so wird mich ein Übel, ein Unglück fassen, denn ich bin so frei, daß ich außer der Reihe stehe – und das ist gegen die Ordnung des Lebens. Du hast den stärksten Geist unter meinen Freunden – hilf, wenn Du irgend kannst! Alles Phantastische ist aus meinem Wesen heraus, und eine sonderbare Verstandeskraft nimmt überhand in mir. Unter allen Männern hier außer Schueler fühle ich mich zu dem klaren, ganz Verstand scheinenden Dahlmann hingezogen, all die neueren Poeten und Belletristiker machen keinen Eindruck auf mich. Ich kann mir gar nicht leugnen, daß ich ein anderes Wesen bin als ich war! Die langsame, mehr redende, einwendende, denkende als handelnde Revolution unsrer Zeit, die in Licht und Tinte statt Blut ihren Fortschritt bezeichnet, gibt mir das Gefühl, daß jetzt durchaus gar keine Individualität Eindruck auf ihre Mitwelt machen kann; das drückt mich, weil ich so individuell bin, und weil ich etwas sein möchte, etwas tun – und andererseits trete ich nun ruhig als Schriftstellerin auf, weil ja gar nicht die Rede von Effektmachen ist, und man eben gar nichts Besonderes mehr tun kann. Hilf Sibylle! Jetzt kann was sehr Gutes oder was sehr Albernes aus mir werden. Hilf! [...] Von Wolfgang lerne ich, wie man von jedem Schüler lernt, ich lerne logisch denken, logisch ordnen im Schaffen, und ich fühle, wie ich wachse.« Dabei hält sie ihre Studien geheim, denn »welcher Frau kann ich sagen, daß ich mir stundenlang Staatsrecht vorerzählen lasse, mit welcher von Agassiz und seinen Gletschern reden? Ich muß unter viele gescheite Leute, damit ich leichter, hörend schweige.«

Der Historiker und streitbare Verfechter des deutschen Einheitsgedankens Friedrich Christoph Dahlmann, ehemals Freund Heinrich von Kleists und einer der Göttinger Sieben, bildet in Jena, wo er seit 1838 einen neuen Wirkungskreis sucht, den Mittelpunkt liberaler Kreise. Bestrebungen, ihn an der Universität zum Professor zu ernennen, scheitern an den Vorbehalten des Weimarer Hofs, besonders am Veto der Großherzogin Maria Pawlowna, die Intrigen befürchtet. Bis zu seiner Berufung nach Bonn ziehen die privat arrangierten Vorlesungen eine breite Zuhörerschaft an und liefern Stoff für politische Kontroversen.

Anfang August 1842 geht Adele erneut nach Karlsbad. Hier erreicht sie die Nachricht vom Tod Louis Mertens'. Die erste

Reaktion ist ebenso Mitleid wie Aufatmen. »Es fällt eine ungeheure Last auf Dich, Du teure Liebste, obschon Du stark
bist, fast allzuschwer.« Vor Adeles innerem Auge stehen die
Ansprüche der heranwachsenden Kinder, der Streit um das
reiche Erbe. Ihre Ahnung wird sich bewahrheiten. Die folgenden Lebensjahre Sibylles sind durch langwierige Prozesse
um das hinterlassene Vermögen beeinträchtigt. Zugleich begrüßt Adele die gewonnene Freiheit der Freundin, »denn nun
wirst Du ein edles, bedeutendes Leben führen und viel, sehr
viel Gutes tun, das weiß ich! Nun wirst Du erst Dein Wesen
erkennen, Deinen inneren Reichtum anwenden, so groß und
frei, wie es Dir natürlich gewesen wäre«.

Auch Annette von Droste-Hülshoff kommentiert dieses für
Sibylle einschneidende Ereignis: »Sie ist doch sehr erschüttert
und mit Recht, denn sie haben eine wahre Höllenehe geführt,
und die Schuld stand ganz zu gleichen Theilen. Vielleicht wird
sie jetzt wieder liebenswürdiger, da der wenigstens angebliche
Grund zu dem ewigen innern Grimmkochen wegfällt; doch
fürchte ich, es sei ihr mehr Natur […]«

Sicher hat Adele recht, wenn sie meint, als Witwe verfüge Sibylle über ein größeres Maß an Eigenbestimmung. Zunächst
aber ist sie mutlos und verzagt und ruft diese zu sich, wird aber
auf den Herbst vertröstet. Verpflichtungen halten Adele in
Karlsbad zurück. Wolfgang, der inzwischen auch eingetroffen ist, will »Erlinde« beenden und bedarf seiner Co-Autorin.
Weder will sie seine Erwartungen enttäuschen, noch kann sie
die Kur, die bisher günstig verläuft, einfach abbrechen.

Endlich, am 8. Oktober 1842, kündigt sie Sibylle die bevorstehende Rückkehr nach Jena und den baldigen Besuch in
Bonn an. Eindringlich bittet sie um Nachsicht für bestimmte
Bedürfnisse infolge ihrer Kränklichkeit. »Ich werde Dich bitten, mir, wenn es irgend geht, eine heizbare Schlafstube und
zum Tag ein Sitzplätzchen allein anzuweisen, wohin ich mich
täglich drei bis vier Stunden zurückziehen und an meinem Ro-

man arbeiten kann. Ich rechne gar nicht auf Gesellschaft, ich komme wegen Dir. Kann ich im Hauswesen etwas übernehmen, so stehe ich gern zu Dienst. Arbeiten will ich, schon damit ich mit Dir über mein Buch rede, aber es bleibt doch viel Zeit. Ich habe eine Menge stiller Gewöhnungen, seit ich krank bin, und bitte deshalb um Vergebung! Du mußt mich nämlich viel ruhiger lassen, ich werde im Tag müde! Auch werde ich Dich bitten, mich allein frühstücken zu lassen, damit ich recht erholt zu Dir komme; dagegen wirst Du mich geistig vorgeschritten finden und viel mehr von mir haben, denn ich kann Deine Interessen besser teilen. Denke nur nicht an Amüsements, erlaube mir bloß, für Dich und Wolff dazusein [...] Eure Bonner Gesellschaft ekelt mich an! Die Einzelnen werde ich sehen, die interessanten oder mir nötigen Leute öfter, so wie Schlegel, Welcker, weil ich sie brauche.« Und wenig später bekräftigt sie: »Wie ich mich freue auf die Stille bei Dir und auf das tägliche stille Arbeiten, kannst Du kaum ahnen!«

Was sie mitbringt, sind drei Märchen unter dem Titel »Wald-, Haus- und Feldmärchen«, gedacht als Debüt auf dem Buchmarkt, sowie das Konzept des Romans »Anna«, in dem sie das Schicksal zweier Frauen zwischen 1806 und 1832 gestalten will.

Die Reise zu Sibylle Anfang November wird in Frankfurt unterbrochen. Adele besucht den Bruder in seiner im Erdgeschoß gelegenen Wohnung Neue Mainzer Straße 16, aus der er ein Jahr später in die am Main-Ufer gelegene Schöne Aussicht 17 ziehen wird. Nach 22 Jahren sehen sie sich wieder. Die Begegnung verläuft in distanzierter Freundlichkeit. Was sie überrascht, ist die Tatsache, daß Arthur ein Porträt der Mutter besitzt. Spontan bietet er es als Geschenk an, entweder für sie, die Bibliothek in Weimar oder den Großherzog persönlich. Adele zögert. Zu fremd, ja abstoßend erscheint ihr das Bild, vermißt sie doch die vertrauten Züge der Mutter.

Noch am Abend reist sie mit dem Dampfschiff weiter nach Plittersdorf bei Bonn. Fast drei Monate bleibt sie hier. Die

Hoffnung auf schöpferische Ruhe aber erfüllt sich nicht. Ungenutzt verstreichen die Tage. Die körperlichen Leiden bestimmen die Tageseinteilung und versetzen Adele in einen Zustand totaler Abhängigkeit. In den schmerzfreien Stunden genießt sie das bunte Treiben auf dem Rhein mit den zahlreichen Dampf- und Schleppschiffen, den Nachen mit ihren Focksegeln, »die wie Riesenvögel sich hin u her bewegen«.

In diese Zeit fällt die Berufung von Dahlmann an die Bonner Universität. Interessiert verfolgt sie seine Ankunft am 27. November, die Begeisterung der Studenten, die Demonstrationen der Bevölkerung, die Illumination ganzer Stadtviertel ihm zu Ehren, aber auch die Opposition des Offizierkorps – ein Anlaß, über die politische Gesinnung der Rheinländer nachzudenken. Deren Königstreue ist ihr suspekt, das konservative Element darin, »der Pietismus und religiöse Partheigeist«, wuchert wie Unkraut, »der ganze Kreis, dem Dahlmanns aus alter Bekanntschaft angehören, ist davon verpestet«, ausgenommen die Naturwissenschaftler. Die Familie Dahlmann »warnen hieße ihnen den Boden unter den Füßen wegziehen«, gibt sie Fritz Frommann im Dezember zu bedenken. Indes ein Blick »zum metallartig fließenden Strom« und auf »die sogar jetzt noch immer hinreißend schöne Gegend« überzeugt sie davon, auch die Familie Dahlmann könne hier heimisch werden, zumal außer der Landschaft noch andere positive Seiten ins Gewicht fallen. So sei der Gemeinsinn der Leute »höchst rührend, ja beschämend«, gemessen an der Kleinlichkeit zu Hause in Thüringen. Überhaupt »sieht man viele Aemter und Geschäfte übernehmen ohne alle Vergütung«, ebenso wird für soziale Zwecke nicht mit Spenden gespart. Sibylles Engagement sei beispielhaft dafür. Allerdings bringe sie ihr resolutes und selbstbewußtes Auftreten in Opposition zur Gesellschaft, »man hackt von allen Seiten nach ihr, macht sie lächerlich und verläumdet sie«, besonders jetzt nach dem Tod ihres Mannes. Adele ist diese Spannung fatal, ein bißchen gibt sie auch der

Freundin die Schuld, gern würde sie ausgleichend eingreifen, aber die streng eingehaltene Trauerzeit verbietet alle Visiten.

Den an Fritz Frommann gerichteten Brief bittet sie an Karoline von Wolzogen weiterzureichen. Die alte Dame, inzwischen neunundsiebzig Jahre alt, Schwägerin Schillers und selbst Schriftstellerin, ein wenig prätentiös und auf Etikette bedacht, aber geistreich und anregend im Gespräch, kennt Adele noch von Weimar her. Jetzt bewohnt sie ein Landhaus vor den Toren Jenas, an der Straße nach Löbstedt und Zwätzen. Hier treffen sich die Honoratioren der Stadt, hier prallen die unterschiedlichsten Meinungen über aktuelle und politische Tagesgeschehnisse, über literarische und philosophische Richtungen aufeinander. Am Urteil der welterfahrenen und geistig interessierten Frau ist Adele gelegen, sogar Arthurs Schriften leiht sie ihr, da in Jenas Zirkeln das philosophische »System« des Bruders viel diskutiert wird.

Mitte Dezember siedeln die beiden Frauen nach Bonn in das Stadthaus über. Der erste Gang führt Adele zu ihrem Arzt und Freund Wolff. Das Fazit der Konsultation erschüttert ihr Gleichgewicht. Er diagnostiziert Wassersucht, die zwar durch entsprechende Behandlungen aufzuhalten, aber nicht zu heilen sei. Erst jetzt rafft sich Adele zu einem Brief an den Bruder auf. Am Weihnachtstag dankt sie für die freundliche Aufnahme in Frankfurt, entschuldigt ihr Säumen, »indessen ich habe wie wohl Klügere pflegen, die Zeit verdämmert und verträumt, auf dem Lande eine Stunde von Bonn, in Plittersdorf«. Sie berührt kurz die Verhältnisse in Bonn, die sie eben nicht angenehmer findet als vor fünf Jahren. Ihre Geschäfte stehen gut, meldet sie dem Bruder. Damit will sie seine Bedenken gegen die Seriosität Sibylles zerstreuen, die als Nachfolgerin ihres Mannes die Verzinsung von Adeles Kapitalanlage übernommen hat, ein Umstand, den Arthur beargwöhnt. Das Geld, nach wie vor Dreh- und Angelpunkt ihres Briefwechsels, war wohl auch Hauptgesprächsstoff in Frankfurt. Im Gegensatz zu ihren Geschäften stehe es mit ihrer Gesundheit schlecht. »Ich habe meinen Arzt gezwungen mir aufrichtig zu sagen, wie es kommen wird, für jetzt habe ich nichts zu fürchten, werde auch noch vielleicht lange Jahre so fort leben – später droht mir die Wassersucht, u zwar Zellwassersucht, die leichteste. Indessen hat mich's sehr erschüttert, meine einzige Hoffnung ist ein zufälliger Tod – oder ein herbeigeführter Zufall! Es giebt ja eine Menge Gefahren – mich kan eine ereilen, u sie ist nun immer ein Gewinn.« Trotz ihrer Niedergeschlagenheit wünscht Adele dem Bruder »ein gut angetretenes Neujahr« und fügt hinzu: »Mögte Deine Braminenseele nicht durch den Unfug unsrer Tage gestört werden!« Für Januar kündigt sie ihre Heimreise über Frankfurt an, es ziehe sie in ihre vertraute Häuslichkeit nach Jena. Eigentlich sei sie nur gereist, da sie der Freundin, »die viel für mich gethan, schuldig war ihr wo möglich beizustehen, jetzt, in all der bösen Zeit; sollte ich wieder einmal zu ihr gehen, so wäre mir jeder andre Ort ihres Aufenthalts lieber als Bonn«.

So gelassen Adele auch scheinen will, im Herzen ist sie oft trostlos und verzagt.

Ein Brief an Annette von Droste-Hülshoff wird die Gemütsverfassung widergespiegelt haben. Denn diese fürchtet mit ihr, »daß an Heilung nicht zu denken ist, nur an Hinhalten, vielleicht lindern auf längere oder kürzere Zeit; es geht mir sehr nahe«, wie sie am 27. Dezember 1842 Schücking mitteilt. Entzückt beschreibt sie ihm ein für sie gemaltes Bild Adeles, einen »Blumenkranz mit den zierlichsten Insekten durchsprenkelt, alles in Gold und brennenden Farben; es ist das Schönste, was ich je in dieser Art gesehn, und so mühsam ausführlich, daß ich mich ebensoviel darüber betrübt wie gefreut habe. Aber solange sie ihre armen kranken Hände noch rühren kann, wird sie es für andre tun. Weiß Gott, sie hat bei einigen zwar auffallenden, aber harmlosen Schwächen doch ein großes Teil vom Engel in sich!«

Vor allem Sibylle betrübt die Hinfälligkeit der Freundin.

Obwohl selbst durch die Aufteilung des Erbes voll in Anspruch genommen, also nach Adeles Auffassung »ganz aus der gewöhnlichen Frauensphäre herausgerissen«, tröstet sie und schmiedet Pläne für einen gemeinsamen Aufenthalt in Italien. In stillen Abendstunden entwirft sie Zukunftsvisionen von Gesundung und Erneuerung der Lebenskraft. Adele, ebenso niedergeschlagen wie skeptisch, bleibt unentschlossen. Das Empfinden aber verstärkt sich, daß Sibylle sie »am besten und am meisten liebe«. Nicht Ottilie, die fern in Wien ihren Freundeskreis um sich hat, und nicht Allwina, die in der aristokratischen Gesellschaft Berlins heimisch ist, kommen als Partnerinnen mehr in Frage.

Auf Allwina hat Adele lange ihre Hoffnungen gesetzt. Besonders nach dem Tod der Mutter hatte sie in ihr die Lebensgefährtin gesehen. Alleinstehend wie sie und auf Verdienstmöglichkeiten noch mehr angewiesen, planten beide die Gründung eines Pensionats in Jena für acht bis zehn Mädchen. Adele versprach, unentgeltlich den Unterricht in Deutsch und Französisch zu übernehmen. Auch eine Tätigkeit als Übersetzerin zog sie für Allwina in Betracht. Wie sehr ihr deren Geschick am Herzen lag, geht aus einem Brief an den Bruder Fritz Frommann hervor: »Du kannst denken daß ich, die ich mich wie Eure Schwester betrachte, ihr unermüdlich beistehen werde, es müßte mit dem Teufel zugehen, wenn zwei Leute wie wir nicht durchkämen. Daß ich nie Honorar nehme ist natürlich […] Es ist kein Mensch in Jena der uns im Unterricht wenn wir ernstlich wollen die Wage hält. Ein anderer Vorschlag ist da Du mit Buchhändlern doch vielfältig in Geschäften stehst gieb mir Rath um für sie etwas zum Uebersetzen zu bekommen, ich korrigire, ordne, schreibe ihr ab, bis sie im Zug ist. Aber keine vague Existenz!« Inzwischen ist der Gedanke an ein Zusammenleben gegenstandslos geworden. Allwina, zur Illustratorin ausgebildet, steht vor ihrer Ernennung zur akademischen Künstlerin. Ihr wird die Stellung einer Zeichen-

lehrerin und Vorleserin bei der Prinzessin Augusta von Preußen angeboten, die sie wenig später annimmt.

Ende Januar 1843 kehrt Adele nach Jena zurück. Die Diagnose des Weimarer Arztes Carl Vogel bestätigt die seines Kollegen in Bonn. »Ich bin unheilbar, habe ein Mittel zu enden,
wenn mich die Körpernoth überwältigt«, berichtet beiläufig
das Tagebuch am 3. Februar. Das Verhältnis mit Schueler muß
beendet werden. Eine gemeinsame Zukunft gibt es für beide
nicht mehr. Am 9. Februar steht ihr Entschluß fest: »Am Sonntag verlasse ich Schueler.« Unwiderruflich verabschieden wird
sie sich aber erst im Spätsommer des kommenden Jahres mit
»›Good bye‹ – das sagten wir ja sonst!«, als sie nach Italien aufbricht.

Die schleichende Krebserkrankung schwächt Leib und Seele.
Den Ansprüchen der geselligen Kreise in Jena fühlt sich Adele
nicht mehr gewachsen. Wie schon die Jahre zuvor wendet sie
sich nach Karlsbad. Völlig entkräftet tritt sie Anfang März die
Heimreise an, um Mitte August erneut auf eine dortige Kur
ihre Hoffnung zu setzen. Sie ist stark abgemagert, als sie am
2. Oktober wieder in Jena eintrifft. Die Heilwirkung des Bades
scheint angeschlagen zu haben, zumindest ist die Krankheit
zum Stillstand gekommen. Erst jetzt stellt der Arzt Kieser in
Jena die richtige Diagnose. Sie lautet auf Unterleibsgeschwulst.
Er vertritt die Ansicht, die Kur habe die Wucherung schrump-
fen lassen. Vorbeugend empfiehlt er weitere Kuren, nur schwächer dosiert. Deshalb plant Adele für das nächste Jahr von
Februar bis Mai/Juni 1844 nochmals einen Aufenthalt in Karlsbad.

Am Jahresende quält sie zum drittenmal in ihrem Leben
Keuchhusten. Sie, die sich ansonsten beherrscht zeigt, erregt
sich über Bagatellen. Gereizt reagiert sie auf ärztliche Rat-
schläge, die Arthur als einstiger Medizinstudent vermeint ihr
geben zu können. Seine Bemerkungen würden sie nur verunsichern und »konfus« machen, »lasse mich doch nun um

Gotteswillen in Ruh«. Drei Ärzte genügen, eines vierten Rates bedürfe sie nicht. Ohnehin sei sie in einer traurigen Lage. »Ein Mädchen ohne Familienbande, die altert u kränkelt ist nie und nirgends glücklich, das ist Alles vorbei. Ich werde über Verdienst ausgezeichnet, gehätschelt, geachtet, geliebt – aber ich bin in doppelter Hinsicht allein – äußerlich durch den Mangel an Familie, innerlich – weil ich anders bin als alle Frauen die mir bis jetzt vorgekommen sind. Den Mann, der mir am liebsten ist, u der mich sehr geliebt hat, mag ich nicht sehen, denn der ist weit von mir verheiratet, es soll da auch kein klein wenig Unrecht hinein, und ist auch nicht, u war nicht. Andre Männer sehe ich recht viel, es unterhält mich. Frauen sehe ich auch recht viele, aber verstehen thun sie mich nicht, u ich mag mich nicht aussprechen. Laß mich also meinen Weg stille so fort gehen, was ich noch will, das findet sich überall, da ich eigentlich von den Leuten weniger will als ich ihnen gebe. Wäre ich verheirathet wäre es vielleicht noch viel schlimmer, also!«

Schon seit geraumer Zeit hat sie sich mit Sibylles Vorschlag angefreundet, mit ihr nach Italien zu gehen. Wenn überhaupt noch ein Funken Hoffnung auf Genesung besteht, dann durch einen Aufenthalt in wärmeren Regionen. Adele will nicht im Vaterland sterben. Mit Rücksicht auf ihre schriftstellerischen Vorhaben legt sie den Aufbruch für Herbst nächsten Jahres fest, während Sibylle bereits im September dieses Jahres reisen wird. Auch verspricht sich Adele von einer mehrmonatigen Kur in Karlsbad eine weitere Stabilisierung ihres Befindens. So bleibt ihr noch ein knappes Jahr, um die Märchen und den Roman zu vollenden.

Die Arbeit an den Märchen ist so gut wie abgeschlossen. Wie »Erlinde« lehnen sie sich an die Volks- und Kunstmärchen der Romantik an und sind zumeist räumlich und zeitlich fixiert. Das Waldmärchen ist im deutschen Mittelgebirge angesiedelt, das Hausmärchen in Erfurt 1523 bis 1526 und das

Feldmärchen in Jena, Paris, Karlsbad und Irland in den vierziger Jahren des 19. Jahrhunderts.

Das Waldmärchen war ursprünglich Bestandteil der Novelle »Theolinde«, die 1841 in der von Louise Marezoll herausgegebenen Zeitschrift »Der Frauenspiegel« unter dem Pseudonym Henriette Sommer erschien. Es ist die Geschichte einer jungen Dame aus den Gesellschaftskreisen Frankfurts. Von ausgezeichneter Bildung, schön, begabt, geistvoll, weiß sie Männer anzuziehen. Doch bildet ihr außergewöhnliches Wissen zugleich eine Barriere für das Werben eines Geschäftsmannes, dem sie zugetan ist. Er fürchtet ihre Emanzipation und verläßt sie. Die Enttäuschung wird überwunden, sie heiratet einen Engländer, dem sie Gefährtin in seinen wissenschaftlichen Arbeiten wird. Innerhalb dieses Geschehens erzählt Theolinde den Kindern ihres Bruders das Waldmärchen. In ihrer Neubearbeitung löst es Adele aus der Erzählung heraus und gibt ihm zusammen mit den Haus- und Feldmärchen einen neuen Rahmen.

Im Waldmärchen vereinen sich Waldgeister, Gnomen, Elfen, Tiere und Pflanzen, um einem Jüngling, dem Försterburschen Elmrich, zu seinem rechtmäßigen Erbe zu verhelfen. Phantasievolle Bilder werden entworfen. Wenn der Quell die Geschichte des Jägerburschen erzählt, »legen sich die kleinen Veilchen auf die Erde unter die Blätter hin und hören zu, und die Grashälmchen spitzen die grünen Öhrchen. Und der Schmetterling schlägt hinten seinen bunten Frack zusammen und setzt sich [...] und dann, ja dann kommt die huschliche, fahrige Libelle, die nie ordentlich Acht gibt – und die Biene in ihrem Honighöschen beeilt sich ganz unsäglich und möchte es gar zu gern mit anhören, läßt sich aber keine Zeit vor dem Feierabend; sie ist gar zu haushälterisch und übertreibt's ein bißchen [...] Die Glühwürmchen zünden ihre Laternchen an und der Quell beginnt sein Märchen.«

Das Hausmärchen erzählt die Geschichte des Mädchens

287

Barbara. Die Geister unter dem Herd sind ihre Vertrauten, bis sie heiratet und ein anderer Segen ihr die Welt der Geister verschließt. Kobolde und Hausgeister, »Hütchen« und »Gütchen«, das graue Männchen, das Wurzelmännlein und die Nebelfrau, beleben die Szenerie. Die Geister führen sich durch wortspielerische Verse ein, die den Charakter des jeweiligen Fabelwesens umreißen.

> Die Nebelfrau singt:
> Über Stock und Stein gesäuselt,
> Hin und her vom Wind gekreiselt,
> Komm' ich, Nebelwittwe, ich.
> Ihr seid warm, hu! wie friert mich!

> Der Wurzelmann raunt:
> Im Keller, im dunkeln, munkeln,
> Die Menschen schrecken, necken,
> Das ist mein Spiel und Ziel.
> Knacken, knurren, knarren,
> Heulen, fahren, scharren,
> In tiefen Spalten
> Verhalten, schalten,
> Und auf sie harren,
> Um sie zu narren,
> Mit Knistern und Flüstern,
> Den alten Geschwistern
> Ein Angst und Graus,
> Das lieb ich im Haus.

Mystik, umspielt von Komik, Übersinnliches in Groteskes übergehend – in den Märchen tritt Adeles Talent zum Gestalten phantastischer Stoffe zutage.

Das Feldmärchen beschreibt eine Landschaft, die an die Gemälde Caspar David Friedrichs erinnert. Es spiegelt das eigene Erleben ursprünglicher Gegenden wider wie der um Münster

*Zeichnung von Adele Schopenhauer*

Kunstsammlungen zu Weimar

und das Rüschhaus bei Annette. Die Sprache, einfach und prägnant, gefällt durch ihren Bilderreichtum. Den Anfang bildet eine nächtliche Herbstszene. Nebelverhangene Baumgruppen tragen gespenstische Züge, Bäche überfluten Wiesen, wandeln sie in Morast. Dunkle Tannen »knarrten langsam mit schweren Zweigen, wenn der Wind heftiger sich erhob [...] Durch das Niederholz strich der Abendhauch sanfter, flüsternder, wie in langsamen Cadenzen; es klang mehr wie ein Seufzer als Wehen.« Irrlichter tanzen »lustig flackernd umher, als ob all' diese verschiedenen Nachtlaute Fideltöne wären«. Ein Irrlicht geleitet den Teufel aus diesem nächtlichen Labyrinth von Wald und Moor. Dafür erfüllt ihm der Höllenfürst die Bitte, in die Rolle eines Menschen schlüpfen zu dürfen. Als Student Karl, als Dichter und Komponist St. Valère, als Baron M. und als Irländer Paddy stiftet das Irrlicht mancherlei Verwirrung, da es sich den Gewohnheiten der Menschen nicht anpassen kann. Der Teufel ruft es zurück, und seitdem tanzt es wieder als Irrwisch über Wiesen und Moore.

Der Arbeit vorausgegangen ist eine Auseinandersetzung mit Wesen und Wirkung von Märchen, insbesondere von Kunstmärchen. Für Adele ist das Märchen ein »buntes, die wirklichen Gegenstände magisch färbendes Glas, durch welches wir die uns bekannte Welt erblicken«, die »blaue Blume«, die uns das Wunder der Welt erschließt.

Die Märchen erscheinen Ostern 1844 im Verlag von F. A. Brockhaus in Leipzig. Erst 143 Jahre später, im Jahre 1987, erfahren sie durch den Verlag Dausien in Hanau eine Neuauflage. Von den Zeitgenossen werden sie mit Wohlwollen aufgenommen. So hebt das »Literaturblatt« Nr. 106 vom Oktober 1844 die Originalität von Ton, Stil und Inhalt hervor, während es Durchführung und Abrundung bemängelt, was allerdings damit entschuldigt wird, daß Konsequenz und Logik in der Bearbeitung »vielleicht nur einem männlichen Dichtergeist zugemuthet« werden können.

Lob und Tadel verfolgt Adele aufmerksam. Kritik von Freunden nimmt sie aufgeschlossen entgegen, verspricht sie sich davon doch Anregungen für ihre weiteren Pläne. Ottilie gegenüber erwähnt sie die Bewertung ihrer Märchen durch Freunde und Bekannte. »Meine Märchen gefallen, sind gut rezensiert, aber das dritte gefällt am wenigsten. Sternberg und Alwine haben sich für den Eingang des dritten montiert, den sie zum ›Meisterwerk‹ machen, – St. schreibt wie toll –, und tadeln das Übrige zu scharf. Wo der Fehler liegt, weiß ich sehr gut; ich hätte sollen noch das Bergmärchen schreiben, das wird auch noch einst geschehen, aber nicht gleich.«

Enthusiastisch reagiert der Schriftstellerkollege Sternberg. Zunächst fragt er nicht ohne leise Ironie nach der Identität der Verfasserin mit der Dame, »die einst in der Abendgesellschaft der Frau von Goethe mich versicherte sie werde nie etwas drucken lassen«. Er begrüßt den Wortbruch, die Welt wäre sonst ärmer an »diesen allerliebsten Compositionen«. Die Märchen vergleicht er mit ihren ausgeschnittenen Bildern, wenngleich das geschriebene Wort als lebendige Malerei dem »Stückchen schwarzen Papier« vorzuziehen sei. Der »Märchenzauber« überträfe sogar das von Grimm und anderen in diesem Fach Geleistete. »Ich für mein Theil bin ganz kleinmütig geworden. Wenn so viele Frauen dichten u. so dichten, was sollen wir Männer noch?«

Ein Lob, das Adele sicher genossen hat. Ihm zuliebe erwägt sie das Freunden gegenüber geäußerte Vorhaben, die Märchen noch um ein Bergmärchen zu erweitern. Im Sommer 1844 bittet er sie, eine ihrer Brieftauben zu ihm zu senden, er fühle sich einsam. Eben habe er Fräulein von Solmar zum Bahnhof begleitet, alle Welt fliehe die staubige Großstadt. Er hoffe auf Nachricht über den Fortgang des Bergmärchens, fürchte aber, die Arbeit am neuen Roman, von dem ein Gerücht spricht, werde die so wünschenswerte Absicht verdrängen. Mit seiner Befürchtung hatte er recht.

Den Beifall Walther von Goethes nimmt Adele skeptisch auf. »Walther ist zu gut, zu weich – ich möchte sagen zu gütig!« In seinem Nachruf auf Adele wird er 1849 die Märchen »zauberhaft anmuthig« nennen und sich erinnern, daß sie seinerzeit die lebhafteste Sympathie hervorriefen.

Im selben Jahr wie die Märchen, 1844, erscheint auch die zweite Auflage von Arthur Schopenhauers »Die Welt als Wille und Vorstellung«, ergänzt um einen zweiten Band. Er beauftragt seinen Verleger Brockhaus, drei von den ihm zustehenden zehn Freiexemplaren über den Buchhandel zu versenden, »eines an meine Schwester Adèle S. in Jena, (am besten durch Frommann)«, die beiden anderen an seine Anhänger Julius Frauenstädt in Berlin und Friedrich Dorguth in Magdeburg. Am 10. Juni bedankt sich Adele. Noch fühle sie sich zu matt und »geistesschwach«, um es zu lesen. Erst vor vier Tagen kehrte sie aus Karlsbad zurück – zwar mit neuer Lebenshoffnung, die Geschwulst hat sich verkleinert –, aber doch stark angegriffen.

Zwei Monate später, am 16. August, kurz vor ihrem Aufbruch nach Italien, befaßt sie sich gewissenhaft mit den Gedankengängen des Bruders. Eigene geistige Auseinandersetzungen haben inzwischen ihren Blick geschärft. Kritisch betrachtet sie in ihrem Antwortbrief das »System« des Bruders. So kann sie die Idee der Seelenwanderung nicht ganz akzeptieren. »Es erhob sich ein innerer Widerstand, scharf u fest dachte ich weiter, meine Ansicht scheidet sich auf mehreren Punkten von der Deinen, aber sie ist ihr nicht fremd. – Ueberraschend war mir der Gedanke der Möglichkeit die endlose Reihe aufgedrungener Existenzen los zu werden, aber wo liegt ein Beweis? Im Buch überhaupt nichts davon, u Du selbst stellst diese Idee blos als Möglichkeit auf. Da ich nicht gern lebte, nie, so wäre mir das sehr tröstlich; aber ich glaube nicht, daß diese Kette zu brechen ist. – «

Arthurs Beobachtungen über die Vererbung bestimmter kör-

*Walther von Goethe*

Gouache von Luise Kugler, 1846
Stiftung Weimarer Klassik / Goethe-Nationalmuseum

perlicher und geistiger Anlagen kann sie zustimmen. »Ich hätte Deine Beobachtungen noch ergänzen helfen, hätte ich sie geahnt. Z. B. über körperl. und intellektuelle geerbte Aehnlichkeit! Die Kreuzungen v. Großonkel u Großtante zu Großneffe u Großnichte; (schade das hast Du übersehen). Dann der Sprung u die Modifikation der Geisteskräfte in Talent u wissenschaftlichem Streben, v. Großvater zu Enkel […]« Über fünf bis sechs Jahre hinweg habe sie für ihren Arzt Wolff in Bonn viele hundert Beispiele aus zwei Jahrhunderten und der jetzt lebenden Generation gesammelt. Erfreut registriert sie das gleichartige Interesse: »Mich freute Dir auf dem von mir durchfurchten Felde zu begegnen. (Bei der Geschlechtsliebe hast Du Sympathie zwischen Menschen vergessen, in Freundschaften auch, oder davon wenig Erwähnung gethan, zwischen Menschen u Thieren gar nicht glaube ich) – (überhaupt könte man noch 10 Bände schreiben!)« Seine Ansichten sind ihr »keineswegs fremd«, gleichwohl sind ihrem Austausch Grenzen gezogen: »Vieles was ich darüber denke, kan ich nicht schreiben, noch andres nicht sagen, weil ich Dich zu wenig kenne.«

Schon 1841 ist Adele ausführlich auf seine Abhandlungen »Die beiden Grundprobleme der Ethik« eingegangen. Auch damals fand sie sowohl Übereinstimmendes als auch Gegensätzliches in ihren Überlegungen. Gleich zu Beginn berührt sie die Stellung zu Hegel, den Schopenhauer in der Vorrede vernichtend aburteilt, dessen Unwissenheit in den Naturwissenschaften er glossiert und ihm anhand seiner »Enzyklopädie der philosophischen Wissenschaften im Grundrisse« eine »Philosophie des absoluten Unsinns« nachweist, dabei die Begriffe »Charlatan«, »Unsinnschmierer«, »Papier-, Zeit- und Kopfverderber«, »Apotheose des Unsinns« verwendend. Seine Angriffe veranlassen sie, überhaupt auf das Defizit an naturwissenschaftlichen Kenntnissen bei den Gelehrten hinzuweisen: »Da ich Hegeln nicht mag hat mich die Vorrede sehr amüsirt, doch wollte ich Du wärst weniger witzig animos.« Unverständnis zeigt sie, »daß gelehrte Männer in Deutschland den Naturwissenschaften so ganz entfremdet sind u bleiben, daß diese Art Kenntniß bei uns nicht zur Basis des Jugendunterrichts gemacht wird«. Sie, die seit zehn Jahren fast nur mit Naturforschern und Ärzten umgehe, wisse um dieses Problem. Beispielsweise wäre der Magnetismus jedem Mechaniker und auch Apotheker bekannt, nicht aber den Professoren. Mit dieser Bemerkung spielt sie wohl auf die nebulöse und wortreiche Definition des Magnetismus in Hegels Enzyklopädie an.

In der Behandlung des ersten Themas »Über die Freiheit des menschlichen Willens« bewundert sie seinen Scharfsinn. Wie er neigt sie den »indischen Religionsformen« zu, erhebt jedoch Einwände gegen seine Auffassung des Charakters. Adele glaubt nicht an die fertige Persönlichkeit von Geburt an, Erziehung und die Fähigkeit zur Selbsterkenntnis sind für sie wesensbestimmend.

Seine Denkweise ist ihr überdies zu absolut, gerade sie, die dem Gedanken »des Werdens, Vergehens, Entstehens« anhängt, kann nicht umhin zu bemerken: »Wo nun Dein System gegen meines stößt und mir das fertig Geborne zeigt – staune ich, fühle mich gedrückt, und kan nicht gegen meine lange Ueberzeugung, so klar auch Deine Worte sind.«

Der zweiten Abhandlung »Über das Fundament der Moral« dagegen stimmt sie vorbehaltlos zu. Ebenso wie er empfindet sie Mitleid »als das Edelste«, nicht so sehr im Sinne von Barmherzigkeit für Kranke, sondern mehr als Mitgefühl für seelische Leiden. »Körperleiden affiziren mich weniger als Gemüthsleiden, und seit 10 Jahren nennt man mich die sœur grise aller innern Menschenqualen, aller Gedankenkrankheiten, aller Gefühlsdifformitäten, man sagt ich thue den Leuten wohl – wie einer kranken Brust die laue Luft. Ich weiß nur daß diese Qualen mich rufen – u. ich antworten muß.«

Nicht ohne Ironie reagiert sie wenig später auf eine abfällige

Rezension seines Buches in den »Hallischen Jahrbüchern«: »Wie gönnte ich Dir, meine liebe Tugend, das Zutischsitzen! Du sollst sehr hart angegriffen sein, ich lese solche Blätter nicht so weiß ichs nur v. Hörensagen.« Was für Perspektiven hätte ein ständiger Gedankenaustausch den Geschwistern eröffnet, wenn ihm nicht Argwohn von seiner und Verletzlichkeit von ihrer Seite entgegengestanden hätten. Adele hat für diese Befindlichkeit ein eindrucksvolles Bild gefunden: »Ich fühle mich Dir gegenüber, wie im Carneval, so wenig weißt Du von mir, u doch welche Geduld des Hörens und Erzählens müßten wir consumieren, um Dich und mich auf den Fleck des Verstehens zu bringen!«

Nach den zwar freundlichen Besprechungen der Märchen, aber einem nur mäßigen Absatz, erhofft sich Adele für ihre nächste Veröffentlichung, den zweibändigen Roman »Anna«, eine größere Publikumswirksamkeit.

Der Entwicklungsroman einer Frau verbindet das individuelle Schicksal mit dem politischen Zeitgeschehen, den Befreiungskriegen 1806 bis 1813 und der italienischen Freiheitsbewegung der Carbonari zwischen 1822 und 1832. Anna, die Tochter des Bürgermeisters in Weimar, verlebt Kindheit und Jugend zusammen mit Leontine, der vitalen, lebenslustigen und phantasiebegabten Freundin aus altem Adelsgeschlecht. Auf diese Weise ist sie in ein Milieu der sozialen Spannungen zwischen Bürgertum und Adel integriert, das ihre Charakterbildung beeinflußt. Nachdenklich und verschlossen, wächst sie zu einer jungen Frau heran, die mehr auf Ausgleich als auf Konfrontation bedacht ist. Sie heiratet den Onkel der Freundin, führt eine eher gleichgültige denn unglückliche Ehe und wählt nach dem Tod des Mannes den Erzieher ihrer Kinder, einen Gelehrten, zum Partner.

Für die Gestaltung des Romans schöpft Adele aus persönlichen Erfahrungen. In der Person Annas zeichnet sie sich selbst, Leontine verleiht sie die Züge Ottilie von Goethes, Gräfin Waldau, die Mutter Leontines, erinnert an Johanna Schopenhauer, in Graf Kronberg, Annas Ehemann, verschmelzen Züge verschiedener Männer, die Adele nahestanden: von Ferdinand Heinke, Louis Stromeyer und Wolfgang von Goethe. In Gotthard, dem Gegenspieler Kronbergs, entwirft sie das Bild ihrer großen Liebe, des Chemikers Gottfried Osann, wie er in ihrem Herzen lebt. Sophie Duguet und ihren Mann, Kinderfrau und Bediensteter im Hause Annas wie einst in der Familie Schopenhauer, porträtiert sie im Andenken an ihre Kindheit und Jugend.

Im Verhalten Annas zu ihren Kindern demonstriert Adele ihre Version einer Konfliktlösung zwischen Mutterpflichten und Liebesanspruch, arbeitet sozusagen eigene Erfahrungen mit der Mutter und vermutlich auch mit Ottilie auf. Ehe sich Anna nach dem plötzlichen Tod ihres Mannes zu dem Erzieher ihrer Söhne bekennt, wartet sie zwei Jahre und heiratet nur mit Einverständnis der Söhne. Als Symbol für die Mutterliebe wählt sie das Bild des Pelikans, der seine Jungen mit seinem Herzblut nährt.

Anna als fiktives Abbild der Autorin ist ein Phantasiegebilde, das jeder Realität entbehrt: edle Gestalt, erlesene Bildung, Güte, Warmherzigkeit, harmonischer Charakter, im Umgang mit anderen ausgeglichen und würdevoll. Die Ehe, die Adele unerreichbar bleibt, läßt sie nun Anna führen. Die Liebe, die ihr versagt ist, wird Anna zuteil.

Dagegen weckt Leontine mehr Anteilnahme. In ihr skizziert die Autorin die Freundin Ottilie, die ruhe- und rastlos nach Liebe Suchende, sich aufopfernd für edle Zwecke, phantastisch und unbeständig, gefühlstief und nie zufrieden mit dem Erreichten, dabei kindlich und ohne Arg. Leontine wird geschildert als eine der »fast dämonisch die Phantasie entzündenden Gestalten, deren Gegenwart berauschend auf die verschiedenartigsten Männer wirkt, ihre Sinne reizt und quält; sie war eine der Frauen, die der Leidenschaft den Wahnsinn zugesellen. Eine ihr angeborene, durch Erziehung und Umgebung ganz unberührt erhaltene Art Unbefangenheit, eine Unschuld der Unkenntniß, die sie noch gefährlicher machte, ließ sie dem Gemeinen wie dem Unrecht lachend und unbefleckt vorübergehen.«

»Mich rettet mein Roman«: Adele hofft auf einen Durchbruch als Schriftstellerin und auf ein ausreichendes Honorar für den Italien-Aufenthalt. Doch die Verhandlungen mit Brockhaus verlaufen schleppend. Die Zeit läuft ihr davon. Der feststehende Reisetermin zwingt sie zu finanziellen Zugeständnissen.

Des Alleinseins überdrüssig, möchte sie der vorausgefahrenen Gefährtin Sibylle so schnell wie möglich folgen. Die Wohnung im Branschen Haus in Jena ist bereits aufgegeben, unter die Vergangenheit ein Strich gezogen. Die letzten Wochen bis zur Abreise im September 1844 hält sie sich im Haus am Frauenplan in Weimar auf. Gleichzeitig mit ihrem Aufbruch geht das Romanmanuskript an den Verlag ab. »Anna« erscheint 1845, als Adele längst in Rom lebt. Auch diesmal stellt sich der erhoffte Erfolg nicht ein. Für Fanny Lewald enthält der Roman zuviel »übertriebene Gefühlsfeinheit und schattenhafte Schönseligkeit«, Levin Schücking vermißt eine »ursprüngliche Gestaltungskraft«, »Geist und Gemüt« können das Nebulöse des Ganzen nicht ausgleichen, betont er in seinen »Lebenserinnerungen«. Daß Ottilie, der das Werk gewidmet ist, Inhalt und Sprache rühmt, tröstet Adele. Sie ist gewillt, die Kunst des Schreibens mehr und mehr beherrschen zu lernen. »Erst mein drittes oder viertes Buch wird gut, ich weiß das. Alles habe ich langsam gelernt – dann konnte ich es mit vollster Sicherheit.«

# Schwebezustand

*Es gibt kein Entrinnen. Von der Geburt an bewegt sich der Mensch auf den Tod zu. Bewußt erlebtes Sterben, sinnlose Qual oder letzte Gnade? Eine Antwort gibt es nicht. Kein Verdrängen funktioniert mehr. Die Lungen, das Herz, der Kreislauf rebellieren. Nur noch ein Hauch ist das gesprochene Wort. Gegenstände und Personen entgleiten ins Ungewisse.*

*Es ist der 22. August 1849. Draußen ist strahlender Sommer. In Wogen strömt warme Luft über die Stadt, Licht und Düfte mit sich tragend. Durch die Straßen schiebt sich ein buntes Gewimmel. Sibylle schließt die Vorhänge, jeder Lichtstrahl senkt die Schmerzschwelle. Vorsichtig bettet ein Bediensteter die Kranke um, das Bett wird neu bezogen, das Ruhen in den kühlen Leinentüchern entspannt für Augenblicke.*

*Den Besuch des Pfarrers lehnt Adele ab, ihr Gewissen bedürfe geistlichen Zuspruchs nicht. Auch im Sterben will sie der Lüge keinen Raum geben. Gott lebt in ihr. Kirchliche Rituale und von Menschen aufgestellte Dogmen haben ihr nichts geben können. Sibylle, die Katholikin, akzeptiert die Einstellung der Freundin, wenn auch schweren Herzens.*

*Der Arzt verordnet eine erhöhte Morphiumdosis. Todesähnlicher Schlaf senkt sich herab. Gedanken tauchen auf, lassen sich nicht festhalten.*

*Farbige Bilder, eine Symphonie aus Magnolien, Oleander und Orangenhainen, aus Palmengeflirr und Zypressengewoge, aus Pinienfächern und Marmorbildern, vibrieren zwischen Nebelvorhängen. Italien – Mignon – Land der Sehnsucht, noch einmal streifen Impressionen die Sinne der Sterbenden. Neapel, umschlossen vom Tyrrhenischen Meer, umweht vom Rauch* des Vesuvs, durchwirkt vom Gepränge mythischer Kulturen – Capri, verzauberte Insel der Träume, auf die Erde geholtes Paradies – Sorrent, felsiges Gestade, von der Gischt der Wogen umspült – Florenz, Stadt der Widersprüche, des Geistes und eifernder Frömmigkeit, Stadt der Renaissance, vom Arno umsäumte Paläste, Gärten, Basiliken. Kunst und Schönheit – verblassend und sich verschleiernd im Strom der Zeit. Rom, das Kolosseum im Mondschein, zerrissene Riesenmauern, das schwarz gegen den Abendhimmel ragende Kreuz inmitten der Arena, das kleine Kloster San Onofrio mit dem Grab des Dichters Tasso, die Gräberfragmente längs der Appischen Straße – flüchtige, sich überlagernde Momentaufnahmen. Verborgen das Klostergärtchen am Lateran mit dem umlaufenden Kreuzgang, den zierlichen mosaikgeschmückten Säulen und dem uralten Brunnen. Bereits im Januar entfalten samtdunkle Veilchen ihren Duft. Verwunschen der Park an der Villa Chigi, der Natur überlassen, umranken Lianen und Efeu die hohen Stämme, wogende Wipfel verhüllen den Himmel, bröckelnde Statuen, Treppen, Grotten unter dem Gerank, Wasserkaskaden schäumen über Felsblöcke, die Romantik unberührter Natur. Geborgen in Bergfalten die Orte Marino und Albano, stolz auf der Höhe Castel Gandolfo, unten schimmert das Blauschwarz des Albaner Sees, aus der Campagne steigen Feuer auf, das Abendläuten schwingt über Menschen und Landschaft. Die Bilder leuchten und fließen ineinander.

Ostern 1846 – Ergriffenheit unter den Zuhörern in Rom – Adele las den Epilog zum Trauerspiel »Der Graf von Essex«:

> Der Mensch erfährt, er sei auch, wer er mag,
> Ein letztes Glück und einen letzten Tag!

# Italienische Impressionen

Ein Flammenmeer all der Gedanken Fluth [...]
Ein Sonnenblick, der auf dem Leben ruht!

In der Frühe des 11. September 1844 besteigt Adele in Weimar den Postwagen. Die erste Etappe geht über Frankfurt am Main und Mainz bis Basel. Hier gönnt sie sich eine mehrtägige Ruhepause, ehe die strapazenreiche Überquerung der Alpen beginnt.

Welche Freude beflügelt sie, wie viele Pläne hält sie in Gedanken bereit, als sie am 19. September Genua erreicht. Sibylle erwartet sie schon. Doch die Hochstimmung weicht einer Ernüchterung. Adele hat sich von den Genueser Verhältnissen mehr versprochen. Der eigentümliche Reiz der Stadt mit ihren Palästen und Kirchen inmitten der südlichen Vegetation wird von hohlen Gesellschaftsformen überlagert, berichtet sie am 25. Oktober aus Florenz an Ottilie. »Liebe u Liebschaften, Neckereien u sehr derbe oder schlüpfrige Anspielungen« bestimmen die Gespräche. Politik und Literatur finden kaum Interesse, Kunst nur wenig Förderung, eine allgemeine Bildung fehle, Mozart sei unbekannt und die Musik eher oberflächlich und tändelnd. Nur vereinzelt träfe man auf »große Herzensgüte, Wohlwollen und tiefe Gelehrsamkeit«.

Der Eindruck wäre sicher günstiger gewesen, wenn sich nicht unterschwellig eine gewisse Disharmonie zwischen den Frauen eingeschlichen hätte. Beide auf ihre Weise eigenwillig, finden sie diesmal nur schwer zueinander. Sibylle dominiert, Adele, schwächer, fühlt sich eingeengt. Ihr Mißbehagen deutet der im Oktober an Ottilie gerichtete Brief an: »Leider ist die Mertens trotz aller Güte durch ihren Reichtum eben nicht glücklicher, sie herrscht und gibt sich jeder Eingebung des Momentes hin. In ihrer ganzen Haltung zu ihren Kindern, Freunden, Verwandten, zu mir, ihrem Gast, liegt mir unsäglich viel Fremdes und tut mir durchaus gar nicht wohl. Ich habe sie viel zu lieb, um zu klagen, und kann nur beklagen, daß ihr nicht alles gelingt.«

Sibylle registriert das Unbehagen der Freundin, vertraut aber auf die Zeit, die alles in die gewohnten Bahnen lenken werde. Adele müsse erst ihren eigenen Lebensstil in der noch fremden Umgebung finden. In dieser Annahme täuscht sie sich, die Verstimmung hält an.

Am 10. Oktober verlassen sie Genua. Die nächsten Stationen sind Florenz, Pisa, Livorno und Civitavecchia. Anfang November erreichen sie nach einer abenteuerlichen Fahrt Rom. Ein Pferd geht durch und beginnt sich mit der Kutsche im Kreis zu drehen, so daß die beiden Frauen und ihre Bediensteten nur mit Mühe aussteigen können. Sie suchen Schutz vor Regen und Wind unter dem Torbogen einer einsamen Sommervilla an der Landstraße und warten auf Hilfe – eine halb tragische, halb komische Szene, beleuchtet von dem zwischen jagenden Wolken hervorschimmernden Mond. Sibylle bricht in lautes Gelächter aus, in das Adele einstimmt. Schließlich nimmt sie eine vorüberfahrende Chaise auf, und sie langen gegen 22 Uhr in Rom an. Nach kurzem Aufenthalt im Hotel Minerva richten sie sich in einem kleinen Haus in der Via Gregoriana 49, unweit der Villa Borghese, ein. »Teuer, ordinär, schlecht möbliert, aber ziemlich bequem, nahe beim Monte Pincio, doch meilenweit von Kapitol, Forum und Vatikan«, hält Sibylle im Tagebuch fest.

Der Winter 1844/45 ist kalt und regnerisch. Besichtigungen tagsüber von Galerien, Kirchen, Museen und abends Opernbesuche oder Geselligkeiten füllen die Tage aus. Dazwischen werden Münzen, Gemmen und andere kleinere Antiquitäten erstanden. Im Januar erlebt Adele den Zauber des Karnevals. Er »schlingt seinen bunten Wirbel durch meine Tage«, schreibt sie an Ottilie. »Ich fahre Korso, lasse mich mit Blumen u Konfetti bewerfen, sehe die Pferde laufen – weiß aber wahrhaftig nicht, ob der Karneval in Köln nicht schöner ist in seinem kräftigen Humor und seiner Pracht!« Auch Trauriges passiert in diesen Tagen des Rausches und der Lebensfreude, einen Bettler zertreten Pferdehufe, zwei Menschen werden zum Tode verurteilt und geköpft, »aber das flutende, reiche Leben deckt mit seinen Strömungen alles«.

Die Aufführung des Stückes »Vater Goriot« von Balzac erschüttert Adele so, daß sie die Tränen nicht zurückhalten kann, während sich die Römer um sie herum »totlachen über den alten Narren, der all sein Geld den Ragazen gibt«.

Die Freundinnen pflegen Umgang mit dem preußischen Konsul August Marstaller und dem seit Jahren in Rom ansässigen Gesandten aus Hannover August Kestner, dem Sohn Charlotte Buffs, der Lotte aus Goethes Briefroman »Die Leiden des jungen Werthers«. Als exzellenter Rom-Kenner bringt er sein Wissen von der Vergangenheit und seine Erfahrung mit der Gegenwart der Ewigen Stadt ein. Er war es, der Goethe vom Tod seines Sohnes am 26. Oktober 1830 so schonend wie möglich in Kenntnis setzte. Um diese Zeit bereiste auch Julie von Egloffstein Italien. Kestner, mit der Familie Egloffstein seit Jahren befreundet, umgibt die von ihm verehrte und bewunderte Malerin mit aller Fürsorge und Bequemlichkeit, erschließt ihr Rom und seine nähere Umgebung, führt ihr interessante Vertreter der Kunstszene zu und steht jederzeit zu ihren Diensten. Älter geworden, hat er sich den Ruf eines Grandseigneurs zu bewahren gewußt. Seine Hilfe wird von den Reisenden aus Deutschland, auch von Sibylle und Adele, dankbar in Anspruch genommen. Er begleitet sie in den Palazzo Guarniere, gleich neben der Porta Pinciana und um 1820 das Domizil der deutschen Künstlerkolonie. Louise Seidler wohnte hier von 1818 bis 1823, Wand an Wand mit Friedrich Olivier, Julius Schnorr von Carolsfeld und Philipp Veit. Die Maler Cornelius, Overbeck und Begas, die Bildhauer Thorvaldsen, Schadow und Canova gingen hier ein und aus. Einige von ihnen lernt Adele noch persönlich kennen. Fresken und Gemälde, Reliefs und Statuen mancher dieser Künstler können in der Villa Bartholdina, der Villa Massimo und im Palazzo Caffarelli am Kapitol besichtigt werden, das damals noch Künstlerquartier und Ausstellungsort war, später Sitz der deutschen Botschaft. Die Galerie Farnese im gleichnamigen Palast am Campo dei Fiori nahe dem Tiberufer beeindruckt die Besucher durch die Fresken des Annibale und Agostino Carracci. Endlich kann Adele den Abguß der Kolossalbüste der Juno Ludovisi aus dem 1. Jahrhundert, der im Haus am Frauenplan steht, mit dem Original aus Marmor in der Villa Ludovisi vergleichen.

Fasziniert stehen sie vor der Pietà Michelangelos im Petersdom, den Wand- und Deckengemälden der Sixtinischen Kapelle, den biblischen Szenen in den Raffaelloggien. Sibylle interessiert sich mehr für die Antikensammlung in den Museen des Vatikans. Lange verweilt sie im Museo Chiaramonti vor der Statue des Wassergottes Nil, betrachtet im Etruskischen Museum Vasen, Terrakotten, Skulpturen und Goldschmiedearbeiten sowie im Museo Pio-Clementino die Bronzeskulptur des Apoll von Belvedere, Hermes und andere Statuen.

Beide erleben das antike Rom, das Forum Romanum, die Kaiserforen, das Pantheon, vormals Stätte der Götter, jetzt eine Kirche mit dem Grabmal Raffaels, bestaunen die Aquädukte, die Thermen, die Überreste alter Grabmäler an der Via Appia. Nur Spuren blieben, auf denen Neues entsteht – Symbiose aus Vergangenem, Gegenwärtigem und Zukünftigem.

Natürlich statten sie auch dem Quirinal, einer antiken Kultstätte, ihren Besuch ab. Jetzt erhebt sich an dieser Stelle der Palazzo del Quirinale, die Sommerresidenz der Päpste, geschmückt mit Thorvaldsens Alexanderfries. Die nahe gelegene Villa Borghese mit ihrer reichen Gemälde- und Skulpturensammlung verlockt zu häufigem Verweilen. Manche Stunde der Stille, Anschauung und Muße verbringen sie hier.

Ein Abstecher führt Adele im April 1845 nach Neapel, Sorrent und Capri. Wieder in Rom, flüchtet sie am 15. Juli vor der großen Hitze in das höher gelegene Albano. In einer kleinen Pension bezieht sie zwei Zimmer. Von hier aus führt sie ihr Weg häufig in das zwei Kilometer entfernte Ariccia, einen beliebten Ausflugsort. An heißen Tagen ist es auch das Ziel der römischen Künstlerkolonie, deren unbestrittener Mittelpunkt die Malerin Elisabeth Baumann ist. Geboren in Warschau und ausgebildet in Düsseldorf, fällt die Sechsundzwanzigjährige durch Temperament, Phantasie und Talent auf. »Dieses Mädchen ist unter den Düsseldorfern der einzige Mann!« soll Peter Cornelius bei Betrachtung ihres Gemäldes »Römische Frauen am Brunnen« ausgerufen haben. Mit ihrem lebhaften, sprunghaften Wesen lockt Lisinka den eher schwerblütigen und wortkargen Dänen und Bildhauer Jens Adolf Jerichau, einen Schüler Thorvaldsens, aus der Reserve. Eine Liebesromanze beginnt, deren Reiz Adele miterlebt. Weihnachten 1845 wird Verlobung gefeiert. Fanny Lewald, während ihres Rom-Aufenthalts 1845/46 Gefährtin und Freundin Elisabeths, entwirft in ihren Memoiren »Römisches Tagebuch« ein anschauliches Bild dieser Festlichkeit.

In Albano schreibt Adele »Die Schönste von Ariccia«. Die Novelle findet zunächst keinen Verleger. Erst 1848 nimmt sie Karl Ferdinand Dräxler, unter dem Namen Dräxler-Manfred als Dichter bekannt, »mit großem Lobe« für sein »Rheinisches Taschenbuch« an. Hier beginnt Adele auch den Roman »Eine dänische Geschichte« zu konzipieren. Mit dem Blick auf die sonnendurchflirrte römische Landschaft versenkt sie sich in die Herbheit nordischer Gefilde. Die Kulisse für die Liebesgeschichte zwischen einem Maler und einer Gräfin bildet die dänische Insel Laaland mit ihren meerumspülten Felsen und verfallenen heidnischen Kultstätten. Die Erzählung wird 1847 in Deutschland beendet.

Während Adele den Sommer 1845 im Albanergebirge verbringt, bleibt »la principessa tedesca«, wie Sibylle unter den italienischen Freunden genannt wird, im schwül-heißen Rom. In der Bibliothek des Vatikans entziffert sie alte Handschriften. Mit der einsetzenden Herbstkühle unternimmt sie eine Erkundungsfahrt durch die Campagne. Ihr römisches Tagebuch enthält bezaubernde Schilderungen der besuchten Orte mit ihren Sehenswürdigkeiten, ihrer Geschichte und ihren Bewohnern. Heftige Fieberanfälle zwingen sie Ende September nach Rom zurück. Als neues Quartier bezieht sie den Palazzo Poli in der Via della Stamperia Reale, in der Nähe des Quirinals an der Fontana di Trevi gelegen, dessen Wasser unmittelbar unter den Fenstern ihres Saales in das Becken strömt.

Auch Adele hat nach ihrer Rückkehr aus Albano eine eigene Wohnung gemietet, drei Zimmer in der Via Felicio 22 unweit des Palazzo Poli. So lebt sie nahe bei Sibylle und wahrt doch ihre Unabhängigkeit.

Im Winter 1845/46 begegnen sich im Salon der Sibylle Mertens-Schaaffhausen im Palazzo Poli Persönlichkeiten aller Stände, Ränge, Nationalitäten und Konfessionen, »denn ich mache nur Sitte, Bildung und Geist sowie Duldung und so wenig Klatsch wie möglich zur Bedingung einer Präsentation«. Ein buntes Sprachgewirr entfaltet sich in den Räumen. Deutsche, Italiener, Franzosen, Engländer, Dänen, Russen, Polen und Griechen geben den Soireen ein unverwechselbares Kolorit. »Brillante Salondamen, Gelehrte, Geistliche, gute Hausfrauen, Künstler, musikalische Zelebritäten, Touristen, der Monsignore und die Schriftstellerin, der Kaufmann und der Prinz, der Gesandte und der Dr. juris, der Arzt und die elegante Frau« erwarten voneinander geistigen Gewinn. Aus diesem Kreis ist Adele nicht wegzudenken. Ihre Lesungen aus Goethes Werken, ihre Rezitationen von Byron-Gedichten erfreuen sich großer Beliebtheit und locken zahlreiche Besucher an. In Sibylles Gästebuch sind Namen und Eindrücke festgehalten.

Ottilies steile Handschrift zum Beispiel ist mehrfach vertreten. Seit September 1845 weilt sie mit Romeo Seligmann in Rom, hauptsächlich wegen des geplanten Grabmals für ihre Tochter. Den Auftrag überträgt sie Jerichau. Am 29. September 1844 ist Alma in Wien an Typhus gestorben, einen Monat vor ihrem 17. Geburtstag. Trotz intensiver Behandlung durch den Arzt Ernst von Feuchtersleben erlag sie der Krankheit. Begraben wurde sie auf dem Währinger Friedhof. 41 Jahre später, im Jahre 1885, findet ihre Überführung nach Weimar statt, und erst 1910 erhält ihre Grabstätte auf dem Friedhof das Denkmal, das so lange im Keller des Hauses am Frauenplan verstaubte. Als ob sie schlafe, so gestaltete Jerichau die lebensgroße Figur des Mädchens, für die Gesichtszüge benutzte er Almas Totenmaske.

Den Tod Almas kann Ottilie nicht verwinden. Zudem kommt böses Gerede auf, man bezweifelt den natürlichen Tod des Mädchens. Ein Student habe sie aus Eifersucht erstochen, meldet die Wiener »Neue Presse«. Der Forderung nach Exhumierung kommt man zwar nicht nach, aber eine Untersuchung wird von der Hofburg angeordnet, erbringt jedoch kein Ergebnis. Hartnäckiger hält sich das Gerücht, Ottilie habe wegen der Erbschaft von 60 000 Talern ihr Kind vergiftet. Selbst Annette von Droste-Hülshoff kann sich nicht enthalten, auf diesen Klatsch aus Weimar einzugehen. Mit der Bitte um Verschwiegenheit, denn Adele soll davon nichts erfahren, berichtet sie am 31. Juli 1845 ihrer Freundin Elise Rüdiger, sie sei durch eine Geschichte »von Adeles Freundin, der Frau von Goethe«, erschreckt worden, deren Lebensstil ja bekannt sei. Dann zerpflückt sie ausführlich die Giftmordstory, indem sie den schädlichen Einfluß des Juden »mit Namen Selig [Romeo Seligmann], einem höchst widrigen, innerlich gemeinen Kerl, Spieler, Verschwender«, auf Ottilie betont, der sie beredet hätte, Alma nach Wien kommen zu lassen. Nun sei »die Mutter Erbin ihrer sechzigtausend Taler, und in Weimar zweifelt niemand, daß sie zu diesem Zwecke vergiftet worden ist«. Neid und Mißgunst aus dem Umfeld der Weimarer Gesellschaft, denen Ottilies Freiheitsanspruch suspekt ist, haben das Gerücht aufkommen lassen.

Gleichzeitig mit Ottilie trifft im Herbst 1845 Fanny Lewald in Rom ein. Sie begegnet Adele und lernt Ottilie kennen, die sie in den Kreis um Sibylle einführen. Ausführlich berichtet ihr »Römisches Tagebuch 1845/46« von jener Geselligkeit des Winters 1845/46 im Palazzo Poli, als sie hier ihren Berufskollegen Adolf Stahr trifft. Sie schließen sich eng aneinander an, gründen eine Lebens- und Arbeitsgemeinschaft und heiraten schließlich 1855. Fortan werden beide Namen in der Literaturgeschichte in einem Atemzug genannt.

Wie die drei Frauen, Sibylle, Ottilie und Adele, auf Fanny Lewald wirken, veranschaulicht ihr »Römischen Tagebuch«.

Sibylle erinnert sie an Frauengestalten auf den alten Bildern der niederländischen Schule. »Sie knieten, in brünstigem Gebet versunken, zu den Füßen der Heiligen, zu deren Ehren sie die Bilder hatten malen lassen. Schwarze Gewänder hatten sie an und Schleier über den bleichen, mageren Stirnen, und nur in den Augen brannte das Leben. So sah ich auch Sibylle zum ersten Male. Im langen, schwarzen Kleide, das fest um ihre schmalen Schultern anschloß, das Antlitz und den Oberkörper mit einem schwarzen Spitzentuch umhüllt, die Augen zum Gebet erhoben, den Rosenkranz in der Hand, so lag sie in Sankt Peter auf den Knien, regungslos wie ihre Ahnen in den deutschen Bildern.« Der Kontrast zwischen der Unnahbarkeit der Erscheinung und der Weltoffenheit, Toleranz und Großzügigkeit ihres Wesens fasziniert Fanny Lewald.

Die Anziehungskraft Ottilies beruht auf ihrer Einfachheit, Spontaneität und Hilfsbereitschaft. »Sie war eben eine jener warmherzigen Naturen, denen Geben, Mitteilen, Helfen ebenso natürlich ist, wie der Sonne das Scheinen, das Erleuchten, das Beleben.« Unvergessen bleibt für sie die »Herzensanmut der liebenswürdigen Frau von Goethe«, die manche komplizierte Situation zu glätten wußte.

Adele hingegen löst in Fanny Lewald zwiespältige Gefühle aus. Detailliert schildert sie ihren Antrittsbesuch im Oktober 1845: »Sie war sehr groß, mager, ungewöhnlich starkknochig und hatte dünnes gelbliches Haar, das die breite Stirn und die weit vorstehenden Backenknochen kaum notdürftig umgab. Die großen, wasserblauen Augen waren übermäßig gewölbt und traten weit vor den Lidern heraus, und ein breiter, äußerst häßlicher Mund wurde durch die langen Zähne nicht verschönt. Alle ihre Bewegungen waren steif und eckig, und dazu hatten ihre Manieren etwas so seltsam Anspruchsvolles und Gespreiztes, daß ich förmlich Zeit gebrauchte, mich an diese Geschraubtheit zu gewöhnen.« Eine »feierlich doktorale« Fragestunde folgt nun, die der Besucherin bald lästig, ja unerträglich wird, bis Fanny der Szene eine komische Seite abgewinnen kann. Obgleich sie ihr eine gewisse, wenn auch herablassende Hochachtung nicht versagen will, reizt das Erhabene und Belehrende in Adeles Wesen zum Widerspruch und wirkt teils komisch, teils abstoßend. Adolf Stahr teilt diese Einstellung. Insofern stimmen sie im Urteil über Adele mit der Allgemeinheit überein. Besonders jungen Leuten dient sie als Zielscheibe von Sticheleien. Spottverse und Karikaturen auf ihre Person anläßlich des römischen Karnevals 1846 kann Fanny Lewald gerade noch verhindern. Diesmal stellt sie sich schützend vor Adele. Doch beide, Fanny und Stahr, sind sich einig, Goethe zu bedauern, der »langsam sterben mußte in Schopenhauerschen Umgebungen, nachdem er in Rom und Italien gelebt«.

Die Freundschaft zwischen Ottilie und Adele befremdet Fanny. »Ottiliens geistvolle und oft bis zur Unvorsichtigkeit gehende Natürlichkeit, ihre auf das Belieben des Augenblicks, auf die Eingebung der Minute gestellte Leichtlebigkeit« scheinen »der feierlichen, auf eigene Gelehrsamkeit und auf den Zusammenhang mit einer großen Vergangenheit gebauten Pedanterie von Fräulein Adele« zu entgegengesetzt, um harmonieren zu können. Doch wechselseitige Neigung, gespeist aus ähnlichen Erfahrungen, Gefühlen und Erinnerungen, bedarf keiner Legitimierung durch einen Außenstehenden. Gleichklang der Charaktere bürgt nicht unbedingt für Freundschaft.

Adele spürt auf ihre Weise die Voreingenommenheit ihr gegenüber. Hinzu kommt das Ohnmachtsgefühl, als »alte Jungfer« beiseite geschoben zu werden. Sie beneidet Fanny Lewald um ihren Begleiter Stahr und die Malerin Elisabeth Baumann um ihre Heirat mit Jerichau. Alle Welt spricht von einem Glücksfall, »da das wirkliche Glück für eine Frau tatsächlich nur in der Ehe zu finden sei«, wie Fanny ironisch bemerkt. Schon allein deshalb versucht die römische Gesellschaft, dem fünfunddreißigjährigen Fräulein Lewald einen Partner zu vermitteln. Zeitweise scheint der Maler Louis Gurlitt der Richtige zu sein, doch er wird später eine Schwester Fannys heiraten. Letztlich zieht sie Adolf Stahr vor.

Instinktiv weiß Adele um ihre Außenseiterposition. Versuche, die Barriere zu durchbrechen, mißlingen. Wenn sie weiblichen Besuchern wie Fanny und Elisabeth ihre Herzenserfahrungen und Liebesabenteuer schildert, stößt sie auf höfliches Schweigen. Verunsichert, verfängt sie sich immer mehr in ihren Phantasien, verliert sich wortreich in Reminiszenzen an Könneritz, Osann, Stromeyer, Schueler und schmückt ihre Betrachtungen reichlich aus. Noch später kursieren die Schlußsätze ihrer Berichte wie »Ich bestellte Extrapost – ich mußte fort« als geflügeltes Wort zwischen den beiden Frauen und reizen sie zum Lachen.

Wie sehr Adele von den Mitgliedern der deutschen Kolonie belächelt und bespöttelt wird, beleuchtet schlagartig ein Brief Friedrich Hebbels an Elise Lensing. Am 30. Januar 1845 beschreibt der Dichter der zwar ungeliebten, aber aus Gewohnheit vertrauten Freundin, die er ein Jahr später wegen der

Schauspielerin Christine Enghaus endgültig verläßt, seine Bekanntschaft mit Adele. Ätzende Bosheit spricht aus den Zeilen,
die um so befremdlicher wirken, als Hebbel zeitweise selbst
unter Ignoranz, Anmaßung und Borniertheit seiner Mitmenschen gelitten hat.

»Es bringt hier den Winter zu das Fräulein Adele Schopenhauer, practisirende Poetin, und gehört wegen ihrer grauen-
haften Häßlichkeit zu den renommirtesten Personnagen der
Saison. Che Brutta! rufen die, sonst sehr höflichen, Italiäner
aus, wenn sie im Theater erscheint; ein verkleideter Mann!
schreien die Buben, wenn sie sich auf der Straße blicken läßt.
Vor längerer Zeit war von ihr bei einem meiner Bekannten,
dem Bildhauer Kümmel, bei dem ich zuweilen einen Sonntag-
abend zubringe, die Rede. Ein Maler behauptete, ihr Gesicht
sey eine vollständige Landschaft; Berge, Felsen, Bäume, Alles
finde sich darin vor, und keineswegs in sehr verjüngtem Maaß-
stabe. Lächerlich! – versetzte ein anderer – Bei diesem Gesicht
muß man so wenig, wie bei der Erde, von nur einer Landschaft
reden, es ist vielmehr ein Inbegriff aller möglichen Landschaften, eine ganze Academie kann Studien daran machen, Spanien,
Italien, Norwegen, Alles liegt darin. Ich bemerkte bescheiden,
ob es nicht vielleicht eine antediluvianische Versteinerung seyn
möge, wie sich ja Felsen fänden, die Nonnen u. s. w. glichen.
Die Ansichten blieben getheilt, darin stimmten wir aber Alle
überein, daß es Hochverrath am Vaterland sey, sie als Deutsche anzuerkennen, und ich bat es mir von jedem Mitgliede
der Gesellschaft als höchsten Freundschafts-Dienst aus, mir
Adelchen bei erster Gelegenheit zu zeigen. Montag Mittag
ging ich nach dem Essen mit Gurlitt und Kolbenheuer, einem
jungen Oestreicher, der hier von seinen Zinsen lebt, auf den
Corso, wo es eben lebhaft zu werden anfing. Auf einmal fuhr
Gurlitt auf, als ob ihn die Tarantel gestochen hätte: Hebbel,
die Schopenhauer! In eine Carozza mit mehreren Damen zu-
sammengepackt, kam das Ungeheuer daher; wer sähe sie und

erkennte sie nicht auf den ersten Blick? Drauf! rief ich Kolbenheuer zu, der so geschickt wirft, wie David. ›Wer ist's?‹ ›Dopo, dopo, Signore!‹ (Nachher! Nachher!) Nun er drauf los und mit keinem Strauß gefehlt. Anfangs gefiel ihr das Bombardement, denn sie hielt es für eine Aufmerksamkeit und bestrebte sich, das naive Gesicht nachzumachen, das schönen, jungen Mädchen bei solchen Huldigungen so gut steht, aber bei meines Freundes schrecklichem Ernst, der nicht aufhörte, ehe er ihr den Hut völlig zerknittert hatte, und meinem kannibalischen Gelächter merkte sie bald Unrath, ließ in die erste Nebengasse einbiegen, stieg aus und erschien nicht wieder. Ist es erlaubt so grausam zu seyn? Sterbe, was nicht schön ist! sagt Victor Hugo, und auch Shakespeare meint: Schönheit ist Tugend! Vielleicht kennt sie mich, denn auch hier ist der Verfasser der Judith ziemlich bekannt, da kann sie sich ja rächen und mich recensieren.«

Arbeit und Reisen sind Gegenmaßnahmen, die das unbehagliche Gefühl, als Außenseiterin zu gelten, kompensieren. Der Tod des Papstes Gregor XVI. am 1. Juni 1846 überrascht Adele und Sibylle in Albano. Sie ändern ihre Reisepläne und eilen zu den Begräbnisfeierlichkeiten nach Rom. Dank der Protektion eines Kardinals haben sie Zutritt zur Peterskirche. Die Zeremonie in Anwesenheit hoher kirchlicher Würdenträger, beleuchtet von zwölf dicken Meßkerzen, begleitet von kirchlichen Chorgesängen, bewacht von der Ehrengarde in roten, mit schwarzen Kreppschärpen verzierten Uniformen, erfährt gegen 23.00 Uhr ihren Höhepunkt. Der eingesargte Leichnam wird im feierlichen Umzug an die Stelle seiner vorläufigen Ruhestätte, eine Säulennische, getragen. Alle Verbindungsgänge zwischen Peterskirche und Vatikan sind durch Wachen besetzt. Helles Mondlicht flutet durch die hohen Fenster in die Halle. Es ist 2 Uhr morgens, als der Sarg in die Mauernische eingelassen wird. »Sie stießen den am Strick bammelnden Papst hübsch mit der Stange direkt ins Mauergewölb –

mich ekelte. Es gibt beim Wahlfürsten keine Familie, keinen Erben. – Niemand ehrt den einsam Stehenden, einsam Sterbenden! Es schließt keine liebende Hand den Sarg- noch Augendeckel! – Ich hatte alle die Tage an unsere kleinen Fürsten gedacht; die sterben doch schöner […]«

Am 9. Juni dann brechen beide erneut auf. Die Fahrt geht nach Porto d'Anzio, dem alten, vor Rom gelegenen Hafen. Das ehemals prächtige Antium, Geburtsstadt Neros und Caligulas, breitet sich auf einer im Meer vorspringenden felsigen Landspitze aus. Nero wählte die mit Palästen und Villen vornehmer Römer geschmückte Stadt zu seinem Lieblingsaufenthalt und ließ sie zum Hafen ausbauen.

Die Spuren einstigen Glanzes sind verblaßt. In dem leerstehenden und vernachlässigten Palazzo Albani, umfunktioniert zu einer Osteria, beziehen sie Quartier. Die Hygiene läßt zu wünschen übrig. Heerscharen von Flöhen belästigen die Bewohner. Eine gründliche Reinigung der Zimmer mit Essigwasser entspannt die Lage, so daß von einer vorzeitigen Abreise Abstand genommen werden kann. Vor allem Sibylle freut sich darauf, ihrem Hobby, der Archäologie, nachgehen zu können. Adele genießt indessen die Schönheit des Ortes, dessen Verlassenheit und Schwermut sie berührt. Die in den Himmel ragenden Trümmerarabesken des Hafens spiegeln sich im opalen Gewoge des Meeres. Eine Seefahrt beschwört versunkene Zeiten. War nicht Odysseus einst hier gelandet? Klingen nicht in der Ferne lockende Sirenentöne? Täuschung betört die Sinne. Im sanften Mondlicht schwanken die Schatten. In der grünsilbernen Tiefe am Meeresboden schimmern Säulen, Marmorbilder, Tempelruinen, Palastmauern. Ewiger Schlaf lastet auf ihnen. Niemand wird sie aus ihrer Versunkenheit erwecken. Die Zeiten sind darüber hinweggeflutet.

Sibylle streift unterdessen auf den Ausgrabungsfeldern umher, besichtigt bereits geborgene Tafeln, Fragmente von Kapitellen und Säulen und entdeckt dabei ein Bruchstück der römischen Konsularfasten – ein Fund, der unter Archäologen Aufsehen erregen wird.

Die Wahl des Bischofs von Imola, Graf von Mastai-Ferretti, zum neuen Papst Pius IX. am 16. und 17. Juni 1846 und seine feierliche, mit Glockengeläut und Böllerschüssen begleitete Einzugsprozession in den Petersdom führen sie zurück nach Rom. Dann sucht Adele, wieder unpäßlich, Zuflucht in den Bergen. Diesmal zieht sie sich nach Frascati zurück, wo sie in der Villa Piccolimini Quartier nimmt.

Den Spätsommer, Herbst und Winter verbringt sie in Neapel, der Stadt, die sie vor einem Jahr begeistert hat. In der Via Guantai Nuovi 69 bezieht sie eine kleine Wohnung. Gleichzeitig halten sich Ottilie mit Sohn Wolfgang und die mit Adele befreundete Emma von Schwanenfeld in der Stadt auf. Mit ihnen pflegt sie Umgang, wenn sie sich einsam fühlt. Baronin von Schwanenfeld gehörte schon in Rom zu Adeles und Sibylles Bekanntenkreis. Seit langem leidend, lädt sie nur sporadisch zu Geselligkeiten ein. Dem Klatsch abgeneigt, voller Herzensgüte und Toleranz, läßt sie Adele menschliche Wärme spüren, die diese bei anderen vermißt. Da Frau von Schwanenfeld selber kleine Märchen, Parabeln und Mythen verfaßt, sieht sie in ihr eine Geistesschwester. Ihr Mann, der Kammerherr von Schwanenfeld, vermeidet aus Rücksicht auf seine Frau ironische Bemerkungen über die neue Bekannte, teilt aber das in den Künstlerkreisen gehegte Vorurteil.

Anfangs kann Adele die Anmut der Stadt und die bizarre Landschaft, »vor mir Capris Felsenkamm, links der Vesuv der manchmal glühend aufathmet, rechts der Pausilip«, nicht recht genießen. Es entsteht das Gedicht »Das sanfte Wort«, in das ihre Resignation und Schwermut einfließen.

## Das sanfte Wort

Wenn dich das Leben wund gedrückt,
und Kummer ruht auf deinen Tagen,
Kein frischer Reiz den Sinn entzückt,
Dich stößt des Überdrusses Zagen,
Gewähr' dir Gott ein sanftes Wort,
Es trägt dich durch die Erde fort.

Wenn man dir stumm vorübergeht,
Und Freund' und Feinde dein vergessen,
Wenn niemand deinen Geist versteht,
Sie mit gemeinem Maß dich messen,
Gewähr' dir Gott ein sanftes Wort,
Es trägt dich noch am Abgrund fort.

Das sanfte Wort, als Schöpfungshauch
Für die Oase in der Wüste,
Wird dir zum heiligenden Brauch,
Der rein den Paria selbst büßte!
Wie jener Regenbogen dort
Reicht's über Welt und Sünde fort.

1846

Die Depression wird überwunden. Die Schönheit der Landschaft besänftigt ihre Unruhe. Sorrent und Capri bezaubern sie. Pompeji wird ihr zur Studienstätte. Pflanzen, Blumen, Vögel sowie Käfer, Schmetterlinge und andere Insekten werden skizziert und beschrieben, die atmosphärischen Licht- und Luftverhältnisse notiert. Alles ist interessant in diesem kurzen Leben.

Der in jenen Breiten übliche milde Winter bleibt aus. Es stürmt und schneit, als sich das Jahr dem Ende zuneigt. Adele gedenkt des Bruders in der Heimat. Zuletzt hat sie sich im November 1844 aus Florenz gemeldet und ihm ihre Bestimmungen im Falle ihres Todes mitgeteilt. Jetzt, nach zwei Jahren, schickt sie ihm wieder ein Lebenszeichen. Am 30. Dezember schildert sie ihm ihren Eindruck von Italien. Das Land übe einen stets neuen Reiz auf sie aus. Reden könne sie darüber nicht viel, aber »ich fühle den sehr großen Einfluß den es auf meine ganze Seele gehabt, es hat mich von mir selbst gelöst, und ganz andre Interessen u Ideen in mir geweckt. Daß mir die Kunst so viel gewähren könne wußte ich nicht. Manches habe ich gelernt, vieles bleibt zu verarbeiten; andres muß erst klar werden.« Gern würde sich Adele ganz in Italien niederlassen, dabei Neapel Rom vorziehend, das durch »eine Landsmannschaft der Deutschen welcher alle unsre Nationalfehler anhangen« geprägt sei. Doch ein dauernder Italien-Aufenthalt kann nur ein Wunschtraum bleiben, da ihr die dafür nötigen finanziellen Mittel fehlen. Vorerst aber beabsichtige sie, mit Ottilie und Wolfgang, sobald dessen Anfälle von Gesichtsschmerzen nachlassen, wieder nach Rom, später dann für etwa vier Wochen nach Florenz zu gehen.

Vierzehn Tage später, am 13. Januar 1847, verläßt Adele mit Ottilie und Wolfgang Neapel in Richtung Rom. In den folgenden Monaten hält sie sich mit eiserner Disziplin an das vorgenommene Pensum von Studien, Museumsbesuchen und Schreiben. Selbstgestellte Pflichten will sie den stets drohenden Gemütsschwankungen entgegensetzen. Sie weiß, gibt sie ihren Stimmungen nach und läßt sich fallen, verbraucht sich der letzte Rest an Lebenskraft. Sie nimmt den Kampf auf. Allein schon das Betrachten der Kunstwerke mit ihrer Vielfalt an Formen und Farben erfüllt sie mit sanftem, ungetrübtem Glück. Ottilie hat das Wesen der Freundin erfaßt, als sie einst meinte, Bilder ersetzten Adele die Menschen. Einen Glanzpunkt im Alltagsleben bringt der römische Karneval, ausgelassen, farbenfreudig und lebensfroh.

In der Fastenzeit 1847 hört Adele an vier Tagen den Jesuitenprediger Ferrari. Beeindruckt von seinen Betrachtungen im Kloster Sacré Cœur, verfaßt sie für die Zeitschrift »Europa«

den Bericht »Predigten des Jesuitenpaters Ferrari im Kloster der Nonnen Sacré Cœur auf dem Monte Pincio in Rom«. Unermüdlich schreibt sie. Novellen über das italienische Volks- und Künstlerleben entstehen, die teils in Zeitschriften erscheinen, teils verlorengegangen oder ungedruckt geblieben sind. »Kunstausstellung in Rom« wird 1846 in der »Leipziger Illustrierten Zeitung« publiziert. Die Beilage zum Stuttgarter »Morgenblatt« bringt im selben Jahr die Aufsätze »Darstellungen des Dante in vier Jahrhunderten« und 1847 »Über das Privatleben des Giulio Romano«, beide mit »S« gezeichnet. Gustav Kühne nimmt in die von ihm redigierte Zeitschrift »Europa« 1847 die Novelle »Gian-Battista und die Malergilde zu Genua« auf.

In Italien entfaltet sich Adeles beschreibendes Talent. Hier schärft sich ihr Blick für Charaktere und Szenen aus dem Kunst- und Volksmilieu. Mit wachsendem Interesse beobachtet sie Sitten und Gebräuche und vergleicht Gegenwärtiges mit Vergangenem.

Der Briefform als Gestaltungsmittel für Eindrücke, Erlebnisse und Reflexionen bedient sie sich bereits 1844/45. Ihre an Walther von Goethe gerichteten fünf »Genueser Briefe«, veröffentlicht in der »Leipziger Novellenzeitung«, enthalten Impressionen aus Gegenwart und Vergangenheit, Alltag und Kunst. »Florentinische und Römische Briefe« über die zeitgenössischen Maler Antonio Marini, Marchese Paolo Feroni und die Bildhauer Luigi Pampaloni, Emilio Santarelli, Lorenzo Bartolini sowie die Künstlerin Mademoiselle Félicie de Fauveau, abgedruckt 1847 in der »Europa«, und im folgenden Jahr eine Korrespondenz »Aus Florenz« über Giovanni Battista Niccolinis Trauerspiel »Filippo Strozzi«, der bereits 1819 mit dem Drama »Nabucco« Aufsehen erregt hatte, weisen Adele als Kennerin der italienischen Kunst- und Literaturszene aus. Im »Morgenblatt« erscheinen 1848 in Briefform abgefaßte Stimmungsbilder über die politische Haltung der Italiener zu

Österreich, die von Pius IX. unterstützten Unabhängigkeits-
bestrebungen Italiens und die »Verkümmerung des Volkes«
und deren Ursachen.

All diese Arbeiten lassen in ihr die Idee reifen, die Atmosphäre einer italienischen Stadt literarisch einzufangen. Als
Reiseführer konzipiert, soll das Buch vor allem Touristen dienen. Ottilie bestärkt sie darin. Ihre Wahl fällt auf Florenz.
Hier, wo jeder Stein Geschichte atmet, sich das Heute in der
überlieferten Tradition des Gestern begegnet, sind wesent-
liche Voraussetzungen für ein Gelingen des Werkes gegeben.

Nur wenige Wochen, von Anfang März bis Mitte April 1847,
dauert der Aufenthalt in Florenz. Quartier nimmt sie in der
Val fonda Nr. 4492. Die Zeit bis zur Heimreise nach Deutschland nutzt sie streng nach Plan. Informieren, Vergleichen, Re-
cherchieren machen ihr tägliches Arbeitspensum aus. Gründliches Vorbereiten auf Besuche von Galerien, Sammlungen,
Museen, Kirchen und Palästen, Überprüfen des eigenen Urteils an anderen Einschätzungen in der wissenschaftlichen Literatur, das Studium von Werken über die Stadt und ihre Geschichte erfordern tägliche Selbstdisziplin. Im Umgang mit
Landsleuten und Einheimischen gewinnt sie einen Einblick
sowohl in das sagenumwobene als auch das gegenwärtige Florenz. Das Haus des preußischen Gesandten Graf Schaffgotsch
steht ihr jederzeit offen, ebenso wie die an der Straße nach
Fiesole gelegene Villa in La Concezione der Familie Unger-
Sabatier.

Karoline Unger, die an den Opernhäusern von Wien und
Mailand in den großen Partien der Belcanto-Opern von Bel-
lini, Rossini und Donizetti gefeierte Sängerin, hat ihre Büh-
nenlaufbahn beendet. 1840 heiratet sie den bedeutend jüngeren François Sabatier, einen Kunstmäzen. Ein Jahr zuvor war
ihr Nikolaus Niembsch Edler von Strehlenau, der Dichter
Lenau, leidenschaftlich zugetan. Er nennt sie ein »singendes
Gewitter der Leidenschaft«. Ihr amouröses Intermezzo endet

bereits nach wenigen Monaten mit Enttäuschungen und gegenseitigen Vorwürfen. Erst ein gewisser Abstand nimmt den Vorgängen ihre Schärfe. Der unbefriedigende Ausgang dieser Affäre mag ein Grund gewesen sein, den um sie werbenden Sabatier zu erhören, zumal seine dichterischen Neigungen – er übersetzt Goethes »Faust« in die französische Sprache – ihrem Naturell entgegenkommen. Gern folgt Adele ihrer Einladung in das elegante Haus mit seinen weiten schattigen Gemächern, den schwingenden Terrassen und blumenüberfluteten Gärten. Die um Jahre jüngere Karoline ist von gewinnendem Wesen. Sie begeistert die Gäste mit Kostproben ihrer Gesangskunst, interessiert sich auch für das Florenz-Konzept und berät Adele in manchen inhaltlichen Fragen.

Die Arbeit ist so weit gediehen, daß erste Absprachen mit einem Verlag beginnen können, als Adele am 9. Mai 1847 wieder in Bonn eintrifft und bald darauf weiter nach Jena und Weimar reist. Trotz wenig guter Erfahrungen mit Brockhaus, der den Roman »Anna« verspätet in Druck gab und zwei zunächst angenommene Novellen über italienische Künstler dann doch ablehnte, wendet sie sich am 23. Juni 1847 von Jena aus erneut an ihn. Sie teilt ihm ihre Absicht mit, ein Buch über Florenz veröffentlichen zu wollen. Dabei hebt sie die Befürwortung durch Sulpiz Boisserée hervor: »Ich hatte mir für meinen Freund Sulpiz Boisserée die Idee ungefähr aufgeschrieben, und er war ungemein dafür eingenommen, meint auch, ein solches Buch existiere noch gar nicht, und die glückliche Mitte zwischen Erzählungen historisch-örtlicher Interessen und Kunstanschauungen mit Kunstgeschichte verwebt, müßte das Werk für Reisende sehr bequem und für den daheim sich Erinnernden auch unterhaltend und belehrend sein […] Im Oktober gehe ich nach Florenz zurück. – Meine Vorstudien liegen zum Teil bereit, u ich möchte gleich beginnen. Viele unbekannte, gar anmutige Lokalgeschichten, Künstlerleben, Anekdoten, sogar ein großer Reichtum wunderlicher Sitten u Gebräuche, die noch nachklingen in Florenz, und alle ihre Denkmale hinterlassen haben, geben mir den allerreichsten Stoff, den ich je gehabt zum Schreiben.«

Brockhaus reagiert nicht, Adele ist verärgert über den »Schuft« von Verleger. Insgeheim hat sie ihm ohnehin mißtraut. Deshalb wendet sie sich zwei Monate später mit demselben Vorhaben an den Verleger und Buchhändler Karl Gerold in Wien. In der Hoffnung, er werde sich für das Projekt interessieren, erläutert sie auch ihm ihr Anliegen. Von einer Antwort ist wiederum nichts bekannt.

Die Rückreise im Herbst nach Florenz führt sie über Bonn. Ihr Wesen strahlt Harmonie und Ausgeglichenheit aus, wie Sibylle in der Erinnerung an jene Tage hervorhebt. Gelassene Selbstverständlichkeit, Heiterkeit und Grazie prägen ihre Erscheinung. »Die Unruhe und der Anflug von Herbheit, mit denen ein in manchen billigen Anforderungen nicht glückliches Leben Adelens von der Natur mit graziöser Heiterkeit begabten Charakter gefärbt hatte, waren abgestreift wie Staub des zurückgelegten Weges, und die reine Milde ihrer Natur umfloß mit wohltuendem Ernste gepaart ihr ganzes Wesen. Dabei trat jene eigentümliche Heiterkeit stets wieder hervor, ihre Ausdrucksweise hatte an Bestimmtheit und Klarheit gewonnen, und an Weichheit zugleich; ihr festes Urteil war nirgends verletzend, ihre Weltansichten hatten sich geweitet an dem großen Maßstab der Geschichte, und man fühlte es im Umgang mit ihr, daß die Kunst ihr die geheimnisvolle Weihe des Wissens gegeben hatte.« Ähnlich empfindet Henriette von Pogwisch, als sie Adele Ende Juni in Weimar sieht. Ihren Eindruck, diese sei »kräftig, munter u. ich kann wohl sagen liebenswürdiger als sie war«, teilt sie der Tochter mit, gleichzeitig aber beunruhige sie »ihr starker Leib, den ich nur mit Schrecken gewahren können«.

In Bonn vollendet Adele ihren Roman »Eine dänische Geschichte«, den sie, da Brockhaus schweigt, dem Verlag Georg

Westermann in Braunschweig anbietet, mit dem sie gerade wegen einer Neuauflage der Memoiren Johanna Schopenhauers verhandelt. Am 11. Oktober 1847 teilt sie Westermann brieflich mit: »Ich gehe nach Italien und hinterlasse einen ganz kleinen Roman v einem Bande, den ich diesen Sommer hier geschrieben. Ich halte ihn für spannend und vielleicht für das Beste, was ich geschrieben.« Westermann sagt zu.

Standeskonflikte bestimmen neben der Vererbungstheorie die Handlung des Romans, symbolisiert in der Liebe zwischen dem bürgerlichen Künstler Thorald Eynersen und der aus altem Adelsgeschlecht stammenden Gräfin Helene. Eynersen, der nach längerem Aufenthalt in Paris und Italien ein Auftragswerk für die Kirche in der kleinen Stadt Nystedt auf der Insel Laaland ausführt, und Helene begegnen einander. Helene, unkonventionell und aufgeschlossen, kennt keine Standesvorurteile und bejaht wie er die Ideen der Französischen Revolution. Die gräfliche Familie, besonders der Bruder, setzt der aufkommenden Neigung Widerstand entgegen. Nach Irrungen und Wirrungen finden die Liebenden zueinander. Zuletzt versöhnen sich die Geschwister, denn nur der aus Helenes bürgerlicher Ehe stammende Sohn kann die Erbfolge sichern und damit den Besitzstand der Familie wahren.

Der Roman besitzt Spannung, langatmige Erörterungen mit philosophischen oder kunstgeschichtlichen Akzenten, wie noch im Roman »Anna«, sind vermieden. Die Zeit, das Milieu, die Charaktere werden prägnant gezeichnet und Situationen anschaulich geschildert. So scheint dieser »kleine Roman« wirklich das Beste zu sein, was Adele geschrieben hat.

Trägt »Anna« die Widmung für Ottilie von Goethe, so will Adele ihre »Dänische Geschichte« Sibylle Mertens-Schaaffhausen zueignen, doch entfällt die vorgesehene Widmung bei der Drucklegung. Im Winter 1847 erschienen, ist der Roman im Impressum auf 1848 vordatiert.

»Ein nobles Genrebild in der schon bekannten feinen Manier der Malerin Adele«, befindet im Mai zurückhaltend das »Literaturblatt«, die Beilage zum Cottaschen »Morgenblatt«. Das Motiv der Handlung, »der Gegensatz zwischen bürgerlichem Verdienst und adeligem Vorurtheil«, wird jedoch als überlebt empfunden, »seitdem in Berlin und anderwärts so viele gräfliche und baronliche Gardelieutnants reiche Judenmädchen geheirathet haben und auch bürgerlichen Künstlern, Geistlichen, Beamten, u. [s. w.] nicht leicht ein gnädiges Fräulein abgeschlagen wird, wenn es nicht mit irdischen Gütern gesegnet ist«.

Auch wenn um 1850 die sogenannte Geldaristokratie einzelne Standesbarrieren, vorzugsweise in Berlin, durchbrechen kann, dominiert nach wie vor der Standesdünkel, und zwar bis weit ins 20. Jahrhundert hinein. Aus eigenem Erleben kennt Adele die gesellschaftlichen Grenzen: die Anmaßung des Adels und das Selbstbewußtsein des Bürgers. Demonstriert wird diese Tatsache allein schon in der Logentrennung im Weimarer Theater bis 1848, rechts der Adel, links die Bürger. In Erinnerung sind ihr außerdem noch die Geschehnisse um Kanzler Müller, der 1806 geadelt, aber erst fünf Jahre später hoffähig wurde, oder um die Geliebte des Großherzogs Karoline Jagemann, die erst als Frau von Heygendorf den Rang einer Dame einnahm, und nicht zuletzt die Rolle des Großherzogs selbst, der Bürgerliche nicht für gleichwertig ansah, so daß er sich in Gesellschaften erst wohl fühlte, wenn der Adel »unter sich« war.

In der Rezension wird außerdem das andere, ebenso wichtige Motiv übersehen, das im Zusammenspiel der Charaktere mitwirkt: die Vererbung von Eigenschaften. Die weitreichende Wirkung von Erbfaktoren, die sie mehr noch als der Bruder intensiv untersucht und von mehreren Generationen als Daten erfaßt hat, wird hier in Romanform transferiert, symbolisiert an den Personen von Tante und Nichte. Damit greift sie nicht nur einen Gedanken des Bruders auf, sondern führt ihn nach ihrer Erkenntnis weiter, indem sie den Charakter als ein Produkt von Vererbung einerseits und Erziehung und Bildung andererseits auffaßt.

Adele, nun 50jährig, hat endlich zu sich selbst gefunden, den Rahmen ihres Wirkungsfeldes abgesteckt und das Geflecht aus Zweifeln entwirrt.

Die Konflikte der Vergangenheit haben an Schärfe verloren. Verweht sind die Seufzer nach Liebe und Geliebtwerden, verhallt die Klagen über zerbrochene Träume, besänftigt die Sehnsucht nach Geborgenheit im Familienkreis, verstummt das Jammern über versagtes Lebensglück. Auch das Verlangen nach Zuwendung und einem liebevollen Miteinander mit Ottilie hat nachgelassen. Die innere Unruhe ist bezwungen. Kümmernisse und Bitterkeiten, Enttäuschungen und Traurigkeiten sind abgestreift. Unwesentliches wird beiseite gelassen, Schwächen, eigene wie die der Mitmenschen, werden akzeptiert und toleriert. Selbst die häufig als Druck empfundenen gesellschaftlichen Normen sind in ihrer Bedeutung zusammengeschrumpft. Sie ist fest entschlossen, sich auf ein wenn auch vergleichsweise kleines Ziel zu beschränken. Als Beobachterin will sie das facettenreiche Bild menschlichen Lebens, das tragische und komische, mit Worten statt mit Schattenbildern umreißen.

Die Jahreswende 1847/48 in Florenz zählt zu den kreativsten Phasen in Adeles Leben. Voller Energie arbeitet sie daran, den Zauber der Stadt literarisch festzuhalten. Fioria, Fiorenza, Firenze, Florenz – Stadt der Dichtung und Künste, verlorenes Paradies eines Dante, sinnliche Kulisse eines Boccaccio, geniale Atmosphäre eines Michelangelo und da Vinci, eines Botticelli und Donatello, eines Ghirlandaio und Filippo Lippi, glänzender Mittelpunkt der Medici-Dynastie, politischer Wirkungskreis Macciavellis und Savonarolas –, gebettet an den sanften Hängen der Toskana, umarmt vom silbrigströmenden Arno, umweht vom Geist der Renaissance und des Humanismus.

Adele nimmt die Bilder dieser Stadt ganz in sich auf, das

Abendleuchten über den Kuppeln, Türmen, Palästen und Gärten, das farbenfrohe Gewimmel auf dem Ponte Vecchio, die strenge Schönheit der mittelalterlichen Palazzi, die weihrauchduftenden Messen im Dom Santa Maria del Fiore, die steinernen Bildnisse der Medici in San Lorenzo, Symbole der Überwindung irdischer Vergänglichkeit, den Genius darstellerischer Vielfalt in den Uffizien und dem Palazzo Pitti, die blühenden Gärten der Villa Ganberaia und der Villa Medici in Fiesole, die überwältigende Anmut der marmornen Statuen und Statuetten. Die eigene Unzulänglichkeit wie die der anderen schmerzt nicht mehr, der Blickwinkel hat sich geändert. Dankbar nimmt Adele das Geschenk des Lebens an, sich noch einmal der Welt der schönen Bilder nähern zu dürfen.

Blatt um Blatt wird beschrieben, die Manuskriptseiten werden nach Bonn geschickt, wo sie Adele nach ihrer Rückkehr auf notwendige Korrekturen durchsehen will. Briefe an die Freundin »Billa« begleiten die Sendung. Neben Anweisungen über die Anlage ihrer Honorare aus dem Roman und den Artikeln enthalten sie Anmerkungen zu Änderungen und Bitten um Recherchen nach bestimmten Kunstbegriffen und Künstlern. Ansonsten schwingt ein zuversichtlicher, sogar humoristischer Ton mit. Ihre Gesundheit sei stabil, »der Leib sehr flach, die andern Drüsen vorhanden; ich habe gar keine Schmerzen. Die Kälte ist ungeheuer, 4–6 Grad. Il pleut des rasoirs, sagen die Damen. Ich arbeite fortwährend, allein wenn ich fertig bin, soll's mich freuen. Kind, wunderst Du Dich denn gar nicht über meine stupende Gelehrsamkeit? Und izt kommt's erst!« Daß der Roman »Eine dänische Geschichte« gefällt, »freut mich sehr! Gott, würde er doch rezensiert! An Auflage glaube ich nicht! So was erlebe ich nicht!« Adele dankt Sibylle für ihre Güte und fügt hinzu: »ich will aber nicht in Italien leben ohne Dich, also stirb mir nicht! Und sag mal, mein Buch sei gut. Deine alte Dele.« Aus dieser Schaffensphase reißt sie die Krankheit, die ihr Untätigkeit und Verzweiflung aufzwingt. In der

Wohnung am Lung-Arno 1187 fühlt sich die Kranke plötzlich als Fremde und wird auch als solche behandelt. Der Wirtin Signora Rosati ist die Kranke lästig. Freunde und Bekannte sind von den Revolutionswirren in Europa und dem in Norditalien ausbrechenden Krieg in Unruhe versetzt. Keiner kann sich um die Kranke kümmern, auch Karoline Unger-Sabatier kaum, die Ende März zwar Sibylle beruhigt, aber »weit davon entfernt« sei, für Adele »ihr Trost, ihr guter Engel zu sein (wie sie mich zu nennen beliebte)«, da sie selbst familiär stark beansprucht und gehindert ist, »meine Zeit Ihrer Freundin zu widmen, die ich nach kurzer Zeit schon liebgewann. Das wenige, was ich ihr an Diensten leisten konnte, war wenigstens von gutem Erfolg gekrönt, denn es geht ihr jetzt besser, nur machen sich die Gehschwierigkeiten noch zu sehr bemerkbar, als daß man sie für gesund erklären könnte. Einen Augenblick lang hatte ich wirklich Angst! Sie hat schrecklich gelitten – und zwar mit engelgleicher Geduld.« Eine Rückkehr zu diesem Zeitpunkt, wie Adele es wünscht, wäre übereilt und nicht empfehlenswert. Überhaupt ist sich Karoline unsicher, ob diese Nachricht die Adressatin erreicht. Wirklich gehen Briefe und Geldanweisungen meist verloren. Touristen ebenso wie die Gesandten, auch viele Bewohner verlassen die Stadt, fahren eilig nach Hause oder suchen Schutz in ländlicher Abgeschiedenheit. Adele wartet eine geringfügige Besserung ihres Befindens ab, dann bricht sie auf, übersteht den beschwerlichen Weg über die schneebedeckten Alpen bei Temperaturen unter dem Gefrierpunkt und erreicht am 18. Mai 1848 Bonn. 15 Monate Lebenszeit bleiben ihr noch.

## Letzte Bilder

*Der Abend des 23. August 1849 ist durchzuckt von Wetterleuchten. Schwüle liegt wie eine Dunsthaube über der Stadt. Gewitter kündigt sich an. Die Vorhänge an den Fenstern im oberen Stock des Hauses Wilhelmstraße 24 bauschen sich im Luftzug. Die atmosphärische Spannung scheint sich auf die Kranke zu übertragen. Die feuchte Luft läßt sie nur angestrengt atmen. Dabei bewegen sich die Lippen zu einem fast unhörbaren Geflüster. Sibylle muß sich tief zu ihr hinabbeugen, um sie zu verstehen.* »Wenn ich sterbe, will ich ganz einfach begraben werden ohne alles Gepränge und große Reden! Das wäre wohl ein Text: Was man von ihr kannte, war Gutes!«

*Blitze zerschneiden das Nachtdunkel, schwere Regentropfen treiben gegen die Fenster, Sturm fegt über Baumkronen und verfängt sich in den Kaminen der Häuser.*

*Unruhe erfüllt die Sterbende. Grellfarben leuchten Bilder auf und verlöschen. Beschwichtigend umfaßt Sibylle die Hand der Todkranken. Sibylle – Adele spürt ihre Nähe. Wie streng hat sie machmal die Freundin beurteilt, ihr Durchsetzungsvermögen, ihr zupackendes Wesen, ihre unkonventionelle Offenheit, ihren strengen Katholizismus. Nun erweist sie sich als die Treueste. Wo hätte sie ohne Sibylle einen ruhigen Platz zum Sterben finden können? Eine Wohnung besitzt sie nicht. Ottilie lebt in Wien, Allwina ist berufstätig, Arthur ist ihr fremd. Vielleicht wäre Louise bereit gewesen, sie bei sich aufzunehmen, aber diese bewältigt kaum die eigenen Probleme.*

*Louise – undeutlich verschwimmen ihre Züge – die Furchtsame und Anlehnungsbedürftige, die so schwer an Mann und Kindern trägt. Viel kann Adele nicht für sie tun, Kleider und*

*Wäsche, etwas Schmuck für sie und die Kinder Adele und Marie.*

*Allwina – flüchtig erscheint ihr Bild – die Kindliche und Schutzsuchende, aber auch Praktische und Selbständige, einsam geblieben wie sie und mehr noch – als berufstätige Frau gezwungen, in fremde Dienste zu treten. Adele kann nur hoffen, daß die Veröffentlichung ihrer Manuskripte Allwina manchen Taler einbringen und ihr die Lebenssituation erleichtern wird.*

*Ottilie – schemenhaft taucht sie auf – die vor Leben Sprühende und Einfallsreiche, wer von allen Menschen hat Ottilie so vorbehaltlos geliebt wie Adele, wer ihr so unbedingt vertraut und sich mit ihrem Schicksal so verbunden gefühlt? Noch jetzt empfindet Adele die Ohnmacht des Danebenstehens in den Lebenswirren und Liebesverstrickungen der Freundin. Hat sich in ihrer beider Schicksal nicht Arthurs Aussage über die Vergeblichkeit der Mühen bestätigt? Ja, der Bruder hat recht, wenn er ausspricht, was auch sie denkt: »Unruhe ist der Typus des Daseyns.« Das Streben nach Glück münde immer in einer Enttäuschung, und am Ende sei es gleichgültig, ob man sein Leben glücklich oder unglücklich verbracht habe. Die Gegenwart sei der »Weg zum Ziel«, deshalb empfänden viele Menschen im Rückblick ihr Leben nur als »ad interim«. Arthur hat ihn auf eine einfache Formel gebracht, den Lebenslauf des Menschen, der, »von der Hoffnung genarrt, dem Tode in die Arme tanzt«. Adele hegt keine Hoffnungen mehr. Den Träumen Ottilies aber ist noch eine Frist gegeben. Ottilie – Freundin, Gefährtin, Schwester und Geliebte, Trost und Ersatz auch für den abweisenden Bruder – mit Zärtlichkeit denkt Adele an sie. Miniaturbilder, von der Mutter gemalt, und der alte Teekasten, schon immer von Ottilie bewundert, sollen sie künftig an ihre anhänglichste Freundin erinnern.*

*Die Mutter – Adele meint, sie vor sich zu sehen – temperamentvoll und beherzt, Verzagtheit war ihr fremd. Trotz einiger Fehlschläge – die gleichgültige Ehe mit einem um so viele Jahre* älteren Mann, die Lieblosigkeit des einzigen Sohnes, die Einbuße an Wohlstand – verfiel sie nicht in Jammern und Klagen. Ihre optimistische Lebenshaltung befähigte sie, den Widrigkeiten des Alltags mit Humor zu begegnen. Zweifellos hat der Vermögensverlust die Lebensqualität von Mutter und Tochter beeinträchtigt und die Chancen eines selbstbestimmten Lebens für Adele erheblich gemindert. Ohne nennenswerten Besitz bestand im übrigen kaum eine Aussicht auf Heirat. Tochter und Mutter waren aufeinander angewiesen, zumal Adele, liebevoll und nachsichtig, es nicht übers Herz gebracht hätte, den Rest an Kapital für sich zu beanspruchen und die Mutter mit Forderungen nach einer eigenständigen Existenz zu brüskieren. Verständnis und Fürsorge in ihrem Beisammensein wogen gelegentliche Verstimmungen auf. Bildung und Geselligkeit, Lebensprinzip der Mutter, formten die Haltung der Tochter. Höhere Ansprüche erwuchsen allein schon aus dem Umgang mit bedeutenden Persönlichkeiten, Künstlern und Gelehrten – für Adele ihre Schule des Lebens. Als Frau mit schöpferischen Ambitionen übte sie, die Mutter, eine Vorbildwirkung auf die Tochter aus. Hatte sie nicht bis zuletzt mit eiserner Disziplin gearbeitet – für die Tochter?

Doch nie verstummte Adeles Sehnsucht nach Familie, nach eigener Häuslichkeit. Gottfried – schattenhaft verschwimmen seine Umrisse – warum hat ihr das Schicksal diese Liebe verweigert? Von allen Bekanntschaften und möglichen Partnern blieb er der einzige, dem sie sich gern verbunden hätte. Gottfried Osann war der Mann ihrer Neigung gewesen. Sein Bild ist verblichen im Strom der Zeit, lebendig in ihr blieb der Glaube an seine Liebe, diese Gewißheit wird sie mit sich nehmen.

Eines schmerzt Adele bis zuletzt, daß sie den Bruder nicht mit der Mutter versöhnen konnte. Nicht ihr Eingeständnis, die Mutter habe unrecht gehandelt, er möge vergessen, was sie ihnen, dem Sohn und der Tochter, angetan, noch ihre Erklärung, sie halte das Unvermögen einer sehr lieben Mutter, mit Geld um-

*gehen zu können, für entschuldbar, bewirkten einen Gesinnungswandel. Vorübergehend spürt Adele Erleichterung. Einige Differenzen in der Beziehung zwischen Mutter und Sohn hat sie noch während ihrer letzten Reise nach Jena und Weimar verschleiern können. Niemand soll das Zerwürfnis in seinem ganzen Ausmaß erfahren, keiner in die persönliche Sphäre der Familie eindringen. Dafür traf Adele Vorsorge. Johannas spätere Tagebücher und der Briefwechsel mit Sohn und Tochter, aufbewahrt in dem schwarzen Kasten bei Louise Wolff im Frommannschen Haus, unterzog sie einer gründlichen Revision. Alles Belastende wurde bis auf wenige, mehr zufällige Ausnahmen getilgt. Nur einige Briefe und Tagebücher aus den unbeschwerteren Weimarer Tagen ließ sie gelten. Während der Bruder die Maximen seiner vom Pessimismus getragenen Philosophie aufstellt, handelt die Schwester nach ihnen – vielleicht eine mögliche Erklärung.*

*Und doch, was für Unstimmigkeiten es zwischen ihnen auch gegeben hat, innerlich hat sie ihm immer angehangen. Sie sieht ihn vor sich, den einsamen Denker, den Grübler, den krankhaft Mißtrauischen: »Menschen sind mir nichts, nirgends.« Auch ihn hat das Leben gebeutelt, von körperlichen Beschwerden nicht verschont, ihn ohne Anhang in der Welt gelassen, Erfolg und Anerkennung ihm bisher versagt. Mit Mitleid denkt sie an seine fortschreitende Taubheit. Wie gern hätte sie ihm die Mühen des Alltags bewältigen geholfen, ihn mit Fürsorge umgeben, sein Zuhause behaglich gestaltet.*

*Fragen nach seinem äußeren und inneren Leben, Angebote zur geistigen und praktischen Hilfe, sei es im Besorgen von Büchern oder Kunstblättern, in der Anregung zum Besuch der vielfältigen Museen und privaten Kunstsammlungen in Frankfurt, im Vermitteln von Adressen befreundeter Personen, im Beraten für seine Wohnungseinrichtung oder in der wiederholten Einladung nach Jena, sollten ihm ihre Teilnahme signalisieren. Zumindest ein Stück seines Inventars, ein als Rosenstil-*

329

*leben gewirkter Wandteppich, wird ihn an die Schwester er-innern.*

*Zärtlichkeit wallt auf. Der Pudel Atma, der treue Begleiter des Bruders, erscheint ihr als Verkörperung von Arthurs ver-steckter Sehnsucht nach Zuwendung. Manche Grüße an ihn schickte sie mit den Briefen.*

*Ein Lächeln überfliegt ihre Züge. Arthur – »Mögte Deine Braminenseele nicht durch den Unfug unsrer Tage gestört wer-den!« – diesem Wunsch, bereits vor Jahren geäußert, gilt ihr Abschiedsgedanke. Seltsam, auch Arthur empfindet Adeles Geist als Brahmanenseele. Sein letzter Gruß an sie greift den bud-dhistischen Gedanken der Seelenwanderung auf.*

# Lebensneige

Wär' ich secundenlang ich und träumte
von ewiger Dauer,
Böt' ich nicht Ruhe und Glück einer Minute
zum Kauf?

In Bonn angekommen, findet Adele zunächst Unterkunft im Haus des Rechtsgelehrten Alfred Nicolovius, eines Großneffen von Goethe. Sibylle, nach wie vor in den Erbschaftsstreit mit ihren Kindern verwickelt, ist noch unterwegs. Alfred, der jüngste der sechs Söhne des Geheimen Staatsrats Nicolovius aus Berlin, lebt seit 1835 in Bonn. Mit der neun Jahre älteren Adele traf er bereits 1825 in Weimar zusammen. Zeitweise vertrat er als Jurist in Danzig die Interessen von Mutter und Tochter. Nur wenige Tage hält sich Adele bei ihm auf, dann bezieht sie wieder ihre drei Zimmer im oberen Stockwerk des Stadthauses von Sibylle in der Wilhelmstraße.

Die politischen Ereignisse des Revolutionsjahres 1848, heftig kommentiert von Sibylle und Ottilie, bringen Unruhe und Verwirrung mit sich. Adele, Verfechterin einer bürgerlichen Gesellschaft ohne Standesunterschiede und Adelsprivilegien, glaubt in dem Aufbegehren erste Anzeichen eines gesellschaftlichen Umbruchs zu erkennen. Die Revolution wird von allen begrüßt als »ein allgemeines Erwachen aus den geistigen Banden«, die das vorwärtsstrebende Bürgertum umschnürt hat. Die Forderung »nach Abdankung Metternichs und Pressfreiheit« unterstützt Ottilie aus Überzeugung. Sibylle sieht in einer möglichen Angleichung der Konfessionen und in der Gewährung des Wahlrechts für Frauen einen Hoffnungsschimmer am politischen Horizont.

Doch die Ergebnisse der so freudig begrüßten Revolution sind enttäuschend. Die Begeisterung flaut ab, das Parteiengerangel dominiert, Phrasen treten an die Stelle zielstrebiger

Handlungen. Gegenüber Adele verleiht Ottilie ihrer Unzu-
friedenheit beredten Ausdruck. Woher soll sie nun die Kraft
zum Leben für sich und ihre unglücklichen Söhne nehmen? »Ja
für die Revolution hatte ich sie und bewahrte sie mir lange; ich
weiß nicht, ob es in Deutschland anders aussieht, aber hier
freue ich mich wenig an dem jetzigen Treiben, es ist keine Selbständigkeit, keine Wahrheit, sondern nur immer Partheizweck
für Alles da, und die Schlagwörter, wie sie es nennen, machen
Alles durch ihre ewigen bloßen Wiederholungen so langweilig«,
läßt sie am 10. Juni 1848 aus Wien verlauten.

In dieser bewegten Zeit erreicht Adele die Nachricht vom
Tod Annette von Droste-Hülshoffs. Seit ihrem Besuch im
Rüschhaus im Mai 1840 stehen beide noch einige Jahre in brieflichem Kontakt. Wiederholt lädt Annette die Gefährtin ins
Rüschhaus ein, doch verhindern deren jährliche Kuraufenthalte
eine weitere Begegnung. Besorgt schreibt Annette am 24. Mai
1843 an Sibylle: »Diese Krise ihres Körpers und Gemüts äng-
stet mich mehr, als ich mir selbst gestehn mag.«

Im Herbst 1843 reißt die Verbindung ab, aus eigenem Ver-
schulden, wie sie gegenüber Schücking am 5. März 1845 beklagt: »Von Adele weiß ich nur, daß sie in Rom bei der Mertens ist; ich habe leider – durch eigne Schuld, denn ich hatte
ihren letzten vor anderthalb Jahren erhaltenen Brief nicht beantwortet – ihre Adresse nicht, weiß sie auch nirgends zu bekommen und hörte doch so gern mal wieder von ihr.« Auch in
einem Brief an Sophie von Haxthausen erwähnt sie im Januar
des folgenden Jahres diesen Umstand: »Adele sitzt noch immer
in Rom und schreibt ein Buch nach dem andern, aber keine
Briefe, wenigstens mir keinen, und ich kann noch immer ihre
Adresse nicht bekommen.« Am 24. Mai 1848 stirbt die Dichterin bei ihrer Schwester Jenny von Laßberg auf Schloß Meersburg am Bodensee, dem Wohnsitz des Freiherrn Joseph von
Laßberg. Ihr Leben glich zuletzt einer flackernden Flamme.
Meist ruhte die kleine Person auf dem breiten, geflochtenen

*Annette von Droste-Hülshoff*

Zeichnung von Adele Schopenhauer, wahrscheinlich um 1840
Archiv Droste-Gesellschaft, Rüschhaus, Münster

Lehnstuhl in ihrem Turmzimmer nahe dem Fenster mit Blick über die Dächer des Städtchens auf den im wechselnden Licht schimmernden Bodensee. Kaum noch nahm sie Nahrung zu sich. Das Herz wurde immer schwächer, bis es zu schlagen aufhörte. Begraben wird sie auf dem Friedhof oberhalb von Meersburg, nicht weit entfernt von ihrem geliebten »Fürstenhäusle«, dem Sommerdomizil während ihrer letzten Aufenthalte am Bodensee.

Der Nachlaß der Sibylle Mertens-Schaaffhausen enthält einen 1844 erschienenen Gedichtband der Droste, versehen mit einem Vers Adeles:

> Sie war die reichste von uns dreien,
> Drum mußte heute sie mir leihen
> Was meine Armut überdeckt,
> Die Morgengabe, die Dich weckt.

Anlaß für das Geschenk ist Sibylles Namenstag am 17. August 1848.

Der Sommer des Jahres 1848 wirkt auf Adele belebend. Vorübergehend bessert sich ihr Befinden. Erneut befaßt sie sich mit dem Florenz-Manuskript. Obwohl ihre Anfrage vor einem Jahr ohne Antwort blieb, wendet sie sich am 2. Oktober nochmals an Brockhaus und berichtet, daß das Buch größtenteils fertig sei, der Abschluß noch in diesem Jahr in Florenz erfolgen solle, wohin sie mit Freunden zurückzugehen beabsichtige. »Es bedarf meinerseits noch dort gute zwei Monate, das bereits Skizzierte, was noch nicht abgeschrieben, in Ordnung zu bringen.« Auf die für dieses Genre bestehende Marktlücke und eine von daher sich möglicherweise anbietende englische Übersetzung macht sie ihn aufmerksam: »und glückte diese, könnte das Geschäft sehr bedeutend werden«. Leider kommt es nicht zustande. Das Manuskript geht von Hand zu Hand, bis es schließlich im Goethe- und Schiller-Archiv in Weimar zusammen mit dem Nachlaß der Familie Frommann seinen Platz findet.

Für 1848 zerschlägt sich der Italien-Reiseplan und wird auf das Frühjahr nächsten Jahres verschoben. Italien soll ständiger Wohnsitz der beiden Frauen werden. Immer enger schließt sich Adele an Sibylle an. Ottilie ist fern in Wien, in Anspruch genommen von der eigenen Familie, zu ihr führt kein Weg zurück.

Adeles letztes Jahr ist erfüllt mit Zuversicht, ganz im Gegensatz zu früher, als Todesgedanken sie häufig heimsuchten. Die Aussicht auf Italien stärkt ihren Lebenswillen. Auch finanziell scheint sie gesichert. Sibylle kauft Adeles Gutsanteil in Ohra gegen eine lebenslang zu zahlende Rente von jährlich 510 Talern anstelle der bisherigen 150 Taler Pachtzins, ein Angebot unter Freundinnen. Damit ist ein Kapitel abgeschlossen, das Adele viel Kummer bereitet hat. Jahrelang schon hat sie sich gegen den Widerstand des Bruders um den Verkauf ihres Anteils am Gut bemüht, dessen Erlös sie, dem Beispiel Arthurs folgend, in eine Rentenanstalt einzahlen will. Arthurs Vorschlag, dafür das bei der Mertens deponierte Kapital zu verwenden, weist sie Ende 1843 zurück: »Leibrente kaufe ich nicht eher bis ich das Gut verkauft habe, ich habe blos das kleine Kapital [...]« Ergäbe sich eine günstige Möglichkeit zu verkaufen, würde sie die Gelegenheit ergreifen. Ohnehin hege sie die Absicht, Deutschland zu verlassen und Rom zum Wohnsitz zu wählen, »weil das intime des dortigen deutschen Lebens, Klima und Künstlerumgang mir zusagen«. Unbedingt bedürfe sie eines bestimmten Betrages an verfügbaren Mitteln, »da mich Verkrüppelung, Blindheit irgend ein Unglück treffen kan, und ich also Geld bedürfen kan, zu Operationen, zu käuflicher Pflege, u. s. f. Da Du mir nun nicht helfen würdest, da ich Niemand habe, der 500 oder 600 Rth für mich hergäbe, so muß für einen solchen traurigen Fall immer disponibles Geld da sein, denn obglcich ich trotz meiner Reisen Niemand was schuldig bin, habe ich für einen solchen Schlag kein Geld, u auf Fremde rechne ich nicht [...]« Wenig später bekräftigt

Adele nochmals, jeder rate ihr zum Einkauf in die Rentenanstalt, ohne daß sie ihr flüssiges Kapital angreifen müsse, gerade weil sie kränklich sei und vorhabe, in ein wärmeres Klima zu ziehen oder ziehen zu müssen, »denn Lieber, ich habe Niemand der mir in solcher außergewöhnlichen Ausgabe beistünde, Du gar nicht! u deshalb wünsche ich meinen Gutsantheil zu verkaufen, um doch 2–3000 Rth in die Rentenanstalt zu geben – kurz, so viel wie Du«.

Seine Antwort auf ihre Darlegung verletzt sie tief. Als »leere Ausrede« bezeichnet er ihr Bedürfnis nach Bargeld. Kapital solle man nie angreifen. Was für gesunde Tage reiche, lange auch in kranken, für Notfälle lege man einen Sparpfennig zurück oder verfüge wohl über ein Kleinod. Diesen Brief hat Adele zurückgeschickt. Er ist mit bitteren Kommentaren versehen, wie »habe ich nicht gesagt«, »steht nicht in m. Briefe!«. »Da ich die Sache welche das Geld betrifft 3 mal geschrieben habe so lies nach. Madame Mertens, die nicht Banquier ist hat es, sie ist auch nicht Kaufmann, u. darin besteht die Sicherheit, sie ist auch keine Verschwenderin […]« Dem Vorwurf der »leeren Ausrede« begegnet sie mit der Frage »wozu? für wen?«, dem Hinweis auf den »Sparpfennig« hält sie entgegen »wenn man einen hat«, die Vermutung eines »Kleinods« entkräftet sie mit der Randbemerkung »habe keins, sonst wüßtest Du es, seit Mutters Tod, ich lüge nicht! ich hätte dirs gestanden«. Nicht vergessen hat sie, daß er 1819/20 sein Vermögen gerettet, auch nicht, daß er der Familie einige Jahre später das in Danzig noch stehende Rentengeld gesichert hat. »Aber auch nicht, daß Du dann doch an 30 000 Rth. haben müßtest – wenn Du nicht durch Speculationen verloren, wie Du mir sagtest.« Adele verbittet sich vorläufig jede weitere Äußerung. Wie sehr sie seine Briefe fürchtet, zeigt ihre schroffe Reaktion im Februar 1844 aus Karlsbad. Fortan werde sie seine Episteln ungeöffnet an ihren Sachverwalter schicken, da sie diese nur kränker machen. Jetzt erst habe sie verstanden, daß er die aus dem Erlös des Gutsanteils zu gewinnenden 3 000 Taler als sein Erbteil betrachte und ihr deshalb rate, das bei Sibylle deponierte Geld in die Rentenanstalt zu geben, »erstens weil es nur 2 000 sind, u Du doch Dir vorwirfst 3 000 hingegeben zu haben, anderntheils, weil Du es nicht für sicher hältst, weder für mich – noch für Dich! – An Kranke sollte man etwas vorsichtig schreiben: Ich habe diesmal gut gelesen.« Die Erregung schadet ihr. Ein Fieberanfall wirft sie nieder. Einen Tag später, am 4. Februar, teilt sie Arthur das Verbot des Arztes mit, weder Briefe zu lesen noch zu schreiben. Gereizt und nicht ohne Sarkasmus fügt sie hinzu: »Die Deinen schaden mir fast immer, sogar wenn ich gesund bin.« Falls sie sich geirrt und ihm Unrecht getan haben sollte, so bedaure sie das. Zumindest habe er nun genügend seine Meinung gesagt, und sie bittet, »nun mir Ruhe zu lassen! Deinen Rath hast Du gegeben, u also Deiner Pflicht völlig genügt, und als Mann dächte ich müßte Dir fatal sein immer wie ein Weib Dasselbe zu schreiben. Es ist nun genug, sei doch nicht so unvorsichtig.«

Dann herrscht Schweigen zu diesem Thema. Adele, stets auf Versöhnung bedacht, geht noch im August 1844 verständnisvoll und einfühlend auf sein ihr zugeschicktes Werk »Die Welt als Wille und Vorstellung« ein, ehe sie nach Italien aufbricht. Erst 1847, während ihres Kurzbesuchs in Bonn, nimmt sie einen neuen Anlauf für den Verkauf ihrer Ländereien. Arthurs Verhalten indessen, argwöhnisch und grob, läßt Sibylle ihr Angebot, die Anteile der Geschwister zusammen zu kaufen, zurückziehen. Mit mißtrauischen Leuten könne sie kein Geschäft machen.

Jetzt erst, im Januar 1849, fast schon zu spät, ist Adele am Ziel. Am 23. Januar wird der Kontrakt unterschrieben. Zuvor ist sie ihrer formalen Pflicht nachgekommen, den Bruder über den beabsichtigten Verkauf zu informieren, wobei sie ihm das Vorkaufsrecht einräumt. Damit provoziert sie erneut eine Auseinandersetzung. Zum wiederholten Male versucht sie, dem Bruder ihre unsichere Finanzlage zu erklären und sich zu rechtfertigen. Den Vorwurf der Verschwendung weist sie abermals von sich: Schulden habe sie nie gemacht, stets »gegen einer sehr lieben Mutter unglückliche Neigung zum Geldausgeben« ihr möglichstes getan, alle Schulden nach deren Tod bezahlt, sogar zeitweise für wenige Groschen Stunden gegeben. Schließlich sind nur noch 200 Taler an Ottilie von Goethe abzutragen, die ihr eine beliebige Frist gelassen habe. Folglich sei sie nicht verschwenderisch. Arthurs Behauptung, ihm als Erbe des Vaters stehe auch das Land zu, entkräftet sie freundlich, aber bestimmt. Das Testament der Mutter als Rechtsgrundlage regele eindeutig die Besitzverhältnisse.

Arthur gibt seine Einwilligung. Adele reagiert mit Erleichterung. Am 8. Februar 1849 dankt sie ihm. Erstmals klingen wieder wärmere Töne an. Seine Art, ihr mit Mißtrauen und Tadel zu begegnen, habe sie bewogen, sich zurückzuziehen, eigenes Erleben zu verschweigen. Nun fühle sie sich freier, da die Leibrente sie unmittelbarer Sorgen enthebe. Sie und Sibylle haben Italien zu ihrer Wahlheimat bestimmt. Noch im Sommer oder Herbst werden sie übersiedeln. Einem Fazit gleich, gewährt sie ihm Einblick in ihre Gefühlswelt. Leben bedeute für sie, bedingt schon durch ihr »Körperleiden«, nur mehr Kunstgenuß. In Italien habe sie gelernt, die Sinne für Gemälde, Skulpturen, Architektur zu schärfen. Sie genieße die Dinge des Schönen. Geselliges Leben locke sie nicht mehr, »nun ich gar graue Haare habe und dieses Plaisir noch neu ist, gehe ich noch ungerner unter Leute, meistens reden Männer lieber mit jungen Frauen als mit alten, und obschon ich das persönlich noch nie empfunden, weiß ichs; mit Frauen aber spreche ich lieber einzeln als in Massen. So bin ich allmählich zu einsiedlerischen Gewöhnungen gekommen, und gelte für eine Seltenheit in der Gesellschaft, wenn ich einmal sie besuche, und werde gehätschelt, als solche.« Im übrigen gehe es ihr leidlich. Die Krankheit, in Florenz so heftig ausgebrochen, sei zum Stillstand

*Arthur Schopenhauer*

Stadt- und Universitätsbibliothek
Frankfurt am Main / Schopenhauer-Archiv
Daguerreotypie, 1846
Rudolf Borch, Schopenhauer. Sein Leben in Selbstzeugnissen,
Briefen und Berichten. Berlin 1941

gekommen. Nur das kalte Klima in Deutschland vertrage sie nicht. Mit dem Schreiben habe sie auch erst einmal aufgehört, »es wird ja gar nichts gelesen, das ist ein allgemeines Schicksal aller Autoren«. Es ist der letzte ausführliche Brief an den Bruder.

Einen Monat später sehen sich die Geschwister noch einmal. Dringende Termine im Erbschaftsstreit rufen Sibylle Anfang März nach Frankfurt. Adele begleitet sie. Der Besuch gilt außer dem Bruder vor allem der langjährigen Bekannten Philippine Fichard im Damenstift am Roßmarkt. Die 75jährige ist schwer erkrankt. Adele sitzt stundenlang an ihrem Bett, tröstet und ermutigt sie. Im April, nur wenige Wochen nach dem Wiedersehen, stirbt die Vertraute einer vergangenen Zeit.

Mit Arthur trifft sich Adele in seiner Wohnung am Mainufer im Beisein Sibylles. Eingerechnet das kurze Treffen vor sieben Jahren auf der Durchreise nach Bonn, ist es die zweite persönliche Begegnung seit 1820. Aufzeichnungen über das Gespräch gibt es nicht. Dem Eigenbrötler und Frauenverächter Arthur wird die Konversation mit den beiden Frauen nicht nur wegen seiner fortschreitenden Taubheit lästig gewesen sein. Der Besuch bereitet ihm Unbehagen angesichts der vom körperlichen Verfall gezeichneten Schwester und der dominierend auftretenden Geschäftsfrau Sibylle. In seinen Augen gilt auch Sibylle als Verschwenderin, die mit dem vom Manne ererbten Vermögen nach Gutdünken schaltet und waltet. Zudem stört der Besuch Arthurs festgefügte Tageseinteilung, obwohl er seit kurzem hin und wieder Gäste empfängt, meist Verehrer und Anhänger seiner Philosophie. Ansonsten steht er zwischen 7 und 8 Uhr auf, wäscht sich kalt, trinkt den selbst zubereiteten Kaffee und konzentriert sich dann auf die geistige Arbeit. Die Haushälterin ist erst um die Mittagszeit bestellt. Sie hat für den Aufbruch der eventuell anwesenden Gäste zu sorgen, denn Punkt 13 Uhr begibt er sich zu Tisch in den Englischen Hof und genießt ein reichliches Mittagsmahl. Nach einer Tasse Kaffee zu Hause hält er Siesta, vertieft sich anschließend in leichte Lektüre, bricht zu einem Spaziergang auf, besucht die Lesehalle, ißt zu Abend, nimmt im Theater oder Opernhaus seinen Platz ein und verzehrt zwischen 20 und 21 Uhr sein Nachtessen. Zurückgekehrt, raucht und liest er noch, ehe er sich niederlegt. Dieser in groben Zügen von Wilhelm Gwinner fixierte Tagesablauf löst nach Arthur Schopenhauers Tod 1860 eine heftige Kontroverse aus. Insbesondere Karl Gutzkow meint, daß das sorglose Leben des Philosophen, unbehelligt von den Zwängen des Erwerbs und ohne Familienanhang, in Widerspruch zu dessen Lehre über die Askese stehe. Mit sarkastischen Worten geißelt er den bourgeoisen Lebensstil des Weisen, seine selbstgewählte Isolierung, sein Ignorieren des gesellschaftlichen Umfelds, seine Geringschätzung gegenüber der Lage der »fast verarmten Mutter und Schwester«. Diese Kritik ruft zahlreiche Verehrer auf das Feld der Verteidigung. Sie betonen das Ungewöhnliche und Geniale im Charakter Schopenhauers, analysieren detailliert Leben und Werk und rechtfertigen Denken und Handeln des Philosophen.

Das politische Geschehen in Frankfurt im Frühjahr 1849 – in der Paulskirche tagt die Nationalversammlung – bewegt die Gemüter. Nachdenklich verfolgt Adele die Vorgänge. Den Antrag auf Verleihung der erblichen Kaiserwürde an den König von Preußen, eine Idee von Karl Theodor Welcker, Gründer der sogenannten Großdeutschen Partei und Mitglied des Frankfurter Parlaments, lehnt sie als übereilt ab. »Um Gottes Willen nur nicht Prinz Wilhelm!« Ihn hält sie für den Aufbau einer konstitutionellen Monarchie für unfähig, eitles Gebaren sei sein königliches Versprechen gewesen, viel zu sehr bade er sich »im Sonnenlicht Göttlicher Gnade«.

Neben Welcker sieht Adele in Frankfurt Dahlmann, den Bekannten aus Jena und Bonn. Der Verfassungsentwurf mit dem Einheitsgedanken, dem Zusammenschluß aller deutschen

Lebensneige

Länder unter Führung Preußens und mit Anschluß Öster-
reichs, ist hauptsächlich sein Werk. Er findet nur wenig Zustimmung, provoziert vielmehr Spannungen zwischen Preußen und Österreich.

In Frankfurt fühlt sich Adele unwohl. Eine Erkältung
beeinträchtigt ihr Befinden. Die Rückreise nach Bonn am
14. März tritt sie ohne Sibylle an, die alarmierende Nachrichten aus Italien veranlaßt haben, überstürzt abzureisen. Im Februar 1849 war die römische Republik ausgerufen worden, ein
Signal für das Streben des italienischen Volkes nach Unabhängigkeit und Einigung des Landes. Nun marschieren französische Truppen auf Rom zu. Sibylle sieht ihren im Palazzo
Poli in Rom zurückgelassenen Besitz gefährdet. Trotz der sich
anbahnenden kriegerischen Auseinandersetzungen Italiens
mit Frankreich und Österreich wagt sie den Versuch, nach
Rom durchzudringen.

Eine lange schon geplante Reise nach Holland und Belgien
muß weiter verschoben werden. Adele wird beauftragt, das
Haus in Bonn bis zur Rückkehr Sibylles zu hüten. Die Freundinnen hoffen, Ende April die Fahrt über Leiden, Amsterdam,
Den Haag nach Brüssel antreten zu können.

In Bonn verschlimmert sich die Krankheit. Wie in Florenz
erleidet sie einen schweren Anfall. Einzige Hoffnung auf Genesung birgt nur noch der Gedanke an Italien. So schnell wie
möglich möchte sie dorthin ziehen. Vorher aber gilt es, Abschied zu nehmen von lieben Menschen in der bisherigen Heimat. Neben Berlin, Allwinas Wohnort, soll ihre Reise Jena,
Leipzig und Weimar streifen. Eigentlich war die Fahrt im Juni
an der Seite Sibylles geplant gewesen. Adele aber will nicht
mehr warten. Auch fürchtet sie sich seit einem Einbruchsver-
such in dem einsamen Haus in der Wilhelmstraße, das nur
noch das Nähmädchen mit ihr bewohnt. Die Kammerjungfer
verließ bereits den ihr unheimlichen Ort. Selbst der nachts vor
dem Haus patrouillierende Polizist bietet keine Gewähr für

Sicherheit. Ihr Vorhaben teilt sie Sibylle brieflich mit. Deren dringlichen Argumenten gegen die Reise, es sei noch zu kalt für die Jahreszeit, das rauhe Klima im Norden gefährlich, verschließt sie sich.

Am Ostersonnabend, dem 7. April 1849, benachrichtigt sie den Freund Fritz Frommann, Anfang Mai nach Jena kommen zu wollen. Zunächst aber will sie Allwina in Berlin aufsuchen. Der 16. April wird als Abreisetag bestimmt. Gleichzeitig bittet sie Fritz um seinen Rat wegen des Verkaufs verschiedener Gegenstände, eines Spiegels und mehrerer Kupferstiche, die sie in Leipzig veräußern will. »Ich muß von all diesen Dingen mich lösen. Es ist keine Aussicht für mich in Deutschl. im Winter zu leben, mein dasein ist dann nur ein langsames Hinsterben; was sollen mir all d. Sachen.«

Hauptzweck der Reise ist das Wiedersehen mit den ihr Nahestehenden. Wie sehnt sie sich nach ihnen. Die Zeit ist voller Unruhe, Familien bangen um ihre Zukunft, das häusliche Leben ist von politischen Spannungen überschattet. An Fritz schreibt sie: »[...] ich weiß jetzt hat Niemand eine sichre Heimath und friedliche Häuslichkeit, nun schäme ich mich daß mir das Entsagen so schwer ward, ich fange an mich in das Nomadenleben zu ergeben.« Die Freude auf ein Treffen mit Allwina in Berlin, mit Louise Wolff und Fritz Frommann in Jena, mit Henriette und Ulrike von Pogwisch und Amalie Winter in Weimar läßt sie Krankheit und Schwäche vergessen und optimistisch die Reise antreten.

Das Erleben unbeschwerten Zusammenseins mit Allwina wird von dem erneuten Ausbruch der Krankheit überschattet. Kaum einigermaßen erholt, geht Adele nach Weimar, nimmt im Hause Henriette von Pogwischs an der Esplanade Quartier und wendet sich dann nach Jena. Hier findet sie liebevolle Aufnahme bei Louise Wolff, ihrem Mann und den Töchtern Adele und Marie im Frommannschen Haus. Es gelingt ihr, noch einiges an Papieren, Briefen und Tagebüchern zu sichten, verschiedene in der Obhut der Freunde aufbewahrte Gegenstände und Bücher einzupacken und nach Bonn zu schicken. Dann bricht sie zusammen. Nur mit Mühe und in Begleitung von Fritz Frommannn erreicht sie wieder Weimar. Adeles Anblick löst in Henriette Bestürzung aus, »sie sieht wie complette Auszehrung aus, ist von erschreckender Magerkeit u die Augen stehen weit hervor«, berichtet sie am 16. Mai der Tochter. »Daß ihr Uebel ein Polyp ist weißt Du, habe ich recht verstanden so hat sie dort [in Berlin] wieder Abgänge gehabt u da das immer mit schrecklichen Schmerzen verbunden u wegen der Blutungen eine Hebamme nothwendig ist, so kann man die Ermattung u Abzehrung wohl begreifen. Uebrigens ist sie im Gespräch aber doch munter u angenehm.« Notrufe gehen an Sibylle nach Rom. Die Freundin, inzwischen nach abenteuerlichen Irrfahrten durch Italien über Frankfurt am 22. Juni heimgekehrt, findet in Bonn die Nachricht von Adeles schwerer Erkrankung vor. Noch am selben Abend kündigt sie ihre Hilfe an. Die Antwort veranlaßt sie zu sofortigem Aufbruch. Am 30. Juni tritt sie in das Krankenzimmer. Erschüttert stehen sich beide gegenüber. Adele kann sich vor Schwäche kaum aufrecht halten. Nur der eine Wunsch beseelt sie, ausruhen zu dürfen in der Geborgenheit des Bonner Hauses, auch wenn die Freunde in Weimar ihr trost- und hilfreich zur Seite stehen. »Aber ich muß nach Bonn in Dein Haus, in meine Stuben, ich habe von Jena schon alle meine Sachen zu Dir gesendet: Ruhe, große Ruhe und Stille, das wird mir helfen. Sprechen und sprechen hören greift mich so an! Mir thut alles, alles weh! Nicht wahr, Sibylle, wir reisen bald!« In ihrem Verlangen, sobald als möglich aufzubrechen, unterstützt sie der Arzt Dr. Vogel. Eine schnelle Abreise bedeute Zeitgewinn für Adele, um den nächsten zu erwartenden Anfall ausgeruht überstehen zu können.

Am 4. Juli verlassen sie Weimar und erreichen drei Tage später Bonn. Adele spürt zwar die Zweifel und Ängste der Gefährtin, im Augenblick aber fühlt sie sich geborgen.

Vierzehn Tage nach ihrer Ankunft in Bonn, am 20. Juli, gibt Sibylle Arthur einen erschütternden Bericht über das Leiden seiner Schwester. Im Brief geht sie kurz auf ihre eigene Odyssee von Rom nach Bonn ein, schildert ihre Weiterreise nach Weimar und ihre gemeinsame Rückfahrt nach Bonn, ehe sie ausführlicher das Krankheitsbild beschreibt. »Leider kann ich nicht sagen, daß der Zustand sich hier gebessert hätte: die inneren Schmerzen dauern fast unaufhörlich an, und die Schwäche, welche noch durch das fast täglich wiederkehrende Fieber vermehrt wird, macht den Zustand überaus beunruhigend. Der Arzt, Dr. Wolff, welcher jeden Tag sie besucht, scheint auch eben Fieber und Entkräftigung noch mehr zu fürchten, als die Wiederholung der Ausbrüche der eigentlichen Krankheit, die allerdings nicht zurückzuhalten und stets mit Gefahr verbunden sind. Es hat sich nehmlich zu dem früheren Drüsen-Übel ein Polyp im Unterleib gebildet, deßen Theile von Zeit zu Zeit, fast periodenmäßig von selbst ausgestoßen werden: eine, wie Dr. Vogel und der Berliner Arzt sagen, seltene aber günstigere Form der Krankheit; wenn die Kräfte stets wieder ersetzt werden können, so wäre Heilung möglich – aber eben dieses Ersetzen der durch Schmerz und Fieber unaufhaltsam sinkenden Kraft – wird es uns gelingen?«

Sibylle läßt den Kontakt zu ihm nicht abreißen, wiederholt Mitte August die detaillierte Berichterstattung des Krankheitsverlaufs, ersucht ihn im Namen der Schwester um eine Vollmacht im Todesfalle und übermittelt ihm Adeles letzte testamentarische Bestimmung, immer in der Hoffnung, Arthur werde seine Schwester noch einmal sehen wollen.

Adele verfällt zusehends. Noch aber will sie nicht aufgeben, noch wartet sie auf Ottilie. Inzwischen ist ein Brief von Allwina eingetroffen, der beantwortet werden muß. Bisher scheiterten die täglich unternommenen Versuche. Jedesmal »fiel ich kraftlos, und voller heftiger Schmerzen zurück aufs Bett«, erklärt sie am 27. Juli der Freundin. Eingehend schildert sie ihr die mühevolle Rückkehr von Weimar nach Bonn. »Liebe, Liebe, als das Schwellen des Unterleibes zu nahm, kam meine arme Sibylle mich abhohlen es gelang. Wir fuhren in einem Cupé der ersten Klasse, kamen am 4. Tage an. Seitdem habe ich Tag u. Nacht, jede Minute Schmerzen, ich könte ohne Gifte oft mich nicht aufrichten, gehen gar nicht, mühsam kan ich vom Bett zum Schlafsopha – u. immer tritt die Krisis nicht ein, ich verliere keinen Tropfen Blut fast über 2 Monaten. Ich kann mich gar nicht beschäftigen, u. oft stundenlang nicht ein Wort reden, deshalb kann Sibylle gar nicht von mir.«

Allwina gegenüber formuliert sie zum letzten Mal ihr Credo von der Selbstbestimmung der Frau. Kritisch betrachtet sie deren Stellung bei der Herzogin Dorothea von Sagan, die sie zu künstlerischen Studien eingeladen hatte. Adele rügt den Aufenthalt als Verkauf ihres Talents an »Fürstlichkeiten«. Es würde ihr widerstreben, »Trinkgelder« von einer Fürstin anzunehmen. Da sie weiß, wie heikel dieser Punkt ist, bittet sie gleichzeitig um Verzeihung. »Bitte vergieb! Ich bin zu schwach darüber mehr zu schreiben. Ich habe über 2 Stunden geschrieben, ach beklage mich daß ich nicht mehr kann, d. Fieber tritt ein. D. Adele.«

Ottilie kommt am 29. Juli und bleibt nur wenige Tage. Nach dem schmerzlichen Abschied läßt sich Adele endgültig fallen. »Ach, ich werde sie nie wiedersehen! Nun kann ich mich gehen lassen. Sie würde es nicht ertragen haben, hätte sie gesehen, daß ich sterbend bin. Du mußt es aber ertragen, Sibylle! Du mußt stark sein.« Von da an gibt sie jeden Widerstand auf. Sibylle fängt die Verzweifelte sanft auf, tröstet und beruhigt sie. Sie umgibt die sterbende Gefährtin mit behutsamer Sorgfalt und bleibt ihr nahe bis zum letzten Atemzug.

# Abschied

*In den Abendstunden des 24. August 1849 setzt der Todes-*
*kampf ein. Am selben Tag trifft aus Frankfurt die Zustimmung*
*Arthurs für Adeles letzte Bitte ein. Mit ungewohnter Wärme*
*spricht er sein Bedauern aus, daß sich die Schwester auf ihrem*
*Krankenlager »mit allerhand kleinlichen, irdischen und hof-*
*fentlich ganz überflüssigen Sorgen zu schaffen« mache. Ihre ge-*
*wünschten Anordnungen werde er respektieren, »im Falle daß*
*Du wirklich, wie wir Buddhaisten es nennen, das Leben wech-*
*seln solltest. Hoffentlich wird es dazu dies Mal noch nicht kom-*
*men und daß der Himmel Dich stärke und erhalte ist der wahr-*
*haft aufrichtige Wunsch Deines Bruders Arthur Schopenhauer«.*
*Die freundlichen Worte kommen zu spät. Adele kann sich*
*nicht mehr äußern. Nur »mit Blick und Wink« deutet sie ihren*
*Dank an, den Sibylle Arthur am Todestag der Schwester über-*
*mittelt.*

*Schwer ist das Sterben. Adele, noch nicht alt genug, um wi-*
*derstandslos zu scheiden, hält mit letzten Kräften Sibylle, die*
*ohnmächtig Mitleidende, umklammert. Diese erinnert sich der*
*Bitte Adeles noch vor wenigen Tagen: »Ende die Qualen, ehe*
*mich die Verzweiflung faßt! Gieb mir etwas dann, was sie en-*
*det! Es ist kein Unrecht! es ist Mitleid!« Auch wenn Sibylle als*
*Katholikin diesem Wunsch mit Vorbehalt begegnet war, be-*
*schwört sie jetzt den Arzt um die Verabreichung starker Nar-*
*kotika. Er verordnet eine Opiumtinktur. Zögernd löst sich die*
*Verkrampfung. Aber die Angst vor der endgültigen Einsam-*
*keit flackert noch einmal auf. »Komm', oh komm' mit!« fleht*
*Adele. Sibylle hält sie in den Armen, nach und nach ermattet*
*Adele.*

*Am frühen Morgen des 25. August, 3.15 Uhr, liegen Schmerz und Sehnsucht, alle Kämpfe dieser Welt hinter ihr.*

*Am 28. August 1849, dem hundertsten Geburtstag Johann Wolfgang Goethes, wird Adele Schopenhauer auf dem Alten Friedhof in Bonn nahe dem Sterntor beigesetzt. Sibylle erweist ihr den letzten Dienst, wäscht und kleidet sie an, legt sie in den Sarg. Alfred Nicolovius sendet einen Lorbeerkranz, Sulpiz Boisserée ein Zypressen- und Immortellengebinde. Sie werden Adele in das Grab mitgegeben.*

*Die Beerdigung findet ohne Ottilie statt. Mit den Söhnen Walther und Wolfgang unterzieht sie sich in Freiwaldau in Schlesien einer Kur. Intuitiv muß sie das Sterben der Freundin gefühlt haben. Ihre schmerzlichen Töne im Brief an Sibylle vom 28. August verraten es: »Während man heute in Deutschland jubelt, schreibe ich Dir mit einem Herzen zerrissen von Weh. Ich klage um die Lebendigen und die Toten!« Reuegefühle bedrängen sie, nicht doch noch die letzten Tage um Adeles willen in Bonn geblieben zu sein.*

*Einen Tag nach der offiziellen Beerdigung richtet Sibylle der Freundin eine Totenfeier im Stil antiker Bestattungen. »Am 29. ließ ich einen großen Wacholderbaum in meinem Garten fällen, und auf dem kleinen Hügel baute ich einen Scheiterhaufen, worauf ich ihre falsche Haarflechte, ihre Öle, Pommaden, Kämme, Schwämme, Essenzen, Räucherwerk, die Rosenbouquetts, die bei ihrer Leiche gestanden, verbrannte. Zuletzt aus dem Garten Zweige von ihren liebsten Pflanzen und Bäumen, ein paar Trauben, eine Feige und einen Epheuzweig. Die Weinreste aus den Flaschen, woraus man sie in den letzten Tagen gelabt, löschten die Asche, die unter dem Rasen meines Gartens dann begraben wurde. Es war in ihrem Sinne: wer wird für meine Bestattung Sorge tragen?«*

*Erst ihr eigener Tod am 22. Oktober 1857 läßt den Schmerz um Adele verstummen.*

# Trauer und Gedenken

Adler sind meine Gedanken!
Flattern hoch in der Lüfte blaulichem Meer [...]
Schwäne sind meine Gefühle!
Theilen still jener Tiefe wogende Nacht!

Am 3. September 1849 erreicht Ottilie in Freiwaldau die Todesnachricht. »Mir ist als könnte ich an meine Jugend und Kindheit nicht mehr denken, als hätte ich sie mit Adelens Tod verlohren, mir ist als käme ich in ein altes Haus zurück, wo ich früher heimisch war, der Flügel aber wo ich meine Zimmer hatte, wo ich Glück und Unglück erfahren, wäre abgebrochen. Warum wähnte ich ihren Tod nicht so nah, zwölf Tage nur, und ich hätte bis zum letzten Hauch ihr nahe sein können und mit Euch tragen und sterben. Ja sterben, ich weiß wie man mitstirbt. Ich komme mir wie ein Feiger vor, wie ein kalter Egoist. Du Sibylle hast den Trost und den Ruhm: daß Du ein Leben, was äußerst einsam dastand, so umgeben hast, so getragen durch Deine Liebe, daß sie das bitterste Gefühl, das der Einsamkeit nicht hatte«, trauert Ottilie im Brief an Sibylle vom 5. September. Mehr noch als das Rätsel des Todes ergreift Ottilie »das Räthsel der Qualen die man erleiden muß. Keine Kraft der Seele wächst bei diesen körperlichen Leiden.«

Die Trauer läßt Ottilie nicht zur Ruhe kommen. »Wie Schlemihl seinen Schatten verlohren hatte, so ist mir seit Adelens Tod immer als hätte ich keine Vergangenheit mehr. Ich komme mir seitdem so unvollkommen vor [...] Wie ist die Ferne im Leben und Tod so schmerzlich, nicht einmal einen Kranz kann ich auf Adelens Grab legen«, klagt sie am 14. September. Sie weist Sibylle auf einen demnächst zu erwartenden Artikel über Adele in der »Allgemeinen Zeitung« hin. Verfasser ist ihr Sohn Walther. Gleichzeitig befremdet sie das Schweigen Arthurs. Eine Anzeige zum Tode der Schwester unterblieb.

Doch Konventionen, die die Gesellschaft diktiert, gelten nicht für Arthur. Leben bedingt Tod, und übermäßige Trauer zehrt nur an den Lebenskräften. In diesem Sinne versucht er Sibylle Trost zu vermitteln, als er am 9. September 1849 nochmals Adeles Testament anerkennt und gleichzeitig seinen Dank für die Überlassung des jährlichen Pachtzinses von 150 Talern durch sie, die jetzige Eigentümerin des Grundbesitzes in Ohra, ausspricht. »Mit Bedauern sehe ich, daß das Ableben meiner Schwester Sie in eine sehr melancholische Stimmung versetzt hat. Die Zeit wird auch diese überwinden, und wir thun, in solchen Fällen durchaus recht, ihr nicht zu widerstreben, sondern nachzuhelfen. Vor Allem haben wir uns deutlich zu machen, daß in keinem denkbaren Fall unsre Trauer und Wehklage dem Gestorbenen irgendwie dienen oder helfen kann; so wenig als uns selbst. Daher hebt Shakespeare sein schönstes 71stes Sonnet an: ›Nicht länger, wenn ich todt bin, trauere um mich, als die dumpfe Glocke läutet, die meinen Heimgang anzeigt.‹« Krankheit, Sterben und Tod der Schwester haben ihn nur wenig berührt. Gegenüber Julius Frauenstädt, mit dem er in einem intensiven Briefwechsel steht, schweigt er über den Tod der Schwester, teilt ihm aber den Verlust seines Pudels Atma Ende 1849 mit. »Meinen theuern, lieben, großen, schönen Pudel habe ich verloren: er ist vor Altersschwäche gestorben, nicht ganz 10 Jahre alt. Hat mich inniglich betrübt und lange.«

Auch drei Jahre nach dem Tod der Schwester, als ihm Frauenstädt eine abfällige Bemerkung über Mutter und Schwester in der Lebensbeschreibung des Anselm Ritter von Feuerbach überbringt, reagiert er nur lapidar. Feuerbach, der beiden 1815 in Karlsbad begegnete, beschreibt Johanna als »reiche Wittwe. Macht von der Gelehrsamkeit Profession, Schriftstellerin. Schwatzt viel und gut, verständig. Ohne Gemüt und Seele. Selbstgefällig, nach Beifall haschend und stets sich selbst belächelnd. Behüte uns Gott vor Weibern, deren Geist zu lauterem Verstand aufgeschoßt ist. Der Sitz schöner weiblicher Bildung ist allein in des Weibes Herzen.« Und über Adele urteilt er: »Das Gänschen, ihre Tochter: ›Ich habe für Blumenmalerei das vorzüglichste Talent.‹ ›Ich falle ganz aus der Gnade.‹« Die Charakteristik der Mutter findet Arthur zutreffend: »Habe, Gott verzeih mir's, lachen müssen.« Für die Schwester nimmt er nicht direkt Partei, erwähnt zwar ihr Talent, doch sonst nichts weiter: »Meine Schwester malte Blumen und kleine menschliche Figuren, u. s. w. wirklich sehr schön. Dem Pückler hatte sie so etwas geschenkt, welches er mir 1818 mit Entzücken zeigte und dazu ihren Kommentar vorlas. Kürzlich zeigte mir eine Dame ein sehr schönes, von meiner Schwester, welches sie al fresco will ausführen lassen.«

Der von Ottilie angekündigte Nachruf, von ihr als Erinnerungsblatt bezeichnet, erscheint in der Beilage zu Nr. 270 der »Allgemeinen Zeitung« vom 27. September 1849 und ist mit W. unterzeichnet. Walther von Goethe stellt Adeles Tod in die von Unruhe und Revolutionen bewegte Zeit, deren erste Anzeichen sie noch begrüßte, deren Realität sie enttäuschte und deren Schnellebigkeit Geist und Werk dieser Frau dem Vergessen überantworten werden. Mahnend erhebt er die Stimme, einer Persönlichkeit die Erinnerung zu bewahren, die sie verdient.

»Adele Schopenhauer ist nicht nur durch den Namen ihrer Mutter in der ganzen gebildeten Welt bekannt, sie selbst hatte durch ihren Geist, ihre Kenntnisse und vielfachen Talente sich unabhängig eine feste und schöne Stellung gegründet, und wenn die Bedeutung welche dem damals ganz jungen Mädchen in Weimars Glanztagen schon zugestanden werden mußte, wenn später der große Einfluß den Adele Schopenhauer auf das Leben vieler bedeutenden Menschen ausübte, für ihren Geist sprechen, so zeugt ihr Leben, wie überhaupt ihr ganzes Wesen, für ihren edlen Charakter, für ihr warmes Herz! Als Schriftstellerin trat die begabte Frau erst nach dem

Tode ihrer Mutter, also erst in den letzten Jahren ihres Lebens, öffentlich auf, und gleich das Erscheinen der zauberhaft anmuthigen Feld-, Wald- und Hausmärchen erweckte die lebhafteste Sympathie. Ueberrascht konnte hierdurch nur die größere Lesewelt werden, die Freunde der Verblichenen kannten dieselbe auch in dieser Beziehung schon früher, und zwar als eifrige Gehülfin ihrer berühmten Mutter. Mancher geistvolle Roman wurde von Johanna Schopenhauer in seiner Ciselirung und charakteristischen Ausarbeitung dem Publicum übergeben, dessen Entwurf von der Tochter Adele herrührte. Sehr eigenthümlich ist es übrigens daß Adele Schopenhauer in ihren eigenen Arbeiten mehr durch das Beschreibende (wofür eine harte Kritik sie übrigens oft und streng tadelte), mehr durch feine Nüancen und psychologischen Wahrheiten als durch frappante Situationen zu wirken suchte, und in der That war sie darin hohe Meisterin. […] Adele Schopenhauer wird, wenn auch hier und da mißverstanden und bekritelt, sicher auch stets warmsprechende Apostel finden, denn selbst der welcher der Tiefe und Poesie ihres Wesens nicht folgen, welcher ihre fast gelehrte Bildung nicht würdigen konnte, selbst der welcher sie nur flüchtig sah, vielleicht nur einen Abend in kleiner eigner Häuslichkeit, wo sie mit gemüthlicher Anmuth waltete, mußte von ihrer freundlich milden Weise, von der Grazie ihres Humors, von der wohlthuenden Wirkung ihres klangvollen Organs im reichhaltigen Gespräch angenehm berührt werden. Das Leben der Verblichenen ist uns eine reiche Erinnerung, ihr Tod eine traurige Lücke! […] Wenn das Leben wieder ruhiger wird, wenn die Menschen sich innerlich sammeln, wenn der große neue Tempelbau vollendet ist, wenn der Tag kommt wo die glänzende aber schmucklose Marmorwand uns mahnt die Namen bewährter Todten in den Stein zu zeichnen, dann schreiben wir in die Reihe edler, deutscher Frauen mit fester, sicherer Hand den Namen ›Adele Schopenhauer!‹«

Noch ein Nachruf erscheint. Schücking findet »ein paar

Worte im Feuilleton der Cölner Zeitung, merkwürdig frostig«
im Gegensatz zu seinen früheren Briefen an Adele aus Westfalen, bemerkt Sibylle am 19. September 1849 gegenüber Ottilie.
Auch Sternberg hat auf der Feuilletonseite der »Kreuzzei-
tung« am 4. und 5. Oktober der Künstlerin Adele Schopenhauer gedacht. Ihre »eminente Phanthasie«, die sich in den
poetischen Papierschöpfungen widerspiegele, sei auch der
»Haupt-Zug aller ihrer schriftstellerischen Thätigkeit« gewesen. »Adele Schopenhauer war eine künstlerische Visionärin,
sie lebte in einer Traumwelt, während wir Andern, die wir uns
einbilden, Poeten zu sein, nur zeitweise dieser magischen Welt
angehören.« Als Beweis führt er »das Bändchen Mährchen«
an, »das die köstlichsten und geschmacksüßesten wie farben-
spielendsten Früchte der Phantasie enthält. Es ist gleichsam ein
Körbchen voll Waldfrüchte, im Wäldchen des Phantasus gesammelt, an allem noch der Duft und Hauch der Morgenfri-
sche.« Seiner Meinung nach sind sie »nächst den Tieck'schen
und einigen der Brentano'schen und Hoffmann'schen Mährchen die vollendetsten Gebilde, die wir Deutschen in dieser
Dichtungsart besitzen«, und überträfen noch »die mehr spiele-
rische Mährchengattung« des Dänen Hans Christian Andersen.
Dagegen spricht er den beiden anderen Publikationen, dem Roman »Anna« und der Erzählung »Eine dänische Geschichte«,
dichterische Kraft ab, ebenso wie den vielen, später erschienenen Aufsätzen. Fehlende Anerkennung und Aufmunterung
ließen Adele Schopenhauer nach Italien gehen, »in das Land, wo
die übelgelaunten deutschen Dichter immer hingehn, wenn sie
meinen, in ihrem Vaterlande nicht genug anerkannt worden zu
sein. Allein nicht das psychische, sondern auch das physische
Unwohlsein trieb sie in das Land von Mignon's Sehnsucht.«
Der Nachruf wäre mehr eine vorläufige Fassung, wie Allwina
Ottilie wissen läßt, eine ausführliche Biographie für das »Morgenblatt« wäre in Aussicht genommen. Vermutlich ist es bei
dem Vorsatz geblieben.

Sibylle und Ottilie sind wie eingesponnen in ihre Trauer. Immer wieder taucht die Frage auf, ob Adeles Leben durch Schonung hätte verlängert werden können. Ottilie verneint. Sich voll einzusetzen im Leben, die Kräfte auf tätiges Handeln zu richten wäre besser, als »in den immerwährenden Vorbereitungen zum Tode gar nicht zu leben«.

Sibylle kann sich nicht fassen. »Ach! Ottilie! könnte ich zu ihr hinabsteigen in die enge Gruft, und mich betten zunächst diesem jetzt so starren Herzen, das so warm und so treu schlug für seine Geliebten! Könnte ich! Dürfte ich! – Sie war so werth zu leben, und sie mußte sterben! Und keine Hülfe, keine Rettung war möglich! Es ist entsetzlich, daß ich ihren Tod überleben mußte!« In Adeles Zimmer, »inmitten ihrer Bilder und derjenigen ihrer Sachen die ich für mich zurückhielt«, sitzt sie an ihrem Schreibtisch, schreibt »mit ihrer Feder, aus ihrem Dintenfasse, auf ihrer Mappe! Vor mir hängt ihr Bild als Kind gemalt, und in einer kleinen Vase, dem letzten Gegenstande, den ich ihr schenken konnte, weil ich während Ottiliens Anwesenheit einmal mit dieser in einen Porcellan-Laden ging, stehen frische Rosen, wie sie die sechs Wochen lang stets bei ihr standen! – Mein Gott! – Mein Gott! – Und sie wird nimmer wiederkehren.«

Ohne Adele erlischt Sibylles Lebenszuversicht. »Adelens Dasein trug zu meiner Selbsterhaltung vieles bei, da ich fühlte, daß ich ihr wirklich etwas war. Nun liegt eben alles hinter mir, ich lebe, au jour le jour, ohne Wünsche, ohne Hoffnung, ohne Furcht – diejenige ausgenommen, noch vielleicht lange so leben zu müßen.« An Allwina Frommann sind diese Worte vom 29. Dezember 1849 gerichtet.

Selbst nach einem Jahr fühlt sie sich wie abgestorben, empfindet sich nur als einen »Krüppel«. Die Prozeßangelegenheiten um das Vermögen verstärken ihren Lebensüberdruß. Unter der Oberfläche alltäglicher Widrigkeiten schwelt Traurigkeit. Besuche vertrauter und auch Adele einst nahestehender Menschen bringen keine Erleichterung, eher stellt sich ein Gefühl der Entfremdung ein. Einzig die Anwesenheit Ottilies könnte heilend wirken, die Vereinsamung mildern. Noch nie war das Bedürfnis so groß, auszuruhen »an einem befreundeten Herzen«.

Doch die wenigen Tage im August 1850, die Ottilie gemeinsam mit Anna Jameson in Bonn weilt, lassen einen schalen Geschmack zurück. Anna läßt es an Pietät mangeln. Sie empfiehlt Zerstreuung und Heiterkeit als Heilmittel. Sibylle und Ottilie finden nicht die ersehnte Ruhe, sich ungestört dem Leid um Adele hingeben zu können. Helfen »kann mir nur ein Mensch, der Adele eben so innig liebte und den sie eben so wieder liebte. Ich weiß es, daß diese Art von düstrer, grübelnder Trauer zur fixen Idee werden und mich dem Wahnsinn entgegen führen kann: aber ich kann nichts dagegen thun. Jetzt, wo Du hier warst, kann ich dies aussprechen, denn Du wirst es begreifen!« So klagt Sibylle am 24. August 1850, dem Vorabend von Adeles Todestag, in einem Brief an Ottilie, kurz nachdem diese aus Bonn abgereist ist.

Die Begegnung war unbefriedigend. Der von Sibylle so dringend gewünschte Gedankenaustausch über Adeles literarischen Nachlaß war unterblieben. »Ich werde es nicht niederkämpfen können, daß Anna, die bei Adelens Tode mir gar keine Theilnahme zeigte, es war, die es verhinderte, daß dieses, was mir auf der Seele liegt, mit Dir besprochen und geordnet wurde. Ich hatte, als Ihr hier waret, nur zwei Gedanken: Deine liebe Gegenwart und Adelens Tod und Nachlaß – und sie begriff auch nicht ein tausendsttheil von dem, was in meiner gequälten Seele lag, und wollte ›amüsiert‹ sein!«

Sehnsucht beherrscht Sibylle, wenigstens im Traum Adele nahe zu sein. Doch läßt sie sich nicht herbeizwingen. Sibylle resigniert. Genau zum Jahrestag ihres Todes aber erscheint Adele ihrem inneren Auge. Sie bewegt sich geistvoll und anmutig im Gespräch über Kunst und Dichtung inmitten einer geräuschvollen Geselligkeit in Sibylles Haus in Köln, dem Ort ihrer ersten Begegnung 1828. »Es ist mir eine Erhebung und eine Tröstung geworden aus diesem Traume, der ein Zeichen von jenseits zu mir herüberkam in seiner lichten, feinen, edlen Gestalt – Es ist als hätte ihr Geist ihn dorten für mich gebildet und ihn mir gesendet!«

Für Adeles Grabstele hat Sibylle schlichte Zeilen in italienischer Sprache entworfen, Sinnbild des Fernwehs der Freundin. Bei Ottilie stößt sie damit auf Befremden. Erst auf wiederholtes Nachfragen äußert sich Ottilie: »Ich habe nicht Adelens Grabschrift vergessen, doch genügte mir keine und ich dachte es besser mit Dir zu besprechen, gegen eine italiänische schrieb ich Dir schon vorigen Winter liebe Sibylle, daß Adele eine deutsche Schriftstellerin war, Du ihr also eine deutsche Inschrift setzen mußt, denn sie war gern eine Deutsche […]« Da Ottilie keinen anderen Vorschlag unterbreitet, bleibt es bei Sibylles Entwurf. Eine italienische Grabinschrift bezeichnet Leben und Tod Adele Schopenhauers. Ins Deutsche übertragen, lautet sie:

Hier ruht
Luise Adelaide Lavinia Schopenhauer
nach einem Leben von 52 Jahren.
Ausgezeichnet an Herz, Geist, Talent,
beste Tochter,
zärtlich und treu ihren Freunden,
ertrug sie mit edelster Geisteswürde
Wechselfälle des Schicksals
und lange schmerzhafte Krankheit
mit gefaßter Geduld.
Sie fand das Ende ihrer Leiden am 25. August 1849.
Das Grabmal errichtete ihr die untröstliche Freundin
Sibylle Mertens-Schaaffhausen

Ihre letzte Ruhestätte ist leicht zu finden. In unmittelbarer Nähe liegen berühmte Zeitgenossen, Schillers Frau Charlotte und Sohn Ernst, die Brüder und Kunstsammler Melchior und Sulpiz Boisserée, der Politiker Friedrich Christoph Dahlmann, der Gelehrte August Wilhelm Schlegel, der Jurist Barthold Georg Niebuhr, der Archäologe Friedrich Gottlieb Welcker, von denen sie einigen im Leben persönlich nahestand.

# Nachlaß

Sibylle als Universalerbin verwaltet den Nachlaß der Freundin umsichtig und gewissenhaft. So listet sie alle Gegenstände auf, die Adele für Verwandte, Freunde und Bekannte vorgesehen hat. Jede Person erhält das ihr zugedachte Andenken. An den Bruder Arthur gehen neben dem Sparguthaben, den verzinsten 2000 Talern, der jährliche Pachtzins von 150 Talern. Darüber hinaus bekommt er das Familiensilber, zwei Familienpetschaften und ein Porträt der Großmutter.

Adeles Bücher erbt größtenteils Wolfgang von Goethe. Nach dessen Tod 1883 gelangen sie zusammen mit den übrigen Beständen seiner Privatbibliothek in die Universitätsbibliothek Jena. Seiner Gründlichkeit, jedes der ihm überlassenen Bücher mit einem Namensetikett zu versehen, verdanken wir heute interessante Einblicke in die Lektüre der Adele Schopenhauer.

Walther von Goethe empfängt eine Standuhr, einen geflügelten Amor aus Bronze und Kupferstiche, Ottilie von Goethe die drei Miniaturbilder »Der Mönch«, »Herzog Urbino« und »Der große Mann«, eine Kopie des Gemäldes von Gerhard von Kügelgen, sowie einen Teekasten. Dr. Heinrich Wolff erhält das von Kügelgen gemalte Wieland-Porträt und sieben Kupferstiche. Silhouetten und ihr Stammbuch hat ihm Adele schon zu Lebzeiten geschenkt. Sein Enkel, Kurt Wolff, Herausgeber der 1909 erschienenen ersten beiden Tagebuchbände Adeles, benutzte die seinem Großvater überlassenen Silhouetten sowie die Eintragungen berühmter Zeitgenossen in Adeles Stammbuch zur Ausgestaltung der Tagebücher.

Das Porträt Johanna Schopenhauers, ein Ölgemälde Gerhard von Kügelgens, hinterläßt Adele der Großherzoglichen Bibliothek zu Weimar, ein von ihr gemaltes Blumenaquarell dem Großherzog Carl Friedrich von Sachsen-Weimar-Eisenach. Louise Wolff wird mit Wäsche und Kleidern, ihre Töchter Adele und Marie mit Schmuck und anderen Gebrauchsgegenständen bedacht. Ebenso werden kleine Andenken, zumeist Schmuck, Henriette und Ulrike von Pogwisch, Julie Kleefeld, einer Danziger Freundin, den Geschwistern Allwina und Fritz Frommann, Marie und Natalie von Herder, Marie d'Alton und anderen übereignet.

Allwina soll außerdem den Erlös aus den bisher ungedruckten Manuskripten »Florenz« und »Vom Niederrhein«, einem Aufsatz über die Altertümer in Xanten und Calcar am Rhein, erhalten. Diese Verfügung versucht Sibylle über Jahre hinweg zu realisieren, und zwar im Zusammenhang mit einer geplanten Gesamtausgabe, die bereits Erschienenes mit unveröffentlichten Schriften sowie einer Auswahl aus den Scherenschnitten verbinden soll. Dem Ganzen will sie eine ausführliche Biographie voranstellen.

Zunächst richten sich ihre Anstrengungen darauf, sämtliche Publikationen Adeles, die in Zeitschriften und Zeitungen erschienen sind, zu erfassen, die bei Freunden und Bekannten vorhandenen handschriftlichen Aufsätze und Gedichte zu ermitteln und die zahllosen Silhouetten und Zeichnungen zusammenzutragen.

Am 19. September 1849 teilt sie Ottilie mit: »[...] da sie mir gesagt, die Kunstnotizen, Kunstbriefe usw. usw., was zerstreut in Journalen herausgekommen, solle wieder gesammelt herausgegeben werden. Nur glaube ich, sollte man vorerst sorgfältig alles zusammentragen, was sowohl gedruckt als in Mpt. sich von ihr hier oder bei ihren Freunden findet [...] Adele legte wenig Werth darauf, die Dinge aufzubewahren: ihr war es, wie den ächt productiven Geistern, nur um das Schaffen zu thun; vieles ist gewiß untergegangen, manches habe ich gerettet – manches müßt Ihr und die andern Freunde haben!«

Doch das Vorhaben erweist sich als weit schwieriger, als zunächst angenommen. Uneinigkeit und Mißverständnisse zwischen den Frauen erzwingen mehrfache Änderungen des Konzepts. Da setzt Ottilie plötzlich den Schwerpunkt auf die Veröffentlichung aller Gedichte, um sie zusammen mit dem Manuskript »Florenz« in einem Band herauszubringen. Mit Eifer geht sie auf die Suche aller einst in ihrem Besitz befindlichen Gedichte – ein aussichtsloses Unterfangen. Denn teils sind sie unauffindbar, wahrscheinlich irgendwo in Weimar oder ihrem jetzigen Wohnort Wien verstreut, teils gerät sie über die Frage der Urheberschaft der vorhandenen Texte in Zweifel. Die Unsicherheit, welche Gedichte von Adele und welche von ihr selbst stammen, läßt ihren Eifer bald erlahmen. Jetzt fällt ihr Adeles ursprüngliche Absicht wieder ein, »Florenz« in englischer Sprache als »Guide« zu publizieren. Damit stößt sie jedoch auf den Widerstand Sibylles, die die deutsche Fassung bevorzugt.

Allwina wiederum beobachtet mit Mißtrauen die Aktivitäten der beiden Frauen. Insbesondere gegenüber Sibylle erweist sie sich als spröde und unzugänglich, argwöhnt sie doch, diese lasse sich bei der Drucklegung von Adeles Schriften von egoistisch-geschäftlichen Motiven leiten. Widerstände bauen sich auf, die zusehends unüberwindbar werden. Notwendige Abstimmungen über das weitere Vorgehen mißlingen. Glückt einmal eine Zusammenkunft wie im Juni und August 1850, mangelt es an Zeit und zudem an Übereinstimmung. Auch die Suche nach einem Verleger verläuft im Sande. Ottilie kann zwar Georg Cotta für die Gedichte interessieren, nicht aber für das Manuskript »Florenz«. Unterstützt von Gustav Kühne, unternimmt Sibylle Ostern 1851 auf der Buchmesse in Leipzig erneut einen Vorstoß, einen Verleger für Adeles hinterlassene Schriften zu gewinnen. Doch bald schon ernüchtern sie die er-

gebnislosen Verhandlungen mit dem Leipziger »Buchhänd-
lergekrämle«.

Inzwischen ist Allwina ganz auf Distanz zu Sibylles Plänen
gegangen. Sie tritt ihre Rechte an den Manuskripten an Ottilie ab, was Sibylle veranlaßt, sich auf den Letzten Willen Adeles zu besinnen und die beiden Manuskripte nur gegen Honorar einem Verleger anzuvertrauen. Würde sich kein Verleger
finden, sollen sie ungedruckt bleiben. Verworren und un-
überschaubar ist die ganze Angelegenheit geworden.

H. H. Houben stellt 1929 in dem Aufsatz »Adeles Nachlaß«
fest: »Kurz, die an sich so einfach erscheinende Aufgabe ent-
wickelte sich zu einem Problem, das in der Tat einen gewandten Literaten lange beschäftigen, niemals aber von den drei
Frauen gelöst werden konnte, denen die ersten Vorbedingun-
gen einer solchen Arbeit, Einigkeit, Ruhe und Konsequenz in
bedauerlichem Maße fehlten.« Houben hat in Zeitungen und
Zeitschriften gründlich recherchiert. Den Plan, die bereits gedruckten Artikel neu zusammenzufassen und herauszugeben,
durchkreuzt sein Tod am 27. Juli 1935.

1852 erfüllt sich Sibylle, nachdem sie den Erbschaftsprozeß
mit ihren Kindern durch einen Vergleich endlich hinter sich
gebracht hat, einen langgehegten Wunsch: die Übersiedlung
nach Italien. Zuvor ordnet sie die von ihr verwaltete Hinterlassenschaft Adeles und übergibt sie mit einem entsprechenden
Verzeichnis per Schenkung vom 26. Oktober 1852 dem Staatsministerium von Sachsen-Weimar-Eisenach. Die Sammlung
enthält das Selbstporträt Gerhard von Kügelgens »Der große
Mann«, fünfzehn Miniaturbilder von Johanna Schopenhauer,
Mappen mit Kupferstichen und Zeichnungen, Alben mit Porträts und vier Ölgemälde, darunter »Männliches Porträt« sowie ein Brustbild Gerhard von Kügelgens, ferner das Porträt
Johanna Schopenhauers mit Adele vor der Staffelei von Caroline Bardua und eine Abruzzenlandschaft, schließlich diverse
Möbel und 35 Bücher. Aus der künstlerischen Hinterlassen-

schaft übergibt Sibylle Hefte mit Gedichten und Gedichtab-
schriften, verschiedene Manuskriptbücher, Adeles Tagebücher,
Mappen mit Zeichnungen und Arabesken, ein Silhouetten-
büchlein nebst anderen einzelnen Silhouetten, wie »Die Zwergenhochzeit«, »Der Morgen und die Nachtstunden«, »Venus
und Vulkan«, »Venus und Adonis«, »Toilette der Venus« und
»Jagd der Diana«.

An die Schenkung war die Forderung nach geschlossener
Aufstellung der Sammlung geknüpft. Diese Bestimmung wurde
jedoch nicht eingehalten. So finden sich gegenwärtig Gemälde,
Zeichnungen, Miniaturen, Kupferstiche, Silhouetten, Manuskripte und Tagebücher an verschiedenen Stellen in Weimar,
im Goethe- und Schiller-Archiv, in den Kunstsammlungen zu
Weimar und im Goethe-Museum. Eine Identifizierung ist insofern schwierig, als das Schenkungsverzeichnis nach Auffassung von Houben Genauigkeit vermissen läßt.

In Sibylles Besitz bleiben verschiedene handschriftliche Aufzeichnungen, darunter die Manuskripte über Florenz und
Xanten, an deren Veröffentlichung sie noch festhält. Als sie in
den letzten Oktobertagen 1852 in Rom eintrifft, nimmt sie sich
vor, den Florenz-Text anhand von Adeles Unterlagen in Ruhe
zu überarbeiten. Doch dazu kommt es nicht. Ein weiterer Prozeß um die Erbschaft ruft sie nach Deutschland zurück. Ende
Juli 1853 trifft sie wieder in Bonn ein. An eine schnelle Rückreise ist nicht zu denken. Das Verfahren zieht sich in die Länge.
Auch suchen sie immer häufiger Krankheiten heim und schwächen ihre Lebenskraft. Zudem verzögert sich der Verkauf des
Bonner Hauses sowie verschiedener anderer Grundstücke, so
daß sie erst Ende des Jahres 1856 wieder nach Rom aufbrechen
kann. Dort stirbt sie am 22. Oktober 1857.

Sämtliche in ihrem Besitz befindlichen Manuskripte Adele
Schopenhauers gehen an Allwina Frommann und nach deren
Tod 1875 an ihren Bruder Fritz Frommann über. Ein Nach-
komme der Familie Frommann, Hermann Vogel aus From-

mannshausen, ordnet das Familienarchiv und verfügt testamentarisch die Übergabe an das Goethe- und Schiller-Archiv in Weimar. 1956 erfolgt die Schenkung.

Dieser Nachlaß enthält das 118 Blätter umfassende Florenz-Konvolut, das zeitweilig als verschollen galt, weiterhin die Manuskripte der Erzählungen »Die Schönste von Ariccia« und »Luca Cambiaso«, das vermißt geglaubte Märchen »Farben und Töne« (»Ein Märchen aus meiner frühesten Kinderzeit«), die erste handschriftliche Fassung der »Hausmährchen« von 1842, ferner »Aufzeichnungen über Italien« und den Aufsatz über die Altertümer von Xanten und Kalkar mit dem Titel »Vom Niederrhein« sowie Abschriften aus verschiedenen Manuskripten Adeles. Hinzu kommen zahlreiche Gedichte, teils in Originalform, teils als Duplikate, sowie etliche Scherenschnitte in den einzelnen Abteilungen des Allwina und Friedrich Johannes Frommann zugeordneten Nachlasses.

Sibylles eigener Nachlaß an Autographen, Zeichnungen und Porträts, die Sammlung Mertens-Schaaffhausen, die gemäß ihrer schon 1849 getroffenen testamentarischen Bestimmung zwei Jahre nach ihrem Tod an die Universitätsbibliothek Bonn kommt, birgt manches Dokument aus Adeles Familienbesitz, neben Briefen auch Bildnisse. Ebenso werden Autographen von Adele im Nachlaß des 1855 gestorbenen Gustav Schuelers in der Badischen Landesbibliothek in Karlsruhe aufbewahrt.

# Ausklang

Eine Annäherung an Adele Schopenhauer schien anfangs einfach, erwies sich dann aber als problemreich. Mutter und Bruder, die Schriftstellerin und der Philosoph, warfen Schatten und verdunkelten das Bild der Tochter und Schwester. Selbst die Nähe zu Goethe vermochte ihre Kontur kaum zu schärfen.

Klassik und Romantik formten Adeles Lebensstil. Klarheit wechselte mit Verschwommenheit, Kühle mit Gefühlsüberschwang, Ausdrucksstrenge mit dem Sezieren geheimster Seelenregungen. Geist, mit Witz gepaart, und Herzenswärme, ebenso ein Hang zur Pedanterie prägten die Grundlinien ihres Wesens. Auch gefiel sie sich in der Rolle einer liebes- und welterfahrenen Frau, eine Art Selbstschutz, hinter dem sich Ermüdung und Desillusionierung verbergen ließen.

Leitmotiv ihres Lebens aber war die Freundschaft mit Ottilie von Goethe und Sibylle Mertens-Schaaffhausen, eine Beziehung, die so tief war, daß sie allen Wechselfällen des Lebens, manchen Mißverständnissen und zeitweiliger Entfremdung standhielt.

Neben einer emotional betonten Seite bestimmten gleichermaßen rationale Züge ihren Charakter. Sachlich und nüchtern beurteilte sie sich selbst und ihre Situation. Distanziert und nicht ohne Ironie kommentierte sie Geschehnisse ihrer Zeit. Praktisch und umsichtig verwaltete sie ihr kleines Kapital. Konsequent und logisch analysierte sie das Werk des Bruders. Gerade die Korrespondenz mit ihm bezeugt ihren geübten Verstand. Noch zu Lebzeiten Arthur Schopenhauers wurde sie seine erste Kritikerin.

Umgekehrt nahm er keine Notiz von den Arbeiten der Schwester. Auch fragte er nie nach ihren Vorhaben und Plänen, so wie sie in keinem ihrer Briefe ein einziges Wort darüber verlor. Weder die Märchen noch die Romane oder die vielen Aufsätze haben den Weg zu ihm gefunden. Tangiert haben ihn ebensowenig die Bemühungen der Freundinnen Adeles um deren nachgelassene Arbeiten, obwohl er mit Sibylle und Ottilie noch jahrelang in Verbindung stand. Spricht daraus Geringschätzung, Gleichgültigkeit, Ignoranz oder Arroganz?

Wie nachhaltig sich das gestörte Mutter-Sohn-Verhältnis auf die generelle Urteilsbildung über Frauen auswirken sollte, vermochte Adele nicht abzusehen. Arthur Schopenhauers Frauenverachtung, zum Teil aus der Aversion gegen die Mutter, zum Teil aus eigenen Erfahrungen und Beobachtungen geschöpft und fixiert in den kleinen philosophischen Schriften »Parerga und Paralipomena«, die zwei Jahre nach Adeles Tod 1851 im Hayn-Verlag in Berlin erschienen sind, bestimmte die Meinungsbildung ganzer Generationen.

Für wenige Jahre mit verschwenderischen Reizen ausgestattet, seien die Mädchen – er nennt sie »im dramaturgischen Sinne einen Knalleffekt« – einzig und allein bestrebt, durch den Mann versorgt zu werden. Für dieses Ziel wären den Weibern alle Mittel recht. Nicht so vernunftbegabt wie die Männer, könnten sie nur mit List ihr Ziel erreichen und entwickelten folglich eine instinktmäßige Verschlagenheit und den Hang zum Lügen. Überhaupt legten sie mehr Wert auf Schein als auf Sein. Eine mindere Intelligenz beweise schon das Fehlen eigenständiger Leistungen auf dem Gebiet der schönen Künste. Nie haben Frauen »irgend ein Werk von bleibendem Werth in die Welt setzen können«. »Nur der vom Geschlechtstrieb umnebelte männliche Intellekt« könne die unästhetische Erscheinung des weiblichen Geschlechts übersehen, denn das »niedrig gewachsene, schmalschultrige, breithüftige und kurzbeinige Geschlecht das schöne« zu nennen wäre absurd.

Arthur Schopenhauer bezweifelte die Mündigkeit der Frauen. Wiederholt betonte er, alle Weiber, von wenigen Ausnahmen abgesehen, neigten zur Verschwendungssucht – die kleine Einschränkung war eventuell der Achtung vor Adele geschuldet. Deshalb sollten Frauen stets unter männlicher Aufsicht stehen, »sei es die des Vaters, des Gatten, des Sohnes, oder des Staats, – wie es in Indien ist; daß sie demnach niemals über ein Vermögen, welches sie nicht selbst erworben haben, müßten eigenmächtig verfügen können«. Nicht nur in Indien herrsche diese Gepflogenheit, »sogar bei den Hottentotten vererbt Eigenthum sich bloß auf die männliche Descendenz: nur in Europa ist man davon abgegangen«. Als Unsitte erklärte er, das »von Männern, durch große und lange fortgesetzte Arbeit und Mühe schwer erworbene Eigenthum« an Frauen zu vererben. Nur eine Beschränkung des weiblichen Erbrechts könne dem vorbeugen, denn »die Erwerber des Vermögens sind die Männer, nicht die Weiber«. Das Weib sei gemäß seiner Natur zum Gehorchen bestimmt, Unabhängigkeit bringe sie in eine naturwidrige Lage. Sie bedürfe der Lenkung durch den Mann. Das zeige sich darin, daß jede die Obhut eines Mannes suchen würde, sobald sie in ihrer Freiheit unbeschränkt sei. »Ist sie jung, so ist es ein Liebhaber, ist sie alt, ein Beichtvater.«

Eine Mutter als Vormund und Verwalterin des väterlichen Erbteils sei eine unverzeihliche Torheit, denn sie würde in den meisten Fällen das vom Vater der Kinder Erworbene mit ihrem Buhlen verprassen. Vor allem, wenn die Frau ihren Mann nicht geliebt habe, trete sie gegen ihre Kinder bald nach der Phase der rein instinktmäßigen Mutterliebe stiefmütterlich auf, ganz im Gegensatz zum Vater, dessen Liebe zu seinen Kindern anderen Ursprungs sei: »Sie beruht auf einem Wiedererkennen seines eigenen innersten Selbst in ihnen, ist also metaphysischen Ursprungs.«

Das Weib könne keinesfalls der Gegenstand der Verehrung des Mannes sein. In Europa müsse »dieser Nr. 2 des menschlichen Geschlechts ihre naturgemäße Stelle wieder angewiesen und dem Damen=Unwesen, über welches nicht nur ganz Asien lacht, sondern Griechenland und Rom eben so gelacht hätten, ein Ziel gesetzt« werden.

Die Antike und die orientalischen Völker hätten den Weibern den ihnen angemessenen Platz zugewiesen, Europa aber mit seiner »abgeschmackten Weiberveneration, dieser höchsten Blüthe christlich=germanischer Dummheit«, habe die Frauen so arrogant und rücksichtslos gemacht, »daß man bisweilen an die heiligen Affen in Benares erinnert wird, welche, im Bewußtseyn ihrer Heiligkeit und Unverletzlichkeit, sich Alles und Jedes erlaubt halten«.

Adele wußte zwar um die Vorurteile des Bruders, war aber insgeheim überzeugt, Arthur werde sein Frauenbild revidieren und toleranter urteilen. Hatte sie ihm nicht ein anderes Verhaltensmuster demonstriert, ihm Gewissenhaftigkeit und Selbstverantwortung auch von Frauen bewiesen?

Über das Ausmaß seiner Frauenverachtung wäre sie sicher erstaunt gewesen, wenn sie das Erscheinen von »Parerga und Paralipomena« noch erlebt hätte. Vielleicht wäre ihr dann das Verständnis ihres Verhältnisses zueinander nicht so schwergefallen. Vielleicht aber würde sie auch das Absolute in den Gedankengängen des Bruders kritisch hinterfragt und eventuell den Übertreibungen den Stachel genommen haben.

Zwiespältig war Arthur Schopenhauers Haltung zu Adele. Einerseits teilte, ja überbot er noch die Einstellung der Gesellschaft zu Frauen und speziell zu unverheirateten – 1838 scheute er sich nicht, in einem Brief an Carl Wilhelm Labes, den Bevollmächtigten für die Ländereien in Ohra, der Schwester den »Charakter der alten Jungfern« zu bescheinigen, »always meddling & plodding busy-bodies«, und um Nachsicht mit »der einfältigen, alten Jungfer« zu bitten –, andererseits war ihm am Urteil der Schwester gelegen, wie die direkte Zusendung seiner Werke beweist.

Ungeachtet aller Verschiedenheiten waren sich die Geschwister ähnlich. Beide waren ausgeprägte Individualisten und originelle Charaktere. Während Arthur in Frankfurts Straßen stadtbekannt war, fiel Adele auf den Boulevards und Plätzen Roms auf, war er ein Eigenbrötler, so wirkte sie manchmal sonderlich, wie er blieb sie alleinstehend. Ihre geistigen Interessen berührten sich. Unabhängig voneinander spürten sie den Welträtseln nach und widmeten sich denselben Fragestellungen. Seinen Überlegungen folgte sie kritisch, bemängelte an seinem System den fehlenden Aspekt der Sympathie in der Geschlechtsliebe oder der Freundschaft zwischen den Menschen und im Verhältnis zum Tier, bedauerte, ihre Beobachtungen zur Vererbungslehre, eine Datensammlung von Erbfaktoren mehrerer Generationen, ihm aus Unkenntnis seiner Themen nicht überlassen zu haben. In Fragen der Ethik stimmten sie ebenso überein wie in der Sinndeutung der religiös-philosophischen Lehre des indischen Weltbilds, des Vedanta und Brahmaismus. Seine klare und einprägsame Sprache, sein logisches Denkprinzip formten gleichermaßen ihre Urteilsbildung und ihren Schreibstil.

Facettenreich ist das überlieferte Bild Adele Schopenhauers. Im Urteil der Zeitgenossen und der Nachwelt variierte es von anmutig bis häßlich, von geistreich bis »dumme Gans«, von natürlich bis verschroben und affektiert.

Während sich H. H. Houben und Kurt Wolff in den Vorworten der von ihnen herausgegebenen Tagebücher und Gedichte darin einig waren, sie in die Kategorie »ältliches verbittertes Mädchen« einzuordnen und in ihr die »typische Erscheinung der alten Jungfer« mit gouvernantenhaft-philiströsen Zügen zu sehen, der man eine gewisse Lebenstapferkeit nicht absprechen kann, schätzten Hans Timotheus Kröber und Hans Wahl, die Herausgeber einer Reihe von Scherenschnitten, in ihr vor allem die sensible und phantasievolle Künstlerin, deren außerordentliches Talent auf diesem Gebiet sie bewunderten. Ihrer

Silhouettenkunst »im Zusammenhang mit der Geschichte der Silhouette in Deutschland einmal eine umfassende Würdigung zuteil werden zu lassen«, darin sahen sie eine noch zu leistende Aufgabe.

Eine Gestalt der »Spät- und Nach-Goethezeit« mit universalem Bildungsstreben, urteilte 1930 Anna Brandes in einer Dissertation über die Künstlerin und Schriftstellerin Adele Schopenhauer, vielseitig begabt und dadurch wie andere ihrer Generation der Gefahr einer Zersplitterung ihrer Talente ausgesetzt.

Gleich ihr meinte fünfundfünfzig Jahre später Rahel E. Feilchenfeldt-Steiner im Anhang des 1985 neuaufgelegten »Tagebuchs einer Einsamen«, daß dieser Frau in der deutschen Literaturwelt bisher zu wenig Aufmerksamkeit geschenkt wurde. »Adele Schopenhauer entpuppt sich im Ganzen als eine biedermeierliche Figur, die mit ihren Begabungen und Wunderlichkeiten in der angelsächsischen Literatur längst einen angemessenen Platz gefunden und darin ein für die deutsche Literaturgeschichte ungewöhnliches Maß an Internationalität erreicht hätte. Sie ist im Grunde eine Kosmopolitin, für die in Deutschland geworben werden muß.«

Als fiktive Romangestalt holte Thomas Mann 1939 Adele aus ihrem Schattendasein. In »Lotte in Weimar« ließ er Lotte Kestner, geborene Buff, anläßlich ihres Besuchs in Weimar im September 1816 mit Mademoiselle Schopenhauer zusammentreffen: einer jungen Dame »recht unschönen, aber intelligenten Ansehens« mit unverkennbaren Merkmalen eines Schielens »ihrer gelb-grünen Augen« und ausgestattet mit einer »nervösen Intelligenz«. Ein »zwar breiter und schmaler, aber klug lächelnder und sichtlich in gebildeter Rede geübter Mund konnte die hängende Länge der Nase, den ebenfalls zu langen Hals, die betrüblich abstehenden Ohren übersehen lassen, neben denen gelockte accroche-cœurs unter den mit Röschen umkränzten, etwas genialisch geformten Strohhut hervorkamen und in die Wangen fielen«. Ihre »fließende, leicht sächsisch gefärbte Rede« über die Weimarer Verhältnisse des Jahres 1816, insbesondere aber die bildhafte Darlegung der problemreichen Verstrickungen ihrer Herzensfreundin Ottilie mit August ergingen pausenlos über Lotte. »Die Gestalt des Mädchens war dürftig. Ein weißer, aber flacher Busen verlor sich in dem kurzärmligen Batistmieder, das in offener Krause um die mageren Schultern und den Nacken stand. Durchbrochene Halbhandschuhe, am Ende der dünnen Arme, ließen ebenfalls dürre, rötliche Finger mit weißen Nägeln frei [...] Sogleich begann sie zu sprechen, schnell, tadellos, ohne Pause zwischen den Sätzen und mit der Gewandtheit, deren Charlotte sich gleich von ihrem gescheiten Munde versehen hatte.« Aus ironisch-distanziertem Abstand und mit der Inspiration dichterischer Freiheit ist hier die etwas skurrile Erscheinung Adeles eingefangen. Als Romanfigur folgt das entworfene Bild jedoch einem anderen Ziel als dem nachprüfbarer Authentizität.

Ein differenziertes Frauenbild entwarf Ludger Lütkehaus in der Einleitung seines 1991 herausgegebenen Familien-Briefwechsels zwischen Adele, Arthur, Heinrich Floris und Johanna Schopenhauer. Maßstab seines Urteils waren die Briefe Adeles an den Bruder, die ein Beispiel sind, »wie Zuneigung und Distanzbewußtsein verbunden werden können«. Selbst familiäre Krisen und persönliche Differenzen, auch nicht der »pathologische Argwohn« des Bruders konnten das Verständnis und Interesse für ihn und sein Werk mindern. Adele wurde »eine der verständnisvollsten und präzisesten [Schopenhauer-]Leserinnen«.

»Point de bonheur sans liberté« – Kein Glück ohne Freiheit, der Wappenspruch der Familie Schopenhauer, von Arthur Schopenhauer zum Lebensprinzip erhoben, war auch für die Schwester richtungweisend.

# Anhang

# Nachbemerkung

Als ich Ende der achtziger Jahre im Zusammenhang mit der Chemie-Geschichte an der Universität Jena über den Chemiker Gottfried Osann auf Adele Schopenhauer und ihren Freundeskreis stieß, begann ich mich für ihre Zeit, ihre Gefühlswelt, ihr Schicksal zu interessieren. Das Thema weitete sich zu einem Projekt aus, das wohl nie publiziert worden wäre, wenn nicht die Lektorin des Aufbau-Verlags, Frau Magdalena Frank, den dazu nötigen Mut aufgebracht hätte. Ihr bin ich zu großem Dank verpflichtet, nicht zuletzt für ihr Einfühlungsvermögen, die verständnisvolle Begleitung und Betreuung sowie manchen anregenden Hinweis während der Vorbereitungsphase des Buches.

Die Nachsicht, Geduld und Hilfe meines Mannes und meiner Töchter haben dazu beigetragen, daß das Ganze nicht nur ein Vorhaben geblieben ist. Ihnen gilt mein besonders inniger Dank.

Viele Mitarbeiter von Museen und Archiven haben mich tatkräftig unterstützt. Besonders verpflichtet bin ich Frau Karin Küntzel von der Benutzungsabteilung des Goethe- und Schiller-Archivs der Stiftung Weimarer Klassik für ihre stete Hilfsbereitschaft. Auch die Kustodin der Goetheschen Kunstsammlungen, Frau Margarete Oppel, hat mir wertvolle Hinweise gegeben. Ganz herzlich danke ich dem Leiter des Schopenhauer-Archivs und wissenschaftlichen Bibliothekar an der Stadt- und Universitätsbibliothek Frankfurt am Main, Herrn Jochen Stollberg, der stets auf Anfragen sofort und unkonventionell reagierte, mir manchen guten Rat gab und Material aus der Sammlung von Angelika Hübscher zur Verfügung stellte.

Dem Leiter des Stadtarchivs Unkel, Herrn Rudolf Vollmer, danke ich für die Überlassung von Bildern aus dem Archivbestand, speziell für seine schnelle und unbürokratische Hilfe.

Nicht unerwähnt bleiben sollen meine Kolleginnen der Thüringer Universitäts- und Landesbibliothek in Jena, deren Unterstützung mir vielfach zuteil wurde, sei es in Benutzungs- oder Recherchefragen, in der Beschaffung von Kopien oder in der Gewährung von Sonderkonditionen für die Benutzung der Bestände.

Als Quellen habe ich sowohl Original- als auch Sekundärliteratur benutzt. Meine wichtigsten Zitiergrundlagen sind: 52.–60. Schopenhauer-Jahrbuch aus den Jahren 1971–1979 mit dem von Arthur Hübscher herausgegebenen Briefwechsel zwischen Johanna bzw. Adele und Arthur und den ebenfalls von Hübscher 1987 edierten »Gesammelten Briefen« Arthur Schopenhauers, gleicherweise Adeles Tagebücher, die gedruckten für die Jahre bis 1826 wie das noch ungedruckte für den Zeitraum 1840 bis 1849, die von Karl Schulte-Kemminghausen 1944 herausgegebenen Briefe Annette von Droste-Hülshoffs und die Briefe aus dem Familienarchiv der Familie Frommann.

Zurückgegriffen wurde besonders auf alle Veröffentlichungen H. H. Houbens. So sind auch die Verszeilen zu Beginn der Kapitel den von Houben 1920 veröffentlichten Gedichten entnommen.

Auch die von Karsten Hein erst vor kurzem publizierte Biographie über Ottilie von Goethe mit ihrem Quellenmaterial leistete mir zuletzt noch gute Dienste.

Das Buch erhebt weder den Anspruch auf Wissenschaftlichkeit noch auf Vollständigkeit, vielmehr sollten Mosaiksteine aus verschiedenen Veröffentlichungen über Adele Schopenhauer und ihren Freundeskreis sowie aus Selbstzeugnissen in Form ihrer Tagebücher und Briefe zu einem Bild zusammengesetzt werden.

*Gabriele Büch*

# Zeittafel

| | |
|---|---|
| 1785 | 16. Mai: Johanna Henriette Trosiener und Heinrich Floris Schopenhauer heiraten in Danzig. |
| 1788 | 22. Februar: Arthur Schopenhauer wird in Danzig geboren. |
| 1793 | Die Familie geht nach Hamburg, da die Freie Stadt Danzig unter preußische Herrschaft gerät. |
| 1797 | 12. Juni: Luise Adelaide Lavinia Schopenhauer, genannt Adele, wird geboren. |
| 1805 | 20. April: Heinrich Floris Schopenhauer stirbt in Hamburg. |
| 1806 | 28. September: Johanna Schopenhauer trifft mit Adele in Weimar ein. |
| | 8. Oktober: Sie beziehen eine Wohnung an der Esplanade. |
| | 14. Oktober: Schlacht bei Jena und Auerstedt. |
| | 19. Oktober: Goethe heiratet Christiane Vulpius; einen Tag später stellt er seine Frau Johanna Schopenhauer vor. |
| 1807 | Ende Mai: Arthur Schopenhauer kommt nach Weimar; im Juni geht er zur Vorbereitung auf das Universitätsstudium nach Gotha. |
| | Dezember: Er setzt seine Ausbildung in Weimar fort. |
| 1809 | Henriette von Pogwisch läßt sich mit den Kindern Ottilie und Ulrike in Weimar nieder. Die Freundschaft zwischen Adele und Ottilie beginnt. |
| | Oktober: Arthur nimmt ein Medizinstudium an der Universität Göttingen auf, wechselt aber wenig später zur Philosophie. |
| 1811 | September: Arthur setzt sein Studium an die Berliner Universität fort. |
| 1812 | Johanna und Adele Schopenhauer ziehen innerhalb Weimars in das Haus Theaterplatz 1. Georg Friedrich Konrad |

Müller von Gerstenbergk, Regierungsrat in Weimar und Johannas Freund, wird ein Jahr später zunächst Mitbewohner des Hauses, dann Untermieter in Johannas Wohnung.

1813    Beginn der Befreiungskriege.

Oktober: Arthur promoviert in absentia an der Universität Jena.

Im Winter 1813/14 hält er sich im Haus seiner Mutter in Weimar auf.

November: Adele und Ottilie schließen Bekanntschaft mit Ferdinand Heinke, einem Offizier der Befreiungsarmee; sie gründen den Musenverein »Orden der Hoffnung oder Schwesternbund«.

1814    Mai: Arthur überwirft sich mit der Mutter. Er siedelt nach Dresden über.

1816    16. Juni: Christiane von Goethe stirbt.

Juli – Oktober: Johanna und Adele unternehmen eine ausgedehnte Badereise an den Rhein.

31. Dezember: Ottilie verlobt sich mit August von Goethe.

1817    17. Juni: Ottilie und August von Goethe heiraten.

1818    9. April: Walther Wolfgang von Goethe wird geboren.

Juli – September: Reise in die Schweiz zusammen mit der Mutter und Gerstenbergk.

September: Arthur tritt seine erste Italienreise an; sie dauert bis Mai 1819.

Sein Hauptwerk »Die Welt als Wille und Vorstellung« erscheint bei Brockhaus in Leipzig mit der Jahreszahl 1819.

1819    23. März: August von Kotzebue wird von dem Studenten Karl Sand ermordet.

Mai: Konkurs des Bankhauses Muhl in Danzig. Johanna und Adele reisen am 5. Juni über Berlin nach Danzig. Am 12. Juli 1820 kehren sie nach Weimar zurück, auch diesmal wieder über Berlin, wo sich Adele mit Arthur trifft, ohne die angestrebte Aussöhnung zu erreichen.

1820    März: Arthur erhält an der Universität in Berlin eine Dozentur.

18. September: Wolfgang Maximilian von Goethe wird geboren.

1821 Juli – September: Johanna und Adele reisen nach Karlsbad und Dresden. Umgang mit den Familien von Quandt, Varnhagen von Ense, Tieck, Weber u. a.
Oktober: Adele faßt eine Neigung zu Gottfried Osann, Privatdozent der Chemie an der Universität Jena.
November: Adele begegnet Felix Mendelssohn Bartholdy in Weimar.

1822 Mai: Arthur unternimmt eine zweite Italienreise. Nach der Rückkehr im Mai 1823 erkrankt er in München schwer. Nach seiner Genesung geht er wieder nach Dresden.
Weihnachten: Johanna trifft ein Schlaganfall.

1823 Februar: Gottfried Osann geht auf Vermittlung Goethes nach Dorpat an die neugegründete Universität.
Ottilie verstrickt sich in eine Liebesaffäre mit Charles Sterling. Adele wird in das Verhältnis einbezogen.

1824 März: Johanna und Adele mieten ihre dritte Wohnung in Weimar, wieder an der Esplanade.
September: Durch ihren Vetter lernt Adele Georg Friedrich Ludwig (Louis) Stromeyer kennen.

1826 Februar: Adele und Osann trennen sich. Osann lehrt später als Professor der Chemie und Physik an der Universität Würzburg.
April: Louis Stromeyer und Eduard Gnuschke kommen nach Weimar.

1827 Mai: Adele reist an den Rhein über Frankfurt am Main und Rödelheim nach Köln, wo sie sich bis Juli 1828 aufhält. In Eltville kommt es zu einer letzten Begegnung mit Stromeyer.
29. Oktober: Alma Sedina Henriette Cornelia von Goethe wird geboren.

1828 Januar: Adele wird in Köln mit Sibylle Mertens-Schaaffhausen bekannt, eine Lebensfreundschaft beginnt.
Frühsommer: Auf dem Landsitz Sibylles in Plittersdorf bei Bonn trifft Adele Annette von Droste-Hülshoff.
August – September: Johanna und Adele reisen über Aachen

nach Belgien. Ende September kehren sie nach Weimar zurück.

1829 Mai: Adele geht nach Unkel und bezieht den Zehnthof, den neuen Sommersitz der Schopenhauers, Johanna folgt ihr Ende Juni.

1830 März: Adele reist nach Weimar, besucht Ottilie und die Freunde.

27. Oktober: August von Goethe stirbt in Rom.

Johanna Schopenhauers »Sämmtliche Schriften« erscheinen bis 1831 bei F. A. Brockhaus in Leipzig und J. D. Sauerländer in Frankfurt am Main.

1831 Arthur wählt Frankfurt am Main zu seinem dauernden Wohnsitz, nur 1832/33 durch einen Aufenthalt in Mannheim unterbrochen. Er nimmt Kontakt zu Adele auf.

Herbst: Adele tritt zu Heinrich Wolff, ihrem Arzt in Bonn, in nähere Beziehung.

1832 22. März: Goethe stirbt in Weimar.

Mai/Juni: Ottilie trifft sich mit Sterling in Mainz und geht dann zu Adele nach Unkel.

September: Johanna und Adele ziehen nach Bonn um.

Sibylle verlegt ihren Wohnsitz von Köln nach Bonn.

1833 Adele schließt mit Anna Brownell Jameson Bekanntschaft.

1835 15. Februar: Ottilie bringt ihr viertes Kind, Anna Sibylla, in Wien zur Welt.

Juni: Sibylle Mertens-Schaaffhausen reist nach Genua. Der Versuch, Adele als Erzieherin nachzuholen, scheitert.

Die Novelle »Die lothringischen Geschwister« erscheint unter dem Pseudonym Adrian van der Venne in der Zeitschrift »Phönix. Frühlingszeitschrift für Deutschland«.

1836 Arthur Schopenhauers Buch »Ueber den Willen in der Natur« erscheint in Frankfurt am Main.

1837 September: Johanna und Adele ziehen nach Jena. Karl Leberecht Immermann lernt auf einer Reise nach Weimar und Jena die beiden Frauen kennen. Zu Adele knüpft er freundschaftliche Beziehungen.

1838 16. April: Johanna Schopenhauer stirbt in Jena.

Adele schreibt das Libretto für Walther von Goethes Oper

»Enzio. Oder: Der Gefangene von Bologna«, das 1845 unter dem Namen Adrian van der Venne gedruckt wird.

1839    Adele gibt die Memoiren der Mutter unter dem Titel »Jugendleben und Wanderbilder« bei Georg Westermann in Braunschweig heraus.

1840    Februar: Adele schließt sich dem zehn Jahre jüngeren Professor Karl Gustav Schueler an.

März – Anfang Juni: Adele besucht Sibylle in Bonn, danach reist sie zu Immermann nach Düsseldorf und weiter über Münster in das Rüschhaus zu Annette von Droste-Hülshoff.

Juni: Der Jenaer Arzt Dr. Georg Kieser diagnostiziert eine unheilbare Krankheit; Adele sucht Heilung in Sulza und Karlsbad, Anfang Oktober Rückkehr nach Jena.

1841    Die Novelle »Theolinde« erscheint unter dem Pseudonym Henriette Sonntag in dem von Louise Marezoll herausgegebenen »Frauenspiegel«; später entsteht daraus das »Waldmärchen«.

April – Juni und August: Kuraufenthalt in Karlsbad.
Arthur läßt seine beiden Preisschriften unter dem Titel »Die beiden Grundprobleme der Ethik« in Frankfurt am Main erscheinen.

1842    14. März: Adele setzt alle Hoffnung auf ihre schriftstellerische Tätigkeit. Im Tagebuch hält sie ihren Entschluß fest.

April: Adele arbeitet mit Wolfgang von Goethe an der Erzählung »Erlinde«. Sie erscheint zusammen mit einem Aufsatz unter dem Titel »Der Mensch und die elementare Natur« 1845, eine zweite Auflage folgt 1851.

10. August: Louis Mertens, der Mann der Freundin Sibylle, stirbt in St. Thomas bei Unkel.

August – Anfang Oktober: Adele hält sich in Karlsbad auf.
November: Adele reist zu Sibylle nach Plittersdorf bei Bonn. Sie unterbricht ihre Fahrt in Frankfurt, um ihren Bruder nach 22 Jahren wiederzusehen.

1843    August – Anfang Oktober: Kuraufenthalt in Karlsbad.
September: Sibylle reist nach Genua.

1844    Ostern: Brockhaus in Leipzig bringt die »Haus-, Wald-
        und Feldmärchen« heraus. Zur gleichen Zeit erscheint,
        ebenfalls bei Brockhaus, die zweite, um einen Band erwei-
        terte Auflage der »Welt als Wille und Vorstellung«.
        Februar – Ende Mai: Adele geht nochmals nach Karls-
        bad.
        September: Abreise nach Italien zu Sibylle. Erste Station
        ist Genua, danach hält sich Adele bis zum Sommer 1846
        vorwiegend in Rom auf.

1845    Adele Schopenhauers Roman »Anna«, der Freundin
        Ottilie von Goethe gewidmet, erscheint bei Brockhaus in
        Leipzig.
        September: Ottilie reist nach Italien.

1846    Mai: Ottilie begibt sich mit Wolfgang nach Neapel.
        August: Adele kommt ebenfalls nach Neapel.

1847    Januar: Rückkehr nach Rom.
        März – April: Aufenthalt in Florenz.
        Mai: Ankunft in Bonn.
        Juni – Oktober: Aufenthalt in Jena und Weimar.
        Oktober: Adele reist über Bonn nach Florenz. Hier arbeitet
        sie bis zu ihrem Zusammenbruch im Frühjahr 1848 an ihrem
        Florenz-Buch. Das Manuskript bleibt unveröffentlicht.
        Dezember: Bei Georg Westermann in Braunschweig er-
        scheint »Eine dänische Geschichte« mit dem Erscheinungs-
        vermerk 1848.

1848    März: Revolution in Deutschland. Adele erkrankt in Flo-
        renz schwer.
        18. Mai: Adele erreicht nach einer beschwerlichen Reise
        Bonn.
        24. Mai: Auf Schloß Meersburg am Bodensee stirbt An-
        nette von Droste-Hülshoff.

1849    März: Adele reist nach Frankfurt und Mainz. In Frankfurt
        trifft sie ihren Bruder Arthur zum letztenmal.
        April – Juni: Adele besucht Freunde und Bekannte in Ber-
        lin, Jena und Weimar.
        7. Juli: Adele erreicht mit Sibylles Hilfe Bonn.
        29. Juli: Ottilie stattet Adele einen letzten Besuch ab.

25. August: Adele stirbt in Sibylles Haus in Bonn und wird am 28. August auf dem Alten Friedhof begraben.

1851 Arthur Schopenhauers »Parerga und Paralipomena: Kleine philosophische Schriften« erscheinen im Hayn-Verlag in Berlin und leiten die Wende zu seinem Erfolg ein.

1852 26. Oktober: Sibylle schenkt den in ihrem Besitz befindlichen Nachlaß Adeles dem Sachsen-Weimarischen Staatsministerium. Sie verbindet die Schenkung mit der Zusage des neuen Eigentümers, die Sammlung geschlossen zu präsentieren.

1857 22. Oktober: Sibylle Mertens-Schaaffhausen stirbt in Rom.

1860 21. September: Arthur Schopenhauer stirbt in Frankfurt.

1872 26. Oktober: Ottilie von Goethe stirbt in Weimar.

# Auswahlbibliographie und Quellen

## Auswahlbibliographie

Alma von Goethe. Des Dichters Enkelin. Hrsg. von Otto Klein. Leipzig: Volger 1920.

Alt-Weimars Abend. Briefe und Aufzeichnungen aus dem Nachlasse der Gräfinnen Egloffstein. Hrsg. von Hermann Freiherrn von Egloffstein. München: C. H. Becksche Verlagsbuchhandlung 1923.

Assing, Ludmilla: Fürst Hermann von Pückler-Muskau. Eine Biographie. Band 1–2. Hamburg: Hoffmann & Campe 1873/74.

August von Goethe und Ottilie von Pogwisch. Briefe aus der Verlobungszeit. Hrsg. von Heinz Bluhm. Weimar: Hermann Böhlau Nachfolger 1962.

Aus dem Nachlaß des Fürsten Pückler-Muskau. Briefwechsel und Tagebücher des Fürsten Hermann von Pückler-Muskau. Hrsg. von Ludmilla Assing-Grimelli. Band 1–9. Hamburg – Berlin 1873–1876; Band 5: Briefwechsel, 1874.

Aus Ottilie von Goethes Nachlaß. Briefe von ihr und an sie 1806–1832. Nach den Handschriften des Goethe- und Schiller-Archivs. Hrsg. von Wolfgang von Oettingen. Weimar 1912/1913 (Schriften der Goethe-Gesellschaft 27, 28).

Bacheracht, Therese von: Am Theetisch. Braunschweig: Vieweg 1844.

Biedrzynski, Effi: Goethes Weimar. Das Lexikon der Personen und Schauplätze. Zürich: Artemis & Winkler 1992.

Bode, Wilhelm: Das Leben in Alt-Weimar. Ein Bilderbuch. Zusammengestellt und erläutert von Wilhelm Bode. Weimar: Kiepenheuer 1912.

Böttger, Fritz: Bettina von Arnim. Ein Leben zwischen Tag und Traum. 2. Auflage. Berlin: Verlag der Nation 1987.

Borch, Rudolf: Schopenhauer. Sein Leben in Selbstzeugnissen, Briefen und Berichten. Berlin: Propyläen-Verlag 1941.

Brandes, Anna: Adele Schopenhauer in den geistigen Beziehungen zu ihrer Zeit. Diss. Frankfurt am Main 1930.

Braun, Lily: Im Schatten der Titanen. Erinnerungen an Baronin Jenny von Gustedt. Stuttgart: Deutsche Verlags-Anstalt 1912.

Briefe an Sibylle Mertens-Schaaffhausen. Hrsg. von Theo Clasen und Walther Ottendorf Simrock. Bonn: Ludwig Röhrscheid Verlag 1974 (Veröffentlichungen des Stadtarchivs Bonn 3).

Bruford, Walter H.: Kultur und Gesellschaft im klassischen Weimar. 1775–1806. Göttingen: Vandenhoeck & Ruprecht 1966.

Das Büchlein von Goethe. Andeutungen zum besseren Verständniß seines Lebens und Wirkens. Hrsg. von Mehreren, die in seiner Nähe lebten. Penig: F. E. Sieghart 1832.

Damals in Weimar. Erinnerungen und Briefe von und an Johanna Schopenhauer. Hrsg. von H. H. Houben. Leipzig: Klinkhardt & Biermann 1924.

Damm, Sigrid: Christiane und Goethe. Eine Recherche. 6. Auflage. Frankfurt am Main – Leipzig: Insel 1998.

Deetjen, Werner: Das Haus am Frauenplan seit Goethes Tod. Dokumente und Stimmen von Besuchern. Eingeleitet und hrsg. von Werner Deetjen. Weimar: Verlag der Goethe-Gesellschaft 1925 (Schriften der Goethe-Gesellschaft 48).

Deetjen, Werner: Johanna und Adele Schopenhauer in ihren Beziehungen zum weimarischen Hof. Ungedruckte Briefe. In: Ostdeutsche Monatshefte Berlin u. a., 10 (1929/30), S. 30–40.

Deneke, Toni: Das Testament. Menschenschicksale um das Haus am Frauenplan. Weimar: Gustav Kiepenheuer Verlag GmbH 1953.

Deutsche Literatur von Frauen. Hrsg. von Gisela Brinker-Gabler. Band 1–2. München: Beck 1988; Band 2: 19. und 20. Jahrhundert, 1988.

Droste-Hülshoff, Annette von: Die Briefe der Annette von Droste-Hülshoff. Hrsg. von Karl Schulte-Kemminghausen. Band 1–2. Jena: Diederichs 1944.

Düntzer, Heinrich: Goethes Beziehung zu Johanna Schopenhauer und ihren Kindern. In: Abhandlungen zu Goethes Leben und Werken, Leipzig 1 (1885), S. 115–211.

Egloffstein, Hermann von: Das Weimar von Carl Alexander und Wilhelm Ernst. Berlin: Mittler 1934.

Erinnerungen der Malerin Louise Seidler. Hrsg. von Hermann Uhde. Neue Ausgabe. Berlin: Propyläen 1922.

Estermann, Alfred: Die Autographen des Schopenhauer-Archivs der Stadt- und Universitätsbibliothek Frankfurt am Main. Gesamtverzeichnis. Stuttgart: Frommann-Holzboog 1988.

Fetting, Friederike: »Ich fand in mir eine Welt«. Eine sozial- und literaturgeschichtliche Untersuchung zur deutschen Romanschriftstellerin um 1800. Charlotte von Kalb, Caroline von Wolzogen, Sophie Mereau-Brentano, Johanna Schopenhauer. München: Fink 1992.

Fink, Reinhardt: Das Chaos und seine Mitarbeiter. In: Otto Glaunig zum 60. Geburtstag. Leipzig 1936 (Festgabe aus Wissenschaft und Bibliothek 1).

Frauenpersönlichkeiten der Weimarer Klassik. Hrsg. von Ulrike Müller. Weimar: Verlag und Datenbank für Geisteswissenschaften 1998.

Frommann, Friedrich Johannes und Wilhelmine: Die letzten Tage von Allwina Frommann. Offener Brief an die entfernten Mittrauernden. Jena: Frommann 1875.

Frost, Laura: Johanna Schopenhauer. Ein Frauenleben aus der klassischen Zeit. Leipzig: Klinkhardt & Biermann 1913.

Geiger, Ludwig: Dreizehn Briefe Goethes an Adele Schopenhauer. Nebst Antworten der Adele. In: Goethe-Jahrbuch, Weimar 19 (1898), S. 53–119.

Gerstenbergk, Jenny von: Ottilie von Goethe und ihre Söhne Walther und Wolf in Briefen und persönlichen Erinnerungen. Stuttgart 1901.

Goethe, Ottilie von: Briefe an eine italienische Freundin. Übertragen, eingeleitet und hrsg. von Gabriele Freiin von Koenig-Warthausen. Vorwort von Egon Caesar Conte Corti. Wien: Wilhelm Andermann Verlag 1949.

Goethe, Walther von: Adele Schopenhauer. In: Beilage zu Nr. 270 der Allgemeinen Zeitung vom 27. September 1849.

Gwinner, Wilhelm: Arthur Schopenhauer aus persönlichem Umgang dargestellt. Ein Blick auf sein Leben, seinen Charakter und seine Lehre. Leipzig: Brockhaus 1862.

Hahn, Karl-Heinz: Goethe- und Schiller-Archiv. Bestandsverzeichnis. Weimar: Arion Verlag 1961 (Bibliographien, Kataloge und Bestandsverzeichnisse).

Hebbel, Friedrich: Sämtliche Werke. Historisch-kritische Ausgabe. Besorgt von Richard Maria Werner. Berlin: Behr 1901. Abt. 3: Briefe, Bd. 3: 1844–1846, Paris – Rom – Neapel – Rom – Wien, Nr. 173–228, 1905.

Hecker, Max: Ferdinand Heinke in Weimar. In: Jahrbuch der Goethe-Gesellschaft, Weimar 13 (1921), S. 251–306.

Heilborn, Ernst: Zwischen zwei Revolutionen. Der Geist der Schinkelzeit (1789–1848). Berlin: Wegweiser-Verlag GmbH 1927.

Hein, Karsten: Ottilie von Goethe (1796–1872). Biographie und literarische Beziehungen der Schwiegertochter Goethes. Frankfurt am Main: Peter Lang 2001 (Europäische Hochschulschriften: Reihe 1, Deutsche Literatur und Sprache; Band 1782).

Henriette von Pogwisch. Weimar im Jahre 1832. Briefe an Adele Schopenhauer. Hrsg. von Heinz Bluhm. Wien: Bergland-Verlag 1964.

Holtei, Karl von: Simmelsammelsurium aus Briefen, gedruckten Büchern, aus dem Leben und aus ihm selbst. Band 1–2. Breslau 1872.

Holtei, Karl von: Vierzig Jahre. Band 1–2. 4. Auflage. Breslau 1898.

Hösch, Eva: Cornelia Goethe und Adele Schopenhauer – zwei Schwestern berühmter Männer. Eine literaturhistorisch-graphologische Studie. In: Zeitschrift für Menschenkunde. Zentralblatt für Schriftpsychologie und Schriftvergleichung, Wien 59 (1995), S. 30 bis 47.

Houben, H. H.: Kleine Blumen, kleine Blätter. Aus Biedermeier und Vormärz. Dessau: Rauch 1925.

Houben, H. H.: Neue Mitteilungen über Adele und Arthur Schopenhauer. Aus dem Nachlaß der Frau Sibylle Mertens-Schaaffhausen. In: Jahrbuch der Schopenhauer-Gesellschaft, Heidelberg 16 (1929), S. 79–182.

Houben, H. H.: Die Rheingräfin. Das Leben der Kölnerin Sibylle Mertens-Schaaffhausen. Essen: Essener Verlagsanstalt 1935.

Hübscher, Angelika; Radecki, Monika: Adele Schopenhauer. Drei Briefe aus den Jahren 1819/20 an Louise von Werthern. In: Schopenhauer-Jahrbuch, Frankfurt am Main 72 (1991), S. 7–16.

Hübscher, Angelika: Arthur Schopenhauer. Leben und Werk in Texten und Bildern. Frankfurt am Main: Insel 1989.

Hübscher, Arthur: Adele an Arthur Schopenhauer. Unbekannte Briefe. In: Schopenhauer-Jahrbuch, Frankfurt am Main 58 (1977), S. 133–186; 59 (1978), S. 110–165; 60 (1979), S. 181–240.

Hübscher, Arthur: Arthur Schopenhauer. Gesammelte Briefe. 2., verbesserte und ergänzte Auflage. Bonn: Bouvier 1987.

Hübscher, Arthur: Schopenhauer-Bildnisse. Eine Ikonographie. Frankfurt am Main: Kramer 1968.

Hübscher, Arthur: Unbekannte Briefe von Johanna Schopenhauer an ihren Sohn. In: Schopenhauer-Jahrbuch, Frankfurt am Main 52 (1971), S. 80–110; 54 (1973), S. 108–149; 56 (1975), S. 158–186; 57 (1976), S. 105–126.

Hüffer, Hermann: Annette von Droste-Hülshoff und ihre Werke. 3. Aufl., Gotha: Perthes 1911.

Hüffer, Hermann: Goethe und Adele Schopenhauer. In: Goethe-Jahrbuch, Weimar 14 (1893), S. 154–160.

Jugendleben und Wanderbilder. Johanna Schopenhauer's Nachlaß. Hrsg. von ihrer Tochter. Band 1–2. Braunschweig: Westermann 1839.

Kantorowicz, Alfred: Du wunderliches Kind ... Bettine und Goethe. Schwerin: Petermänken-Verlag 1955.

Köhler, Astrid: Salonkultur im klassischen Weimar. Geselligkeit als Lebensform und literarisches Konzept. Stuttgart: M & P, Verlag für Wissenschaft und Forschung 1996.

Kretschmann, Lily von: Weimars Gesellschaft und das »Chaos«. Braunschweig: Westermann 1891.

Lamey, Ferdinand: Die Schueler'sche Autographensammlung in der Großherzoglichen Hof- und Landesbibliothek zu Karlsruhe. In: Centralblatt für Bibliothekswesen, Leipzig 7 (1890), S. 85–96.

Lavater-Sloman, Mary: Annette von Droste-Hülshoff. Einsamkeit und Leidenschaft. 8. Aufl., München: Heyne 1993.

Lewald, Fanny: Römisches Tagebuch 1845/46. Leipzig: Klinkhardt & Biermann 1927.

Lindner, Ernst Otto; Frauenstädt, Julius: Arthur Schopenhauer. Von ihm, Ueber ihn. Berlin: Hayn 1863. Teil 1: Lindner, Ernst Otto: Ein Wort der Vertheidigung 1863; Teil 2: Frauenstädt, Julius: Memorabilien, Briefe und Nachlaßstücke 1863.

Mangold, Elisabeth: Ottilie von Goethe. Köln – Graz: Böhlau 1965.

Mann, Thomas: Lotte in Weimar. 2. Aufl., Berlin: Aufbau-Verlag 1982.

Meili-Dworetzki, Gertrud: Johanna Schopenhauer. Biographische Skizzen. Düsseldorf: Droste 1987.

Ottilie von Goethe. Erlebnisse und Geständnisse 1832–1857. Hrsg. von H. H. Houben. Leipzig: Klinkhardt & Biermann 1923.

Ottilie von Goethe. Goethes Schwiegertochter. Ein Porträt. Hrsg. und mit einem Nachwort versehen von Ulrich Janetzki. Frankfurt am Main – Berlin – Wien: Ullstein 1982.

Otto, Paul: Die Autographen- und Porträtsammlung der Universitäts-Bibliothek zu Bonn. In: Bonner Mitteilungen, Bonn 12 (1933), S. 34–45.

Pierschala, Sigrid: Die Pharmazie in der Goethezeit. Diss. Frankfurt am Main 1986.

Rahmeyer, Ruth: Ottilie von Goethe. Das Leben einer ungewöhnlichen Frau. Stuttgart: Engelhorn 1988.

Romantische Ansichten von Weimar. Mit zeitgenössischen, zum Teil farbigen Abbildungen. Hrsg. von Wolfgang Schneider. Leipzig – Weimar 1991.

Ruhnau, Rüdiger: Arthur Schopenhauer. Leben und Werk. In: Danziger Berichte, Danzig – Stuttgart 5 (1988).

Safranski, Rüdiger: Schopenhauer und die wilden Jahre der Philosophie. Eine Biographie. Reinbek bei Hamburg: Rowohlt 1998.

Schopenhauer, Adele: Anna. Ein Roman aus der nächsten Vergangenheit. Theil 1–2. Leipzig: Brockhaus 1845.

Schopenhauer, Adele: Ein Brief von Adele Schopenhauer (an Louise Kirsten). In: Antiquitäten-Rundschau. Wochenschrift für Museen, Sammler und Antiquare, Berlin 2 (1904), S. 410–412.

Schopenhauer, Adele: Eine dänische Geschichte. Braunschweig: Westermann 1848.

Schopenhauer, Adele: Gedichte und Scheerenschnitte. Hrsg. von H. H. Houben und Hans Wahl. Band 1–2. Leipzig: Klinkhardt 1920. Band 1: Gedichte. 1920; Band 2: Scherenschnitte. 1920.

Schopenhauer, Adele: Haus-, Wald- und Feldmärchen. Leipzig: Brockhaus 1844.

Schopenhauer, Adele: Tagebuch einer Einsamen. Hrsg. von H. H. Houben. Leipzig: Klinkhardt & Biermann 1921.

Schopenhauer, Adele: Tagebuch einer Einsamen. Hrsg. und eingeleitet von H. H. Houben. Mit Scherenschnitten der Autorin und einem Anhang von Rahel E. Feilchenfeldt-Steiner. München: Matthes & Seitz Verlag 1985.

Schopenhauer, Arthur: Parerga und Paralipomena. Kleine philosophische Schriften. Band 1–2. Berlin: Hayn 1851.

Schopenhauer, Johanna: An Rhein und Maas. Bearbeitet und eingeleitet von Ernst-Edmund Keil. Duisburg: Mercator-Verlag 1987.

Schopenhauer, Johanna: Ausflug an den Niederrhein und nach Belgien im Jahre 1828. Theil 1–2. Leipzig: Brockhaus 1831.

Schopenhauer, Johanna: Briefe an Karl von Holtei. Hrsg. von Karl von Holtei. Leipzig: Payne 1870.

Schopenhauer, Johanna: Ihr glücklichen Augen. Jugenderinnerungen, Tagebücher, Briefe. Hrsg. und mit einer Einleitung versehen von Rolf Weber. Berlin: Verlag der Nation 1978 (= Im Wechsel der Zeiten, im Gedränge der Welt. München: Winkler Verlag 1986).

Schopenhauer, Johanna: Reise an den Rhein und dessen nächste Umgebung im Sommer des ersten friedlichen Jahres. Leipzig: Brockhaus 1818.

Schopenhauer, Johanna: Sämmtliche Schriften. Band 1–24. Leipzig – Frankfurt am Main: Brockhaus; Sauerländer 1830–1831.

Schopenhauer-Briefe. Sammlung meist ungedruckter oder schwer zugänglicher Briefe von, an oder über Schopenhauer. Hrsg. von Ludwig Scheemann. Leipzig: Brockhaus 1893.

Die Schopenhauers. Der Familien-Briefwechsel von Adele, Arthur, Heinrich Floris und Johanna Schopenhauer. Hrsg. und eingeleitet von Ludger Lütkehaus. Zürich: Haffmans Verlag 1991.

Schopenhauer's Briefe an Becker, Frauenstädt, v. Doß, Lindner und Asher … aus den Jahren 1813 bis 1860. Hrsg. von Eduard Grisebach. Leipzig: Reclam 1894.

Die Schopenhauer-Welt. Ausstellung der Staatsbibliothek Preußischer Kulturbesitz, 22.2.–9.4.1988, und der Stadt- und Universitätsbibliothek Frankfurt am Main, 6.5.–1.6.1988, zu Arthur Schopenhauers 200. Geburtstag. Katalog. Frankfurt am Main: Kramer (Ausstellungskataloge Staatsbibliothek Preußischer Kulturbesitz 32).

Schorn, Adelheid von: Zwei Menschenalter. Erinnerungen und Briefe aus Weimar und Rom. Eingeleitet von Friedrich Lienhard. 4. Aufl., Stuttgart: Greiner und Pfeiffer 1913.

Schorn, Adelheid von: Das nachklassische Weimar. Weimar: Kiepenheuer 1911/12. Teil 1: Unter der Regierungszeit Karl Friedrichs und Maria Paulownas. 1911; Teil 2: Unter der Regierungszeit von Carl Alexander und Sophie. 1912.

Schütze, Stephan: Die Abendgesellschaften der Hofräthin Schopenhauer in Weimar, 1806–1830. In: Weimars Album zur vierten Säcularfeier der Buchdruckerkunst am 24. Juni 1840. Weimar: Albrecht 1840.

Das Silhouettenbuch der Adele Schopenhauer. Als Faksimile hrsg. von Hans Timotheus Kroeber. Weimar: Kiepenheuer 1913.

Stahr, Adolf Wilhelm Theodor: Weimar und Jena. Ein Tagebuch. Band 1–2. Oldenburg – Berlin: Schulze; Guttentag 1852/53.

Sternberg, Alexander von: Adele Schopenhauer. In: Neue Preußische Zeitung (Kreuz-Zeitung) vom 4. und 5. Oktober 1849.

Sternberg, Alexander von: Erinnerungsblätter aus der Biedermeierzeit. Hrsg. und eingeleitet von Joachim Kühn. Potsdam – Berlin: Kiepenheuer 1919.

Tagebücher der Adele Schopenhauer. Hrsg. von Kurt Wolff. Band 1–2. Leipzig: Insel-Verlag 1909.

Tagebücher und Briefe von und an Ottilie von Goethe. Hrsg. und eingel. von Heinz Bluhm. Bd. 1–4. Wien: Bergland-Verlag 1962–1966. Band 1: Tagebücher 1839–1841, 1962; Band 2: Henriette von Pogwisch. Briefe an Ottilie von Goethe, 1963; Band 3: Tagebücher 1852–1854, 1963; Band 4: Tagebücher 1854–1856, 1966.

Tagebücher und Briefe von und an Ottilie von Goethe. Hrsg. und eingeleitet von Heinz Bluhm. Bd. 5: Tagebücher 1856–1867. Bern – Frankfurt am Main – Las Vegas: Lang 1979.

Wien, Alfred: Liebeszauber der Romantik. 7. unveränderte Auflage. Berlin: Mittler 1921.

Wolff, O. L. B.: Briefe, geschrieben auf einer Reise längs dem Niederrhein, durch Belgien nach Paris. Leipzig: Kollmann 1836.

Wolff, O. L. B.: Portraits und Genrebilder. Erinnerungen und Lebens-Studien. Theil 1–2. Cassel – Leipzig: Krieger'sche Buchhandlung 1839.

Zint, Hans: Schopenhauer und seine Schwester. Ein Beitrag zur Lebensgeschichte des Philosophen. In: Jahrbuch der Schopenhauer-Gesellschaft. Kiel, 6 (1917), S. 179–247.

# Quellen

*Goethe- und Schiller-Archiv Weimar*
Teilnachlaß Luise Adelaide Lavinia (Adele) Schopenhauer
Gedichte, Manuskripte, Abschriften: Sign. 84/I, 4
Prosadichtungen. Sign. 84/I, 5
Briefe an Adele Schopenhauer: Sign. 84/I, 6
Briefe von Adele Schopenhauer: Sign. 84/I, 7
Tagebücher: Sign. 84/I, 8
Vermischte Aufzeichnungen: Sign. 84/II, 1
Schulheft: Sign. 84/II, 2
Sammlungen, vermischte Aufsätze und Gedichte: Sign. 84/II, 3
Chrestomathien, Notizen, vermischte Aufsätze und Gedichte: Sign. 84/II, 4: 1–4
»Allerlei« Album: Sign. 84/II, 4 a
Stammbuchblatt: Sign. 84/II, 4 b
Aufstellungen über den Nachlass: Sign. 84/II, 5
Vorschlag über Veröffentlichungen (Allwina Frommann): Sign. 84/II, 6

Nachlaß Johanna Henriette Schopenhauer
Briefe an und von Johanna Schopenhauer: Sign. 84/I, 1; 84/I, 2 und 84/I, 3
Teilabschrift des Aufsatzes »Paris und seine Bewohner wie sie sind, und wie sie waren«, überarbeitet von Adele Schopenhauer: Sign. 84/II, 1a

Nachlaß Alwina (Allwina) Frommann
Autobiographische Aufzeichnungen und Briefe an A. Frommann:
  Sign. 21/271–286
Briefe von Sibylle Mertens-Schaaffhausen 1849–1851: Sign. 21/289, 1
Briefe von Henriette Paalzow 1843–1844: Sign. 21, 289/7
Briefe von Adele Schopenhauer: Sign. 21/291, 5
Briefe an Sibylle Mertens-Schaaffhausen: Sign. 21/293, 6
Tagebuchaufzeichnungen: Sign. 21/295, 1–9
Vermischte Aufzeichnungen: Sign. 21/298, 1–5
Sammlungsstücke über die Familie Goethe: Sign. 21/299, 1–8
Verschiedene Sammlungs- und Erinnerungsstücke: Sign. 21/307
Grünes Album I (241 Zeichnungen): Sign. 21/308
Grünes Album/Sondermappe Nr. 11 (189 Zeichnungen und Scherenschnitte): Sign. 21/309
Artikel über Allwina Frommann: Sign. 21/310

Nachlaß Friedrich Johannes Frommann
Briefe von Adele Schopenhauer 1822–1849: Sign. 21/155
Auf Adele Schopenhauer bezügliche Sammlungsstücke: Sign.
  21/208, 1–4

Nachlaß Frommannsches Familienarchiv
Bilder von Verwandten und Bekannten (u. a. Arthur und Johanna
  Schopenhauer): Sign. 21/457/458

*Kunstsammlungen zu Weimar*
20 Zeichnungen von Adele Schopenhauer: Sign. KK 7426–7445
Stammbuch der Sibylle Mertens-Schaaffhausen
Werke von Adele Schopenhauer/I – IV: Buch in Quart-Format mit
  Gedichten; Das Silhouettenbuch der Ottilie von Goethe (hrsg. von
  Timotheus Kroeber unter dem Titel: Das Silhouettenbuch der
  Adele Schopenhauer, Weimar 1913); H. H. Houben und Hans
  Wahl: Gedichte und Scherenschnitte, Leipzig 1920; Zeichnungen
  von Adele Schopenhauer

*Handschriftenabteilung der Thüringer Universitäts- und Landes-
bibliothek Jena*
Nachlaß Wolfgang Maximilian von Goethe
Autographensammlung
Aut. W. M. v. Goethe 528 a – c
  Zwei Billette von Adele Schopenhauer an Emma von Schwanen-
    feld (ohne Datum)
  Gedicht von Adele Schopenhauer »Welle spühle fort meinen
    Kummer«, Rom 1846
Aut. W. M. v. Goethe 529 a – b
  Johanna Schopenhauer an Ulrike von Pogwisch (ohne Datum)
  Johanna Schopenhauer an Ottilie von Goethe (ohne Datum)
Aut. W. M. v. Goethe 36 a; 280 b; 651 d
  Ludwig Bechstein an Adele Schopenhauer 29. Januar 1839
  Karl Immermann an Adele Schopenhauer 10. Dezember 1838
  Caroline Wolzogen an Adele Schopenhauer (ohne Datum)

Nachl. W. M. v. Goethe, Noten 5, Album mit Zeichnungen, Versen,
  Liedern von Freunden und Freundinnen
Nachl. W. M. v. Goethe, Mappe f 40, Nr. 2: Bibliotheksverzeichnis
  der Henriette von Pogwisch und Ottilie von Goethe
Nachl. W. M. v. Goethe, Mappe f 40, Nr. 3: Verzeichnis der von
  Emma Schwanenfeld an W. M. von Goethe vermachten Autogra-
  phen

*Schopenhauer-Archiv Frankfurt am Main*
Goethe, Johann Wolfgang von
Brief an Adele Schopenhauer Weimar 2. Juni 1821: Sign. XIX,
  104
Goethe, Ottilie von
Briefe
an Sibylle Mertens-Schaaffhausen Stift Neuburg bei Heidelberg
  (12. August 1849): Sign. XIX, 109
an Sibylle Mertens-Schaaffhausen Freiwaldau 14. September 1849:
  Sign. XIX, 111
an Adele Schopenhauer Frankfurt am Main 7. Juli 1833: Sign. XIX,
  105

an Adele Schopenhauer Frankfurt am Main 18. Juli 1833: Sign. XIX, 106

an Adele Schopenhauer 9. August 1833: Sign. XIX, 107

an Adele Schopenhauer Weimar 14. September 1834: Sign. XIX, 108

an Adele Schopenhauer Weimar 16. August 1849: Sign. XIX, 110

Goullet, J., geb. Kraus

an Arthur Schopenhauer Frankfurt am Main 15. Februar 1840: Sign. II, 38

Mertens-Schaaffhausen, Sibylle

an Arthur Schopenhauer Bonn u. Frankfurt am Main 1849–1855: Sign. XV, 62-XV, 71

Schopenhauer, Adele

Briefe

an Ernst Förster Rom 8. Februar 1847: Sign. XXI, 1

an Friedrich Fommann 11. April 1829: Sign. XXI, 2 (9 Briefe, 1822 bis 1845, Ausschnitte) Manuskript von Anna Brandes: Sign. XXI, 3

an Carl Gerold Bonn 22. August 1847: Sign. XXI, 4

an Johann W. von Goethe Wiesbaden 28. August 1824: Sign. XVII, 4

an Ottilie von Goethe (38 Briefe, 1818–1838, Ausschnitte) Manuskript von Anna Brandes: Sign. XXI, 5

an Ottilie von Goethe: Sign. XVII, 5

an Louise Kirsten Carlsbad 10. Juli 1815: Sign. XXI, 6

an Louise Kirsten (Schwyz) 27./28. Juli 1818. In: Antiquitäten-Rundschau. H. 35, 1904: Sign. XVII, 6

an Wilhelm Rothe Jena 12. August (1841): Sign. XXI, 7

an Louis Stromeyer Wiesbaden 16.–18. Juni (o. J.): Sign. VI, 18

an Zwierlein: Sign. XVII, 8

Gedicht: An Byron: Sign. VI, 19

Schopenhauer, Johanna

Testament: Jena 31. Oktober 1837. Beglaubigte Abschrift: Sign. XI, 35

*Handschriftenabteilung der Badischen Landesbibliothek*
Autographensammlung Karl Gustav Schueler: Sign. K 703

# Abbildungsverzeichnis

# Personenregister

Anhang

*Bran,* Friedrich Alexander (1767–1831), Buchhändler    232, 238, 298

*Brandes,* Anna (1899 –?), Germanistin und Kunstwissenschaftlerin 369

*Braun,* Lily (1865–1916), Schriftstellerin und Politikerin    73

*Brentano,* Clemens (1778–1842), Dichter    26 f., 353

*Brockhaus,* Friedrich Arnold (1772–1823), Verleger und Buchhändler    37, 110, 144

*Brockhaus,* Heinrich (1804–1874), Verleger und Buchhändler    131, 267, 292, 298, 319 f., 334

*Byron,* George Gordon Noël Lord (1788–1824), engl. Dichter 57 f., 132 f., 194, 306

*Calderón de la Barca,* Pedro (1600–1681), span. Dramatiker    60

*Caligula,* eigtl. Gaius Iulius Caesar Germanicus (12–41), röm. Kaiser    313

*Cambridge,* Herzogin von, vermutlich die Prinzessin Louise von Anhalt-Bernburg (1799–1882), deren Heirat mit Adolphus Frederick, Herzog von Cambridge (1774–1850), angestrebt wurde, aber nicht zustande kam    100

*Canova,* Antonio (1757–1822), italien. Bildhauer    303

*Carl August,* Herzog, seit 1815 Großherzog von Sachsen-Weimar-Eisenach (1757–1828)    32, 188, 322

*Carl Friedrich,* Großherzog von Sachsen-Weimar-Eisenach (1783 bis 1853)    224, 280, 359

*Cestius,* eigtl. Gaius C. Epulo (gest. 12 v. Chr.), röm. Prätor    195

*Carracci,* Agostino (1557–1602), italien. Maler    304

*Carracci,* Annibale (1560–1609), italien. Maler, Bruder von Ag. Carracci    304

*Chateaubriand,* François René Vicomte de (1768–1848), französ. Schriftsteller und Staatsmann    227

*Chezy,* Helmina Christiane von (1783–1856), Schriftstellerin    57, 151

*Coleridge,* Samuel Taylor (1772–1834), engl. Dichter und Kritiker 56

*Conta,* Carl Friedrich Anton von (1778–1850), Legationsrat und Minister    15, 19, 32

Register

*Huber,* Therese, geb. Heyne, verh. mit Forster, dann mit L. F. Huber (1764–1829), Schriftstellerin   106

*Hufeland,* Eduard, Bekannter Heinkes   86

*Hüffer,* Johann Hermann (1784–1855), Buchhändler, Regierungsrat   194

*Hugo,* Victor (1802–1885), franzöS. Schriftsteller   62, 197, 312

*Humboldt,* Caroline von (1792–1837), Frau von K. W. von Humboldt   64

*Humboldt,* Karl Wilhelm Freiherr von (1767–1835), Kunst- und
Sprachwissenschaftler, Politiker   64

*Immermann,* Karl Leberecht (1796–1840), Dichter   33 f., 56,
194 f., 218, 245, 256, 258–260, 276

*Irving,* Washington (1783–1859), amerikan. Schriftsteller   58

*Jagemann,* Karoline (1778–1848), Schauspielerin   322

*Jameson,* Anna Brownell (1797–1860), engl. Schriftstellerin   82,
202, 204 f., 215 f., 242, 267, 355

*Jean Paul,* eigtl. Johann Paul Friedrich Richter (1763–1825), Schriftsteller   28, 47, 56 f.

*Jenisch,* Martin Johann (1760–1827), Handelsherr und Senator in
Hamburg   15

*Jerichau,* Jens Adolf (1816–1881), dän. Bildhauer   305, 307, 310

*Jérôme Bonaparte,* König von Westfalen (1784–1860)   72

*Kant,* Immanuel (1724–1804), Philosoph   110 f.

*Karl IV.,* Herzog von Lothringen (1604–1675)   220

*Karsch,* Anna Luise, gen. die Karschin (1722–1791), Dichterin
151

*Kestner,* Charlotte, geb. Buff (1753–1828), Jugendliebe Goethes
303, 369 f.,

*Kestner,* Georg August Christian (1777–1853), Diplomat und
Kunstwissenschaftler, Sohn von Charlotte Kestner   303

*Kieser,* Dietrich Georg (1779–1862), Arzt in Jena   264 f., 285

*Kirsten,* Christine Louise, verh. Wolff (1796–1869), Freundin Adele
Schopenhauers   10, 15 f., 67–69, 104, 106, 143, 159, 217, 227,
326, 329, 343, 359

405

Register

*Welcker,* Carl Theodor (1790–1869), Rechtsgelehrter und Politiker
341

*Werner,* Charlotte, Braut von Ferdinand Wilhelm Heinke   86, 91

*Werner,* Zacharias (1768–1823), Jurist, Dichter, seit 1814 katholischer Geistlicher   28–30

*Werthern-Beichlingen,* Louise Clara von (Lulu) (1798–1891)   147 f.,
152, 243

*Westermann,* George (1810–1879), Verlagsbuchhändler   241, 320 f.

*Weyland,* Philipp Christian (1765–1843), Jurist und Legationsrat
19

*Wieland,* Christoph Martin (1733–1813), Dichter, Prinzenerzieher
in Weimar   16, 21, 25, 56

*Wienbarg,* Ludolf (1802–1872), Schriftsteller   233

*Wilhelm,* Prinz (ab 1861 König) von Preußen (1797–1888), seit 1871
Deutscher Kaiser   341

*Willemer,* Marianne von (1784–1860), Goethes »Suleika«   45

*Wilmans,* Gerhard Friedrich (1764–1830), Buch- und Kunsthändler
131

*Wilson,* John (1785–1854), engl. Dichter und Publizist   131

*Winckel,* Therese aus dem (1779–1867), Malerin, Dichterin und Musikerin   32

*Winter,* Amalie   s. Groß

*Wolgemut,* Michael (1434–1519), Maler und Zeichner   26

*Wolff,* Adele, Tochter von C. L. und O. L. B. Wolff   68, 327, 343,
359

*Wolff,* Amalie, geb. Malcomi (1783–1851), Schauspielerin   40 f.,
116

*Wolff,* Christine Louise   s. Kirsten

*Wolff,* Heinrich (1793–1875), Hausarzt von Adele und S. M.-Schaaffhausen   48, 139 f., 171, 209, 214, 228, 257, 264 f., 280, 282, 294,
345, 358

*Wolff,* Kurt August Paul (1887–1963), Verleger   368

*Wolff,* Marie, Tochter von C. L. und O. L. B. Wolff   327, 343,
359

*Wolff,* Oscar Ludwig Bernhard (1799–1851), Schriftsteller, Herausgeber, Professor für Literatur in Jena   68 f., 150, 194, 217 f.,
233, 236, 248, 259, 343

# *Literarische Spaziergänge mit Büchern und Autoren*

Das Kundenmagazin der Aufbau Verlagsgruppe
Kostenlos in Ihrer Buchhandlung

Aufbau-Verlag

Rütten & Loening

Aufbau Taschenbuch
Verlag

Gustav
Kiepenheuer

Der >Audio< Verlag

Oder direkt: Aufbau-Verlag, Postfach 193, 10105 Berlin
e-Mail: marketing@aufbau-verlag.de
www.aufbau-verlag.de

Karl August Böttiger

Literarische Zustände
und Zeitgenossen

*Begegnungen und Gespräche
im klassischen Weimar*

*601 Seiten. Gebunden
ISBN 3-351-02829-6*

Worüber plauderten Goethe und Wieland beim Abendessen? Wie
klang eine Predigt Herders »live«? Karl August Böttiger, der von
1791 bis 1804 bei den Dichtern und Denkern der Weimarer Klassik
ein und aus ging, protokollierte selbst die ausgedehntesten Gespräche.
Seine authentischen Aufzeichnungen, mit denen er sich bei den Be-
troffenen schnell verhaßt machte, erschließen eine verblüffend neue
Sicht auf Schiller, Goethe & Co.

»Es ›menschelt‹ gewaltig, und selbst die Größten führen sich gern wie
Lausbuben auf. Provinzposse, Heldenverehrung, Verleumdung und
ein bißchen Metaphysik: Böttiger demontiert – aber nur das, was die
Klassikerverehrung im 19. Jahrhundert am Mythos aufgebaut hat.«

*Süddeutsche Zeitung*

»Eine Fundgrube herrlich respektloser Details. Fabelhaft!«

*Marcel Reich-Ranicki*

Aufbau-Verlag

Klaus Seehafer

Mein Leben ein einzig
Abenteuer

*Johann Wolfgang Goethe*

*Biografie*

*496 Seiten*
*Mit 22 Abbildungen*
*Band 1632*
*ISBN 3-7466-1632-8*

»Wie sich einer die Welt aneignet und seiner Bestimmung folgt, ist
Thema dieser Biographie. Damit es dem Leser nicht an Anschauung
mangele, sind kleine Kapitel zwischengeschaltet, die von des Autors
Reisen auf Goethes Spuren handeln. Das alles wird frisch erzählt und
bekommt Kolorit. Die stets anregende Lektüre macht Lust, sich mit
dem Leben und Wirken dieses ganz außerordentlichen Menschen zu
beschäftigen.« *Die Welt*

Klaus Seehafer bringt uns Goethe wieder nahe. Seine fundierte
unterhaltsame Biographie weckt Anteilnahme an diesem abenteuerlichen Leben. Dabei stellt sich heraus, daß uns Goethe gar nicht so
fern gerückt ist. Seine Wege und Irrwege, seine außergewöhnlichen
Entschlüsse ebenso wie das Sichfügen in den Alltag bewegen jeden,
er sei nun Goethe-Enthusiast oder nicht. Seehafers Gespür für Orte
und Landschaften, seine erzählerischen Fähigkeiten, sein Sinn für die
konkreten Lebensumstände bringt uns den »Dichterfürsten« wieder
nahe. Ein Buch für jeden, der sich dem Wagnis eines solchen Lebens
unbefangen nähert.

# A*t*V
Aufbau Taschenbuch Verlag

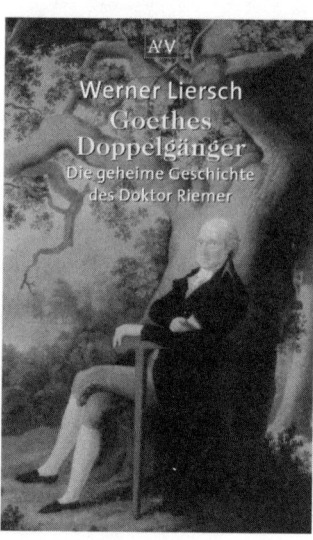

Werner Liersch

Goethes Doppelgänger

*Die geheime Geschichte*
*des Doktor Riemer*

*399 Seiten*
*Mit 20 Abbildungen*
*Band 1748*
*ISBN 3-7466-1748-0*

In eindrücklichen Szenen gestaltet Werner Liersch die Persönlichkeit Friedrich Wilhelm Riemers, der 29 Jahre lang Goethes engster Mitarbeiter und Vertrauter war. Sie wohnten und reisten zusammen, und sie liebten dieselbe Frau, Carolin Ulrich. Riemer hat längst seinen Platz in der Literaturgeschichte eingenommen. Was aber war er für ein Mensch, und wie sah das Leben aus, das er tagtäglich führte?

»Es wird konzentriert, temperamentvoll, zuweilen auch wunderbar pointiert und mit einer Eindringlichkeit erzählt, die ganz auf die Kraft der Archiventdeckungen und des Tagebuchs setzt. Liersch holt fast das ganze Personal Weimars in sein Buch und die Stürme, die über das Nest fegen ...«

*Klaus Bellin, Neues Deutschland*

## A*t*V
Aufbau Taschenbuch Verlag

Udo Quak

Trost der Töne

*Musik und Musiker*
*im Leben Goethes*

*Mit einem Frontispiz*
*und 9 Abbildungen*
*234 Seiten. Gebunden*
*ISBN 3-351-02915-2*

Daß Goethe malte, zeichnete und naturwissenschaftliche Studien trieb, ist bekannt. Wie aber war sein Verhältnis zur Musik? Erstmals widmet sich eine Darstellung ausschließlich Goethes musikalischem Tun und Treiben. Anschaulich wird von den Vorlieben und Hörgewohnheiten eines Dichters erzählt, der in schwierigen schöpferischen Phasen, unter hohem Arbeitsdruck oder in niedergeschlagener Stimmung in der Musik Linderung fand, dem sie aber auch zur Unterhaltung diente. Aufschlußreich charakterisiert Udo Quak das zeitgenössische Musikleben und schildert Goethes Begegnungen mit großen Virtuosen wie Mendelssohn Bartholdy, Paganini und den Pianistinnen Maria Szymanowska und Clara Wieck.

»Ein wirklich außerordentliches Buch.« SWR

Aufbau-Verlag

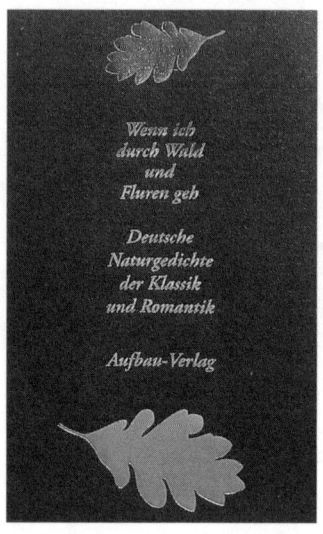

Wenn ich durch Wald
und Fluren geh
*Deutsche Naturgedichte der
Klassik und Romantik*

*Herausgegeben und
mit einem Nachwort
von Klaus Seehafer*

*176 Seiten
Englische Broschur
ISBN 3-351-02880-6*

Manche dieser Gedichte sind Volkslieder geworden, wie etwa
»Alle Vögel sind schon da« von Hoffmann von Fallersleben
oder Wilhelm Müllers »Am Brunnen vor dem Tore«. Doch
selbst bei den bekannten Dichtern der Klassik und Romantik
gibt es eine Fülle von Wiederentdeckungen zu machen. In einer
Zeit, da wir das Bedrohte unserer Umwelt schärfer, das Bewahrte
dankbarer wahrnehmen, erinnern uns die schönsten Naturgedichte des 18. und 19. Jahrhunderts daran, daß in der hingege-
nen, ganz und gar »unnützen« Betrachtung der Natur ein be-
sonderer Zauber liegt.

Klaus Seehafer, ausgewiesener Kenner der klassischen Literatur,
hat diesen Band zusammengestellt aus Gedichten von Hölderlin, Goethe, Novalis, Brentano, Eichendorff, Heine u.v.m.

Aufbau-Verlag

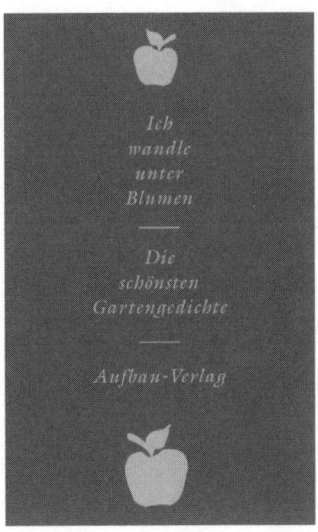

Ich wandle
unter Blumen
*Die schönsten Gartengedichte*

*Herausgegeben und
mit einem Nachwort
von Klaus Seehafer*

*176 Seiten
Englische Broschur
ISBN 3-351-02908-X*

Aus einer unübersehbaren Fülle von Gartengedichten hat Klaus Seehafer die schönsten, die eingängigsten und überraschendsten ausgewählt. Die Sammlung reicht von Walther von der Vogelweides Mahnung zum Hegen und Pflegen aller gutgewachsenen Kräuter bis zu Eva Strittmatters übermütigem Lob des Überflusses:
»Neunundsiebzig Rosensträucher
Habe ich in meinem Garten.«
Zur Zier, zum Nutzen und zu tiefer persönlicher Erfüllung sind Garten wie Gedichte angelegt.

»Welcher Reichtum an Sprache, Empfindung und verinnerlichter Individualität.«
*Landsicht*

Aufbau-Verlag

## Ich will dich

*Die hundert schönsten
erotischen Gedichte*

*Ausgewählt
und mit einem Nachwort
von Hansjürgen Blinn*

*184 Seiten, Leinen
ISBN 3-351-02901-2*

All denen, die leidenschaftlich lieben, sei diese Sammlung ans Herz gelegt: sie vereint die schönsten erotischen Gedichte vom Barockzeitalter bis zur jüngsten Gegenwart. Diese Texte von mitreißender Intensität, die vom ewig währenden Spiel um Lust und Liebe zeugen, glänzen durch Sinnlichkeit, formale Virtuosität und sprachlichen Rhythmus. Hier schreiben Autoren über erotisches Verlangen, Erfüllung und Genuß; hier fallen Grenzen, werden Konventionen hinfällig, sind Tabus außer Kraft gesetzt. Zu den Autorinnen und Autoren gehören u.a.: Lessing, Goethe, Eva Strittmatter, Else Lasker-Schüler, Hesse, Ringelnatz, Brecht.

»Ein Buch für Genießer.«

*Passauer Neue Presse*

Aufbau-Verlag

# Ein Lügner muß ein gutes Gedächtnis haben

*Heiteres und Besinnliches aus der Antike*

*Herausgegeben von Horst Dieter*

*Mit Illustrationen von Dariusz Wójcik*

*Aus dem Griechischen und Lateinischen übersetzt*

142 Seiten
Band 1802
ISBN 3-7466-1802-9

Heureka – ich hab's gefunden: Der sprichwörtliche Jubelruf des Archimedes, als er das spezifische Gewicht von Gold und Silber entdeckt hatte, steht am Schluß dieser kleinen unterhaltsamen Sammlung. Und vielleicht gerät der eine oder andere Leser in eine ähnliche Begeisterung, stößt er auf eine ihm besonders treffend und aktuell erscheinende Formulierung, auch wenn er nicht gleich wie weiland der große Mathematiker nackt auf die Straße stürzen muß. Was Dichter, Philosophen und Geschichtsschreiber der Antike ersonnen und als einprägsame Sentenzen überliefert haben, ist uns heute noch immer Anlaß zu Nachdenken und Erheiterung.

Die vergnüglichen Zeichnungen des jungen polnischen Karikaturisten Dariusz Wójcik verbinden das Outfit der »alten Griechen und Römer« mit ganz heutigen Gesten und Haltungen.

AtV
Aufbau Taschenbuch Verlag

Mary und Charles Lamb

Shakespeare für Eilige

*Die zwanzig besten Stücke
als Geschichten*

*Herausgegeben
von Günther Klotz*

*Aus dem Englischen
von Karl Heinrich Keck*

*396 Seiten
Band 1744
ISBN 3-7466-1744-8*

Die berühmte Sammlung der Geschwister Lamb erschien 1807 in London. Sie besteht aus einfühlsamen Nacherzählungen der zwanzig bekanntesten Shakespeare-Stücke. Konzentration auf die Hauptpersonen und übersichtliche Wiedergabe der oft verwirrenden Handlungsstränge sind die Vorzüge dieser märchenhaften Geschichten.

Ein vorzügliches Geschenk für Schüler, Studenten, das junge Kinopublikum der letzten Shakespeare-Verfilmungen und alle, die raschen Überblick suchen. Auch zum Vorlesen für Kinder hervorragend geeignet.

A$^t$V
Aufbau Taschenbuch Verlag

Theodor Fontane

Sie hatte nur Liebe
und Güte für mich

*Briefe an Mathilde von Rohr*

*Herausgegeben*
*von Gotthard Erler*

*424 Seiten*
*Band 5287*
*ISBN 3-7466-5287-1*

Mathilde von Rohr (1810–1889) war Fontanes älteste Vertraute,
ja Freundin, eine liebenswürdige und charaktervolle Dame, die
ihm mit immer gleichbleibender Güte begegnete. Ihr wechselsei-
tiges vertrauensvolles Verhältnis veranlaßte Fontane zu Briefen, in
denen sich unbeschwertes Plaudern mit weitreichenden Bekennt-
nissen auf reizvolle Weise verbindet. »Aber nun muß ich Ihnen
allerhand erzählen« ist seine Formel für einen ganz eigenen Stil,
in dem er Familiäres zur Sprache bringt, Reisen, Feste, Geselligkeiten. Befreit von jeder pflichtmäßigen Berichterstattung, äußert
er seine innere Befindlichkeit vor allem auch in Krisen und kon-
flikthaften Erschütterungen und findet bei dem »gnädigsten Fräulein« das oft so schmerzhaft vermißte Verständnis.

Der Herausgeber hat die 230 überlieferten Briefe ergänzt um Texte
über die Familie Rohr aus den »Wanderungen« und um bisher
ungedruckte Aufzeichnungen über Fontanes Korrespondenz-
partnerin.

A*t*V
Aufbau Taschenbuch Verlag